国家"985工程"哲学社会科学创新基地
四川大学"211工程"重点建设项目

跨媒体研究丛书
主编：聂圣哲 蒋晓丽

奇观与全景
QIGUAN YU QUANJING
——传媒文化新论

蒋晓丽 等著

中国社会科学出版社

图书在版编目（CIP）数据

奇观与全景：传媒文化新论 / 蒋晓丽等著. —北京：中国社会科学出版社，2010.7

（跨媒体研究丛书）

ISBN 978 - 7 - 5004 - 8998 - 6

Ⅰ. ①奇⋯ Ⅱ. ①蒋⋯ Ⅲ. ①传播媒介 - 文化 - 研究 Ⅳ. ①G206.2

中国版本图书馆 CIP 数据核字（2010）第 142725 号

出版策划　任　明
特邀编辑　乔继堂
责任校对　高　婷
技术编辑　李　建

出版发行	中国社会科学出版社
社　　址	北京鼓楼西大街甲 158 号　邮编 100720
电　　话	010 - 84029450（邮购）
网　　址	http://www.csspw.cn
经　　销	新华书店
印　　刷	北京奥隆印刷厂　　装　订　广增装订厂
版　　次	2010 年 7 月第 1 版　　印　次　2010 年 7 月第 1 次印刷
开　　本	710×1000　1/16
印　　张	25.5　　　　　　　　　插　页　2
字　　数	453 千字
定　　价	45.00 元

凡购买中国社会科学出版社图书，如有质量问题请与本社发行部联系调换

版权所有　侵权必究

《跨媒体研究丛书》编委会

主编 聂圣哲 蒋晓丽

编委 （以姓氏笔画为序）

王积龙 石 磊 刘 肖 张 放

张 杰 单正华 侯宏虹 彭 虹

《奇观与全景——传媒文化新论》

撰稿人（按撰写章节顺序排列）

蒋晓丽　单正华　刘　肖

张　放　李谢莉　刘　波

杨晓强　李东平　胡明川

总　序

众所周知，以传播媒介的巨大变革为依据，人类传播历经了上古的口头传播、中古的手写传播、近代的印刷传播，直至现代的电子传播四个主要历史阶段，而四个历史阶段的不断更替、四种传播媒介的依次更新，一定程度上是人类渴望扩大传播范围、提高传播效率、满足人们多元信息需求的体现。

尽管从历史发展过程来看人类传播经历了以上四个阶段，但是作为每一阶段主角的口语、文字、印刷、电子四种传播媒介的关系并不是相互排斥而是相互补充的，并不是前后相继而是前后相迭的。一方面，它们各行其是、特立独行；另一方面，它们又各有所长，优势互补，共同成就了人类传播。在这其中，以文字的逻辑、深刻为特色的报刊杂志，以声音的平易浅显为风格的广播，以兼具声画优势的电视为代表的传统媒体，与以海量、及时和互动为特点的网络为代表的新媒体一起，组成了大众传播大家庭。

然而，自20世纪90年代以来，随着数字化、计算机网络和虚拟现实等技术的不断进步，以及这些技术在传播、通信等领域的全方位渗透与应用，传播媒介经历着巨大变革，传统媒介正在冲破自身局限，原本泾渭分明的几种媒介之间的界限开始打破并悄然兴起一场新的融合，人类传播已进入媒介融合时代，也被称为"跨媒体时代"或"全媒体时代"。

"媒介融合"（media convergence）这一概念最早来自美国麻省理工学院（MIT）的伊契尔·索勒·普尔（Ithiel De Sola Pool）和他于1983年在其《自由的技术》（*Technologies of Freedom*）中提出的"传播形态融合"（the convergence of modes）。他认为，数码电子科技的发展是导致历来泾渭分明的传播形态聚合的原因，媒介融合就是各种媒介呈现出一体化多功能的发展趋势，从根本上讲，媒介融合是不同技术的结合，是两种或更多技术融合后形成的某种传播技术，由融合产生的新传播技术和新媒介的功能大于原先各部分的总和。作为一种媒体发展的现状和趋势，媒介融合是国际化、全球化浪潮下传媒求得生存的新产物，是历来泾渭分明的几种不同传播技术为了实现传播一体化、多功能的新手段，是促成报纸、广播、电视、互联网和手机等的采编作业有效结合以实现资源共享、集中处理，进而达成节约生产成本、实现规模效应目标的新模式。

按照美国西北大学教授李奇·高登（Rich Gordon）于2003年针对美国当时的媒介融合状况就做出的归纳，媒介融合主要呈现以下几个方面的融合：所有权融合（ownership convergence）、策略性融合（tactical convergence）、结构性融合（structural convergence）、信息采集融合（information-gathering convergence）和新闻表达融合（storytelling or presentation convergence）[①]。同时，在到达媒介完全融合的过程中，必然要经历以下几个发展阶段：最初是依靠行政力量的组织的融合，然后是在市场作用下以集团兼并为代表的资本融合，进而再到传播手段的融合，这是一种大型传媒集团的不同媒介的传播手段在同一大平台上进行整合，实施这些媒介之间的内容相互推销和资源共享的融合，最后才是媒介融合的最高阶段，媒介形态的融合，即在数字技术和网络传播推动下产生的新媒介类型——融合媒介，这种媒介融合了几种甚至全部媒体的优点。

我们常说的"跨媒体"和"全媒体"，可被视为"媒介融合"过程中的不同阶段，其中，"跨媒体"之"跨"，凸显了跨媒体更多体现为一种媒介融合行为，而"全媒体"之"全"，则在一定程度上反映了全媒体更多作为一种媒介融合状态。

所谓"跨媒体"，是指横跨平面媒体（报纸、杂志、图书、户外广告）、立体媒体（广播、电视、电影）和网络媒体的三维平台组合，其核心在于不同媒体形式之间的"横跨"组合，它强调媒体外在形式之间的一种组合，或许通过行政力量使然，或者通过市场作用使然，处于媒介融合过程中的初级阶段。而"全媒体"是指综合运用各种表现形式，如文、图、声、光、电来全方位、立体地展示传播内容，同时通过文字、声像、网络、通信等传播手段来传输的一种新的传输形态。作为一种媒介融合状态，它继"跨媒体"、"多媒体"之后逐步衍生而成，是媒介融合的高级阶段，是人类现在掌握的信息流手段的最大化集成者，体现的不是"跨媒体"的简单连接，而是全方位融合——网络媒体与传统媒体乃至通信的全面互动、网络媒体之间的全面互补、网络媒体自身的全面互融。

可以看出，三个概念中，"媒介融合"的含义最为广泛，包含的内容最

---

① 蔡雯：《从"超级记者"到"超级团队"——西方媒体"融合新闻的实践和理论"》，载《中国记者》2007年第1期。

多，"全媒体"所描述的是媒介融合发展过程中的高级阶段，它侧重于不同媒体在共用一套机构与人员的情况下进行传播手段融合、内容互销和资源共享。然而，我们国家当前的传媒还处于较初级的阶段，基本经历了行政力量促进融合，逐步在由市场作用促进融合走向传播手段的融合，所以，三个概念中，用"跨媒体"来描述我们的传媒实际，是更为贴切和妥当的，这也是本丛书采用"跨媒体研究丛书"的根本缘由。

无论是作为发展趋势的"媒介融合"，还是作为生存状态的"跨媒体"，还是作为阶段目标的"全媒体"，它们都揭示了当下传媒发展和新闻传播的时代语境。清楚认识当下传媒语境及其特点，无疑对传媒经营管理、新闻采写编排等传媒实践有着非常必要和重要的意义，对传媒人提高自身职业素养而言，也是异常关键的。因此，媒介融合语境下的传媒文化与传播实践，为我们的跨媒体研究提供了极好的契机，这不仅鼓励我们努力探索研究，更成为我们萌生出版此丛书念头的最原始动力。

典盛传播、环球活动网总裁欧阳国忠 2007 年 8 月在接受《北方传媒研究》编辑部采访在谈及新媒体时代特点时，进行了如下概述：新媒体时代传媒，主要会呈现出以下四个方面的特点，内容生成的"即时性"——越来越多的内容生成和传播的过程正在重合起来、内容获取的"即地性"——人们可以在任何地方以任何手段获取即时的信息、内容传播的"互动性"——内容的接收方对接收的内容有更多的选择权、广告投放的"定向性"——广告商可以更有效地针对个人目标客户投放广告。[①] 可以说，这既是媒介融合时代的传播特点，更是跨媒体时代的传媒目标。如何能实现传媒自身、受众、广告商三方面的共赢，不仅是传媒业界人士需要考虑的，更是传媒学术界人士需要努力探索研究的命题。

作为四川大学"211 工程"重点建设学科项目的成果，"跨媒体研究丛书"所涵盖的研究范围主要包含有：

（1）"跨媒体"或"媒介融合"对象研究和过程研究。如对媒介融合过程中所涉及的内容融合与渠道融合、资本融合与结构融合、技术融合与生产融合以及融合过程中所遭遇的政策规制和行业壁垒等问题的研究。

（2）"跨媒体"或"媒介融合"对各项传媒实践的影响研究和各项传

---

① 2007 年 8 月，典盛传播、环球活动网总裁欧阳国忠接受《北方传媒研究》编辑部的电子邮件采访，文字整理为《新媒体环境下的电视产业运营》一文，刊发于《北方传媒研究》2007 年第 4 期。

媒实践相应的对策研究。如对跨媒体环境下的新闻采编研究，如对报业数字化转型的研究等等。

（3）"跨媒体"或"媒介融合"与其他领域的关系研究，体现为媒介融合与政治学、经济学、文化学、社会学和心理学等学科的交叉研究。如在跨媒体传播格局中的政府信息传播研究、媒介融合背景下的传媒文化研究和受众心理研究等。

无论是哪一类型的研究，本丛书都强调对传媒当下现实的针对性，对传媒历史经验教训的总结性，和对传媒未来发展的指导性和预测性。

本期拟出版的八本专著，包括蒋晓丽等的《奇观与全景——传媒文化新论》、石磊的《分散与融合——报业数字化转型研究》、王积龙的《抗争与绿化——环境新闻学在西方的起源、理论与实践》、刘肖的《理智与偏见——当代西方涉华国际舆论研究》、侯宏虹的《颠覆与重建——博客主流化研究》、张放的《虚幻与真实——网络人际传播中的印象形成研究》、张杰的《变革与回归——中国政府网络信息传播研究》和彭虹的《涌现与互动——网络社会的传播视角》。每一本书都是作者对跨媒体、对媒介融合所做出的探索和研究，都凝结了作者的努力和心血，为理性建构媒介现实，深入认识媒介未来，不遗余力地思考和探索。

在这套丛书出版之际，衷心感谢国内新闻传播学界的各位专家、学者对我们的研究始终如一的关注和支持；衷心感谢德胜（苏州）洋楼有限公司一直以来的鼎力资助；也衷心感谢中国社会科学出版社的任明老师以及所有为这套丛书的出版付出辛勤劳动的朋友和同事们。

"路漫漫其修远兮，吾将上下而求索"。虽然仅凭以上的几本书，难以支撑起整个"跨媒体研究"的框架，但是我们希望，本丛书的出版能在传媒学界和业界起到一个抛砖引玉的作用，同时我们也愿意在未来的传媒研究进程中继续将之充实和延展，为有效的认识和指导传媒实践贡献我们的绵薄之力。

是为序。

聂圣哲　蒋晓丽
2010 年春

目 录

绪论 …………………………………………………………………………（1）

第一章 传媒文化的符号化 ……………………………………………（10）
  第一节 形象化、多元化：传媒文化符号化的历史景观 …………（12）
    一 编码解码理论："形象化"、"多元化"的传播学解读 ……（17）
    二 迷雾指数理论："形象化"、"多元化"的符号学阐释 ……（18）
  第二节 意义化、消费化：传媒文化符号化的本质分析 …………（20）
    一 杰姆逊、罗兰·巴特：后现代社会的"能指游戏" ………（24）
    二 波德里亚：消费社会背景下的"符号致死" ………………（26）
  第三节 素材化、资源化：传媒文化符号化的深入解读 …………（31）
  第四节 奴化、选择化与对抗化：传媒文化符号化的传播效果
       分析 …………………………………………………………（39）
    一 选择化接受：无"满足"就不"使用" ………………………（42）
    二 对抗化态度：拒绝"奴化"拒绝"按摩" ……………………（43）

第二章 传媒文化的全球化 ……………………………………………（46）
  第一节 民族文化与信息资讯的全球化传播：传媒文化全球化的
       内容选择 ……………………………………………………（47）
    一 民族文化元素的全球拓展 …………………………………（48）
    二 信息资讯的全球传播 ………………………………………（51）
  第二节 多元文化的共融与娱乐文化的普及：传媒文化全球化的
       外在表征 ……………………………………………………（58）
    一 多元文化的全球共融 ………………………………………（59）
    二 娱乐文化的全球普及 ………………………………………（62）
  第三节 从内在进路到外界支撑：传媒文化的全球化运行机制 …（65）
    一 机构扩张—产品传播—文化传播：传媒文化全球化的
       内在进路 …………………………………………………（67）
    二 从集团化作战到中介力量支撑：传媒文化全球化的内外
       运行机制 …………………………………………………（70）

第四节　文明的冲突与异质文化的博弈：传媒文化全球化
　　　　　所带来的影响 …………………………………………… (74)
　　一　从"点火器"到"润滑剂"——传媒文化全球化对
　　　　文明冲突的影响 ………………………………………… (75)
　　二　从文化霸权到文化共生：传媒文化全球化的博弈 ………… (80)
第三章　传媒文化的本土化 …………………………………………… (86)
　第一节　内容本土化与形式本土化：传媒文化本土化现象的
　　　　　微观表征 ……………………………………………… (88)
　　一　从《南京零距离》看传媒产品的内容本土化 ……………… (88)
　　二　从《花木兰》看传媒产品的形式本土化 …………………… (93)
　第二节　从文化的多样性到认同需求的满足：传媒文化本土化
　　　　　现象的形成机制与宏观表征 …………………………… (98)
　　一　"本土"凸显：文化多样性与文化全球化的异动 ………… (102)
　　二　文化认同：传媒文化本土化的直接动因 ………………… (108)
　　三　民族化与地方化：传媒文化本土化的宏观表征 ………… (112)
　第三节　民族主义与地方主义：传媒文化本土化现象中的
　　　　　异化趋势 ……………………………………………… (116)
　　一　传媒文化民族主义的表现及成因分析 …………………… (116)
　　二　传媒文化地方主义的表现及成因分析 …………………… (121)
　第四节　传媒文化的全球本土化：传媒文化本土化与全球化的
　　　　　联结 …………………………………………………… (126)
　　一　全球本土化：传媒文化本土化潮流中的特殊现象 ……… (128)
　　二　推进与演进：传媒文化全球本土化的两种类型 ………… (130)
第四章　传媒文化的市场化 ………………………………………… (135)
　第一节　消费文化：传媒文化市场化的表征 ……………………… (137)
　　一　色情路线 ……………………………………………………… (142)
　　二　暴力路线 ……………………………………………………… (145)
　　三　世俗化路线 …………………………………………………… (147)
　　四　广告文化"潜规则" …………………………………………… (150)
　第二节　文化经济一体化：传媒文化市场化的动因 ……………… (152)
　　一　文化经济一体化概述 ………………………………………… (155)
　　二　文化经济一体化对传媒文化市场化的推动作用 ………… (158)

第三节　从道德危机到社会责任修正：传媒文化市场化的
　　　　影响分析 ………………………………………………（162）
　　一　传媒消费主义的盛行与媒体道德危机的凸显 …………（163）
　　二　社会修正与自我修正：社会责任论与传媒自律 ………（167）
第五章　传媒文化的分众化 …………………………………………（171）
　第一节　传媒内容及媒介组织的分众化：传媒文化分众化的
　　　　表征及解读 ……………………………………………（172）
　　一　媒介内容的分众化改造 …………………………………（173）
　　二　媒体组织的分众化重组 …………………………………（182）
　第二节　需求分化、经济诉求与传播技术的进步：传媒文化
　　　　分众化的动因分析 ……………………………………（186）
　　一　需求差异带来受众细分 …………………………………（186）
　　二　经济诉求推动传媒分众 …………………………………（190）
　　三　技术进步促进分众化最终实现 …………………………（193）
　第三节　个性化、定制化、互动化：传媒文化分众化的趋势
　　　　预测 ……………………………………………………（198）
　　一　话语权下移：自媒体时代的到来 ………………………（199）
　　二　定制化服务：信息过剩时代的对策 ……………………（202）
　　三　传受互动推动信息分类与共享 …………………………（204）
第六章　传媒文化的权力化 …………………………………………（207）
　第一节　权力掌控下的传媒文化：传媒文化的政治经济学分析 …（209）
　　一　政治权力对传媒文化的控制 ……………………………（209）
　　二　经济权力对传媒文化的渗透 ……………………………（212）
　　三　社会价值观念对传媒文化的影响 ………………………（216）
　第二节　传媒文化的权力化：传媒文化的影响力分析 ………（219）
　　一　传媒文化的构造权 ………………………………………（220）
　　二　传媒文化的监督权 ………………………………………（223）
　　三　传媒文化的命名权 ………………………………………（227）
　第三节　传媒与权力博弈的舞台化：传媒文化的斗争分析 …（230）
　　一　言论自由与新闻自由：统治权力与公众权益之间的
　　　　传媒博弈 ………………………………………………（230）
　　二　文化帝国主义与国际传播新秩序：全球化时代国家
　　　　权力的博弈 ……………………………………………（234）

三　"恶搞"与"大话文化":网络化时代话语权力的
　　　　博弈 ………………………………………………… (237)
第七章　传媒文化的娱乐化 ……………………………………… (242)
　第一节　趋势、类型与典型手法:传媒文化娱乐化的表征分析 … (243)
　　一　传媒文化娱乐化的趋势与类型 ……………………… (248)
　　二　传媒产品娱乐化的典型手法 ………………………… (254)
　第二节　文化的欲望叙事与后现代意义的反控制游戏:传媒
　　　　　文化娱乐化现象的意义解读 …………………………… (264)
　　一　传媒文化的感性欲望叙事:传媒文化娱乐化现象的媒介
　　　　视角 ………………………………………………… (268)
　　二　后现代意义的反控制游戏:传媒文化娱乐化现象的受众
　　　　视角 ………………………………………………… (275)
　第三节　从感性欲望的复苏到传媒方式的满足:传媒文化
　　　　　娱乐化现象的社会发生分析 ………………………… (282)
　　一　感性欲望在社会观念中合法性的获得:传媒文化
　　　　娱乐化现象产生的要件之一 …………………………… (286)
　　二　娱乐消费需求的规模化与娱乐消费市场的形成:传媒文化
　　　　娱乐化现象产生的要件之二 …………………………… (291)
　　三　作为娱乐技术的传媒的飞速发展:传媒文化娱乐化
　　　　现象产生的要件之三 ………………………………… (295)
　第四节　道德危机、文化危机与心理危机:传媒文化过度娱乐化
　　　　　带来的问题 …………………………………………… (302)
　　一　道德危机:传媒产品的媚俗化与传统道德价值的消解 … (305)
　　二　文化危机:传媒产品的同质化与文化的去个性化 …… (307)
　　三　心理危机:传媒产品的仿真化与受众的精神沉溺 …… (309)
第八章　传媒文化的多元化 ……………………………………… (312)
　第一节　当代传媒文化内在内容方面的多元化表征 ………… (313)
　　一　主流文化 ……………………………………………… (314)
　　二　精英文化 ……………………………………………… (320)
　　三　大众文化 ……………………………………………… (323)
　　四　民间文化 ……………………………………………… (325)
　　五　外来文化/全球文化 …………………………………… (327)
　第二节　当代传媒文化外在载体的多元化表征 ……………… (330)

一　大众传播媒介多元化发展的历时态分析 …………………(331)
　　二　大众传播媒介多元化的共时态分析 ……………………(335)
　第三节　当代传媒文化多元化的社会诱因与技术动力 …………(338)
　　一　价值观念与审美趣味的多元化——传媒文化多元化的
　　　　社会诱因 …………………………………………………(339)
　　二　当代传媒技术的迅猛发展——传媒文化多元化的助推器 …(346)
　第四节　并存共生相交相融——传媒文化多元化的发展趋势 …(349)
　　一　大众文化与精英文化的交融 …………………………(350)
　　二　大众文化与主流文化的交融 …………………………(353)

第九章　传媒文化的其他样态展望 ……………………………………(358)
　第一节　传媒文化的技术化 …………………………………………(358)
　　一　近代新技术：大众传媒与传媒文化的"催生婆" ………(359)
　　二　弥散式发展：当代新技术对传媒文化的进一步影响 ……(364)
　第二节　传媒文化的虚拟化 …………………………………………(369)
　　一　精神生活的虚拟化：传媒文化虚拟化的初期表现 ………(371)
　　二　经济生活的虚拟化：传媒文化虚拟化的进一步发展 ……(374)
　　三　政治生活的虚拟化：传媒文化虚拟化的最新阶段及网络
　　　　社会的成型 ………………………………………………(378)

主要参考文献 ……………………………………………………………(385)
后记 ………………………………………………………………………(392)

绪　　论

　　"这是最好的时代，这是最坏的时代；这是智慧的时代，这是愚蠢的时代；这是信仰的时期，这是怀疑的时期；这是光明的季节，这是黑暗的季节；这是希望之春，这是失望之冬；人们面前有各种各样的事物，人们面前一无所有；人们正在直登天堂，人们正在直下地狱。"①

　　毫无疑问，进入21世纪之后，人类社会最大的特色之一，当数无处不在、无时不在的传媒化生存。在这个被大众传媒所日益控制了的时代里，媒体不仅已经完全融入了我们的生活，成为我们认识世界的最重要窗口，更为重要的是，它们甚至已经成为现实生活本身。想想我们大多数人的生活状态吧：早上一起床，或者刚一上班——有时甚至还在上班的路上——我们就会首先听听广播、翻翻报纸，了解一下昨天在我们生活的这个世界上，在我们生活的这个城市里，又发生了些什么值得关注的事情；中午和同事一边吃着可口的饭菜，一边还不忘谈论一下昨晚电视节目里那个女主角或男主角又说了一句什么经典台词，或者今天报纸的头条究竟有什么值得关注的地方；忙完一天之后，晚上临睡前，我们还要再看看电视、上上网，放松一下紧绷的神经，或者再看看当天的新闻。更值得一提的是，我们交流的话题、我们自身的情感也已经常常被报纸、电视等大众传媒所左右了，当一档参与性较强的电视节目上演，当一个热门的话题在报纸上、互联网上出现时，很多时候，我们能做的，已不仅仅只是跟着它痛哭、跟着它傻笑——总之，离开了传媒，我们的生活已经无法想象。对于如此的状况，一百多年前的英国作家狄更斯（Charles Dickens）在其作品《双城记》（*A Tale of Two Cities*）里所写下的上述经典名言，似乎正在成为我们的这个时代的谶言——或者更准确地说，正在成为控制我们这个时代的大众传媒及传媒文化的谶言。

---

　　① ［英］狄更斯：《双城记》，原文为：It was the best of times, it was the worst of times, it was the age of wisdom, it was the age of foolishness, it was the epoch of belief, it was the epoch of incredulity, it was the season of Light, it was the season of Darkness, it was the spring of hope, it was the winter of despair, we had everything before us, we had nothing before us, we were all going direct to Heaven, we were all going direct the other way. 第160页。

对于大众传媒上的这个"狄更斯谶言",我们可以先来看看近年来以《超级女声》为代表的关于我国电视选秀节目的争议。

2006年4月20日,在出席中国剧《天鹅湖》的新闻发布会时,中国演出家协会主席、原文化部部长刘忠德将批判的矛头直接指向了此前备受追捧的电视选秀节目,尤其是湖南卫视的《超级女声》、《超级男声》,"超女、超男都来了,说得不好,就是对艺术的玷污"①。套用狄更斯的句式,刘忠德的话大概可以兑换为:《超级女声》一类的选秀节目,正是"最坏的电视节目,最愚蠢的传媒文化"。对选秀节目进行明确批判的,当然远不止刘忠德一人,此前不少的学者、不少青少年的家长其实早已树起批判的大旗。而且这种批判的声音还明显占了上风——2007年9月20日,国家广电总局出台了一系列管理措施和细则对选秀类电视节目进行限制,这些措施包括"自2007年10月1日起,各省级、副省级电视台上星频道所有群众参与的选拔类活动不得在19:30—22:30时段播出。举办群众参与的选拔类活动的后续巡演等各类活动,不得在各级电视台上星频道播出"等。对广电总局的这些规定,新华社、中新社、央视等官方媒体的评价是:"进一步规范了群众参与的选拔类广播电视活动和节目,这是国家广电总局近期进一步抵制低俗之风的又一重要举措。"

与这种贬入尘埃直接对照的,是此前众多"粉丝"(fans)对《超级女声》节目的热烈追捧——成都等赛区"海选"报名时万人空巷的镜头,2005—2006年总决赛时动辄以百万计的短信投票率,正是其典型写照。其间,一些媒体更是将《超级女声》这一电视节目当做了"超级政治"、"超级文化"的典型代表,推崇备至——2005年10月3日出版的《时代周刊》(亚洲版)甚至将当年度的"超女"冠军李宇春印上了杂志封面。在该期杂志的封面上,以"第25位年度亚洲英雄人物"身份出现的李宇春身穿黑色上衣,戴着银色项链,浅浅地笑着。对于选择李宇春作该期封面人物的理由,《时代周刊》在文中表示:"《超级女声》这个节目代表着一种民主运作的模式,由观众自己选出心中的偶像,挑战了中国传统的规范,在中国来说很不容易。"另外,文中还认为,"李宇春所带来的震撼已经超过了她本身,她满不在乎的个性、她对待比赛的态度及中性色彩的演出,使得她成为了中国的新平民偶像"。面对如此评价,如果仍要套用狄更斯的话,我们也许只能说:"这是最好的电视节目,这是智慧的电视节目;它迎来了传媒文化的春天。"

---

① 详情可参见2006年4月21日《华夏时报》。

面对同一档电视节目，评价的声音却截然相反，而且其"分贝"也都如此之高，这不由人不心生困惑。关键是，当前，有类似评价情况的，又远不止《超级女声》这一个电视节目，不少的传媒现象也都像选秀节目那样，同时遭遇了"天堂"与"地狱"这两极评价——比如央视《百家讲坛》栏目，誉之者众，毁之者亦多。这，到底体现着怎样的悖论？

其实，上述悖论正是大众传媒和传媒文化（Media Culture）在当代社会背景下经常要面对的困局，是当代文化在大众传媒所引导、所放大了的多元价值、娱乐观念、市场取向，以及政治、经济、文化生活全球化等趋势下不得不面对的话题。更是当代传媒与文化结盟后一个不太容易绕开的副产品。

严格来说，传媒与文化的结盟，既是传媒发展的必然趋势，更是文化发展的必然结果。美国学者克利福德·格尔茨（Chifford Geertz）在《文化的解释》（*The Interpretation of Cultures*）一书中曾写道："文化是一种通过符号在历史上代代相传的意义模式，它将传承的观念表现于象征形式之中，通过文化的符号体系，人与人得以相互沟通、绵延连续，并生发出对人生的知识及生命的态度。"① 在《认识媒介文化——社会理论与大众传播》一书中，英国学者尼克·史蒂文森（Nick Stevenson）进一步指出："许多现代文化都是依凭大众传播媒介来传达的。各种各样的媒介传播着古典的歌剧、音乐、关于政客私生活的庸俗故事、好莱坞最近的流言蜚语以及来自全球四面八方的新闻。这已深刻地改变了现象学意义上的现代生活经验，以及社会权力的网络系统。"② 美国学者道格拉斯·凯尔纳（Douglas Kellner）也认为："事实上，在'文化'和'传播'之间所作的区分是武断和生硬的。不管人们是将'文化'看做是高雅文化的产物、人们的生活方式、人类行为的语境，还是把它当做任何别的什么，文化总是与传播密切相关的。"③ 国内一些学者，如《文化传播论》一书的作者朱增朴、《传播文化与理解》一书的作者王政挺等人，也都曾指出，文化最本质的特征，恰恰正是传播，一旦离开传播，文化只能变成死水一潭，并最终消失在历史的长河中。文化与传媒的结盟是势之必然，而其最终催生的，恰恰是当代的传媒文化。

---

① ［美］克利福德·格尔茨著，纳日碧力戈译：《文化的解释》，上海人民出版社1999年第11版，第11页。

② ［英］尼克·史蒂文森著，王文斌译：《认识媒介文化》，商务印书馆2001年版，第11—12页。

③ ［美］道格拉斯·凯尔纳：《媒体文化——介于现代与后现代之间的文化研究、认同性与政治》，商务印书馆2004年版。

当代传媒文化既然是大众传媒与人类已有文化结盟的产物，显然它就既具有自己的独特之处，也将无法摆脱已有文化的根本特征。那么，与一般意义上的文化相较，传媒文化的特征究竟该如何来描述？要回答这一问题，我们有必要先对"文化"（culture）一词的具体含义作一番梳理。应该说，文化是当代词汇中最难定义的一个。仅英语世界中对它的定义方式就有160多种。英国人类学家雷蒙·威廉斯（Raymond Williams）在对"文化"进行了几十年潜心研究之后，不得不得出一个令人沮丧的结论："英语中有三个最为难解的词，文化即是其中之一。"① 虽然难解，但"文化"一词的确又需要解析，而且也不断有人试图去解析。哲学的、艺术的、教育的、心理学的、历史的、人类学的、社会学的、生态学乃至生物学的文化概念因之而诞生。本书涉及"文化"一词时，一般采用文化交流学者理查德·波特（Richard E. Potter）和拉里·萨莫瓦尔（Larry A. Samovar）等人的定义，即认为文化一般包括三大内容：器物、观念和行为。也正是这三大内容，铸造了当代传媒文化的三大主要特征，或者说三大主要观照对象：

第一，大众传播媒介自身的形成和发展本身就是文化的产物。正是为了更好地传承人类已有的文化，大众传播媒介才得以诞生；而为了在更广范围内传播已有的文化，人类才从口语媒介时代进化到了以报纸、杂志为代表的印刷媒介时代；至于电视、互联网、手机等电子媒体技术的高歌猛进，体现出来的，也恰恰是人类从"读文时代"进化到"读图时代"的文化需求。从这一角度上讲，大众传播媒介自身的发展变化，包括其外部形态的变化及内部组织的扩张，正是当代传媒文化的重要组成部分。

第二，大众传媒既传承了人类已有的文化，更创造了崭新的文化形态，即以报纸文化、影视文化、网络文化等为代表的当代大众文化（Mass Culture）。在《理解媒介——论人的延伸》（Understanding Media：The Extensions of Man）一书中，传播学大师马歇尔·麦克卢汉（Marshall McLuhan）曾经提出了一个著名的论断：媒介即讯息（The Medium is the Message）。按照麦氏的理解，每一种新媒介一旦出现，无论它传递的具体内容如何，这种媒介的形式本身就会给人类社会带来某种信息，并引起社会的某种变革。这种变革，更多的时候，指向的正是文化变革。对此，我国学者周宪在其《中国当代审美文化研究》一书中也曾明确指出："媒介作为一种文化的技术逻辑和力量，无情地塑造着大众的文化习性，在不断加剧的媒体化过程

---

① ［英］R. 威廉斯：《关键词》（Keyword，London：Fontana），1976年。

中，我们似乎看到了一些征兆：不是媒介来适应主题，而是相反，是主题不断地适应媒体。"① 不断适应媒体变化的这些"主题"，展现的也恰恰正是当代的大众文化的习性与内核。对我们这里所说的"大众文化"的定义，目前学术界的认识已比较统一，即大众文化主要指兴起于现当代都市的，与现当代大工业密切相关的，以现代传媒为介质大批量生产的文化形态；是处于消费时代的，由消费意识形态来筹划、引导大众，并采取时尚化方式来运作的文化消费形态。商品性、通俗性、流行性及娱乐性是其典型特征。应该说，这种由大众传播媒介所创造的崭新的"大众文化"，正是当代传媒文化的核心内容。

第三，以大众文化为核心内容的当代传媒文化具有自己独特的文化价值和文化精神，比如上文提到的商品性、通俗性、流行性及娱乐性等，这些文化精神与文化价值又对人类社会的其他文化形态乃至整个人类社会行为产生了或多或少、或大或小的冲击与影响，并进而促进了其他文化形态乃至人类行为模式的新一轮变革。这种变革，同样是当代传媒文化需要关注的重要内容。

纵观传媒文化上述三大特征，我们发现，第一特征指向的正是文化的器物层面；第二特征指向的正是文化的观念层面；而第三特征指向的则是文化的行动层面。也正是在器物、观念和行动这三大层面上，当代传媒文化正在展开一幅越来越多姿多彩的社会画卷。只要稍加扫描，我们就会发现，在这幅不断展开的画卷上，既有各国文化、各民族文化借助大众传媒实现的全球化融合，也有各国文化、各民族文化为了应对全球化融合、捍卫自己独特气质而进行的本土化运作，更有全球化与本土化间相互谈判、相互妥协而逐渐形成的球土化趋势；既有大众传媒作为当代政治、经济等社会权力的掌握者而展现出来的权力化特征，也有当代传媒文化作为一种典型的消费文化而展现出来的市场化取向；而与传媒文化的市场化有若干联系的娱乐化、分众化，也在这幅画卷上越画越畅快，越画越深入人心。当然，随着当代传媒技术的不断发展，与网络有关的若干文化现象也次第登上传播舞台，精神生活、经济生活乃至政治生活的虚拟化问题同样成为当代传媒文化一个无法绕开的话题——总之，当代文化的多元格局已经在大众传媒的全方位推动下，日益展现出越来越值得关注的勃勃生机。本书就将从上述内容出发，对当代传媒文化的美丽画卷作出全方位解读——既描述外在表现，也分析形成原

---

① 参见周宪《中国当代审美文化研究》，北京大学出版社1997年版，第265页。

因，更探讨未来趋势。

进行这样的研究，无疑具有相当的挑战性。因为仅就目前而言，西方学者虽已在传媒文化研究方面取得了丰硕成果，比如尼克·史蒂文森的《认识媒介文化——社会理论与大众传播》和道格拉斯·凯尔纳的《媒体文化——介于现代与后现代之间的文化研究、认同性与政治》就是其中的代表性作品，但和西方的研究成果比较起来，我国的传媒文化研究却仍处于起步阶段——仅是社会学、哲学和文艺批评等领域的一批学者在当代文化的转型、文艺与社会关系、大众文化特征等方面作出了一些初步的探讨。而其中所涉及的"大众文化"，很多时候也仅是就上文提到的传媒文化第二特征中的内容而言的。这也就是说，当前我国学者对传媒文化的研究，很大程度上仍然是纯文化研究，一方面其关注范围有过窄之嫌；另一方面也不是将传媒研究纳入文化研究范畴后所进行的综合考察，即在很大程度上忽略了"传媒"与"文化"结盟后可能产生的崭新发展与特性变迁。因此，从当代传媒的实际运作情况出发，从新闻学、传播学的研究范畴出发，系统地考察传媒文化及其对整个社会生活的影响，显得尤为必要。

更为重要的是，本书在行文体例上还作了一次大胆的尝试，即在每一章的每一个大问题上，都以当代尤其是最近几年大众传播实践中的一些经典案例为引，再结合这些具体案例条分缕析地描述现象、分析原因，进而预测未来。较长一段时期以来，实务操作与理论研究的相对脱节一直是我国新闻学与大众传播学中一个没有得到很好解决的问题。"两张皮"现象的存在直接导致了"双重尴尬"：理论研究无法真正指导传播实践，传播实践又不能及时上升到理论层面并进一步提升实践质量——在某些具体的学科领域里，有时甚至还出现了高等院校教材落后于具体实践几年甚至十几年的状况。本书之所以采用这种以案例为导引的体例，其根本目的正是使我们的研究与当前的传媒实践紧密相连，及时有效地总结传媒实践，并能及时有效地给实践提供理论支持。应该说，这种研究模式在国外较为普遍，但在我国，尤其是我国的传媒文化研究领域，尚不多见。

最后，对本书的章节情况作一个简单的描述。

在第一章中我们谈论的是传媒文化的符号化问题。之所以将这一问题放在本书的开篇之处，是因为大众传播媒介的一切行为都不得不依赖于符号而展开。传媒文化及传媒信息凭借符号得以传播，而传媒信息的不断符号化又进一步催生了传媒文化的发展变化，进而促动了整个社会价值理念及社会行为模式的变迁。比如法国学者让·波德里亚（Jean Baudrillard）所指称的消费社会，说到底正是建立在"符号社会"的基础之上的。大众传媒的不断符号化给传媒文化带来了什么样的影响？传媒文化的符号化究竟又给整个社会带来了什么样的变化？这正是本章要着重阐释的问题。消费社会中的众多传媒现象，比如《超级女声》等选秀节目为什么能红极一时？电视剧《大明王朝1566——嘉靖与海瑞》等电视剧为什么叫好不叫座？国际品牌万宝路是如何一步步成长起来的、其中展示着什么样的符号化意义？网络世界的"铜须门事件"体现了什么样的文化意义、该如何从符号学及传媒文化的角度解读？上述种种问题将成为本章重点关注的案例。

本书第二章及第三章将分别谈论传媒文化的全球化及本土化问题。这是一个问题的两个方面，所以本书让它们有了"紧密接触"。大众传播的根本目的正是让特定信息、特定文化有更为广阔的传播领域和更为广阔的生存空间，从这一意义上讲，全球化应该是传媒文化的基本趋势之一。因此，以《红高粱》、《花木兰》等影视作品为代表的民族文化的全球化，以及以默多克传媒集团为代表的传媒机构的全球扩张等案例成为全球化一章中重点关注的内容。值得注意的问题是，传媒文化的全球化过程，也必然是文化与文化之间、文明与文明之间不断发生碰撞，不断发生冲突的过程，这种碰撞与冲突究竟给当代社会带来了什么样的影响？如何有效地解决这种冲突？也成了本章重点关注的问题。为此，我们着重提及了肇始于丹麦《日德兰邮报》的"穆罕默德漫画事件"。一方面是全球化的日益勃兴；另一方面是发展中国家本土化的呼声越来越高——这正是当代传媒文化的发展现状。另外，传媒文化的本土化也正是民族国家抵抗外来文化入侵的有效手段之一。为此，本书第三章重点关注了传媒文化的本土化问题，并进而对全球化和本土化间相互对抗相互妥协后诞生的崭新趋向——球土化问题作出了初步的探讨。

本书第四章涉及的话题是传媒文化的市场化。在当前的市场经济体制下，传媒资本同其他一切资本一样，不可避免地具有追逐利润、追求最大剩余价值的本能。传媒企业或者传媒机构将其产品及附载在产品上的各种传媒文化的生产、流通和销售全部纳入市场轨道，并以市场需求作为唯一出发点和归宿的这种现象，在当前的传媒运作中十分普遍——市场化正在演变成为现代社会传媒文化的本质特征之一。该章触及的正是这一话题。而国外媒体以"三版女郎"为代表的色情文化、好莱坞影视作品的全球营销策略等将成为本章的重头案例。

与传媒文化的市场化有千丝万缕联系的，是传媒文化的分众化。表面上来看，市场化遵循的是"大数原则"，而分众化则有着明显的小众趋势，二者在指向上有南辕北辙之感——但实际上，这二者却同样是一个问题的两个方面，其根本目标都是如何在激烈的市场竞争中站稳脚跟，并谋划进一步的发展。本书第五章就将对传媒文化的分众化问题作出探讨。

本书第六章关注的是传媒文化的权力化问题。拥有强大的话语权是大众传媒的基本特征。当话语权与政治权力、经济权力结盟之后，会对社会结构造成什么样的影响？为什么《超级女声》2005年冠军李宇春能被大众传媒捧得如日中天，甚至被《时代周刊》（亚洲版）选上封面？这中间体现出了传媒文化怎样的权力化运作模式？上述问题正是本章要着重关注的话题。

第七章关注的问题是传媒文化的娱乐化。20世纪60—70年代，国际社会步入了一个具有新的娱乐道德观的时代。由于娱乐作为人们的基本需要得到普遍正视，同时在具备一定经济基础的条件下转化为市场需求，各种用于消费的娱乐方式和娱乐产品纷纷问世。大众传媒的娱乐功能也因之得以强化。而时至今日，大众传媒的娱乐功能更是大有独领风骚之势，传媒文化也正在成为娱乐的传媒文化。面对此情此景，连美国文化研究学者麦克唐纳（Dwight Macdonald）也说，传媒文艺作品（大众文化）"就是尽一切办法让大伙儿高兴"[1]。这种娱乐化的趋势从表象上看，既有传播内容上的娱乐比重增加，更有其他严肃内容的最终与娱乐同流——其中最典型的案例即"戏说"类影视作品的大行其道和经典影视作品的另类改编风潮；甚至一些政治新闻娱乐化，如中国台湾地区的时事新闻节目《全民大闷锅》的出现。这种娱乐化趋势的出现，对当代传媒文化究竟有什么样的影响？对当代社会究竟有什么样的影响？正是本章要关注的话题。

本书第八章将着重关注传媒文化的多元化问题。从前面的章节中我们其实已经看到，当代传媒文化已经表现出了一种多元杂糅的形态。那么，究竟还有哪些文化形态杂糅在了当代传媒文化之中？它们彼此之间是如何和谐相处并最终整合成统一的传媒文化样态的？本章将对这一话题进行详解。

本书最后一章与其说是问题研究，不如说是趋势预测与前景展望。因为该章中所涉及的两个问题：传媒文化的技术化和传媒文化的虚拟化，一个是贯穿传媒文化始终、其领域仍在不断拓展的话题；另一个则是与最近几年才开始显现"魔力"的网络虚拟世界或网络虚拟社会紧密相关的话题。但这两个话题，却恰恰都涉及了当代传媒文化中最值得关注的内容：随着当代科

---

[1] ［美］丹尼尔·贝尔著，赵一凡、蒲隆等译：《资本主义文化矛盾》，生活·读书·新知三联书店1989年版，第91页。

技的发展，还有哪些新媒体样式会显现出来？原有的媒体又该如何面对新媒体的挑战？传媒科技的发展变化究竟给当代社会文化、社会结构带来了哪些影响？我们该如何来理解、来面对这些影响？这些问题正是传媒文化的技术化应该解决的——虽然短短的一节不足以解决诸多问题，但至少我们将提供一种思考的方向。

传媒文化的虚拟化问题则是随着当代互联网技术、通信技术和传媒技术等的不断发展，在最近几年内才开始浮现的一个话题。对中国互联网信息中心近年来调查报告显示的网络使用情况稍加分析就能看到，互联网络已经深入当代社会生活——包括数字娱乐等精神生活、电子商务等经济生活和电子政务等政治生活在内的当代网民方方面面的生活都已经被或者正在被数字化、虚拟化——因此，这一话题的意义不言而喻。而且，随着互联网络的飞速发展以及全球网民人数的不断递增，其意义还将进一步凸显。"铜须门"事件的真正动因是什么？发生在网络游戏《第二人生》中的虚拟强奸案为什么会引起现实警察的高度关注？丰田、奥迪、锐步、阿迪达斯等世界级的商品品牌，路透社、美联社、《连线》（Wired）杂志社等全球传媒巨头为什么要打入网络游戏世界？它们在虚拟社会里获得了什么样的收益？马尔代夫、瑞典、爱沙尼亚等国何以要在网络游戏里建立自己的虚拟大使馆？他们所谋者何？游戏世界里的美国国会山又是什么样子？美国军方又为什么要投入巨资建立起应对虚拟战争的网络司令部？上述内容正是本章将要重点关注的内容。而其根本目的，正是要对当代网民精神生活的虚拟化、网民与企业组织等的经济生活的虚拟化，乃至整个社会政治生活的虚拟化问题作出初步探讨，借以关注当代互联网络背景下的传媒文化对整个社会价值、社会行为的影响。

本书作为一部对当代传媒文化进行初步思考的专著，当然希望能够就教于新闻传播学以及文化研究理论界的诸位方家，但同时书中还涉及一些实务性问题，因此，我们也希望新闻传播业界及文化产业领域的各位实务工作者不吝赐教。

第一章　传媒文化的符号化

　　符号（sign）是人类用以传递信息、指示和称谓事物及其关系的代码。它可以简单地分为语言符号和非语言符号两大类。语言符号又包括口语符号和文字符号两类；非语言符号则包括外貌衣着、表情眼神、姿态动作以及一些特定的信号，如古代的图画、结绳、烽火、狼烟，现代的旗语、交通标志等。人类凭借符号生活，而人类的符号又恰恰是借着想传播及方便交流的动机而创造出来的。符号学的创始人、瑞士语言学家索绪尔（Ferdinand de Saussure）在他的《普通语言学教程》一书中就曾明确指出：正是因为有了语言等符号体系的存在，同一社团中的个体才可以互通。另一位符号学大家、法国学者罗兰·巴特（Roland Barthes）更是在本体论的意义上认为：人是符号的动物，在其类的活动中需要相互沟通、相互理解——而这种沟通与理解，恰是符号作用的结果。对此，浙江大学教授李岩在其《媒介批评——立场范畴命题方式》一书中有更为直观的解说："有人曾经对符号的意义作了幽默的描述：在没有符号的世界里，人们要表达思想需要经常背负硕大无比的口袋，讲到什么就从口袋中掏出什么。掏出麦子、稻子、衣服，鞋袜。掏出房子、河流、山川？这是不可能的。"[1] 正是在上述意义上，我们认为，"符号帮助人类冲破了直接经验或意识的牢笼，使我们获得了自由的空间和自由的时间，改变了人类相互作用的模式"[2]。人类的这种"相互作用模式"，体现得最多最直接的，又恰恰是传播模式——传播者将自己的思想、意识和事物的性质及关系转化为符号，即实现编码的过程；涵盖了信息、思想、意识等内容的符号到达接受者那里后，又通过对其解读而还原，即实现解码的过程——编码与解码的简单连通，最终便实现了人类传播的过程。这一过程，也正是我们所说的"符号化"。显然，人类不断创造符号、完善符号体系的过程，正是符号化的具体体现。而

---

[1] 李岩：《媒介批评——立场范畴命题方式》，浙江大学出版社2005年版，第11页。
[2] 邵培仁：《传播学》，高等教育出版社2000年第1版，第124页。

这种符号化的最终目标，即是实现方便、高效，通俗、易懂的传播。

作为当代人类传递信息、沟通思想、实现交流的最重要工具——大众传播媒介，[①] 从诞生之初，就与符号和符号化形影不离。纵观大众传媒发展的历史，我们甚至可以说，没有文字、声音、图像等诸种符号的介入，大众传播媒介将寸步难行——"符号化生存"正是其基本的宿命。值得注意的是，与其他符号系统的发展、完善过程相似，大众传媒的符号系统，也同样经历了一个不断发展、完善的过程——这一过程，正是传播符号越来越形象化，越来越容易为受众所理解，受众的解码所得也越来越靠近传媒的编码意义的过程。这一过程，无疑已经构成了一种特殊的传媒文化景观，并进而成为传媒文化进一步符号化不可或缺的基础性条件。

在这一前提之下，尚需特别说明的是，同其他一般信息的传播一样，人类已有的各种文化要通过媒体进行传播，符号化同样是其必由之路。比如，文化传承的典型案例——中央电视台的《百家讲坛》就正是通过语言和影像等符号来实现其文化传播目的的。与此同时，正如传播学泰斗、加拿大学者马歇尔·麦克卢汉所指出的那样："媒介即讯息（The medium is the message）"，不同的传播媒介其实也在不断地借助自身不同的符号系统创造着不同特质的传媒文化，比如为大多数人所热议的影视文化、网络文化，正是因为它们使用了略有不同的符号系统，因而才具有不同的文化特点。从这一层面上讲，"符号化"显然也是传媒文化的生存宿命——只不过，传媒文化的这种符号化过程，又在不断地派生着若干其他的文化意义。

正是基于上述理由，本章将从"形象化、多元化"、"意义化、消费化"以及"素材化、资源化"（或称符号的再生产化）三个层面，对传媒文化的符号化问题进行深入剖析。文章的最后，我们则将从"奴化、选择化与对抗化"三个角度入手，对传媒文化符号化的传播效果问题进行初步的探讨。

[①] 对"大众传播媒介"一词，甘惜分主编的《新闻学大辞典》有较清楚的解释：泛指所有用以向广大受众传递各种技术信息的手段；有广义和狭义之分——广义的大众传媒通常指报纸、杂志、广播、电视、电影和图书等六种传播工具；狭义的大众传媒则指与新闻有密切关联的报纸、杂志、广播、电视这四种媒介。实际上，随着传媒技术的不断进步，1998年5月，联合国教科文组织又正式将互联网纳入了大众传播媒介的范畴。对这一认定，虽然学术界尚有不同看法，且本人也同意互联网不能简单定义为大众传媒，但鉴于本文并非主要对此作出探讨，所以文中提到的"大众传播媒介"这一概念，将借鉴甘惜分的定义和联合国教科文组织的认定，将报纸、杂志、广播、电视和互联网等媒介组织形式统纳入其中。

第一节　形象化、多元化：传媒文化符号化的历史景观

正如上文所说，"符号化"是大众传媒及传媒文化的生存宿命，而通过各种途径、手段促使传媒符号日渐远离抽象化、更趋于形象化，则是大众传媒及传媒文化发展过程中的一个基本走势——由此它也形成了一种特殊的传媒文化景观。我们不妨先看几个案例。

案例一：当代报纸进入图文并茂时代

1941年12月，国际知名大摄影家卡休拍摄了他的成名作《丘吉尔》。当时的英国正处于生死存亡的命运中，丘吉尔以首相身份在加拿大议院发表演说，卡休这张照片就是在丘吉尔演说完毕后拍摄的——丘吉尔的眼神好像在凝视着什么，他的手紧紧抓住椅子，以及因被拿掉雪茄烟而略显不自然的表情，都衬托出丘吉尔内心坚强不屈的斗志。这幅新闻图片在第二天的报纸上刊出后，英国人民受到了极大的鼓舞，报纸也获得了比单独刊出丘吉尔演说更好的传播效果。

2001年9月11日，美国遭受恐怖袭击，造成纽约世界贸易中心北楼和南楼坍塌，美国国防部五角大楼一角被毁。据报道，在纽约世贸大楼倒塌中死亡和失踪人数为2797人。"9·11"事件发生后的第二天，包括《纽约时报》等在内的美国大多数报纸上都登出了遭到恐怖分子袭击的纽约世贸大厦在被飞机撞击的一瞬间的新闻图片：世贸大厦燃烧起熊熊烈火，浓烟滚滚飞向天际，街头的人们惊恐万状，就像到了世界末日。画面冲击力极强的新闻图片强烈地吸引了读者，有读者甚至声称：这些图片已经在他们的记忆中永远定格。

鉴于新闻图片在报纸表达中的明显作用，为了更好地发挥传播效果，1990年我国报界也明确提出了"图文并茂、两翼齐飞"的办报方针，新闻图片越来越多地融入了报纸的版面中。时至今日，除了配文的新闻图片，整版的图片新闻版也已在各大报纸上屡见不鲜，并成为读者十分关注的版面之一。

案例二：1938 年的广播剧恐慌①

1938 年 10 月 30 日，万圣节的前一天，美国人亨利·布罗文斯基正在去华盛顿与女友会面的路上。他的女友住在华盛顿的亚当斯·摩根公寓。在路上，当他打开收音机的时候，这位当时 25 岁的法学院学生听到了一个令人震惊的"消息"：一个巨大的陨星落到了新泽西的一个农场里，纽约正面临火星人的进攻。

"我知道这只是一个恶作剧。"多年以后，布罗文斯基回忆道。

但是其他的人并没有这样想。当他来到公寓里的时候，他的女友"吓坏了，相信广播里说的一定是真的"。成千上万的人相信，他们正在面临来自火星人的攻击，人们惊恐万状，向报社、广播电台和警察局询问该如何逃生，该怎样预防来自外星人的袭击，电话都被打爆了。

其实，当晚人们听到的这个"消息"是假的，它是哥伦比亚广播公司根据英国科幻小说家威尔斯（Herbert George Welles）的科幻小说《星际大战》（*War of the Worlds*）改编的广播剧《火星人入侵》（*The Invasion from Mars*）。只不过，广播剧在"传播符号"的使用上花了极大的力气——运用了逼真的音响效果，被一个名为奥森·威尔斯（Orson Welles，1915—1985）的演员和他所在的水星剧团（Mercury Theater Group）演播得绘声绘色——急促的、喘着粗气的表演，同一个月前广播公司播音员报道有关"慕尼黑危机"新闻时的方式一模一样。

第二天，这个节目成了报上的头版新闻，甚至把当时的风云人物希特勒都挤走了。其标题则包括"电台制造战争，惊动全国"、"电台宣布火星人进攻地球"等。《纽约时报》还在头版的报道中描述了头一天听众的恐慌：极度恐慌的听众塞满了道路，有的藏在地窖里，有的在枪中装满了子弹。在纽约的一个街区，20 多个家庭中的人们都冲出房门，他们用湿毛巾捂住脸，以防止吸入火星人的"毒气"。

据普林斯顿大学事后的调查，整个国家约有 170 万人相信这个节目是新闻广播，但也有约 120 万人产生了严重恐慌，要马上逃难。实际上，广播剧播出时，开始和结尾都声明说这只是一个改编自小说的科幻故事，在演播过程中，哥伦比亚广播公司还曾 4 次插入声明。然而，谁也没有料到，绘声绘色的声音符号居然对听众产生了如此巨大的影响！

---

① 本案例资料主要来自于《火星人入侵地球：1938 年引起恐慌的广播剧》，http://scitech.people.com.cn/GB/25509/54887/54889/3825911.html。

案例三：央视《快乐驿站》大获成功

2004年10月8日，中央电视台综艺频道（CCTV—3）推出了一档每集10分钟的日播型动漫节目《快乐驿站》。该节目的最大特点与看点，就是用时尚、先锋的Flash动画，演绎中国已有的经典幽默——包括赵丽蓉、赵本山、黄宏等人的小品，侯跃文、姜昆、李金斗等人的相声，使原本在语言表达上充满了喜剧色彩的小品、相声又增添了丰富的视觉效果，令人耳目一新，更感亲切。开播三个月后，节目即已位居综艺频道收视率前沿位置，此后该节目收视率一路攀升，最高峰时曾达1.78，位居央视综艺频道收视率第四位。

谈到这一节目成功的原因时，中国传媒大学文化创意产业研究院齐骥等人认为：和常态的小品、相声比较起来，《快乐驿站》将音乐、声效、动画有机地结合在了一起，"把相声、小品中虚化的背景具象化，并在借鉴版画、水墨、皮影、年画等美术形式的基础上，将时尚、先锋元素融会其中"，真正做到了绘声、绘色、绘影。① 在这几重符号的共同作用下，其效果显然会比常态的小品、相声更加幽默、更加引人入胜。

案例四：互联网五年实现普及

凌晨2点，在成都某报社做编辑的王小姐下班回到了家里。王小姐回家后的第一件事不是洗了睡，而是直奔书房，再一次打开了电脑——打开家里的电脑不是为了继续工作，而是为了玩游戏，她已经和报社的几个同事约好，一起"打怪"、练级、赚装备——这种下班后再玩上两三个小时游戏的日子，王小姐她们已经持续了近一个月。

王小姐是个标准的"网虫"，除了玩游戏，她还经常上网聊聊天、逛逛网上"商场"，虽然自己就在报社工作，但王小姐声称，绝大多数的新闻她往往是在网上看的。"怎么说呢？听得见、看得着，还可以和精神世界联机，我当然更喜欢网络。"王小姐说：在网络聊天和网络游戏里，她们进行着最纯粹、最直接的交流，最直接的精神投入，用着比现实世界更为丰富的语言，更为另类、简洁的表情符号，"我就喜欢这个和现实世界有很大区别的'精神聚会地'"。

王小姐并非个案。2007年1月23日，中国互联网络信息中心公布了我

---

① 刘亚力、崔丽萍等：《搞笑产业前年财起财落 相声小品都要产业化》，http://www.ce.cn/bjnews/economy/news/200707/02/t20070702_12024248_1.shtml。

国第 19 次互联网调查报告。报告显示：我国网民①数量已从 2000 年 12 月的 2250 万人飙升至 2006 年 12 月的 1.37 亿人，6 年涨了 5 倍。与此同时，截至 2007 年初，全世界的网民数量已突破 10 亿人，其发展速度远超其他媒体。按学界及业界 20% 为"普及"的理论（我国则有一个"2000 万定律"），广播、电视分别用了 38 年和 13 年实现普及，但网络这个更加充分地运用文字、声音、图像等多种符号手段以传达信息、提供娱乐的"多媒体"仅用了 5 年时间即达到目的。在类似数据的支撑之下，近年来，一些学者甚至提出了一个大胆的假设："传统媒体消亡论"——最早提出该理论的美国北卡罗来纳州立大学教授菲尔普·迈尔在《正在消失的报纸：在信息时代拯救记者》一书中就明确提出："到 2044 年，确切地说，是 2044 年 10 月，最后一位日报读者将结账走人。"

对于王小姐所说的令她神往的那些简洁的、另类的符号，中国台湾地区 CNET 科技网站曾举办了"常用/实用网络 e 文学"票选活动，依据"标点符号篇"、"网络用语篇"、"英文缩写篇"以及"数字篇"四大类型，对网络中出现的一些崭新的表达、沟通符号进行展示并选出了各大类的人气排行榜——在"标点符号"部分，有"@-@｜｜｜"（代表已经头晕眼花），"\（^0^）/"（代表聚首欢呼的笑脸）等；在"网络用语"和"英文缩写篇"中，有"GG"、"MM"（哥哥、妹妹；男生、女生），"3Q"（thank you；谢谢）和"UR"（you are 的缩写）等；而"数字篇"中的一些特定符号则更为一般人所熟悉，例如"886"（bye bye 了；再见）和"5376"（我生气了）等。②

上述四个案例，分别指向了历史最悠久的大众传媒——报纸（案例一），在存在时间上等而次之的传播媒介——广播（案例二）、电视（案例三），以及 20 世纪末才最终成型的新兴媒体——互联网络（案例四）。对这四个案例稍加分析即可看出，大众传播媒介赖以生存和发挥作用的传播符号日趋形象化、通俗化和多元化正是贯穿其中的一条主线：首先，报纸、杂志等纸制媒体单靠文字符号传递信息过于抽象，受众产生误读的可能性极大，于是加入"新闻图片"这一形象化的符号予以补足；虽然新闻图片在意义

---

① 按照中国互联网络信息中心（CNNIC）的定义：网民为平均每周使用互联网至少 1 小时的 6 周岁以上中国公民。

② 郭玉锦、王欢：《网络社会学》，中国人民大学出版社 2005 年版，第 8 页。

传达上比新闻文字要薄弱许多，但是它的直观性和易解读性（文字需要经过学习后才可识别，而图片则可以不经专业训练直接解读），显然更能吸引读者，也能起到更好的传播效果。其实，在"读图时代"已然降临的今天，报纸上是否刊载了有冲击力的新闻图片，已经成为一张报纸能否有效地抓住读者的关键因素之一。世界报刊设计协会调查表明：一张位于头版中线以上，足够吸引人的新闻图片，以及明晰丰富的视觉设计，可以决定一个读者的购买欲望。有人也据此提出了"三步五秒"定律：如果报纸在头版以大标题、大照片、粗线条营造视觉中心，读者就能在距报摊三步之远，五秒以内产生购买冲动。

其次，与文字符号比较起来，"声音"符号，尤其是加入了表情等各种非语言符号的"声音"虽然更加形象，但它似乎比文字符号更容易造成解码错误（所以才会造成"火星人入侵"式恐慌），于是电视取长补短、音画结合，[①] 在通俗易懂方面、在有效传播方面，取得了比报纸、广播更进一步的成功——无论是相声还是小品都可以在广播上表演，但其效果显然不如在电视上表演，而电视上真实的相声、小品表演又不一定赶得上进一步添加了更加丰富多彩的视觉符号的《快乐驿站》；至于互联网这个新兴的媒体，则综合了报纸、广播、电视众家之所长，集文字、声音、图像等多种传播符号于一身并使之得到了有机融合。除此之外，案例四中所列举的那些崭新的"创意性符号"，又进一步增加了网络的传播魅力——它们要么形象生动、表现力极强（如"标点符号"），要么简洁幽默、另类风趣（如"网络语言"及"数字"），使之成为网络吸引年青一代的重要砝码之一。维特根斯坦（Ludwig Wittgenstein）曾指出："我的语言的界限就是我世界的界限。"换句话说，你使用了什么样的语言符号，也就构造了什么样的文化世界——当文字、声音、图像与那些崭新的符号形式并行于网络世界中时，互联网便轻而易举地成为当今普及速度最快的媒介形式和文化传播形式，它甚至已隐隐有取前三者而代之的趋势——短短五年内便实现世界性普及，无论是报纸、杂志，还是广播、电视，显然都望尘莫及。

值得注意的是，无论是形象化、通俗化还是多元融合，传媒符号的这种

---

① 电视上也有以字幕形式出现的文字符号，但和声音、画面这两大符号体系比较起来，电视上的字幕作用相对较小，故此处不纳入讨论。值得一提的是，电视上的画面和报纸上的图片也有极大不同处：前者为活动影像，后者为静止符号，其形象程度相去甚远。

从抽象到形象、从简单到多元的发展过程，其最终指向显然都如上文所反复提到的那样，是"更加有效的传播"——大众传播媒介所传递的信息，所传承的文化，通过这种日趋完善的符号化过程，获得了更好的传播效果。那么，这种来源于有效传播动机的符号化过程，究竟又是在什么样的理论指导下，最终保证其"航向"正确的呢？

一 编码解码理论："形象化"、"多元化"的传播学解读

符号学的鼻祖索绪尔认为，符号是由"能指"和"所指"两个部分组合而成的。而按照接受学的理解，"能指"指向的是符号的形式，主要由编码者决定；"所指"指向的则是符号的内容，主要由解码者决定。在符号的创设过程中，编码者为解码者预留的空间既是无限的又是有限的——任何符号都可能涵盖丰富的意义，让人难以穷尽，所以也才会出现"一千个读者就有一千个哈姆雷特"的奇特现象；同时，任何符号也都存在着一个基本的语义轴，过分偏离语义轴的解读显然也很难得到人们的认可。

根据接受者译码符合符号基本含义轴的程度，斯图亚特·霍尔（Stuart Hall）等人划分出了三种解码模式：（1）投合性译码，即一致码，解码者对符号的理解与编码者所要传达的含义完全一致；（2）协商性译码，又称协商码，解码者对符号的理解部分符合编码者的含义，另一部分理解则有所违背，但并不过分；（3）对立性译码，即对立码，解码者完全按照自己的理解对符号进行了解读，而与编码者所设定的基本含义轴相去甚远，甚至完全对立，编码者的思想完全没有得到传达。[①]

显然，在霍尔等人的编码解码理论中，"一致码"是最理想的解码模式，"对立码"则是最需要规避的解码模式：前者使被传播者符号化了的信息毫无损伤地、原原本本地到达了受众那里，传播获得了最优化效果；后者收获的则是最差传播效果。那么，如何才能使传播者的编码与受众的解码尽可能的趋于一致呢？霍尔等人认为，传播的线路必须畅通，即在编码者与译码者之间没有过多的噪音的干扰；编码者与译码者都必须遵循共同的文化规则等，是起码的前提条件。实际上，抛开这些理论阐述，而直逼解码者的认知能力等最具常识性的问题时，我们不难发现，越是单一、抽象的符号，解码者就越难理解，误读的可能性越大；相反，越是多元配合，具体形象的符

[①] [英]斯图亚特·霍尔：《编码/解码》，罗钢、刘象愚：《文化研究读本》，中国社会科学出版社2006年版，第345页。

号，解码者越能全方位把握——今天，当我们看到一段古人用以记事的结绳时，恐怕拍破了脑袋也想象不出里面蕴涵着怎样鲜活的故事，原因就在于它所展示的符号太过单一和抽象。然而，当我们面对一幅图文并茂的有关古人祭祀的壁画时，即使那些让人难以理解的远古宗教仪式，也许照样能一下子抓住其实质内涵。上文提到的"三步五秒"定律或许正是这一简单原理的运用。

正如同大多数研究者所认识到的那样，霍尔的三种解码模式，改变了以往的实证主义研究对传播者与受众关系的线性理解，指出了意义并不是传者"传递"的，而是受众主动"生产"的这一基本事实。这也就是说，在大众传媒所进行的各种传播活动中，居于译码者一方的受众才是真正意义上的"权力方"，怎样设定更直观、完善，系统作战的符号体系，以满足受众的解码需求，促使受众"生产"的意义更接近于要传达的意义，正是大众传媒所必须认真考虑的问题——以上案例中所展示出来的从抽象的文字到更为形象的图文结合，再到更加形象的声、画、文字的多重组合，反映的不正是大众传媒的符号越来越完善、越来越不容易被误读的过程吗？至于案例四中所提到的网民根据自我传播的需要在网络世界中设定出一些崭新的交流符号，则更进一步地展示了受众（在网络世界里，传者和受众实际上是同一体，尤其是在聊天等场景下）对符号进行"主动生产"的基本事实——用传统的眼光来解读，这些崭新的符号系统可能显得乱七八糟、不知所云，但对使用这些符号的网民来说，它们却真正达到了彼此之间快速、形象交流的目的，使彼此之间的传播变得更加直接而有效，而这也恰恰是案例四中王小姐一类的网民对这些符号心醉神驰的原因之一。从上述意义上讲，传媒符号的形象化与多元化过程，显然也正是传播者与受众之间达成一致性解码的必然要求。

二 迷雾指数理论："形象化"、"多元化"的符号学阐释

根据符号学的一般性原理，符号最基本的功能就是指代功能与表意功能。正因为具有这两大功能，符号也才具有上文中反复提到的认知与传播的功能。当然，符号在行使其指代与表意功能的过程中，往往又体现出了它的两大基本特性：任意性和约定性。所谓任意性，就是说符号的"能指"和"所指"之间的关系是任意的，它们的联系与结合并未存在什么必然的理由，而完全是出于符号创造者的主观规定和社会成员的共同约定，同样的事物完全可以用不同的能指来表达。而所谓的约定性，则是说，虽然不同的能

指和所指之间可以任意组合，但符号一旦创设完毕，具体的某个能指和所指之间，就具有社会约定的意义，不应也不能再随意更改。

应该看到，符号的约定性是受到了地域、文化背景等诸多因素影响的，比如仅仅是汉语世界里，"母亲"这个所指就因地域等因素的不同，而具有若干个能指：妈妈、姆妈、阿姆、娘娘……不一而足。因此，在绝大多数情况下，根本就不可能在全世界范围内构建起一个通用的能指与所指的约定。再加上本身就具有的任意性特性，符号的世界里，显然也就充满了迷雾指数，受众对符号的解码因之也就显得不那么一致。

"迷雾指数"这个概念是学者罗伯特·冈宁（Robert Gunning）于1953年提出来的。它最初指的是文章中词汇的抽象程度、艰涩程度以及句子让人迷惑不解的程度。文章的迷雾指数越高，读者阅读、理解的难度相应也就越大。[①] 作为大众传媒唯一的表现工具，传媒符号显然也具有这样的迷雾指数。那么如何才能摆脱这种迷雾指数的困扰，让受众在解码的过程中尽可能地趋近于一致性解码呢？无疑，传媒符号的形象化、多元化是一个可靠的手段——越通俗、越形象就越有利于直接解码，越丰富、越多元就越有利于联合解码。在这样的状况下，误读的可能才会越来越小。在大众传播媒介的发展进程中，广播、电视达到普及程度所用的时间比报纸、杂志更短，新兴的互联网达到普及程度的时间又远低于广播、电视，显然都和传媒符号越来越形象、越来越多元有着直接的联系——至于网络世界中那些刚刚出现不久的、用以表情达意的"标点符号"、"数字符号"及"英文缩写"等，有人可能因为自己难于识别而认为它们充满了更多的"迷雾指数"。但实际上，任何一种符号都只能针对其具体的受众来分析，对网民而言，这些新兴的符号其实都是一些"通用语言"，而且，对只能通过键盘打字来"说话"的网民来说，这些符号远比传统的语言符号、表情符号更为生动形象，更为简洁直观，也更适合在网络上表达。从这一意义上讲，它们恰恰是最有效的符号体系。更为重要的是，今天，这些符号也已经开始其在社会生活中的普及化道路——一些中小学语文老师说，如今的学生已习惯于把网络语言、网络符号运用在日常的作文中，开始时，他们还要进行纠正，但"看久了、用多了，我们也就默认了"。随着这种趋势，我们完全有理由相信，这些崭新的网络符号，最终将发展成为整个社会多元传播符号中普及性的一元。

以上，我们借助编码解码理论和迷雾指数理论，对四个典型案例所展现

[①] 邵培仁：《传播学》，高等教育出版社2000年第1版，第132页。

的传媒符号的形象化与多元融合的走势进行了初步梳理。通过这样的梳理，我们不难看出，从报纸、杂志发展到广播、电视，进而发展到被称为"第四媒体"的新兴的互联网络，固然离不开人类科技水平的提高，但从传播学和符号学的角度上讲，它却恰恰是适应受众方便、快捷、准确、高效解码要求的必然结果。也只有在符号化的过程中适应了受众的这种需求，大众传媒才能真正实现传播效果的最优化。而值得再一次说明的是，传媒符号化的这种形象化、多元化发展趋势，一方面使人类已经形成的文化和其他普通的信息一起得到了很好的传播；另一方面，从传媒自我发展的历史角度上看，它展现的恰恰又是一种特殊的传媒文化景观。离开了这种景观，传媒文化的进一步符号化，也将无从谈起。

第二节　意义化、消费化：传媒文化符号化的本质分析

在从简单、抽象到丰富、多元的发展过程中，大众传媒的符号化在形成一种特殊文化景观的同时，是否又的确催生了传媒文化的进一步符号化呢？这种进一步的符号化究竟又体现在哪些方面？我们同样先从几个案例谈起。

案例一：万宝路品牌的成功之路

近年来，菲立普·莫里斯烟草公司旗下的万宝路香烟（Marlboro）已经成为全球知名度最高和最具魅力的国际品牌之一。早在1995年，美国"金融世界"对全球品牌进行评估时就已认定：万宝路已凭借其高达446亿美元的品牌价值位居全球品牌之首——全球范围内，平均每分钟就有100多万支万宝路香烟被消费！但是，早期的万宝路香烟却并没有我们今天所看到的这种辉煌成就。实际上，早在1924年莫里斯推出万宝路时，它甚至还并不是男士香烟，它针对的是女性目标群，其广告词为"柔若五月的天气"，广告画面则以时髦女性手持香烟的优雅姿态为主。

由于女性消费市场相对狭窄，二战期间，万宝路的销售每况愈下，眼看就要消失于市场，再加上战后"骆驼"香烟（Camel）等强劲品牌又迅速冒了出来，万宝路的前途雪上加霜。在面临灭顶之灾的情况下，万宝路不得不转变其经营策略和广告战略，通过一系列的符号进行了新的品牌探索：首先是在女性香烟定位不变前提下进行的广告创意变化和外包装变化，但收效甚微；从1954年11月起，万宝路开始彻底改变其品牌定位——"西部牛仔"

第一次登上了产品的广告画面,传播的主题亦被定调为"释放男人风味","女士印象"一扫而光,万宝路也从此打响了成功的第一炮。此后,以西部牛仔为主调的品牌符号"万宝路男人"、"万宝路故乡"也和"西部牛仔"一起相继登上了万宝路的广告画面,加速了万宝路的成功。

对于万宝路的这种"符号化"的品牌探索之路,我们可以用下表来进行更为直观的描述。①

时间(年)	品牌定位	品牌符号	效果
1924	女性香烟	手持香烟姿态优雅的时髦女性,展示"柔若五月的天气"诉求	摇摇欲坠
1936	女性香烟	强调女性形象和红色美丽滤嘴,展示"唇齿间的天作之合"诉求	奄奄一息
1954	男士香烟	艳红色的包装、充满男人味的"牛仔"形象,共同"释放男人风味"	一炮打响成功起步
1955—1962	男士香烟	美国西部背景和原型的牛仔形象,"硬汉、豪情、冒险"等文化诉求得到彰显	空前成功,曾在8个月时间里创下销售业绩增长5000%的奇迹

案例二:湖南卫视"超级女声"现象

2004年五一黄金周的最后两天,一向以新锐著称的湖南卫视悄无声息地推出了一档在全国范围内进行的大型音乐选秀节目《快乐中国超级女声》。与常见的歌手大赛不同,该节目标榜自身是"不论年龄、不问地域、不拘外貌"的"无门槛"音乐选秀,同时号召全国观众以手机短信为载体(2006年加入QQ投票方式),通过投票参与对选手的评价、决定其去留——"希望以这种毫无门槛、大众均可参与的音乐赛事,来张扬一种'全民快乐'的感觉"。2005—2006年,湖南卫视继续并在更大规模上运作了这一"快乐符号"。

和《CCTV全国青年歌手大奖赛》这类比较成熟的音乐选秀节目比较起来,毫无门槛可言的《超级女声》、尤其是海选阶段的《超级女声》,的确远没有那么悦目、悦耳,很多时候甚至还有点"搞笑"的味道,但这个"悄悄起步"的节目,却立即引起了观众和业内人士的广泛关注,在节目参与程度、受众收视率和广告收入等诸多方面都取得了空前的成功。有资料显示,2004年超级女声短信收入约为1300万元,和广告收入大致持平。而据

---

① 相关资料来源于 http://www.vekee.com/b61737/。

2005年8月26日新浪网财经频道转载中国新闻社的报道称：2005年超级女声"观众数量超过4亿人次，单场手机短信收入超过1500万元"；"决赛期间平均收视率超过中央电视台传统保留节目春节联欢晚会，栏目短信和各类广告收入以亿计"①。2006年的节目期间，这种成功又得到了进一步的延续。

节目的成功使超级女声现象获得了国内外媒体的广泛关注。有关"超女"的新闻充斥了各大报纸的文娱版，相当多的地方电视台也都不遗余力地对湖南卫视的这档节目进行了报道，2005年10月3日出版的《时代周刊》（亚洲版）甚至将当年度的超女冠军李宇春印上了该期的封面。在该期杂志的封面上，以"第25位年度亚洲英雄人物"身份出现的李宇春身穿黑色上衣，戴着银色项链，浅浅地笑着。对于选择李宇春，《时代周刊》在文中表示："《超级女声》这个节目代表着一种民主运作的模式，由观众自己选出心中的偶像，挑战了中国传统的规范，在中国来说很不容易。"另外，文中还认为，"李宇春所带来的震撼已经超过了她本身，她满不在乎的个性、她对待比赛的态度及中性色彩的演出，使得她成为了中国的新平民偶像"。

案例三：《大明王朝1566——嘉靖与海瑞》的推广宣传

从2007年1月8日起，一向主打娱乐的湖南卫视在晚间黄金时段推出了讲述明朝嘉靖年间以裕王、高拱、张居正和海瑞等人为代表的"清流"与皇帝嘉靖、权臣严嵩、贪官严世蕃，以及宦官集团之间争斗故事的大型历史剧《大明王朝1566——嘉靖与海瑞》，每晚两集联播。农历大年初五（公历2007年2月22日），该剧又以每晚三集联播的方式重返湖南卫视荧屏。据湖南卫视自己的网站称："该剧直接导致了2007年一股阅读明史的热潮，甚至有观众和学者将2007年称为'明'年。"②

早在电视剧播出之前，湖南卫视就已经开始了广泛的宣传工作。在对该片进行推广介绍时，湖南卫视大张旗鼓地宣传了与中央纪律检查委员会"联合打造"（即电视剧每集片尾展示的字幕：中央纪委监察部电教中心、北京天凤海煦影视文化传媒公司联合摄制）这一颇具卖点的符号，大打"反腐力作"牌，以吸引眼球、号召收视率。对此，2007年第5期《瞭望东方周刊》也撰文指出：海瑞已"化身反腐利剑"——这里的海瑞，似乎已经在用来代指《大明王朝》这部电视剧。

---

① http://finance.sina.com.cn/xiaofei/consume/20050826/08001918830.shtml.
② http://www.hunantv.com/gold/dmwc/news021501.htm.

为了进一步营造氛围，起到良好的"议程设置"效果，在《大明王朝》播出期间，湖南卫视还通过自己的电视平台，请来了剧中主要人物嘉靖、海瑞、胡宗宪的扮演者，以及该剧的编剧刘和平等人，制作了好几期访谈节目，通过他们的"理解"，进一步传播"反腐符号"，号召收视率。

以上案例，指向了不同的传媒事件，但显然，它们又都蕴涵着极其相似的地方——传媒文化符号化在法国著名学者让·波德里亚所说的"消费社会逻辑"下的具体运用。对于消费社会的逻辑，在《物品体系》、《消费社会》等著作中，鲍氏曾一针见血地指出：要成为消费的对象，物品必须首先成为符号。无论是万宝路的"西部牛仔"，超级女声的"代言快乐"，还是《大明王朝》这部电视剧的"反腐式号召"，三个案例无一不体现了产品拥有人在原有的产品上附加崭新的符号意义，以期获得良好消费前景的企图。实际上，正如同罗兰·巴特等文化符号学家所指出的那样，通过各种手段剥离传媒产品原有的"能指"与"所指"之间的固有约定，从而将其打扮成为崭新的文化符号、意义符号——在原有的"直接意指"的基础上构筑起崭新的"含蓄意指"，正是"传媒文化符号化"的最有效手段——其最终的目标指向，则恰恰是被受众更好地接受、更好地消费。这一关系可以用以下图示作一个简单的说明：

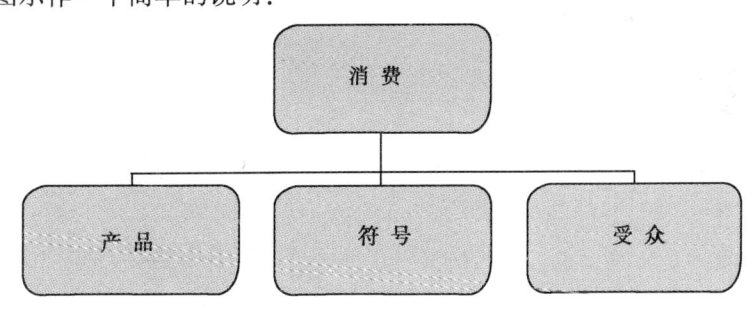

```
            ┌─────────┐
            │  消 费  │
            └────┬────┘
        ┌────────┼────────┐
   ┌────┴───┐ ┌──┴───┐ ┌──┴───┐
   │ 产 品 │ │ 符 号 │ │ 受 众 │
   └───────┘ └──────┘ └──────┘
```

如图所示，产品要想最终为受众所接受，就必须首先转化为符号；受众也正是通过对符号的消费，实现了对产品的消费；而消费则搭建起了产品、符号和受众这三大要素之间的关系之桥。不过，需要反复说明的是，正如前面所提到的那样，在这座"关系之桥"中，"传媒符号"已经超越了索绪尔等人的"普通语言学"能指与所指的固定搭配范畴，而进入了罗兰·巴特等人的"文化符号学"的领域——浙江大学教授李岩对此的理解是："符号能指与所指的第一个关系确定后，以第一层符号外延的意义为基础，并将另一层符号意义附加其上，构成另一个所指。这种附加从理论上讲似乎是没有限制的。"①

要想更好地理解传媒文化这种符号化消费的过程及其本质，我们就必须结合上文提到的案例，对包括杰姆逊、罗兰·巴特、让·波德里亚在内的诸多学者的一些相关理论作一个简要的梳理。

一 杰姆逊、罗兰·巴特：后现代社会的"能指游戏"

一直致力于后现代主义研究的美国学者弗雷德里克·杰姆逊（Fredric Jameson，又译作詹明信、詹姆逊），被认为是当代西方最杰出的马克思主义文化批评家和文化理论家。对于杰姆逊的成就，长期担任《新左派评论》（*New Lefe Review*）杂志社主编的佩里·安德森（Perry Andersan）曾作了这样的评价："杰姆逊的著作，犹如夜晚天空中升起的镁光照明弹，照亮了后现代被遮蔽的风景。"② 在《文化转向》（*The Caltural Turn*）等著作中，杰姆逊对后现代社会里产品，尤其是传媒产品的符号化消费问题进行的批判式关注，同样当得起这样的评价。

作为 20 世纪 60 年代以来的一个阶段性标签，"后现代社会"，是当代学术界用得最多也最众说纷纭的词汇之一。杰姆逊所理解的"后现代"，植根于晚期资本主义。而"晚期资本主义"的概念，又来源于比利时学者厄雷斯特·曼德尔（Ernest Mandel）。在《晚期资本主义》一书中，曼德尔将资本主义分解成了三个阶段：早期资本主义或市场资本主义阶段；垄断资本主义或帝国主义阶段；以跨国主义、消费主义为基本特点的晚期资本主义阶段。显然，这里提到的"晚期资本主义"，和波德里亚所说的"消费社会"（the consumer society）有着大致相同的特点，即供人们消费的财富、产品极大丰富状态下的一种社会形态，"人们不再像过去那样受到人的包围，而是受到物的包围"。"堆积、丰盛显然是给人影像最深刻的描写特征。"③ 从这意义上讲，我们完全可以抛开曼德尔的解说以及"晚期资本主义"这个词汇本身的含义，把它视做是各类消费品极大涌流的当下社会的一个代指性符号——而这一符号显然已经可以涵盖当下东西方大多数国家的社会状态。

---

① 李岩：《媒介批评——立场范畴命题方式》，浙江大学出版社 2005 年版，第 23 页。
② 转引自李彬《传播符号：从方法论到本体论》，《中国传媒报告》2003 年第 1 期。
③ [法] 让·波德里亚著，刘成富等译：《消费社会》，南京大学出版社 2000 年第 1 版，第 1—2 页。

第一章　传媒文化的符号化

杰姆逊认为，资本主义的任何一个阶段都有其特殊的文化发展状况，后现代主义恰恰是晚期资本主义的文化景观。这种文化景观的一个典型特点，从大众传播学的角度上看，就是"现实被转化为了无所不在的影像或形象"①。也就是说，鲜活的现实生活最终被转化成了以影像或形象为基本元素的各类"漂浮不定的符号"。而在这种"生活影像化符号化"的前提下，杰姆逊提出了和文化符号学大致相同的论断：这种后现代阶段的影像符号，与索绪尔等人所指涉的普通语言学意义上的符号已大相径庭——后者的能指与所指之间具有相对稳定的社会约定性，具有明确的指代功能；但后现代阶段的影像符号，其能指与所指之间却已经发生了分离，有时甚至是一种彻底的脱离，"能指与所指的一切关系，比喻性的或转喻性的都消失了，而且表意链（能指与所指）完全崩溃了，留下的只是一连串的能指"②。其最终的结果就是，这些符号沦落为一种"能指的游戏"或者"能指的狂欢"。我们在上面所举到的案例恰恰为这种"游戏"与"狂欢"作了很好的注脚。这里不妨以"万宝路"案例来作一个简单的说明。

众所周知，即使在品质方面略有不同，作为一种特殊的产品或者说商品，包括"万宝路"在内的任何品牌的香烟（可以简单地视做"能指"），其功用（可以简单地视做"所指"）都是大致相当的：休闲、解乏，如此等等。因此，要对其进行推广，尤其是在市场上产品竞争还不太激烈的情况下对其进行推广，无非是大力宣传其"所指"——休闲、解乏等功能而已。进而言之，也无非是在其口感更好、尼古丁含量更低等方面做足宣传文章。但是，当那个同类产品极大丰富、竞争日趋激烈的"后现代社会"到来之后，"万宝路"如果再固守这种旧有的"能指—所指"搭配，再进行这种毫无个性特征的宣传，显然就只能湮没在"芸芸众物"之中，无法收获良好的销售业绩，于是它不得不开始了杰姆逊等人所说的能指游戏——无论是早期的时髦女郎演绎的"柔若五月的天气"、"唇齿间的天作之合"，还是后来西部牛仔所演绎的"男人风味"、"硬汉、豪情、冒险"，它们所推销的，都已经不再是香烟本身，也不再是旧有的所指"休闲、解乏"，而是和这两者毫不相干的一个个重新匹配的崭新"所指"——而又恰恰是"男人风味"

---

①　[美]弗雷德里克·杰姆逊著，唐小兵译：《后现代主义与文化理论》，北京大学出版社1997年第1版，第219页。

②　同上书，第187页。

"豪情冒险"等所指，获得了消费者空前的青睐，最终帮助万宝路奠定了"天下第一"的品牌价值。

也正是在类似"万宝路"这样的发展变化过程中，符号的能指与所指间的固定搭配被逐渐割裂，"所指"成为可以随意变化的意义，"能指"最终变得无根无凭、漂浮不定，成为被游戏的对象。当然，案例二中"超级女声"节目所声称的"想唱就唱""全民快乐"的感受、被附加在"超女"李宇春身上的"平民英雄"、"民主偶像"等文化意义，以及案例三中附加在电视剧《大明王朝》上的"反腐意味"，也无一不是为了让产品能获得更多人的主动消费而进行的这种"能指游戏"。

其实，正如我们在上文曾反复提到的那样，对这种"能指的游戏"，文化符号学家罗兰·巴特等也曾作出过明确的表述。在《时尚体系》一书中，在谈到服装生产者与消费者的关系时，巴特就指出：前者需要精于算计，而后者则相对愚钝。前者"必须给事物罩上一层面纱——意象的、理性的、意义的面纱，创造出一种虚像，使之成为消费意象"。这也就十分明确地谈及了物品的新的符号意义：构建意象系统的目的就是要不断挖掘消费者的欲望，而他们所欲望的对象已经不再是物品本身，而是附加在物品上的崭新意义，大多数时候，这种意义其实只是和物品本身没什么太大关系的一个个所指——这，其实才恰恰是当代传媒文化符号化的典型写照。

二　波德里亚：消费社会背景下的"符号致死"

对消费社会里物品尤其是传媒制品的符号化问题作出了更加深入而系统研究的，当属法国传播学大家让·波德里亚。从20世纪70年代开始，波德里亚就一直在用符号学的视角，观察、审视这个被他定义为"消费社会"的当代社会，以及发生在其中的众多传播现象。波德里亚的代表作品包括《物品体系》（*The System of Objects*，又被译作《物系列》）、《消费社会》（*The Consumer Society*）、《符号交换与死亡》（*Symbolic Exchange and Death*），以及《类像与仿真》（*Simulacra and Simulations*）等。由于波德里亚在学术上取得的令人叹服的成就，有学者甚至将他称为"法国的麦克卢汉"。

如同杰姆逊所强调的现实生活的符号化是建立在"晚期资本主义"社会这个基本的前提之下一样，波德里亚的符号学思考也是以"消费社会"作为基本的逻辑起点的。上文中我们曾谈到，实际上，不管是杰姆逊所指称的"晚期资本主义"，还是波德里亚所说的"消费社会"，无非都是在代指一种社会财富和产品商品极大涌流的社会形态，也即经济学上所谓的"买方市场占主导地位"的社会形态,而这种形态也已经成为当代东西方大多数国家的社会现实。对此,我们不妨重温一下波德里亚自己的论述:

> 今天,在我们的周围,存在着一种由不断增长的物、服务和物质财富所构成的惊人的消费和丰盛现象。它构成了人类自然环境中的一种根本变化。恰当地说,富裕的人们不再像过去那样受到人的包围,而是受到物的包围。
>
> 堆积、丰盛显然是给人影像最深刻的描写特征。大商店里琳琅满目的罐头、服装、食品和烹饪材料,可视为丰盛的基本风景和几何区。在所有的街道上,堆积着商品的橱窗光芒四射。还有肉店的货架以及举办整个食品与服装的节日,无不令人垂涎欲滴。在堆积之中,还有产品总和之外的东西:显而易见的过剩,对稀有之物神奇而决定性的否定,以及对科卡尼地区物质奢华的狂妄自负。①

在波德里亚看来,在具有上述特征的消费社会里,生产的主导地位被消费所取代,生产主导型社会已彻底转变为了消费主导型社会。而在这样的社会形态之下,商品的含义也已经发生了翻天覆地的变化:它不仅仅是——有时甚至根本不是——原来的具有某种特殊使用价值的物品,而是附加了若干社会意义、文化意义的符号化了的意义体系或者象征性体系,"今天,很少有物会在没有反映其背景的情况下单独被提取出来"。"商品(包括服装、杂货、餐饮等)已经被文化了,因为它变成了游戏的、具有特色的物质,变成了华丽的陪衬,变成了全套消费资料中的一个成分。"因此,它们也"不再是一串简单的商品,而是一串意义,因为它们相互暗示着更复杂的高档商品,并使消费者产生一系列更为复杂的动机"②。正是在上述变化之下,消费社会所遵循的逻辑,就演变成了"生产和驾驭社会符号"的逻辑,而不是那种"把财富和服务的使用价值占为己有的逻辑"。随之也就演变了一种"物品都彻底的与某种明确的需求或功能失去了联系"的逻辑,因为它们对应的已经是"完全不同的东西"③。这也就是说,在消费社会里,人们

---

① [法]让·波德里亚著,刘成富等译:《消费社会》,南京大学出版社2000年第1版,第1—2页。
② 同上书,第2—3页。
③ 同上书,第33、48页。

消费的已经不再是物品本身,而是附加在物品上各种符号意义,借此,他们也从中获得了崭新的——实际上恐怕也仅仅是一种虚拟的——对自我和他人文化等身份的认同。案例一所提到的"万宝路"在前后几十年间所塑造的时髦女郎、西部牛仔等各种品牌符号,以及由此而"展现"出来的各种文化意义——"柔若五月的天气"、"唇齿间的天作之合","释放男人风味"、"硬汉、豪情、冒险",正是这种消费社会符号逻辑的最好例证。与此相应,那些不厌其烦地在大众传媒上滚动播出或刊出的能够"回味唐朝"的美酒、能够和爱情一样"恒久远"、"永流传"的钻石、能够彰显"男人世界"的服装,又何尝不是在极力地展现着这种消费社会的符号逻辑呢?至于以"超级女声"、《大明王朝》为典型代表的其他传媒文化制品,无疑也并没能逃离这样的逻辑——"全民参与、全民快乐","时代正气、反腐利剑"显然正是大众传媒精心打造的文化意义,也正是受众所津津乐道、不断追逐的符号。如果没有这些符号,估计无论"超女"们怎么卖力地表演,恐怕也无法赢得那几十万、上百万个短信支持(2005年决赛时,仅李宇春一人就赢得了3528308票)——毕竟,唱功比她们优秀的还大有人在;而不在全党全国高度关注反腐倡廉的今天举起这把"反腐利剑",《大明王朝》恐怕也只能自说自话地去讲一堆老掉牙的历史人物的故事。

显然,波德里亚的论述正是对上文提到的"能指游戏"或"能指狂欢"的再一次重申或更进一步探讨。在消费社会的逻辑支配下,商品符号的能指与所指逐渐分离,越走越远,最终甚至只留下了那个从社会上吸取其他所指进行重新配对的"漂浮的能指"(floating signifiers),但是,也诚如波德里亚所指出的那样,人们通过消费商品来占有这种被社会化或者文化化的符号,从本质上讲,却"与产生于购买与占据丰富商品本身的炫目根本不是一回事"。它逻辑性地"从一个商品走向了另一个商品",从一个画面走向了另一个画面,从一种信息走向了另一种信息,其结果,也许正是促使——甚至是迫使——消费者陷入一种永无止境的泡影追逐之中,进而也使得消费社会的各种符号成为一种"更为精巧和更为专制的权力结构",一种"实现社会控制的有利因素"。由此,波德里亚甚至得出了"麦克卢汉式"的结论:消费时间即生产时间——在正常的生产之余,人们或轻松或紧张地进行各种消费时,其实也正是在进行另一种生产:看电视读报纸是在为广告商工作,甚至去休闲度假也正是在为旅行社打工。这也就是说,波德里亚在给出了杰姆逊、罗兰·巴特等人关于"能指游戏"相类似的论述之后,又进一步地对其可能的后果给出了"危言耸听"式的预测:正是由于这种所指—能指辩证关系的终结、使用价值——交换价值辩证关系的终结,人们"惟有死亡,才能无视和逃避这个为符号所支配的世界,才能逃避这个任何物都与其他物既等同又无关的世界"[①]。显然,这又是消费社会里的另一重逻辑——符号的霸权逻辑。套用一句时髦的话,或许就叫做"符号致死"。如果说,生产和驾驭社会符号,借以找到自我的阶级身份和文化身份是消费社会的基本逻辑的话,"符号致死"则带来了消费社会里更深层次的隐忧:人们离消费商品的本来目的越来越远,附着在商品上的一个又一个的"泡影"反而成了最重要的追求目标,而且这种追求永无止境,一旦赶不上趟儿就会黯然神伤、伤心欲绝——看看传媒广告对奢侈品的宣传,看看现代人对奢侈品的追求就足以说明问题了:酒必须喝XO,因为那样才能彰显与众不同的身份,或者必须喝剑南春,因为那样可以"回味唐朝";烟必须抽万宝路,因为那样才会有美国西部牛仔的豪情,或者必须抽大中华,因为那样才能显示这个烟民有钱或有权……在人与符号的关系中,符号成为主动方、成为决定性因素。在这样的逻辑之下,我们完全有理由认为,不是当代人在消费商品,也不是当代人在消费符号,而是符号在"消费"人、泡影在"消费"人,最终,当代人将分不清自己所为何来,而彻底沦为物品的符号价值的"奴隶"——这,显然远比被物品的使用价值所奴役、所异化更为可悲。

由于波德里亚认定,包括电视在内的大众传播媒介正是商品符号"漂浮的能指"进行重新配对的最佳场所,所以,他的那种"危言耸听"式的符号逻辑,在对由传媒文化符号化所导致的类像与仿真(simulacra and simulations)世界的描述与分析中,展现得更加淋漓尽致。

可以说,"类像理论"(又译作"拟像理论")是波德里亚晚期思想中最为重要的理论之一。在他看来,正是由于处于消费社会中的人们不得不屈从于"符号消费"或"符号交换"的逻辑,加之大众传播媒介不断对"符号化"进行推波助澜,所以,当今社会已经沦落为一个类像与仿真的社会。

为了更好地理解波德里亚思想谱系中的类像与仿真,我们不妨来对他的"类像三序列"说进行一个简单的回顾。在《符号交换与死亡》(又译作《象征交换与死亡》)一书中,波德里亚提出了"类像三序列"[②](the three orders of simulacra)的概念:第一序列是"仿造"(counterfeit),这是从文

[①] 刘悦笛:《波德里亚的思想谱系》,引自 http://academic.mediachina.net/academic_xsjd_view.jsp?id=5301。

[②] [法]让·波德里亚著,车槿山译:《象征交换与死亡》,译林出版社2006年版,第67页。

艺复兴到工业革命的古典时期的主导模式，它遵循"自然价值规律"，追求的是模拟、复制自然和反映自然；第二序列是"生产"（production），它是工业时代的主导模式，遵循"市场价值规律"，其目的是市场盈利；第三个序列是仿真（simulation），这是目前这个被代码所主宰的时代的主导模式，它遵循的则是"结构价值规律"，传统的表现、反映真实的规律被彻底打破，符号和模型塑造了那种被称之为"超真实"（hyperreality）的真实。这种"超真实"的类像，大约又包括如下四个方面的含义，或者说要经历如下四个阶段，才能最终成型：首先，它能反映某种基本现实；其次，它又掩盖并歪曲、篡改了某种基本现实；再次，它进而会掩盖某种基本现实的缺场；在以上前提之下，最后，它形成不再与任何真实发生关联的纯粹的类像。[①] 值得说明的是，进入20世纪90年代后，波德里亚又探讨了"类像四序列"的问题。不过，添加的这一序列，无非是第三序列的分解，关注的也仍是符号主导问题。[②] 因此，我们对此不作进一步说明。

通过上述分析，我们可以看出，波德里亚所说的"类像与仿真世界"，其实就是一种游移或者疏离于原本，甚至根本就没有原本的摹本世界，是当代社会提供给大众消费的一种"符号文化"或"形象文化"。而大众传播媒介正是其主要的制造工具，"正是由于媒体特别是影视媒体日复一日、无休无止的传播，信息的洪水才滚滚滔滔、漫天横流，图像的繁殖才铺天盖地、飞速疯长，符号的能指才无边无际、随意漂游，一句话，仿真与超现实才成为可能"[③]。而根据上述的这些描述，我们不妨认为，以电视影像世界和赛博空间（cyberspace）——尤其是网络游戏空间——为代表的虚拟世界，正是类像与仿真世界的典型例子。

波德里亚所描绘的这种类像与仿真世界，让我们再一次想起了古希腊哲学家柏拉图的洞穴理论，以及美国著名专栏作家李普曼（Walter Lippmann）的拟态环境理论。但是，无论是洞穴中的"光影世界"，还是大众传媒所塑造的拟态世界、仿真世界，都只是一种人造世界或曰"第二世界"，它酷似科幻小说中的"平行世界"，虽然有现实世界的影子在里面，但它掩盖了一些真实，扭曲了一些真实，缺场了一些真实，所以它不可能是也根本不是真

[①] "四阶段说"参考汪民安等主编《后现代性的哲学话语——从福柯到赛义德》，浙江人民出版社2000年版。

[②] 参见刘悦笛《波德里亚的思想谱系》，http://academic.mediachina.net/academic_xsjd_view.jsp?id=5301。

[③] 李彬：《传播符号：从方法论到本体论》，《中国传媒报告》2003年第1期。

实世界的拷贝，它就是它自己，也只是它自己。正因为此，在媒体大肆报道美伊之战的时候，波德里亚才惊世骇俗地得出了令人匪夷所思的结论：海湾战争并没有发生。但问题的症结就在于，不管是媒体自己还是生活在真实世界中的人们，都没有将这两个世界认真地区分开来，反而常常将那个拟态世界、类像世界误认为真实世界，或者干脆打破二者的界限，混在一起来认识，并以此为参照进行人类的一切活动。其结果显然只能是人类离真实世界的本来面目越来越远，"只有在当下的直接经验里，体验时间的断裂感和无深度感，实现日常生活的虚拟化"①。从这个角度上，我们不妨夸张地认为：被传媒文化大量介入的消费社会，在"符号消费人"的霸权逻辑上，又平添了它的第三重逻辑：符号消解真实，符号"消费"世界。

以上，我们从三个案例出发，借助杰姆逊、罗兰·巴特、波德里亚，尤其是波德里亚的理论，对当下社会里传媒文化符号化的本质问题进行了粗略的解读。我们不妨再对这个"本质"进行一个简单的归纳：其一，包括传媒制品在内的所有商品都被符号化，沦为一种能指的游戏，人们消费的不再是商品的使用价值，而是能指所重新匹配到的意义；其二，符号意义不断滚动，成为一种永无止境的泡影，消费者的焦虑感上升，人们从消费商品、消费符号沦落到被符号"消费"的尴尬境地；其三，在大众传媒的深度介入下，符号消费、符号交换原则催生了消解真实的类像与仿真世界，符号"消费"的对象从人上升到了整个世界。而正是其中的第三点，又进一步催生了传媒文化符号化的另一个崭新层次：已有符号的素材化与资源化，即已经被意义化、社会化的传媒符号的二度甚至三度、四度符号问题。下面，我们将着重对此进行分析。

第三节 素材化、资源化：传媒文化符号化的深入解读

正如上文所谈到的那样，传媒符号的素材化、资源化，其实指的就是大众传播媒介利用那些已经被意义化、社会化了的符号进行的二度甚至多度生产的过程。换句话说，就是将"漂浮的能指"与其所匹配到的崭新所指当成真实的起点或"元代码"，进行的再度符号化过程。从表面形式上来看，

---

① 刘悦笛：《波德里亚的思想谱系》，http://academic.mediachina.net/academic_xsjd_view.jsp?id=5301。

这种符号化的过程和上文提到的那种消费社会里商品的符号化过程相差无几——都是"漂浮的能指"到社会生活中去重新匹配崭新的所指，获取游离于甚至完全无关于本源的崭新的符号意义与价值，但实际上，这两种符号化的过程无论是在逻辑起点、目标指向还是影响程度上都存在着明显的区别：前者的逻辑起点仍然是真实世界的真实元素，其符号化过程无非是在真实的使用价值基础上的意义附加或者意义再造，无论其"能指"如何漂浮，我们仍然能通过蛛丝马迹寻找到它的本源，即"在第一个层面上建立的意义在第二个层次失去了一些价值却保持着被激活的生命元素，为接纳新的意义作着准备"[1]。所以更多的时候，虽然有显隐、强弱之分，人们消费的仍然是其双重所指——以此为人们思想或行动的参照系时，的确可能有若干的谬误产生，但若和后者放在一起比较时，其谬将不远；而后者的逻辑起点却完全变成了仿真世界的类像，可以说是"虚拟基础上的再虚拟"，其指向也仅仅是再度虚拟的符号意义——以此为人们思想和行动的指针时，就只能是谬种流传，越谬越远。对此，我们可以举出"服装"这个例子来进行说明。

按照消费社会的逻辑，商家在推销各类服装时，总会在其使用价值之外添加时尚、文化或者身份等若干符号意义，使其变成一种文化或者身份的符号。比如，品牌服装"金利来"就添加了"男人的世界"这样一种意象——只要穿上金利来服装，你就会比别人更有男人味儿。按说，从遮羞避寒的角度上讲，穿什么牌子的衣服都是穿，谈不上谁比谁更好的问题；只要质地相同、品质相当，也谈不上谁比谁更有男人味儿的问题。但是，一旦金利来给自己添加上了这样一种符号意义，并通过媒体大肆强化之后，其符号意义"男人味儿"就变成了和其他产品之区别所在，也同样就变成了人们主要消费的对象——这显然已经大谬于穿衣服的本来意义。但即使如此，我们仍然能够注意到，"遮羞避寒"的功能实际上还是隐藏在"男人味儿"的背后，起着最基础的作用的——只是，更多的时候它被有意地遮蔽了起来。所以无论人们通过何种手段——合法的、非法的——来获取这类服装，消费的也都是这两重"所指"——虽然"男人味"越来越被强化，"遮羞避寒"越来越被弱化。

与此相应的是网络游戏中的"道具服装"。正如上文提到的那样，网游世界无疑是最典型的仿真世界。这个世界里的一切"商品"，从其逻辑起点上讲，本身就不再具有现实世界里的那种商品意义，而是彻头彻尾的符号。

---

[1] 李岩：《媒介批评——立场范畴命题方式》，浙江大学出版社2005年版，第23页。

但是，在游戏玩家的眼里，它无疑又是"真实"的商品，其"档次"的高低、更新换代的速度，显然也代表了玩家在虚拟世界中身份、地位的变化。为了获得更高级、更漂亮的道具服装，玩家打怪、"经商"，甚至用现实世界的货币来换取，更有甚者，极个别玩家令人匪夷所思的是用上了自我的身体——当然是现实世界那个有血有肉的身体，用"一夜情"、"一夜性"来作为换取其他玩家的这类"服装"的筹码，① 总之是无所不用其极。但通过这种越走越远、越来越荒谬的手段所获得的"道具服装"，除了能在网游中具有某种符号价值这一重"所指"之外，它还能遮哪门子羞？避什么样的寒？

正是基于这样的理由，本文把建立在已有符号基础上的"素材化"与"资源化"当成了符号化的另一个层次来进行分析，以探讨其表现与影响。对此，我们仍然要先举出一些典型的案例。

案例一："铜须门"事件及其媒体报道

2006年4月12日夜11点左右，一起源于仿真世界，而同时发生在仿真世界与真实世界之中的"婚外恋"事件被"苦主"满含悲情地披露在了网上——网络游戏魔兽（wow）世界的玩家"锋刃透骨寒"在猫扑论坛发帖："2区麦维影歌守望者发生的丑闻：一个让你更珍惜爱人的理由"，揭发自己的妻子（网名"幽月儿"，魔兽游戏中守望者公会会员）与网友"铜须"有染。在帖子里，他描述了自己极度痛苦的感受，"那一瞬间，我知道了一种感觉：有如雷击。当时我看不见自己的脸色，我只知道，我的脸色或许已经惨白，惨白到心里。"帖子一出来，流言蜚语和指责谩骂就像龙卷风一样刮过互联网的天空。网友的同情如潮水一般涌向"锋刃透骨寒"，而口水则像瀑布一样泼向"铜须"。帖子的点击率在一天之内达到了十几万次。②

由于"锋刃透骨寒"在帖子中留足了有关网友"铜须"的线索和关键词——比如"燕山大学"、"守望者公会会长"、QQ号等，网络"狗仔队"很快就查出了"铜须"的真实身份：姓名郑X，燕山大学继续教育学院学生，家住廊坊。其照片、女友姓名、手机号和家里的电话号码也被迅速曝光。对"奸夫淫妇"尤其是"奸夫"的道德谴责成为网络舆论的主流，甚

---

① 在当下的网络社会里，"铜须门"一类的网络事件并不鲜见，在"猫扑"、"天涯"一类的网站上，我们很容易就会知道，用"一夜情"换服装、换武器装备的事在很多游戏中都在发生着。

② http://www.mop.com；本文所涉及的"铜须门"事件相关材料主要据此网站。

至有人自告奋勇要当"武松",去上门追杀"铜须",威胁、恐吓,甚至勒索的电话不断打到他的家里、朋友那里和学校的老师、领导那里。当事人"铜须"在虚拟世界和现实世界中都同样受到了"坚持正义和道德"的玩家们的"追杀",亲人、朋友、老师的生活也在很大程度上被打乱。

对这个给自己的生活带来了天大麻烦的事件,郑X和他的朋友都曾站出来极力否认,并认为整个事件极有可能是魔兽游戏中的别的公会(游戏中玩家的一种合作组织)为搞垮他们公会所设的阴谋,所谓"射人先射马、擒贼先擒王",作为守望者公会的会长,郑X成了"组织斗争"的牺牲品;或者是别的在游戏中受到了郑X伤害的玩家为了报复他本人而搞的恶意诽谤。只不过这种申辩的声音完全被淹没在了讨伐大军的口水中。和郑X的声明一样,那些对此事件持怀疑态度的网友的留言、跟帖也受到了"正义者"猛烈的围攻,迅速销声匿迹。

"追杀"从虚拟走向现实,事态一步步升级,眼看局势已不可控制。这时,"苦主""锋刃透骨寒"却突然站出来推翻此前的一切帖子:"我承认,关于'丑闻'一篇文章及QQ聊天内容等多为杜撰,游戏已经结束,各位爱YY(意淫)的继续,本ID人间蒸发。"虽然此后不免仍有余波泛起,但整个"铜须门"事件却最终在不尴不尬中逐渐淡出了人们的视野。

在"铜须门"事件的整个发展过程中,不仅网络媒体,包括报纸、电视在内的传统的大众传播媒介也都广泛地介入了其中,以此事件为新闻由头或新闻素材,带着不同的观点或目的,进行了广泛的关注与报道——6月2日晚,中央电视台《大家看法》栏目集中对"铜须门"事件进行了评说;6月19日,《南方周末》刊出专栏文章《从"铜须门"看网络匿名"专制"》。此外,《中国青年报》、《法制日报》,凤凰卫视等诸多颇有影响力的传统媒体,甚至国外的一些主流媒体,如新加坡《联合早报》、美国的《国际先驱论坛报》、《纽约时报》(6月3日,标题为"中国网民强加道德批判")等,都以此为新闻素材,进行了广泛的关注,给出了各自的观点与看法——值得注意的是,和关注这一事件的大多数网民一样,大部分媒体在关注这一网络事件时,都没有对引发"铜须门"事件的那次"一夜情"的真实性问题提出质疑,进而给出相应的观点、判断,而是更多地关注了附加在"铜须门"事件上的诸如"群氓心理"、"网络暴力"、"匿名危害"等各种符号意义——即使6月11日《青年时报》刊出了《"铜须门"事件四个环节被证伪》的文章,对该事件中"一夜情"的真实性进行质疑,但它仍和大多数媒体一样,最终将其着眼点落脚到了对"网络暴民"问题的探讨上,因而只能算是同一类型的符号化。①

案例二：传媒巨头、商业巨头介入"虚拟人生"

2006年10月16日，世界著名通讯社路透社宣布：在一款非常流行的模拟游戏Second Life（第二人生）中设立一个新闻机构，建立真实世界与虚拟世界的信息交换场所。这一新闻机构开设了专门的网页，发布文本、图片、视频等多种形式的新闻，向玩家报道"第二人生"外发生的各类新闻，同时也让游戏外的读者能够了解游戏中所发生的事件——玩家们可以通过特定的手持设备随时接收来自路透社第二人生分部的新闻。媒介巨头对网络游戏的介入，使得虚拟世界和现实世界的界限变得更加模糊。实际上，路透社并不是第一个吃螃蟹的人，计算机巨头太阳（Sun）公司于当年10月12日在"第二人生"中举行了一次虚拟记者招待会，该公司高层以其在第二人生中的角色身份接受了采访，而为Sun的这次记者会提供虚拟会议场所的是IT媒体集团Cnet，它先于路透社在第二人生中设立了总部。紧接路透社之后，《连线》（Wired）杂志也宣布将在该游戏中建立自己的机构，对这个仿真世界进行"真实"的报道。

其实，一些商业巨头已先于这些媒体巨头介入虚拟世界。包括丰田、阿迪达斯、锐步等众多商家早已在"第二人生"中开设专卖店，向玩家兜售虚拟商品。而奥迪公司则更进一步，把"第二人生"当做了产品行销的最好平台——最新一季的产品尚未公开发售前，他们会选择将其"陈列"到"第二人生"中的Belladone岛上进行展示，随后再至巴黎的橙树博物馆展出，然后才进入实体销售。更加令人震撼的消息是：2007年1月26日，瑞士达沃斯世界经济论坛进入"第二人生"开设网络论坛；同年6月，日本瑞穗银行产业调查部接受了该国经济产业省的一项委托调查，调查内容竟然就是"第二人生"这款风靡世界的网络互动游戏——这些动作都已经表明：现实世界已经完全接受了虚拟世界创造性的一面，虚拟世界、仿真世界与现实世界之间的界限正在坍塌，类像世界的符号正在演变为真实世界包括经济活动在内各类活动的"元代码"。

以上两个案例足以说明，素材化、资源化已经成为当前传媒文化符号化的典型手法之一。而其直接的结果，恰恰是类像世界、仿真世界与真实世界

---

① 《"铜须门"事件四环节被证伪　男主角生活未恢复正常》，《青年时报》2006年6月8日。

间界限的打破——不管是网友、传媒对"铜须门"的高度关注,还是对世界级通讯社对虚拟游戏"第二人生"的直接介入,莫不如此。对这种打破界限的现象,上一节中反复提到的理论大家波德里亚借用了麦克卢汉的"内爆"(implosion)一词来形容。那么,"内爆"究竟是什么样的一个概念呢?

在《理解媒介——论人的延伸》(*Understanding the Media The Extensions of Man*)一书中,麦克卢汉首次提出了"内爆"这一概念:"凭借分解切割的、机械的技术,西方世界取得了三千年的爆炸性增长。现在它正在经历内向的爆炸。在机械时代,我们完成了身体在空间范围内的延伸,以至于能拥抱全球。就我们这个行星而言,时间差异和空间差异已不复存在。我们正在迅速逼近人类延伸的最后一个阶段——从技术上模拟意识的阶段。在这个阶段,创造性的认识过程将会在群体中和在总体上得到延伸,并进入人类社会的一切领域,正像我们的感觉器官和神经系统凭借各种媒介而得以延伸一样。"[1] 麦克卢汉的"内爆"概念旨在说明,机械时代与电力时代的交替导致自然、社会和人三者之间的关系出现了根本性的变化。显然,"内爆"首先指向了与"身体的延伸"相对立的"意识的延伸"——从人的心理来说,内爆使地理意义上的距离感逐渐消失,人具有拥抱地球的能力,地球成了"地球村"——想想坐在电脑面前畅游"世界"的感觉就明白了。其次,"内爆"强调了模拟时代的到来,因为电力时代媒介的强大制造和传播功能使得整个社会被媒介的信息所笼罩,真实已经成为过去,对真实的模拟开始统治人们的意识,成为人们认识事物所依赖的基础——这也恰恰是"拟态环境理论"及类像与仿真理论所强调的东西。显然,麦克卢汉的"内爆"是对社会生产力发展后果的一种分析,是对传媒技术进步对人的影响的一种解读。

波德里亚所借用的"内爆"概念明显远离了麦克卢汉的初衷,他指向的是事物与事物之间界限、区隔和差异等的打破——首先就是上文提到的那种真实世界和仿真世界界限的打破。在大众传媒的强力介入之下,人们总是将拟态世界、类像世界误认为真实的世界,进而跨越其界限,思考与自己有关的各种问题,作出各种各样的判断与行动选择——这种判断与选择甚至离题万里、南辕北辙。在这里,"内爆"显然已经成为一个贬义词,它既是对

---

[1] [加拿大]马歇尔·麦克卢汉著,何道宽译:《理解媒介——论人的延伸》,商务印书馆2000年版,第20页。

真实世界的一种破坏、一种颠覆，又最终演变成了对社会大众的控制力量。需要特别指出的是，虽然在波德里亚看来，真实世界和仿真世界之间的"内爆"正是大众传播媒介强力介入的结果——例如，路透社、《连线》杂志对虚拟世界的主动介入，但实际上，在对待类像与仿真世界的问题上，大众传播媒介也并不比它的受众更清醒，它们也常常将由自己制造出来的类像世界误认为真实世界，并对此作出进一步的反应——即使偶尔清醒了，他们也常常会有意混淆二者的界限，并以此为凭作出自己所需要的反应。这种反应的一个重要表现，就是把自己制造出来的、存在于仿真世界的各类符号，当作真实的素材与原材料，进行二度加工甚至多度加工，用以引导现实世界的舆论、指导现实人群的活动。案例一中所提到的大多数传媒对"铜须门"事件的报道，就是其中最典型的代表——他们并不愿意，或者说根本就没想过要去追问引发"铜须门"事件的那次"一夜情"是不是真实的，而是直接将仿真世界与现实世界合二为一，把"类像"直接等同于真实的新闻素材，进行了下一步的符号化思考与追问，从而得出了"不该使用网络暴力"，"不能纵容群氓行为"等诸如此类的"所指"意义——而这，也正是当代社会状态下，传媒文化符号化的一种典型表现。尽管极个别媒体如《青年时报》也用了《"铜须门"事件四个环节被证伪》等报道来对这一事件的真伪提出质疑，但它们最终却仍然只落脚到了对"网络暴力"问题的思考上，所以仍然没有逃出同一种符号化的窠臼。

　　虽然我们也不得不承认，被媒体重新匹配在"铜须门"上的上述"所指"，的确有着积极的社会价值，但是，问题的症结就在于，如果媒体不是这么简单地把仿真世界与现实世界画上等号，而是认真地考证一下"苦主"公布在猫扑网上的"事件由头"——一夜情，是不是掩藏了某种真实、扭曲了某种真实，或者根本就是"假由头"，那么它们可能就会发现，也许，这个被炒得沸沸扬扬的事件，一开始就只是一场变种的"网络游戏"、一次"网络游戏"与"现实游戏"的"内爆"——"铜须"的辩白、"锋刃透骨寒"最后的陈述都没有引起大多数媒体的重视，因为它们所想要的符号化不需要这样的陈述与辩白。但又恰恰是这样的考证，才可能得出更加完整、全面的结论——即使这样的结论最终仍要指向对"网络暴力"的探讨与谴责，但它显然又并不仅限于此——为什么会产生这样的内爆？是否仅仅该归罪于网络诚信缺失？如何有效地防范由这种内爆所导致的集体迷狂？诸如此类的问题将统统纳入探讨的范畴。类似的探讨对受众的指导意义也将更加全面客观。

　　不过，一个更令人沮丧的事实却是——即使进行这样的考证分析，传媒与它的受众也同样是在把仿真世界的符号拿来素材化、资源化，以获取进一步的符号意义，他们也同样没有逃离建立在符号基础上的二度甚至多度符号化的噩梦！这不由得让我们再一次想起了上文所谈到的波德里亚的"唯有死亡才能逃离"的结论和我们使用到的一个略显恐怖的词语：符号致死。这样的"内爆"，也让我们再一次领略到了当下社会里符号化力量的庞大与恐怖。

这种恐怖的力量也让我们进一步回忆起了20世纪70年代美国传播学者马克斯韦尔·麦库姆斯（Maxwell McCombs）和唐纳德·肖（Donald Shaw）所提出的"议程设置"理论：大众传媒或许无法指示我们怎样去思想，但它却可以决定我们看些什么，想些什么，什么问题才是最重要的。但在这里，在这种更深层次的符号化运作模式下，我们看到，传媒的"议程设置"功能也随之得到了"进化"——大众传媒不仅已经决定了我们该看些什么、想些什么，什么问题才是最重要的，它甚至也在以一种单一向度的"所指"匹配，指示乃至决定我们该"怎样去思想"——"铜须门"事件中传统传媒上的"多个媒体、一种声音"现象；新兴媒体互联网上网友的不同声音总要遭到无情的"围殴"与扼杀，最终只能成为"沉默"的那一个螺旋，①就是最好的例证。

如果说案例一所提到的这种素材化、资源化的符号化，尚需要通过"影响思想"这么一个中间环节，才能达到影响受众的具体社会行动的目的的话，案例二则让我们看到了一个更为直接的符号化过程——传媒巨头对仿真世界的介入，一个重要目的就是"向玩家报道第二人生里发生的各类新闻，同时也让游戏外的读者能够了解游戏中所发生的事件"，说白了就是："让戏里戏外的人都同时入戏"。至于锐步、丰田、阿迪达斯和奥迪等商业巨头在仿真世界和现实世界之间进行的那种随意变换的"符号游走"，除进一步瓦解了虚拟和现实的界限之外，恐怕更重要的则是让受众最终无路可逃——连那个可以暂时寄托精神的虚拟世界都已经被入侵，哪里还有商品——当然是各种符号化的商品——不能到达的地方？难怪"第二人生"创始人菲利普·罗斯道尔（Philip Rosedal）在接受《连线》杂志的采访时

---

① 猫扑网（http//：www.mop.com）上的关于此事的网友留言是最真实的记录。一旦有网友提出对事件真实性的怀疑，或者表达对"铜须"的同情，便会立即遭到其他网友的围攻、谩骂，这些被"吓怕了"的不同声音也就逐渐沉默了下去，网上最终只留下了"正义"的谴责。

会显得那样的骄傲与自豪："我们不是在做一款游戏，而是在建造一个国家。"①

总之，无论是传媒对"铜须门"事件的关注，还是路透社、《连线》杂志和奥迪等商业巨头对虚拟世界的介入，无一不表明：类像与仿真世界已有符号的素材化与资源化，已经成为当前传媒文化符号化的一种重要表现形式。而且我们可以毫不犹豫地认为：随着网络媒体的进一步发展与成熟，随着网民数量的不断膨胀，包括传统传媒在内各类媒体把网络这个类像世界的符号拿来进一步素材化、资源化的趋势还将更加明显。而其直接的影响则如上文所说，成为当代社会进一步控制受众的有利手段——不仅控制受众"看些什么、想些什么"以及"怎样去想"等精神世界的活动，甚至控制受众包括经济行为在内的一切社会活动。或者，我们可以化用罗斯道尔的那句话来作为本节的结束语：它们已经不是在进行简单的符号化，而是构建一种符号食物、符号空气。

第四节 奴化、选择化与对抗化：传媒文化符号化的传播效果分析

在以上三节中，我们从形象化、通俗化，意义化、消费化，以及素材化、资源化的角度对当代传媒文化的符号化问题进行了认真的梳理。正如我们在文中所谈到的那样，形象化、通俗化的直接结果是保证了受众方便、准确地解码，促进了媒体传播效果的最优化——当然这里面既涵盖着方便受众的一面，也包含着更多的自我目的：使传媒的编码意义更好地传达到受众那里，更好地实现传媒引导舆论等各种目标；意义化、消费化的直接后果则是塑造了消费社会里典型的符号霸权逻辑，使传媒受众最终陷入了被符号所俘虏、所奴役的境地；至于素材化和资源化，则通过打破仿真世界与真实世界直接的界限，进一步加深了传媒文化符号化的这种霸权逻辑，最终加剧了受众的无路可逃。如果说，对普通受众而言，第一节中所提到的那类符号化还带有较强的中性性质的话，第二节、第三节所提到的那些符号化，则已经是一种明显的负面力量了，在它们面前，受众成了被"消费"、被"控制"甚至被"奴役"的对象——对其传播（对传媒而言）或接受（对受众而言）效果，我们不妨用"奴化"一词来形容。难怪一直在用符号学视野来解读

---

① 《企业获利第二人生虚拟世界将引发下一波革命》，《中华工商时报》2007年4月4日。

后现代社会各类现象的泰斗级人物波德里亚要发出无可奈何的哀叹：对待媒介的拟象，受众只有"不做任何回应"，才能"从根本上瓦解符号和代码"①。甚至这样也不行时，人们"唯有死亡，才能无视和逃避这个为符号所支配的世界"。

那么，这是不是真的就意味着，在当代社会里，受众确实就只能活在符号所精心铸造的"悲惨世界"里不能自拔呢？是不是也意味着传媒文化符号化对受众的影响力就完全是铁板一块、无懈可击呢？事实其实并非如此。如果说在上文中我们展示的那种"奴化"是一种最为普遍的社会现实和最为普遍的符号化传播效果的话，在当代传媒环境下——尤其是传统大众传媒反馈机制日渐完善、新兴网络传媒日趋成熟，以及受众的自主意识日渐增强的状况下，在这种最为普遍的传播效果之外，从受众这个层面上讲，"选择化"和"对抗化"的接受效果也已经露出了端倪。这样的案例已不难寻觅，相信它们还将不断涌现。介于上文已对"奴化"的问题进行了大量的探讨与分析，因此，在本节中，我们将只对"选择化"和"对抗化"作出分析，所引案例也将只针对这两种接收效果。

必须申明的是，虽然本节将着重探讨后两种接收效果，但"奴化"仍然是当前及今后很长一段时间里，传媒文化符号化的主流传播效果——我们谈论后两者，只是想表明一种现状、一种趋势：符号化的影响力已经不是传媒所期望的那样铁板一块了，面对符号化的梦魇，我们也无须彻底陷入绝望。

案例一："难以产生共鸣"《大明王朝》收视率偏低

对我们上文提到的湖南卫视2007年开年大戏《大明王朝1566——嘉靖与海瑞》，2007年1月19日，央视索福瑞公布了其收视率调查：0.3—0.4。根据索福瑞的调查，《大明王朝》此后的收视率也基本保持在0.5—0.8之间，没有突破1.0。用一部比较受欢迎的电视剧收视率至少应该在2.0以上的标准来衡量，这部附加了极强的反腐的符号意义的《大明王朝》可以说是遭遇了收视冰点。对不太喜欢看《大明王朝》的原因，一位观众在接受《沈阳今报》记者采访时表示：这部电视剧涉及的这些政治斗争，"让我们难以产生共鸣"。另一些观众则对该剧的刻意拔高表示反感："翻案有点翻

---

① ［美］马克·波斯特：《第二媒介时代》，南京大学出版社2001年版，第154页。

过了","生生请一群学者(把这种拔高)辦成合理虚构也太扯淡了。"①

案例二:"关机运动"逐渐波及全球

出于对以电视为代表的当代大众传媒的种种负面影响的反感,1994年4月,美国"电视关机网"(TV—Turn off Network)发起了后来被命名为"关机运动"的"关闭电视周"(TV Turn off Week)活动。该活动的口号是"关闭电视,扭转生活"(Turn-off TV, Turn-on Life)。活动组织者邀请公众一周都不去看电视,并利用这一段时间去反思电视对公众生活的影响。同时,组织者还给出了不看电视时可以从事的活动的建议清单——1994年时,这些活动共有51种,到2005年时,则已经发展到了101种,其中包括共同分享家庭相簿、和家人一起参观动物园、写信给朋友或亲戚等。该活动固定于每年4月举办,后来又陆续传到了加拿大、英国等世界其他国家。从2004年开始,我国台湾地区部分人群也开始加入到了"关机运动"中去。到目前为止,全世界参与"关机运动"的人数已经超过2400万人。

实际上,早在"关机运动"诞生前,包括一些美国学者在内的"原媒体受众"就已经开始在有意地拒绝媒体了。他们的家里不订阅报纸,不购买电视机,也不使用网络。台湾政治大学新闻系教授冯建三曾用他的一位"关机"朋友的经历来描述这类学者的感受:"我在大学里教学生不要把生命浪费在一个沉沦的大众媒体所制造出来的信息垃圾当中,我也大约从一年多以前就停订了有线电视频道。我们家两个小朋友不但没有抗议,而且很高兴一年省下的钱可以买很多Discovery与宫崎骏的精彩光盘!虽然家里唯一可以看的电视就是从公寓顶楼天线接收的三台半无线电视(半台是收讯不佳的公视),不过,好像也没有损失什么对于生命或社会有价值的讯息。"②

---

① 对《大明王朝1566——嘉靖与海瑞》的收视败绩及其原因,从2007年1月中旬开始,包括《北京青年报》、《沈阳今报》、《南方都市报》在内的诸多媒体都进行了报道与分析。其标题如:《大明王朝、卧薪尝胆收视率遇冰点》(《沈阳今报》),《大明王朝收视率不到0.5》(《北京青年报》)等。

② 冯建三:《开或关,这是一个问题:评介美国关电视机运动》,尹韵公、明安香主编:《和谐与发展——中国传播学会成立大会暨第九次全国传播学研讨会论文集》,新华出版社2006年版。

以上两个案例，前一个指向了我们所说的"选择化"——即使不会彻底拒绝媒体，但也会有选择地接受媒体所提供的符号，对那些自己不以为然或者并不相信的符号，受众会拒绝接受；后一个案例指向的则是"对抗化"——让媒体至少在一段时间内完全退出生活，彻底抛弃那些让人生厌的符号，彻底远离它们所强加于受众的"奴役"。为了更好地理解这两个案例所展现的不同接受效果，下面我们将借助一些经典的理论，分别对其进行解说。值得说明的是，这些理论可能是合理的解释原因之一，但远非唯一的解释。

一 选择化接受：无"满足"就不"使用"

正如上文所提到的那样，大众传媒对《大明王朝》的符号化不可谓不明显：无论是在宣传推广中，还是在每一集的片尾字幕中，湖南卫视总是在大张旗鼓地宣传与中央纪律检查委员会"联合打造"的事实；湖南广电总局局长魏文彬也曾通过记者的采访表示，《大明王朝》看得他眼泪长流，他甚至"要找省里的领导要求到哪一级干部必须看这部戏"；而《瞭望东方周刊》等媒体也纷纷站出来为湖南卫视的这种符号化"捧场"，声称剧中男主角海瑞"已化身反腐利剑"……2007年2月8日的《南方周末》刊登的《海瑞在1566》一文借"一位不愿透露姓名的资深制片人"之口评论说："《大明王朝》选择了在中央刚刚查处了陈良宇，胡锦涛总书记在中纪委会议上表示要严打贪污腐败，十七大马上要召开的这个时间段播出，天时地利人和这个剧都占了。"但正是这样一个天时、地利、人和都占尽了的"符号"，其收视率却一直在0.5的低位上徘徊，原因引人深思。而接受《沈阳今报》记者采访的那几位观众给出的答案又不得不引起我们的高度重视："这部电视剧涉及的这些政治斗争，让我们难以产生共鸣。""翻案有点翻过了"，"生生请一群学者（把这种拔高）掰成合理虚构也太扯淡了。"他们的话道出的正是这样一个基本事实：如今，并不是传媒给什么符号，受众就一定会"吃"什么符号——哪怕面对反腐这样一个全民都关心的符号，哪怕这种符号化占尽了天时、地利、人和。

其实，这并不是一个孤立的案例，或者说并不是一种孤立的现象。很多同样遭受了收视率败绩的电视剧都有很强的、拿得上台面的符号化，但它们还是遭遇了"滑铁卢"。这不由让我们想起了关于受众接受心理的分析：对传媒所提供的各种信息（或者说各种符号），受众总是要进行选择性的注意、选择性的理解和选择性的记忆——而被他们选择的，恰恰是与他们有关的或者是他们所需要的内容。受众的这一接受心理也切合了兴起于20世纪40年代、形成于20世纪70年代的另一种受众研究理论——"满足需要论"的论述。

最早对"满足需要论"作出探讨的是美国传播学者伯纳德·贝雷尔森（Bernard Berelson）和莱曼·布莱森（Lyman Bryson）。在《他们为什么阅读》（Who Reads Books and Why）一文中，二人对受众需要和接收信息的原因进行了探讨。此后，伊莱休·卡茨（Elihu Katz）于1959年正式提出了"使用与满足论"（uses and gratification theory）。该理论认为：面对大众传播时，受众并不像"枪弹论"等理论所描述的那样是被动无助的，实际上受众总是在主动地选择自己所偏爱的和所需要的内容与信息，而且不同受众还可以通过相同的媒介信息满足不同的需要、达到不同的目的。因此，"不是传播媒介在使用人，而是人在使用媒体。而人使用媒体说到底不外乎是满足自己的需要而已"。收视率的偏低和观众给出的"难以让我们产生共鸣"的答案正好说明了《大明王朝》设定的"反腐"符号并没能满足绝大多数观众对这一电视剧的需要，所以他们选择了不看。

其实，在大众传播学的效果研究理论中，那种传媒能让受众完全"奴化"的"强大效果论"也并不是唯一的声音，尽管媒体不断地在通过各种手段——比如，层次越来越深、影响越来越巨大的符号化——来强化这种"奴化"，但"微弱效果论"及"有限效果论"从来都不绝于耳，而且在传媒格局不断变化，新兴的网络媒体日益成熟的状况下，它们的合理性也得到了越来越多的展示。案例一实际上就起着这样的印证作用。

二　对抗化态度：拒绝"奴化"拒绝"按摩"

从受众的角度上讲，对传媒文化符号化的"奴化"态度是一个极端，"对抗化"态度则是另一个极端。鲁迅说："不在沉默中爆发，就在沉默中死亡。"如果说前者是死亡的话，后者就是爆发——"关机"从一个简单的动作，变成为一种运动，甚至最终成为一种行为理念，其爆发的"预谋"显然由来已久，其爆发的动力显然也十分强大。那么，究竟是什么因素最终促动了受众的爆发呢？

正如上文所说，符号化已经充满了现实世界的每一角落，也充满了仿真世界的每一个角落，它甚至还打破了现实与仿真世界的界限，让它们合二为一，进而强化了自我对消费者、对社会的控制能力，以至于我们已经到了"面对符号，无路可逃"的地步。但是，既然是"面对"符号才无路可逃，那么，我们不"面对"或者少"面对"呢？不订阅报纸、关上电视、不使用网络，虽然我们仍然逃不脱真实世界里那些符号的围攻，但至少可以逃避仿真世界那些二度化、三度化甚至多度化的符号"奴役"吧！至少也不会再把仿真世界误认为真实世界，进而作出瞎子摸象式的行动选择吧！所以关机式的对抗成了受众在强大无比的符号化面前的一种无可奈何的选择——就如同波德里亚所宣扬的"沉默"一样："面对媒体的拟像，受众只有不作任何反应，才能从根本上瓦解符号和代码。"

从另一个层面来分析，我们其实还可以看到，"关机式的对抗"除了是对"符号奴役"的一种拒绝外，同样还是对"符号按摩"的一种反拨、一种拒绝。

在《理解媒介》一书中，马歇尔·麦克卢汉除了提出了"地球村"、"冷热媒介"、"媒介即讯息"、"媒介即人的延伸"等若干著名的论断之外，还提出了一个重要的但却常常被人们忽略的命题："媒介即按摩"（The medium is the massage）。这一理论之所以常常被人们忽略，是因为它首先承认"媒介即人的延伸"，然后才发展出了"按摩"的概念——所以它总是被"延伸论"遮蔽着。麦克卢汉认为，通过媒体，人的某一感官、机能得到了延伸、扩大、增强，例如，电视就使受众的眼睛成为"千里眼"，广播就使听众的耳朵成为"顺风耳"等。但是，媒体只是在局部延伸了人的机能、感官，而非某种机能的彻底延伸，它在延伸人的某种观察范围、听力范围的同时，又在另一方面削弱了自身的某些能力。这一点正如同另一位学者爱默生所谈到的那样："文明人制造了马车，但他的双足也就失去了力量；他有了支撑他的拐杖，但他的肌肉也就松弛无力了；他有了一块精致的日内瓦表，但他没有了通过太阳准确地辨别时间的能力。"[①] 这样的感受在现实生活中随处可见：当千年一遇的流星雨划过我们头顶的夜空时，我们不是站在高坡上静静地观赏，而是在电视画面上去捕捉；当佳节的联欢活动开始后，我们不是到巡游的人群中去欢呼，却在电视机前一边喝着啤酒，一边享受着符号化的节日……总之，媒体延伸了我们的感官，但却截除了我们到社会生活中去亲历亲为的愿望和能力——这样的延伸实际上已成为"截肢"或"自残"的另一个代名词。关键的问题在于，媒体所做的这一切都是在潜移默化中进行的，它无所不能的延伸、温柔百倍的关怀使你不用亲力亲为就获得了想要的一切——尽管这种

[①] 转引自吴伯凡《孤独的狂欢》，中国人民大学出版社1998年版，第118页。

获得已经演变成了"符号式眩晕"①。所以它对你的肢体进行截除时，你无知无识，不疼不痒。在这样的状况下，媒体及媒体的符号已经演变成了一种千娇百媚的"按摩"，让你沉沦其中，不知所归。对这种"按摩"，吴伯凡甚至认为，它其实正是受众与媒介之间签订的"浮士德—魔菲斯特"式契约。②

包括麦克卢汉本人在内的清醒受众很早就意识到了这一点，对此他们也积极采取了行动。麦克卢汉式的行动是"理解媒体"，即保持清醒，趋利避害。但是，更多的人却无法如此睿智，而且他们也越来越多地看到了媒体符号日益膨胀的负面影响，所以他们最终选择了"关机"——"眼不见心不烦"，或者更进一步，"惹不起躲得起"。不过也正如上文所说，这种"关机"，躲避掉的仍然只是仿真世界的符号，而对已经入侵到现实社会的各种符号，他们依然无路可逃，因此，这种对抗化注定了只是一种无可奈何的悲剧式抵抗。

以上我们结合两个案例，从受众的接受态度出发，对传媒文化符号化的两种已经露出了苗头的传播效果——选择化与对抗化，进行了简单分析。在本文的最后，我们还需要再一次强调的是，尽管我们在这里主要谈的是选择化与对抗化，但不容置疑的是，在当代传媒强大的力量面前，"奴化"仍然是，而且可能很长一段时间都将继续是传媒文化符号化的主要传播效果。毕竟，正如同波德里亚所断言的那样：除了死亡，我们根本就不可能彻底逃离符号的世界。

---

① 波德里亚在《消费社会》一书中认为，受众从传媒上获得的其实已经不是真实的现实感受，而是一种虚拟参与的眩晕。
② 参见吴伯凡《孤独的狂欢》，中国人民大学出版社1998年版。

第二章　传媒文化的全球化

对当代传媒文化来说，"全球化"无疑是最令人瞩目的景观和话题。其来势之凶猛，其影响之巨大，已让所有人为之侧目，让绝大多数媒介组织为之"倾倒"。一般来说，关于全球化的阐释可以追溯到加拿大著名学者马歇尔·麦克卢汉，他在《理解媒介——论人的延伸》中提出了"地球村"（global village）的概念。此后，美国的兹比格涅夫·布热津斯基（Zbigniew Brzezinski）在《两代人之间的美国》（*Between Two Ages America's Role in the Technetronic Era*）中正式提出了"全球化"的概念。社会学家安东尼·吉登斯（Anthony Giddens）为"全球化"下了一个定义："某个场所发生的事物受到遥远地方发生的事物的制约和影响，或者反过来，某个场所发生的事物对遥远地方发生的事物具有指向意义；以此种关系将远隔地区相互连结，并在全世界范围内不断加强。"[①] 一般而言，全球化有狭义和广义之分。狭义的全球化是指从孤立的地域国家走向国际社会的过程；而广义的全球化则是指在全球经济、文化交流日益发展的情况下，世界各国之间的影响、合作、互动愈益加强，使得具有共性的文化样式逐渐普及推广成为全球通行标准的状态或趋势。[②]

就全球化的推动力来看，大众传媒的国际传播已成为推动全球化发展的重要动力。不管人们怎样看待全球化及其发生发展，但都无法忽略现代传播在塑造历史、建构历史、叙述历史上的意义；正如潘忠党先生所归结的："通常，镶嵌在一定政治、经济体制和发展环境中的传媒不经意地限定了历史事件的脚本，成为某类主体建构（包括叙述）历史的积极合作者。"[③] 其实，大众传媒不仅仅是推动全球化发展的重要工具，它本身就是全球化过程的一个重要组成部分。就传媒文化的全球化而言，有学者认为，它一般是指

[①] Anthony Giddens, *The Consequences of Modernity*, Stanford University Press, 1990, p. 64. 转引自郭庆光《传播学教程》，中国人民大学出版社1999年版，第242页。
[②] 庄晓东主编：《文化传播：历史、理论与现实》，人民出版社2003年版，第173页。
[③] 尹鸿、李彬主编：《全球化与大众传媒：冲突·融合·互动》，清华大学出版社2004年版，第7—8页。

随着西方传媒文化产品在全球的普及，各地的传媒文化内容和风格都发生了相应变化，西方制造的某一种文化成了一统天下的文化，而本土文化则渐渐从传媒上消失的过程。这一情况甚至"只有少数地方能够幸免"[1]。

然而，本文认为，传媒文化的全球化不仅仅是指西方媒介文化的全球化，其他地方如中国的传媒文化也同样在逐步全球化。就现实来看，传媒文化的全球化应该是多向回路的、多元化的传媒文化的传播与交流，只是各自的程度不同、性质不同而已。以下，我们就将从表征、成因及影响等诸方面出发，对传媒文化的全球化问题作一个详细的梳理。

第一节　民族文化与信息资讯的全球化传播：传媒文化全球化的内容选择

当今世界是一个网状的世界，彼此相连、无法分离，而这中间的一个重要纽带就是大众传媒。大众传媒将积淀千年的历史文化与我们的日常生活信息一览无余地展示在世人面前，形成一道道独特的风景。如果要对这些"风景"的内容进行一个粗略分类的话，可以将其归结为两类：一是文化娱乐类；二是信息资讯类。

文化娱乐类的传媒内容融合了多种文化元素：传统的与当代的、本土的与外来的，从而构筑起一个多元文化大荟萃的景观。当然，这里的多种文化元素可能并非平等地融合在一起，但多元化的、全球化的内容选择却是相对明显的特征。作为当今世界最具影响力的传媒——电影，恰恰又成为文化娱乐全球化无处不在的"华丽殿堂"，并进而成为塑造各国文化的"霓虹灯"。就当代电影的内容选材来看，主要有世界重大事件、世界经典剧本、各民族文化、世界重要人物等。其中，最明显的也最受人们关注的就是民族文化。例如，具有浓郁中国文化特色的《黄土地》、《黄河》、《红高粱》、《菊豆》、《大红灯笼高高挂》等电影作品就早已走向国际舞台，体现出了一种独特的"东方镜像"[2]。

信息类的传媒内容在当今各国的诸多媒体上也随处可见。世界每一个角落发生的重要事情都有可能出现在我们的媒体上，成为人们日常生活信息不

---

[1]　参见陈龙《媒介文化全球化与当代意识形态的涵化》，《国际新闻界》2002年第5期。
[2]　参见邵培仁、潘祥辉《论全球化语境下中国电影的跨文化传播策略》，《浙江大学学报》（人文社会科学版）2006年第1期。

可或缺的一部分。美国 CNN 24 小时滚动播出的时事新闻节目就是其中典型的代表。CNN 的创始人特德·特纳（Ted Turner）曾说："CNN 播放着的就是世界上正在发生着的事情，直到地球停止转动。想知道地球是怎么毁灭的吗？还是要看 CNN。"

可以说，"民族文化元素的全球化传播"及"信息资讯传播的全球化"，正是当代传媒文化全球化最基本的内容。对这两种类型的全球化，下面，我们将分别结合案例，进行分析与阐释。

一　民族文化元素的全球拓展

案例一：电影《红高粱》(*Red Sorghum*) 走向全球

影片《红高粱》由张艺谋导演，1986 年出品。该片的大致情节是这样的：

19 岁的女主人公九儿出嫁给一个酿烧酒的掌柜李大头，但可悲的是此人有麻风病。一路上，抬轿子的轿夫们唱着俏皮粗野的歌儿，折腾着新娘子九儿。当众人行进到名为"青杀口"的地方时，从高粱地里突然杀出来一个劫道人。轿头余占鳌找准时机扑向劫道人，轿夫们一拥而上，很快将劫道人打死。九儿对余占鳌有了好感。三天后九儿回娘家，又遇蒙面人，原来是救她一命的余占鳌。两人激情迸发，在高粱地里作了"天地之合"。

几天后，九儿从娘家回来，但此时，她的丈夫、酒坊的掌柜已被人杀害。伙计们正准备另寻生计，但在她的劝说下纷纷留下来了。她开始处理家事，料理酒坊。一次，余占鳌酒醉后被扔进空酒缸，恰在这时土匪秃三炮劫走了九儿。酿酒的工头罗汉大爷等人凑足 3000 块钱把她赎了回来。余占鳌酒醒后去找秃三炮算账，双方最终和解。当醉酒的余占鳌回来后，恶作剧式地往高粱酒里撒尿，然而，此酒竟变成了好酒——"十八里红"。也就在这一天，余占鳌与九儿开始住在了一起，成了事实上的夫妻。

九年后，日本鬼子逼乡亲们砍倒高粱开修公路，杀害了许多无辜民众。当晚九儿搬出"十八里红"给伙计们喝，准备去打日本鬼子。大家唱着《酒神曲》，斗志昂扬准备战斗。第二天黄昏，九儿给余占鳌等人送饭。但不幸的是，她倒在了鬼子的机枪下。余占鳌等人疯一样冲向日本军车，一声巨响，伙计们全部壮烈牺牲了。九儿 9 岁的儿子最终找到了他的爸爸余占鳌。他们站在九儿的尸体旁，此时，夕阳如血，高粱如血……①

---

① 以上关于影片《红高粱》介绍可参见电影乐园，http://www.vkeke.com/movie/928.html。

《红高粱》对民族文化元素的彰显使其在国际上赢得了普遍赞誉。1988年2月23日，它为中国电影夺得了第一个世界冠军级大奖——柏林国际电影节的金熊奖。其他的国际奖项包括：第3届津巴布韦国际电影节最佳影片奖、杰出导演奖、最新颖创作奖，第35届悉尼国际电影节电影评论奖，第1届摩洛哥马拉卡什电影节导演"大阿特拉斯"金奖，第16届布鲁塞尔国际电影节广播电台青年听众评委会最佳影片，法国第5届蒙彼利埃国际电影节银熊猫奖等。[①]

《红高粱》是一部充满了中国文化元素的国产电影，虽然一些人将其批评为"伪民俗"、"卖丑"，但它"犹如一声霹雳，撕破了西方人对中国电影所持的蔑视与迷幻"。也正是这样一部电影，将中国文化推向了全球。影片中的中国文化元素主要体现在三个方面：

一是视觉中的中国传统文化元素的凸显：红轿子、红嫁衣、唢呐、土坯房、剪纸、年画、门神、酒篓子、大腰裤、石头小桥、肚兜、粗瓷碗、红红的高粱地与高粱酒……对外国朋友来说，尤其特别的是，一群粗壮的男人抬着一顶红轿子，里面坐着用红盖头盖着的新娘，周围又用极为单纯的黄土地和朦胧的尘烟做映衬，中国民俗风情的景观在这里展露无遗。

二是影片多处用中国民间音乐伴奏。在影片开始时，一群轿夫用粗犷的当地民谣伴随着嘹亮的唢呐声，表达九儿出嫁时的无奈与辛酸。在祭酒神时，雄健有力的一群西北汉子手捧红高粱酒，在酒神面前唱着那首《酒神曲》，嘹亮的唢呐声与粗犷的嗓音交织在一起，烘托出了一种喜庆而又不失庄严神圣的气氛。而在故事的最后，叙述者的爸爸喊出那首"信天游"式的歌曲，并将电影推向高潮。总的来看，作为一部能在国际上引起好评的电影，民族音乐与乐器的良好搭配甚是重要，而电影《红高粱》选择的是中国古老的乐器唢呐：响亮的唢呐声配合电影情节的展开，烘托出一种具有东方文化气息的氛围。

三是在情节构置上，将中国传统的西北民俗文化生动地展示在银幕上，更多地展现出东方文化的神秘。影片在描写抬轿子的情节中，大量使用了中国文化元素，如结婚时抬花轿，轿夫"颠轿"；烧酒作坊中的酿酒工艺，如加火、倒水、酒桶等，以及九月九酿酒祭祀酒神时的情景。

对于以上中国文化元素，也有不少人提出质疑，如直斥其为"伪民俗

[①] 新浪网：《资料：张艺谋力作〈红高粱〉获奖情况》，http://ent.sina.com.cn。

性"、"贩卖国丑"、"挖祖坟",甚至是自我"人妖化"(王干语)等,归根结底,是"张艺谋在进行自我'东方主义'"①。这里所谓的"东方主义",意指西方人眼中的想象性"东方":年代久远的大家族、残暴的家长、无能的男性、情欲受到压抑的女人、奇异的民俗等。对此,有学者指出:"在西方话语中心者看来,东方的贫弱只是验证西方强大神话的工具。与西方对立的东方文化视角的设定,是一种文化霸权产物,是对西方理性文化的补充。在西方文化看来,东方充满原始的神秘色彩,这正是西方人感兴趣的但却没有的。于是这种被扭曲被肢解的'想象性东方'成为验证西方自身的'他者',并将一种'虚构的东方'形象反过来强加于东方,将东方纳入西方中心权力结构,从而完成文化语言上被殖民的过程。"②但纵观整个影片,我们可以确定的是,其男女主人公都远非西方人眼中的那种柔软与压抑。恰恰相反,影片突出了对自我的张扬和打破陈旧束缚的精神。"颠轿"的那些轿夫们,打日本鬼子的那些伙计们充满了雄性之美;女主人公九儿也不是一个东方主义视阈中的东方女性,没有任劳任怨、逆来顺受的陈旧中国女性形象,有的是强烈的自我意识、勇敢释放自我欲望、敢于用自己的行动反抗现实、积极改变自我命运的新女性形象。也恰恰是影片中的这些形象,使得与之相随的典型中国文化走出了国门,走向了世界,并最终成为传媒文化全球化景观中重要的一环。案例最后一段中提到的《红高粱》所获得的各种奖项,恰是这种全球化的最好注脚。

其实,与《红高粱》的这种对中国元素的张扬相似,世界上很多国家的传媒作品,大多是通过对本国、本民族文化的张扬而获得全球化推广的——印度电影中的充满民族风情的歌舞,法国电影中诙谐、机趣的法式幽默,莫不如此。这种源于文化间的异质性(heterogeneousness)所产生的吸引力成为当今民族文化通过传媒实现全球化的重要动因,其本身也成为传媒文化的重要组成部分;当然,文化间的异质性也有可能是相互交流的障碍,并有可能引发文化间的冲突与摩擦,对此,我们将在后面的相关部分作出分析。不过,每一文化样式中存在的人类文化的共同性——它为不同文化群体、不同种族、不同地区的人们提供了能够相互交流和沟通的基础,在这个基础上,异质文化的某些特质就成为满足受众需要的重要方面。传播学中的

---

① 参见朱骅《传统文化·东方主义·中国电影———再谈电影〈红高粱〉》,《社科纵横》2006 年第 10 期。

② 同上。

"使用与满足"理论告诉我们,对可能成为受众的人来说,他们的媒介接触行为,取决于其满意度、需求状况以及希望和动机。该理论认为,受众往往接触、理解并记住那些能满足自己需要或兴趣的信息。这些信息可能与他们原有的观点相一致,也可能有悖于固有的观点。而文化间的异质性、多样性(diversity)恰恰可以满足受众的好奇心理、有趣味性的内容,这是民族文化元素全球化的一个重要推动力。另外,相关心理学的知识也告诉我们,受众在对外界信息进行知觉时,会把具有与众不同的对象从背景中分离出来,这是人类对未知事物的好奇与探索,是人类与生俱来的本能;其对象与背景差别越大,受众越容易从背景中把它区分出来,并能够予以清晰地反映。总之,影片《红高粱》从外在的视觉、听觉上以及内在的情节构置上都较好地凸显了东方文化的魅力,令异域文化的受众产生一种强烈的新奇感,从而进一步提升了它的国际影响力,成为一部在国际上颇受欢迎的反映中国民族文化的影片。

二 信息资讯的全球传播

案例二:CNN 国际频道 (CNN International)

CNN(Cable News Network,美国有线电视新闻网)开播于1980年6月1日,是全球最大传媒集团时代华纳旗下最著名的有线电视新闻频道,是美国最大的专门播送新闻的电视公司,也是世界上最早出现的国际电视频道。

1987年,CNN 开播世界报道(CNN World Report)。如今,CNN 国际频道通过23颗卫星构成的网络,向140多个国家的2.21亿用户提供服务。并根据服务地区的不同,提供四套不同版本的节目:欧洲版、拉丁美洲版、美国版、亚太地区版。四套节目基本框架都是相同的,都包含《世界报道》、《世界商业》、《世界体育》、《世界气象》、《世界音乐》等主要栏目,但具体内容则因地区而异,充分考虑不同观众的不同需要和不同的文化背景。[①]

以下是有关 CNN 的几个片断——

1. 1991 年 1 月 16 日伊拉克战争打响之际

CNN 的伯纳德·肖(Bernard Shaw)以精致的描绘、传神的语言口播了一篇完整的现场特写:"炸弹爆炸声像波涛一样每十五分钟左右席卷一次,飞机投下炸弹后飞走了。你可以感到爆炸的炽热气浪一阵阵扑面而来。现在

---

① 李宁:《CNN 国际频道新闻节目浅析》,《电视研究》2005 年第 4 期。

夜空闪耀,如同白昼。在我们西南方仿佛有成千上万只萤火虫在飞舞。我马上爬到窗户那边去,把话筒伸过去,好让观众们清晰地听到我们今夜听到的声音……"此后,CNN的三员大将轮番上阵,伯纳德·肖用诙谐、夸张的语词,霍利曼(John Holliman)以沙哑、激动的口吻,阿内特(Peter Arnett)以冷静、沉着的现场分析,合奏了一首长达16个小时的战争交响曲。[1]

同时,伊拉克新闻部长穆罕默德·赛义德·萨哈夫(Muhammad Saeed al-Sahhaf)也通过CNN等媒体向外部发出了伊拉克的声音。他每天都要在众多媒体面前出镜,举行新闻发布会,或者宣读政府声明,或者代表萨达姆(Saddam Hussein)说话。萨哈夫滔滔不绝的演讲、镇定自若的风采让他一举成为世界级的"电视明星"。他不仅为灾难中的伊拉克人民赢得国际同情,重树了伊拉克的国际形象,鼓舞了军民的斗志,而且他一向镇定自若,发布让人吃不透的威胁性信息。"一切仍在我们控制之下。他们已经歇斯底里了,失败者,他们认为杀死平民、扭曲人民的感情就会赢得胜利。我想他们不会胜利,那些狗娘养的!"有研究者甚至将萨哈夫的这种精彩表演称为"萨哈夫现象"。

2. 2004年9月12日12时的CNN新闻[2]

时间(分钟)	新 闻 内 容
0—2	片头及提要
2—10	"伊万"飓风(5条,包括电话报道、新闻、新闻现场、新闻特写以及相关天气预报)
10—15	中东中亚、西亚海湾局势(3条关于伊拉克和3条关于叙利亚的新闻)
15—17	下节预告、广告和栏目宣传片
17—20	中国香港立法会选举(2条)
20—23	全球天气预报
23—25	"伊万"飓风(1条,电话报道穿插最新画面)
25—27	下节预告、广告和栏目宣传片
27—30	"9·11"纪念活动(1条)

---

[1] 参见刘雪梅《CNN与"电视战争"》,《军事记者》2001年第12期。
[2] 李宁:《CNN国际频道新闻节目浅析》,《电视研究》2005年第4期。

3. 2001 年 4 月 11 日 CNN 对中美撞机事件最新发展的深度报道

2001 年 4 月 11 日，美国大使约瑟夫·普里赫（Joseph Prueher）向中国外交部长递交了一封信，表达了美国政府对中国人民及飞行员王伟家属的歉意。中国政府已同意美国的 24 名飞行员返回美国。就撞机事件的最新发展，当日 CNN 的多个深度报道栏目都予以了报道、分析。[1]

CNN 作为当代传媒业中的一个佼佼者，其独具特色的运作模式和思想，不仅突破了传统的信息传播模式，而且打破了传媒业的竞争生态环境，从某种意义上讲，它在传媒文化全球化的道路上树立了一个较好的典范。

第一，CNN 充分利用自己的信息渠道优势，及时、连续地向全球发布着最新信息。

CNN 素以新闻报道的及时性著称，它以"抢到独家新闻，我们就能击溃任何一家广播公司"作为出奇制胜的经营之道。它的新闻多采用直播形式，曾在多个重大场合表现出色，例如，柏林墙倒塌、旧金山大地震等。早在伊拉克战争爆发前几个月，CNN 就与伊拉克当局交涉，以 30 万美元的价格买下 6 台能直接与卫星联络的"卫星电话"，独家获得了卫星专线电话的使用权。[2] 而其他几家电视台如美国广播公司、全国广播公司等，由于通信线路的失灵，无法进行第一时间的报道，只有 CNN 一切顺利，不断地向全世界报道最新战况。《华尔街日报》报道说，由于 CNN 报道海湾战况既迅速又充分，它的收视率激增——在欧洲的收视率从 15% 飙升至 85%，成为与美国三大广播公司并列的第四位电子传媒巨人。[3] 在这场因"地球人"的热战而引发的电视战争中，CNN 收获颇丰，成为全球化战场上的最大赢家。

第二，CNN 的全球化报道注重了一定的平衡性。

美国白宫、国务院、国防部等政府部门通过定期或不定期的新闻发布会，透露官方的消息，从而从信息传播链的最上端——信息源入手，左右媒体的报道内容和影响报道的倾向性。对此，资深主持人萨姆·唐纳森（Sam Donaldson）深刻地指出，"白宫官员给我们的资料是他们想要提供的。我们要么按他们的旨意去做，要么什么都不做"[4]。更有人指出，这实际上是媒

---

[1] 杨凯：《CNN 定位策略分析》，《电视研究》2001 年第 9 期。
[2] 刘雪梅：《CNN 与"电视战争"》，《军事记者》2001 年第 12 期。
[3] 同上。
[4] 端木义万主编：《美国传媒文化》，北京大学出版社 2001 年版，第 58 页。

体与政府之间的一种"共生"关系。CNN 也不例外,它是美国官方发表对国际事务看法的重要通道。在伊拉克战争中,CNN 通过战地记者向全世界播送最新战况的信息——这些信息会受到美国军方的审查,以确保美国立场和某些战争行动不被泄露。同时,CNN 一方面会主动替美国政府和军方发布一些他们认为必要的信息。但另一方面,CNN 也给交战的另一方——伊拉克表达自身观点的机会,虽然这种机会有人认为只是 CNN 出于满足观众猎奇心理、吸引观众的眼球之类的原因而发布的。但我们无法否认的是,CNN 的这种报道风格的确在一定程度上体现了报道的平衡性。对此,CNN 总裁汤姆·约翰逊(Tom Johnson)说:"有线电视新闻网既不支持也不阻止任何一个国家为解决这种或那种危机而进行的一切外交活动。我们的目标是公正、客观地报道与当今重大事件有关的所有新闻和所有评论。"[1] 其中,比较明显的例子就是我们在案例中提到的"萨哈夫现象"了——作为伊拉克的新闻部长,萨哈夫传达的主要讯息就是"伊拉克军队正在实施有效的抵抗,巴格达是安全的,美军将遭到痛击,并最终走上失败的道路"。这类信息显然不利于美国当局,但它仍然出现在了 CNN 的屏幕上,并借此而传递到了世界的每一个角落。萨哈夫每天的新闻发布会都少不了 CNN 的身影。与此相应的是,交战双方的最高领导人美国的布什(George W. Bush)总统和伊拉克的萨达姆总统都能通过 CNN 电视向对方传达信息,并且还通过观看 CNN 电视节目了解战争状况。

当然,也有人对萨哈夫表示了极大的不屑。中国人民大学一位学者就说:"如果想知道什么叫当面造谣,什么叫满嘴胡言,请看萨哈夫的表演。"[2] 抛开萨哈夫本人的表演不谈,一个无法否认的事实是,CNN 为全球的人们提供了另一方的信息和意见,让这种意见也有了在"信息市场"上进行自由竞争的可能——即便这种意见代表着敌对国的声音,即便这种声音有"当面造谣"、"满嘴胡言"的可能,他们也并非一开始就对其进行单方面扼杀。这恰恰是 CNN 在报道过程中对"平衡术"的很好驾驭。

其实,在当今世界,过去那种信息渠道相对单一,人们往往受制于某一媒体、某些信息源的局面也正在改变。即使没有CNN的平衡术,世界信息

---

[1] [加拿大] 马修·弗雷泽著,刘满贵、宋金品等译:《软实力:美国电影、流行乐、电视和快餐的全球统治》,新华出版社 2006 年版,第 147 页。

[2] 阚一彤:《伊拉克新闻部长萨哈夫:战争"明星"哪去了》,转引自人民网,www.people.com.cn。

也将得到全面展现。正如刘建明教授所指出的那样:"如今,全球化媒介重塑了世界生活的结构模式,改变了信息的本质和人们的视野,促成人类行为的全球化规范。今天人们要重视和尊重的不仅是本国人,而且还有已经变成邻居的他国人,因为我们都是全球人。种种迹象表明,这种初级网的传播方式能把不同国家人民的政治追求真实地表达出来,少数人的声音再也无法控制这个世界,尊重不同声音正在被绝大多数人接受。"[1] 或许这也正是 CNN 在全球化报道中能坚持平衡原则的根本原因。

第三,CNN 将滚动播出新闻与深度访谈相结合,使得日常信息、资讯的全球化不仅体现在广度上,而且体现在深度解读上。

从北京时间 2004 年 9 月 12 日中午 12 时 CNN 的新闻中我们可以看出,CNN 国际频道新闻节目一般以半个小时为一个单元,依据新闻的重要性进行编排,不断更新内容,滚动播出。由于飓风"伊万"(Hurricane Ivan)连续数日袭击加勒比海地区,造成重大生命和财产损失,当天 CNN 新闻就以"伊万"为重点。而中国香港立法会选举也因为香港的国际地位和中国国际影响力的提升而备受关注,所以单独安排了一个板块。而对 2001 年的"9·11"三周年纪念活动的报道也单独成为一个板块。[2] 同时,整个的新闻报道过程中,重点采用电话报道、新闻现场、新闻特写的形式,再辅之以新闻主播播报的形式,既满足了观众了解当天重要事件的需要,又满足了观众感知新闻现场的心理需要,很好地将新闻内容的丰富性与新闻现场的真实性结合了起来。

从 CNN 报道对"2001 年 4 月 11 日中美撞机事件最新发展的深度报道"则可以看出,CNN 注重从不同侧面、不同角度对同一事件进行多方位解读。《举证责任》(Burden of Proof)在对事实分析的基础上重点探讨了这一事件对中美关系有何影响,美国的道歉是否能令中国满意,美国与中国相撞的飞机将如何处理等问题。《沃尔福·布利茨报道》(Wolf Blitzer Reports)则重点分析中美达成这一阶段性的意见直至一周后进行的谈判的相关问题,例如,美国会不会继续在中国领空附近实行侦察,中国申奥会不会受到影响等,并对最新的发展态势进行追踪分析。而《焦点》(The Point)则是就涉

---

[1] 刘建明:《走向全球唯一媒体的时代——全球化媒体的历史与未来》,http://blog.chinatvnet.com。

[2] 参见李宁《CNN 国际频道新闻节目浅析》,《电视研究》2005 年第 4 期。

及归还 24 名美国飞行员的一系列事件作一一回顾和评论。①

　　正是这种全面、深度的报道方式，使得 CNN 的全球化目标有了更加强大的基础。

　　当然，CNN 在报道国际事务中所具有的议程设置功能，也是我们在面对其全球化战略时不得不深思的一个重要问题——它的全球化战略越有效，我们越需要关注这一问题。一方面，CNN 会对受众本身进行议程设置。马克斯韦尔·麦库姆斯和唐纳德·肖认为：大众传媒具有一种为公众设置"议事日程"的功能；媒介所强化报道的题材和事件，会引起人们的重视；传媒的新闻报道和信息表达活动以赋予各种"议题"不同程度的显著性的方式，影响着人们对周围世界的"大事"及其重要性的判断。正如伯纳德·科恩（Bernard C. Cohen）关于报业威力的一段名言：在多数时间，报界在告诉人们该怎么想时可能并不成功；但它在告诉它的读者想什么时，却是惊人的成功。另一方面，CNN 自身具有的强大影响力同样会对别的媒体造成"议程设置"。最近的研究认为，影响媒介议程的一支很重要的力量就是来自其他媒介的内容，即媒介间议程设置（intermedia agenda setting）。② 新闻所聚焦内容一般是从影响力特别大的媒介流行到其他的媒介。当今，关于国际事务的实况报道资料很多都来自于 CNN，由此，CNN 处在信息链的最上端，它在一定程度上控制着其他媒体的相关的报道内容，以及如何报道。③ 而这些媒体又进一步对自己的受众进行着议程影响。正是在这种双重的议程设置之下，CNN 有多个在全球具有很大影响的节目，特别是它的一些深度访谈类节目，在很大程度上左右了人们如何去关注这个世界、如何去认识这个世界——其资讯的全球化影响由此而得到了进一步的加强。

　　第四，在信息资讯全球化的过程中，CNN"负面新闻"的全球化传播更为普遍和迅速。

　　在 CNN 的伊拉克战争报道中，我们每天听到和看到最多的是隆隆的飞机声、耀眼的火光、洒满大地的鲜血……CNN 的伯纳德·肖"传神"的现场报道至今仍深刻在我们的脑海中——"炸弹爆炸声像波涛一样每十五分

---

① 关于本段分析请见杨凯《CNN 定位策略分析》，《电视研究》2001 年第 9 期。
② 参见［美］沃纳·赛佛林、小詹姆斯·坦卡德著，郭镇之译《传播理论：起源、方法与应用》，华夏出版社 2000 年版，第 263 页。
③ 王维、王锋：《究竟谁在设置议程——议程设置理论发展脉络梳理》，《新闻知识》2007 年第 5 期。

钟左右席卷一次，飞机投下炸弹后飞走了。你可以感到爆炸的炽热气浪阵阵扑来。现在夜空闪耀，如同白昼。在我们西南方仿佛有成千上万只萤火虫在飞舞……"2007年4月16日在美国弗吉尼亚理工大学发生的枪击案，包括CNN在内的美国众多新闻媒体纷纷忙碌起来。每家都在谷歌或雅虎上购买广告，这样，只要有人搜索"弗吉尼亚枪击案"一词，它们的链接广告就会在页面的显著位置出现，例如，4月17日的一个链接广告这样写道："有关持枪歹徒的信息和其他突发新闻，请访问CNN.com。"①

对于CNN的这种报道模式，我们可以借用"格雷欣法则"予以分析。"格雷欣法则"是经济领域中"劣币驱逐良币"现象的变种。在一个信息供过于求的环境里，注意力成为最稀缺的资源。"谁得到的关注最多谁就能获得成功。"因此，包括CNN在内的媒体在新闻报道中，特别是国际新闻报道中，为了在争夺受众的竞逐中获得更多的注意力资源、取得竞争的胜利，就开始了用诽谤性新闻和煽情性新闻驱逐严肃新闻的倾向。"这就是新闻——全是坏消息的负面报道模式。""一个不涉及炸弹、自然灾害或财经灾难的外国故事几乎无缘进入美国人的意识。"对此，2001年8月，《经济学家》刊登了一篇批评文章质问有线电视新闻网："没有了战争，有线电视新闻网还能靠什么来恢复元气？"②

其实，这也恰恰是"注意力经济"在传媒领域的运用。而这种注意力经济背后遵循的则是最根本的商业利益：赚取利润。由于美国新闻传播机构大多是私人性质的企业，这些企业主经营媒体事业的主要目的就是赚取利润。"一家报纸的地位和声誉主要不取决于其评论员是否出色，而取决于其发行人是否能干。发行人在任用编辑时，是期望他们能够按照企业的私人利益行事。"③也诚如威尔伯·施拉姆（Wilbar Lang Schramm）所言："新闻事业是一种双重性格的事业。站在为公众提供普及教育的立场来说，大众传播是一个学校，但是，站在为投资者赚钱的目的而言，大众传播媒介是一个企业。任何传播媒介的负责人，受这种双重性格的影响，一方面要尽校长之

---

① 美国《新闻周刊》5月7日（提前出版）：《购买对悲剧事件的点击量》，转引自《美媒体竞借社会悲剧营利》，《参考消息》2007年4月30日第6版。
② [加拿大]马修·弗雷泽著，刘满贵、宋金品等译：《软实力：美国电影、流行乐、电视和快餐的全球统治》，新华出版社2006年版，第155页。
③ [德]哈贝马斯著，曹卫东等译：《公共领域的结构转型》，学林出版社1999年版，第222页。

职；另一方面要尽经理之职，这两种职务有很多时候是相互矛盾的。"① 这种矛盾性的存在意味着在新闻素材的选择上会经常存在着博弈，同时也就注定了新闻传播媒体逃脱不了为金钱所累的历史命运——用诽谤、煽情，甚至国家悲剧（例如，"9·11"）等诸多负面新闻来吸引眼球便成为当代传媒在全球化传播中无可避免的现象。

不过，即使"情非得已"，不少人仍对此提出了批评。《哥伦比亚新闻学评论》（Columbia Journalism Review）杂志执行主编迈克尔·霍伊特（Michael Hoyt）就指出："这是迎合大众趣味，有违道德的做法。你要推销你的新闻广播可以，但是你不能借国家悲剧营利。"② 对传媒及传媒文化的全球化传播来说，这样的论述其实才是最应该遵循的法则。

以上，我们从民族文化元素的全球化传播和信息资讯的全球化传播两个方面入手，结合典型案例，对传媒文化全球化的内容进行了简单梳理。实际上，对当代传媒文化来说，其全球化的表现内容远非这两项所能涵盖的。不过，这两项内容又的确是其中最重要、表现得最充分的部分——正是由于有了它们的存在，传媒文化的全球化才变得更加引人瞩目。因此，我们才着重对它们进行了梳理——至于全球化的其他表现内容，虽然它们同样值得探讨与分析，但限于篇幅，本文将不再涉及。

第二节　多元文化的共融与娱乐文化的普及：传媒文化全球化的外在表征

在上一节中，我们对传媒文化全球化的内容选择进行了粗略的探讨。和内容选择紧密相连的显然是其表现形式。那么，当代传媒文化的全球化究竟又有什么样的外在表现形式呢？本节就将对此作出详细探讨。

谈到大众传媒的全球化传播问题时，刘建明教授曾经这样写道：跨国媒介冲破民族国家的疆界，打破了地域的旷远和封锁，大跨度地把世界不同地域连接了起来。③ 对刘建明所说的这种"连接"，加拿大学者哈罗德·英尼斯（Harold Innis）曾提出了"空间偏倚"的概念来予以形容。所谓空间偏

---

　① ［美］迈克尔·爱默里等著，展江译：《美国新闻史——大众传播媒介解释史》译序，中国人民大学出版社 2004 年版，第 13 页。
　② 同上。
　③ 刘建明：《走向全球唯一媒体的时代——全球化媒体的历史与未来》，http：//blog. chinatv-net. com。

倚,"也就是说,传播媒介在跨越空间地域上具有极其强大的能力。如今,电子媒体远距离的实时传播已经将传媒的'空间偏倚'这一特性发挥得淋漓尽致了。尤其是在全球性的重大活动的现场直播中(比如,对奥运会开幕式、世界杯足球赛等的直播),对于世界范围内的媒介受众来说,'世界统一的时间'取消了'地方性时间'的存在"①。然而,传媒文化的全球化不仅仅是媒介形式的全球化,它更是所在国思想文化、传媒自身的节目类型和形式以及传媒运作理念等思想意识的全球化。从这个意义上说,传媒文化的全球化一方面在不断侵蚀着某些本土文化,另一方面,它也在不断为世界文化地图增添新的色彩——多元文化的全球融合、娱乐文化的全球普及,正是其中最典型的表现。

一 多元文化的全球共融

案例一:迪士尼电影《花木兰》(*Mulan*)的多元文化共融

迪士尼电影《花木兰》素材源于中国南北朝时的诗歌《木兰诗》,讲的是花木兰替父从军的故事。动画片《花木兰》中的第一个重要场景是相亲:媒婆"考察"木兰是否会伺候丈夫公婆,是否懂得待人接物之道。但由于幽默角色小蟋蟀Cri-Kee的捣乱,考察很快就归于失败。第二个重要场景是木兰劝阻父亲从军。由于未能获得父亲的同意,在一个雷雨交加的夜里,木兰束起长发,穿上父亲的戎装,离家从军。木兰此举感动了祖先神灵,他们决定派遣一条龙(木须)去保佑木兰。在军营中,得益于木须的帮助以及自己的刻苦训练,木兰最终赢得了战友和商将军的尊敬。他们开始征战了,从春到冬,从绿油油的秧田到白雪皑皑的大山,木兰所在的部队在努力的行进着。一次与匈奴军队的狭路相逢将影片推向高潮——由于实力相差悬殊,看起来木兰所在的部队将必败无疑。就在敌人的军队凶猛扑来的紧急关头,木兰急中生智,制造了一场大雪崩,消灭了绝大部分敌兵。此时,木兰也在战斗中受伤,医生在医治时发现了她的女儿身。商将军将她赶出部队。伤心的木兰在归途中发现单于和一些士兵还活着。他们攻破了都城,并在满城庆祝胜利之时将皇帝抓做人质。就在这危急关头,木兰挺身而出,在战友和木须的帮助下,消灭了敌人并成功解救了皇帝。此时的花木兰,可谓功德圆满,带着皇帝的奖赏荣归故里……

---

① 黄顺铭:《透视地球村:全球化·美国化·本土化:传媒技术背景下跨国传播中的话语转换及其难题》,http://www.people.com.cn。

值得关注的是，在动画片《花木兰》的场景中，既布置了大量充满了中国元素的文化符号，如长城、故宫、中国功夫、毛笔、舞狮子、春节欢庆场面，以及桂林山水、九寨沟等；又随处可见美国文化的影子：幽默风趣的人物对话、动感十足的爵士乐、酒吧或宴会式的狂欢……两种文化有机地结合在了一起。

作为诗歌，《木兰诗》简短、流畅，但故事缺乏细节，勾画的只是一个简单的情节框架。例如，花木兰的12年的征战生涯从"万里赴戎机"到"壮士十年归"只用了短短30个字。动画片《花木兰》则以诗歌内容为原型，通过当代艺术形式——动画片再现了这一传奇故事，并加入了丰富的情节内容，使全球文化的多元融合趋势得到了很好的展现。

首先是外显文化形态的融合。为了在影片中较准确地表达原文化的精髓，迪士尼设有跨文化参考机制，例如，他们雇用了一个叫做 Cheng-Yi Chang 的中国台湾地区艺术家负责监督和设计角色，从而确定了影片中主要角色的外貌及服饰。[1]此外，在故事展开的背景上，中华文化元素也是其主要的基调——长城、中国式建筑、桂林山水、中国功夫、插秧等情景随处可见，长笛、古筝、二胡等东方乐器的音乐伴奏也时时在耳。不过，作为迪士尼的动画片，其制作方也并没有忘记将其一贯的制作理念和风格很好地融合到这部充满中国文化符号的影片之中，如采用爵士乐等多种音乐元素来组合制作影片音乐；用小蟋蟀和小龙木须的表演来演绎美国文化中惯有的幽默、滑稽等。影片中的一段情节正是这种全球文化多元融合的典型写照：当木兰家祠堂里的众神在得知木兰凯旋后，伴着动感十足的爵士乐，忘我地扭动着腰肢，高兴得手舞足蹈——一向被中国人视为神圣严肃之地的祠堂，在美国狂欢精神的刺激下，顷刻间变成了充满欢声笑语的激情派对场所。影片把观众置身于现代都市的酒吧或极为狂热的宴会现场，中国古代文化象征之一的祠堂文化在这里得到了成功的扭曲。[2] 而典型的中国文化与典型的美国文化也在这种全球化操作之下得到了有机融合。

其次是内隐文化观念的融合。《木兰诗》讲的是花木兰因父亲年迈而又

---

[1] 黄顺铭:《透视地球村：全球化·美国化·本土化：传媒技术背景下跨国传播中的话语转换及其难题》，http://www.people.com.cn。

[2] 刘慧敏:《迪士尼〈花木兰〉(Mulan) 对中国叙事的消解》，《洛阳师范学院学报》2007年第1期。

无长兄，为了尽孝道而脱下红装，穿上戎装离家从军的故事。因此，在古代中国，花木兰曾被列入"二十四孝女"之列，更被一些寺庙或者一些皇帝赋予过"孝道将军"的称号。①但在西方文化语境中，"孝"并不是第一位的，责任感、个人主义、为家族带来荣誉更为人们所推崇。在动画片中，花木兰在临走之时，只留下一封信就拿上征兵的命令，在黑夜之中离开了家乡，而且影片也刻意点出了这是为了"给家庭带来荣耀"这个西方人常有的观念。应该说，在这里，中国观念里的"孝"与西方观念里的"荣誉"已经很好地融合在了一起。同时，影片在花木兰受伤后女性身份的提前暴露以及其战功获得的偶然性等叙事单元中，都有意改变了中国历史叙事中木兰传奇的忠孝主题，木兰成为一个自我觉醒与自我实现的机智冒险型的女性形象。②影片中，在敌军凶猛扑来的紧急关头，木兰急中生智，制造了一场大雪崩，消灭了绝大部分敌兵。这在某种程度上说，正是美国个人英雄主义的很好展现。影片副导演班瑞·库克（Barry Cook）曾表示："木兰不仅惹人喜爱，她还是一个不依附男人、敢想敢干的女孩。我认为她重要的是个人的重要性。她的行为表明了她的确与众不同。"③不仅如此，影片中那个机智、幽默、通俗的小龙木须，一出场就以"威力无比、欢乐无限、不可摧毁"，"我的威力不是你们人类所能想象的"等话语，在欢快的气氛中营造了迪士尼典型的文化场景。而在这种场景的背后，隐藏的也恰恰是强调个性特征、崇尚桀骜不驯的美国个人英雄主义精神，这虽与中国一贯崇尚的集体主义精神有了不少的差异，但又有机地融合在了这部典型的"中国影片"之中，成为传媒文化全球共融的典型写照。

迪士尼结合西方人的欣赏口味及价值理念，运用早已形成的一套几乎公式化的高效生产模式——陷入重重困境的主人公竭尽所能，表达自己作为一个"人"的愿望和抗争；围绕主线发生感情纠葛（爱情、亲情、友情、对立）；冲突或惊险场面、良好的节奏感、搞笑的小插曲④——最终将《花木兰》制作成了一部本土化与全球化相统一、中国文化符号与美国文化观念相叠加的崭新的传媒文化产品。从该动画片中，我们也已明显地看到，在传

---

① 陈韬文：《文化移转：中国花木兰传统的美国化和全球化》，http://www.jour.nccu.edu.tw/mcr/0066/05.html。
② 同上。
③ 同上。
④ 参见江潇、马天元《在全球化与本土化之间——兼评电影〈刮痧〉》，《现代传播》2001年第6期。

媒文化全球化的过程中，各民族文化的多元融合已经成为一个必然的趋势，在这个趋势中，任何形态的文化都将其一部分特性带入了新的体系之中，并进而形成了崭新的全球化传媒文化形态。赛义德认为，任何想在现代文化的格局中寻求发展的文化圈层，都要学会"有意识地介入世界文化话语，并对其进行改造，使其承认边缘化的或被压抑、被忘却的历史"。无论如何，东西方的文化交流应该成为一种对话，通过交流和对话以达到双方的互相渗透和互相影响；"只要我们不站在历史的终点上，只要我们有能力为我们现在和未来的历史做点什么，无论我们生活在世界政治中心里面还是外面，我们的文化前途都充满了希望"①。这，或许既是当代传媒文化全球化的重要表现形式，更是传媒文化全球化的重要旨归。

二 娱乐文化的全球普及

案例二：《美国偶像》（American Idol）的大众娱乐②

《美国偶像》是福克斯电视台（FOX）2002年全新推出的一档平民真人秀歌手大赛节目。这是一个面向所有普通观众的卡拉OK选拔赛，只要有勇气，尽可报名参加。播出几年来，该节目已经成为美国电视界当之无愧的收视神话代表。

此节目的看点有很多：首先，选手选择的参赛歌曲都非常著名，很多都是经典中的经典，可以让我们更进一步了解美国流行乐；其次，很多选手都有很多故事，诸如他们为什么想成为美国偶像，为了参加节目下了多少功夫，等等；再次，每次宣布投票结果都扣人心弦；最后，三位评判对选手的评述很幽默。③

一位五音不全、长相土气的华裔选手孔庆翔（William Hung），选唱了劲舞红星瑞奇·马丁（Ricky Martin）的名歌《怦然心动》。他台风滑稽，憨态百出，却十分认真投入，让台下的评委"不忍卒读"，演唱到一半便被打断。但他却对评委说："我已经尽力了，我不会为此后悔。"小孔表现出来的勇气和率直真诚，竟大获人心，他也成为美国观众心目中真正的"偶像"。现在这位偶像又出专辑又"走穴"，甚至引发了娱乐界的"争孔战"。

---

① 参见孟建《"文化帝国主义"的传播扩张与中国影视文化的反弹——加入WTO，中国影视艺术的文化传播学思考》，《现代传播》2001年第1期。
② 参见人民网《从默多克数字天空的扩张看西方商业电视的冲击力》，http://finance.sina.com.cn。
③ 《美国偶像》，http://hi.baidu.com/mutu/blog/item/f1146959a999742b2834f090.html。

最奇妙的是，孔庆翔的"意外"成功，又变成《美国偶像》的活广告，节目人气暴涨，强烈地吸引着美国一大批幻想一夜"麻雀变凤凰"的观众，使该节目时常创下美国电视节目周收视率第一的纪录。据 2003 年美国摩根·斯坦利（Morgan Stanley）公司的调查，该栏目为 FOX 公司盈利 1 亿美元。2004 年更有望超过这个数。①

伴随着《美国偶像》的成功，新型选秀节目迅速实现了"全球化"——严格说来，从 2004 年开始的湖南卫视《超级女声》正是这类节目在中国的改良。应该说，这类节目体现了大众传媒对当代社会思潮和人们价值趋向的精准把握，在很好地契合现代人乐于表现自我、寻求个性彰显的内在需求的同时，在创造全民参与的"传媒神话"的同时，也为观众奉献了一份又一份"文化大餐"——这些大餐虽然名目各异，但从文化特性上讲，却"全球同此凉热"：都为各自的受众提供了一个大众娱乐的平台，最终实现了娱乐文化的全球普及。

《美国偶像》以面向所有普通观众为号召，几乎不设任何门槛——只要你够自信，只要你敢秀，舞台就是你的。"比赛"只是形式，吸引观众上电视"走秀"才是其真实意图。② 这个原创的真人选秀节目凭借轻松搞怪的格调、平民化的选手阵容和真实可信的走红机会，使得它不仅在北美地区迅速蹿红，而且伴随着全世界 85 个国家的直播，这股"偶像冲击波"更是席卷全球。据统计，近 3 年来，33 个国家和地区以《美国偶像》为蓝本，推出了自己的真人秀栏目。这些复制的"偶像"也纷纷成为了当地电视台的王牌节目，如上文提到的湖南卫视《超级女声》等。③

这股席卷全球的"偶像热"表明，传媒文化的全球化实际上是有着良好的受众基础的，人类文化的"共通性"在其中起到了极大的推动作用，全球受众共有的对自我个性的张扬、对娱乐精神的需要、对民主价值理念的追求等，或许也正是当代传媒文化能迅速实现全球化的一个重要原因。在本案例中，小孔的"意外"成功有其合理性。这是一个全民狂欢的盛宴，追

---

① 沈红梅：《"美国偶像"：福克斯电视台的福星》，《华盛顿观察周刊》（*Washington Observer weekly*）2004 年第 13 期。转引自人民网《从默多克数字天空的扩张看西方商业电视的冲击力》，http://finance.sina.com.cn。

② 转引自人民网《从默多克数字天空的扩张看西方商业电视的冲击力》，http://finance.sina.com.cn。

③ 《美国偶像》，http://hi.baidu.com/mutu/blog/item/f1146959a999742b2834f090.html。

求的是刺激、逗乐,在于能否给观众带来笑声,而不在于水平的高低。这不由也让我们想起了2006年湖南卫视《超级女声》里那个"左腔左调",但却红遍了大半场的"红衣主教"——和小孔一样,她的成功就是"成功地给观众制造了无数的笑料"。此时,娱乐成为最重要的功能,至于奋斗精神、至于进取精神,已经是后话了——很多时候它们甚至只是被媒体演绎出来的东西。与此相应的是,美国有"小孔",中国有"红衣主教"——看似偶然的背后,也恰恰印证着娱乐文化的全球覆盖已经成为当下不争的事实。《纽约时报》评价说:"默多克是世纪末最具游戏精神的人,他的新闻公司所谋划的人类情感游戏引导着他的传媒帝国攻占了人们空虚的心灵。"[①]"偶像热"的全球普及则无数次说明,大众娱乐正是传媒文化攻占全世界"空虚心灵"的重要利器。对于这种娱乐文化全球普及现象,我们似乎也能从文化消费主义理论中找到依据。

　　文化消费主义是伴随着西方社会的发展而出现的一种典型现象。《富媒体,穷民主——不确定时代的传播政治学》作者迈克·切斯尼(Robert McChensey)认为:媒介把重点放在兜售商品而不是提供信息上,媒体帮助制造的是被动的消费者而非对公共事务积极的参与者,[②] 这正是文化消费主义在大众传播中的集中体现。如今,文化工业已成为全世界最赚钱的行业之一,媒介产品也正在成为赚取利润的最佳商品之一。与此相应,传媒文化的全球传播很多时候也已经不是在进行真正意义上的文化传播,而是变成了媒介组织赚取全球利润的重要手段之一——《美国偶像》、《超级女声》不菲的广告收入正是其最佳说明。20世纪80年代以后,在美国的广电业市场掀起的改革浪潮中,政府减少了对传媒的控制,转由市场来调节,它们很快就走上了"市场为王"的发展道路。这场改革意味着美国传媒业管理在指导思想上的市场化和政策天平上由公众利益向商业利益的倾斜。市场化改革的直接后果之一即是媒介的受众观从"公民"变为"消费者"[③]。为了获得注意力,赢得广告客户的青睐,媒体常常以追求受众群的最大化为目标,即受"大数法则"的支配,在内容选择、内容形态上出现明显的媚俗取宠倾

[①] 转引自人民网《从默多克数字天空的扩张看西方商业电视的冲击力》,http://finance.sina.com.cn。

[②] Robert McChensey., *Rich Media, Poor Democracy communication Politics in Dubious Times*, University of Illinois Press, 1999.

[③] 马锋:《"受者本位"幌子下的"传者本位"——社会转型期"受众即消费者"观念本质论》,《新闻与传播研究》2006年第1期。

向——全球化"偶像潮"中的"小孔"现象和"红衣主教"现象,一方面彰显了上文提到的娱乐文化的全球化问题;另一方面也恰恰在为这种过度的文化消费主义作着很好的注脚。

另外,从受众(或者直接称之为"消费者")的角度来看,娱乐文化的全球普及之所以能和文化消费主义紧密挂钩,受众的需求程度、接受程度显然也是一个重要因素。英国社会心理学家玛罗理·沃伯认为:"越不用花脑筋、越刺激的内容,越容易为观众接受和欣赏。这几乎是收视行为的一项铁律。"① 对此,美国传播学大师威尔伯·施拉姆曾经设计了一个数学公式予以说明:可能得到的报偿÷需要付出的努力=选择的概率。意思是说,预期报偿(满足需要)的可能性越大,而费力的程度越低,选择某种传播渠道讯息的概率越高;相反;预期的报偿很小而费力程度很大,那么选择的概率就很低。② 传媒文化的娱乐化恰恰为受众提供了一种轻松活泼的文化休闲方式,用戏弄搞笑、调侃玩耍的方式带给人们以信息以快乐,满足了受众的享乐和消遣的心理需求③——娱乐文化全球传播、全球普及因此也就有了坚实的基础。

从《美国偶像》的全球直播到全球克隆,娱乐文化的全球化也已经成为,而且必将继续成为传媒文化全球化不可忽视的重要表现形式。

值得注意的是,本节虽然只着重探讨了多元文化的全球共融,以及娱乐文化的全球普及这两种表现形式,但传媒文化的全球化显然并不仅仅只有这两种表现形式。随着当代传媒事业的不断发展,传媒文化已经表现出了越来越多的全球化形式,这些都有待我们继续追踪。

第三节 从内在进路到外界支撑:传媒文化的全球化运行机制

在上两节中,我们着重分析了传媒文化全球化的内容选择和外在表现形式,那么当代传媒文化究竟又是通过什么样的机制在进行着全球化的运作呢?本节就将对此进行重点分析。

传媒文化是通过媒介产品来表现的,而媒介产品则需要借助一定的组织

---

① 转引自时统宇、申琳、吕强著《收视率导向研究》,四川人民出版社2007年版,第71页。
② 欧阳霞:《新闻娱乐化的受众心理分析》,《青年记者》2004年第7期。
③ 同上。

形式才能得以有效传播。也就是说,传媒文化的全球化必须借助于它的载体——传媒自身的全球化才能最终得以实现。而对传媒自身的全球化来说,跨国传媒公司的建立和传媒市场的全球化无疑又是最为重要的两项内容。因而,要谈论传媒文化的全球化运作问题,我们首先就必须探讨一些跨国媒体的全球化运作问题。如今,媒体兼并的浪潮已经产生了超大规模的传媒集团,如美国在线—时代华纳、新闻集团和贝塔斯曼等。这些集团通过各种各样的组织形式扩张到了全世界,它们也通过一整套运作机制来保障其全球化传播的有效性。但稍加分析我们即可看出,这套机制无非两个方面:内部运行机制和外部运行机制。以下我们就将结合新闻集团的具体运作模式来对此进行详细分析。

案例一:新闻集团(News Corporation)的全球化运作

20世纪60年代,鲁珀特·默多克(Rupert Murdoch)从澳大利亚的小报(阿德莱德的《新闻报》)起家,先后涉足杂志、广播电视、出版、电影、电脑光盘制作、数字卫星电视和有线电视、互联网开发等领域,并于1980年组建新闻集团。美国《时代周刊》曾把默多克、比尔·盖茨(Bill Gates)和克林顿(Bill Clinton)列为20世纪最后3位世界名人。

1969年,默多克收购了濒临破产的英国《世界新闻周刊》和《太阳报》,开始了他的全球化运作之路。后来,默多克又连续收购了《泰晤士报》、《星期日泰晤士报》等,激活了犹如一潭死水的英国报业市场。70年代,他又开始进军美国市场。在如今的美国市场上,默多克已拥有20世纪福克斯电影公司、福克斯网络和35家电视台,占全美电视台总数的40%。[1]

新闻集团1991年购买了英国天空广播公司(British Sky Broadcasting Group,简称B Sky B),从而进入卫星电视领域;1993年7月,默多克又购买了亚洲的星空传媒(STAR TV)。2001年默多克成立了天空环球(Sky Global),综合了新闻集团主要的国际卫星电视及相关资产,包括英国的天空广播公司、亚洲的星空传媒和一些拉美的卫星电视资产。[2] 2005年6月,新闻集团买下"我们空间"网站(My Space);2007年8月,新闻集团又以

---

[1] 人民网:《从默多克数字天空的扩张看西方商业电视的冲击力》, http://finance.sina.com.cn。

[2] 《默多克》, http://blog.sina.com.cn/u/4d0db9fa010009td。

56亿美元收购了道琼斯,绘出了默多克打造媒介帝国又一大手笔。①

目前,默多克控制了澳大利亚2/3的报纸,英国的《太阳报》、《泰晤士报》等40%的报纸都由默多克控股。他还拥有英国的天空电视台、美国的福克斯电视网、中国香港的亚洲卫视。如今,新闻集团的总资产已达440亿美元,年收入达140亿美元;新闻集团在全球52个国家拥有789家企业;其中有包括英国《泰晤士报》、美国《纽约时报》、澳大利亚《澳大利亚人报》在内的132家报纸,是目前世界第三大报业集团;新闻集团的电波已经覆盖了全球面积的1/3和全球人口的2/3,②是当今世界上规模最大、国际化程度最高的综合性传媒公司之一。另外,再加上新近收购的道琼斯公司旗下的媒体如《华尔街日报》、《远东经济评论》和市场观察网站(MarketWatch.com),默多克的全球化传媒帝国之路似乎还很难望到尽头。

新闻集团作为全球化特征最为明显的传媒帝国之一,庞大的组织体系和复杂的业务活动并没有给它带来多大的麻烦,反而促进了它在全球化之路上大踏步前进。对此,我们有必要认真研究这一传媒帝国所依托的内外运行机制,以求得其传媒产品以及依附于此的传媒文化最终实现全球化传播的奥妙所在。

一 机构扩张—产品传播—文化传播:传媒文化全球化的内在进路

正如同我们在上文中所提到的那样,传媒文化的全球化是从传媒产品的全球化开始的,传媒产品的全球化又必须依托媒介组织的全球化运作。因此,在谈论传媒文化的全球化运作时,我们将从媒介组织自身的运作谈起。

在案例中我们谈到,1969年,默多克收购了濒临破产的英国《太阳报》,并将这张严肃的大报改为小报,以挖掘社会名流、政要和明星的丑闻而闻名。到20世纪80—90年代初期,《太阳报》发展成了全球日销量最大的英文报纸。1991年,新闻集团又购买了英国天空广播公司,从而进入卫星电视领域;1993年7月,购买亚洲的星空传媒;2001年又成立了天空环球。2008年8月1日,新闻集团再斥资56亿美元收购道琼斯,进一步确立了牢牢掌控美国媒体的地位。

---

① 参见新浪网《道琼斯与新闻集团发布合并声明》,http://tech.sina.com.cn/i/2007-08-01/16361651196.shtml。
② 王生智:《"传媒巨人"默多克的经营战略》,《国际新闻界》2001年第4期。

通过这种"硬融合"①，新闻集团发展成为下辖报刊、电影制片厂、出版社、电视网，以及网络等多种媒介的庞大集团——这种多元化的经营方式使默多克媒介帝国的触角伸向了全世界的每一个角落。应该说，默多克早年收购《太阳报》的经验为以后的收购提供了百试不爽的窍门：先收购市场占有率很小的亏损公司，将其改造，然后用现有赢利业务赚来的钱，大量投入到新收购目标公司的业务上。一方面可通过高投入提高该行业的门槛，遏制对手的发展；另一方面，高投入也使得新业务能够迅速起飞。②从案例中，我们看到，新闻集团在扩张的道路上实施了两种方式：一是按照澳洲→欧洲→北美→亚洲的"进军"路线，实现在地域上的全球化扩张；二是按照由纸质媒介→电子媒介→数字媒介的拓展路线，实现在经营业务上的全球化扩张。这两种方式有机结合，快速成就了新闻集团的媒介帝国梦想。

"不扩张，就死亡。"通过跨国并购和业务拓展，新闻集团迅速形成规模效应，并成功地打造了自身的全球影响力：

一是新闻集团获得了规模经济效应。从经济学的角度上讲，所谓规模效应，指同一产品的生产能力与生产规模扩大时，单位产品的成本下降。或者说采用一定的生产规模而能获得经济上的利益，是降低成本，提高效率和效益的重要手段。③新闻集团从澳大利亚的一家小报发展到如今包括电影、电视、报纸、杂志、书籍出版以及数字广播、加密和收视管理系统开发，等等，成为世界上最为庞大的传媒帝国，这对于降低成本，迅速获得现成的人员、设备，缩短投资回收年限，减少资本投入，利用现成的销售渠道，减少经营风险和税金，增强市场竞争力等方面都极其有利。而这又恰恰成为其实现进一步全球化扩张的基础。

二是新闻集团的影响力迅速增强。对于新闻集团来说，"澳大利亚 2/3 的报纸归其掌握，英国的《太阳报》、《泰晤士报》等 40% 的报纸由其控股。它还拥有英国的天空电视台、美国的福克斯电视网、中国香港的亚洲卫视"等，其覆盖的范围几乎达到了世界的每一个角落。在这样的状况之下，全世界大

---

① 喻国明认为，实现媒介的融合一般有两种路径：一是媒介业自身的"硬融合"——指媒介单位通过兼并、控股等方式实现媒介资源的集中，形成具有多种媒介单位组合的大传媒集团；二是通过媒介单位之间的"软连接"而实现的媒介资源的组合配置。参见喻国明《解析媒介集中购买趋势现实基础与兴利除弊之道》，《新闻与写作》2006 年第 10 期。

② 陈晓刚：《默多克：为媒体帝国寻找第三支点》，http://it.sohu.com/20070609/n250479997.shtml。

③ 王生智：《"传媒巨人"默多克的经营战略》，《国际新闻界》2001 年第 4 期。

多数受众的认知、社会决策和社会行为显然都会打上新闻集团的"渠道烙印"。关于"渠道烙印"的问题,中国人民大学喻国明教授有两个基本的认识:一是传媒的物质技术属性对受众的影响,如广播、电视、报纸、杂志作为不同类型的传播渠道在传播资讯时所打上的各自的物质技术烙印,并由此产生的对于人们认知、判断和社会行为的影响;二是传媒的社会能动属性对受众的影响,如传媒通过其对于资讯的选择、处理、解读及整合分析等在传播资讯时所打上的各自的社会能动性的烙印,并由此而产生的对于人们认知、判断和社会行为的影响。[①] 我们认为,后一属性的"渠道烙印"显然指向了——或者更准确地说,在很大程度上包含了——传媒文化的全球化。因为从本质上讲,媒体所宣扬、所鼓吹的价值理念正是传媒文化最核心的部分。在2007年8月新闻集团并购道琼斯并进而将世界著名的《华尔街日报》收入其旗下后,一些媒介人士和评论界人士就不无忧虑地问道:今后的《华尔街日报》是否只能屈从于新闻集团一贯的政治取向?是否如此不是本文所要探讨的问题。但从这样的提问上我们完全可以看出,正是在这种媒介组织的全球化扩张过程中,新闻集团所倡导、所宣扬、所鼓吹的价值理念——其宣扬的传媒文化,才随之成为"渠道烙印"而扩张到了全世界的每一个角落,也才最终实现了媒介组织—传媒产品—传媒文化的同时全球化。

值得注意的是,在"媒介组织—传媒产品—传媒文化"这个层进式的全球化进路上,作为最后一环或最终目标的传媒文化的全球化,其实现途径显然并非"自上而下"或"自某一点向其他点灌输"那么简单,很多时候,它常常会采用"全球化目标、本土化运作"的基本模式——因为一定的人文环境必须与相应的地理环境相适应,才能结出硕大的果实,否则就只能落入中国古典寓言"橘生淮北则为枳"的悲惨结局。关于这种"全球化目标、本土化运作"的模式,新闻集团的实际操作同样典型——新闻集团虽然在大力进行着全球扩张,并一直致力于用全球化的眼光来思考公司的发展,但每当公司并购某一媒介之后,它却又都会根据本地的实际市场情况进行具体的运作,如让本地的人员进行管理,在内容上也大多选择契合本地市场需求的信息等。1985年,默多克以2.5亿美元盘入20世纪福克斯公司50%的股权之后,就以年薪300万美元延聘了原20世纪公司董事长巴瑞·迪勒(Barry Diller)担任要职。默多克控股的面向印度的娱乐频道Zee TV以及针对印尼观众开办的体育频道Star Sport,从节目生产到管理,从编辑到记者、

[①] 喻国明:《影响力经济——对传媒产业本质的一种诠释》,《现代传播》2003年第1期。

主持人，从语言风格到文化风格，也都实现了完全的"本土化"。对于这种全球化与本土化联姻的更多表现，以及为什么会最终出现这种联姻的原因，显然已属于传媒文化的本土化应当探讨的话题，对此，本书第二章中也将进行详细阐释，故此处不再赘述。

二　从集团化作战到中介力量支撑：传媒文化全球化的内外运行机制

在理清了传媒文化全球化的具体进路之后，一个更引人关注的话题就是：这一进路是通过何种运作机制来保障的呢？我们认为，内部强有力的集团化运作，外部对中介力量的有效利用，正是其重要的机制保障。

1. 集团作战的内部运行机制

作为当今世界上规模最大、国际化程度最高的综合性传媒公司之一，新闻集团在内部实行了一体化的战略，即在企业内部按照专业、功能或"价值链"等不同环节的作用，分工经营，甚至相对独立地经营上、中、下游产品或服务，但它又以内需为主，上下沟通，整体对外，如报纸的采编、印刷、发行等不同环节上下关联，可以分开经营，独立核算；也可以统一经营，合而为一。[①] 出色的集团化管理使得这个传媒帝国得以良好运转。具体而言，新闻集团强有力的集团化运作模式可以从两方面进行阐释：

其一，集团内部信息资源共享，实现"软连接"。新闻集团下辖报纸、电视、广播、杂志、网络等多种媒体，它们同属传媒业，在整体运作模式上具有一定程度的一致性。因此，在信息、人力、技术设备、传输网络、经营经验等资源上可以实现一定程度的共享，提高资源利用率。[②] 新闻集团1997年度报告中写道："作为世界上最垂直一体化的媒体公司，使我们得以在好莱坞生产电影，在世界各地生产电视节目，并通过福克斯电视网（FOX）在美国、星空传媒（STAR）在亚洲、英国天空广播公司（B Sky B）在英国传播。"[③] 对于2007年8月默多克收购道琼斯一事，英国《经济学家》杂志撰文指出，默多克选择在这个时间提出收购道琼斯，主要还是为其年内即将开播的福克斯电视台商业频道增加信息来源，以挑战美国国家广播公司的CNBC财经频道。毫无疑问，创立于1882年的道琼斯公司及旗下的《华尔

---

① 王生智：《"传媒巨人"默多克的经营战略》，《国际新闻界》2001年第4期。
② 张辉锋：《默多克的经营思想》，《新闻战线》2003年第5期。
③ 参见人民网《从默多克数字天空的扩张看西方商业电视的冲击力》，http://finance.sina.com.cn。

街日报》报系、道琼斯通讯社，不仅能为其提供不可多得的权威财经资源，还能迅速将默多克的传媒帝国版图扩张到财经领域。①

其二，新闻集团内部有着出色的资本运营。新闻集团的大本营是在澳大利亚注册的"新闻有限公司"，默多克个人拥有该公司48%的股权，其余股份分属大量的小股东，没有一家在股权上可与默多克比肩，这保证了默多克对该公司的绝对控制权；另外，新闻集团在英国的资产全部属于总部设在伦敦的"新闻国际公司"，澳大利亚的"新闻有限公司"又控有该公司48%的股权；而"新闻国际公司"又拥有在纽约注册的"新闻美国出版有限公司"50%的股权，该公司是新闻集团在美国资产总量最大的公司。就这样，通过环环相扣，默多克个人就牢牢掌控了新闻集团的整个运营权。②

对这种以集团化的力量向全世界进行信息传播、文化传播，同时新闻有限公司又能完全掌控其传播方向的运行战略，默多克也直言不讳地指出："决策由我来定，编辑可以提出建议，但最后还是我说了算。"当然，我们也不得不承认的是，正是这种在世界范围内全面开花，而开什么花又只能由默多克自己说了算的集团化运作，充分保证并不断巩固着新闻集团的全球影响力，也同时保证并不断巩固着新闻集团所宣扬、所鼓吹的价值观念、文化观念能在全球化市场上畅通无阻。

2. 中介支撑的外部流通机制

在分析传媒文化的全球化问题时，有学者曾专门指出：媒介形式的全球化、媒介结构的全球化、媒介流通的全球化和媒介效果的全球化构成了媒介全球化的四个要素。③ 这也就意味着，除了集团化作战等内部的运行机制保证着新闻集团等媒介帝国的传媒文化全球化之外，外部的流通机制等因素同样对传媒文化的全球化造成了不可低估的影响。就当代传媒文化的全球化流通机制来看，随着媒介技术的变革，以及像新闻集团这样的传媒巨头的全球性扩张，其信息的流通面已经被分解成了三个部分：国内市场、区域市场和全球市场。而在这三大市场上，不同的中介力量又同样为传媒文化的全球化奠定了坚实基础。

我们首先来看看WTO、国际电信联盟、各大国际通讯社等组织中介的作用。正如同我们在前文中反复提到的那样，传媒文化要最终实现全球化的目

---

① 《经济参考报》：《新闻集团成功收购道琼斯国际传媒并购潮涌》，http://www.jfdaily.com。
② 张辉锋：《默多克的经营思想》，《新闻战线》2003年第5期。
③ 陈龙：《媒介文化全球化与当代意识形态的涵化》，《国际新闻界》2002年第5期。

标，首先就必须有其物质载体——传媒产品的全球化。而在当今的传媒市场上，要实现传媒产品的全球化，除了媒介组织自身的全球化扩张之外，另一个捷径就是充分地利用大量存在的中介机构进行全球传播——WTO、国际电信联盟、各大国际通讯社以及欧盟、北美自由贸易区等正是最好的选择对象。因为在全球范围内，一些国际组织，如WTO和国际电信联盟等，在设置传播政策框架方面起到了重要作用。而各大通讯社，如路透社、美联社等，则为传媒产品的直接传播立下了汗马功劳。

以我国为例，20世纪90年代后期，我国允许按照分账发行方式进口西方"大片"，美国好莱坞影片在中国各大城市几乎占有了60%以上的电影票房。1999年11月15日，中美双方签署了关于中国加入世界贸易组织（WTO）的协议，根据此协议，我国正式加入WTO后，每年将有20部好莱坞影片要进入中国市场，以后还可能逐年往上滚动，每年30部，40部。三年以内这些进口影片还由中影公司代理发行，三年后，美国电影将长驱直入，直接在中国做发行，还可以建立它们自己的电影院线，而且外资可以参与中国影院的环境改造（只是不能超过49%的股份）。[①] 实际上，在这样的背景下，WTO所起到的作用正是为信息、文化等的全球化传播设定基本的政策框架，使得其全球化不是偶然的、随机的，而是有明确的、长期的机制保障的。国际电信联盟（ITU）的作用同样如此，它在电信领域内，包括有线、无线、电缆、卫星、光纤等为传播提供技术手段的公众通信、广播、水上通信、导航、测位、地球探测、空间研究、无线电天文和标准频率及时间信号等方面，维持和扩大国际合作，改进和合理使用各种电信手段等。[②] 从而确保了传媒产品及传媒文化的全球传播得以有效实现。

除此之外，对传媒产品和传媒文化的传播而言，最为活跃、最为直接的中介机构则当数遍布全球的国际通讯社，如路透社、美联社、法新社等，它们与各国的国家通讯社共同组成了世界新闻体系的国际网络，将信息产品以及依附于信息产品的政治理念、文化价值等直接传递到了世界各地。有资料显示，目前，路透社、美联社、法新社这三家通讯社已提供了"每天全世界广播电台播发新闻80%的内容。它们的服务对那些大报和小日报至关重要，对大电视网和地方小电视台也同等重要"[③]。包括我国新华社在内的世

---

① 杨瑞明：《传播全球化——西方资本大规模的跨国运动》，《国际新闻界》2001年第2期。
② 关世杰：《国际传播学》，北京大学出版社2004年版，第418页。
③ 同上书，第269—270页。

界四大通讯社在世界各地的设站情况等也说明它们对传媒文化全球化的重要程度（见表2-1）。

表2-1　　　　　世界四大通讯社在世界各地的设站情况等

	美联社	路透社	法新社	新华社
分社拥有数（个）	237	183	140	130多个
派驻国家数（个）	112	157	165	120
发稿使用语言数（种）	6	23	6	7
拥有记者数（人）	3421	2072	1200	4000
日新闻发稿字数（字）	200万	300万	200万	150万

资料来源：基于2000年各个通讯社的网站。①

可以说，正是有了外部的国际性中介组织机构所提供的这种政策框架保障和信息发布保障，当代传媒文化在国际社会最终畅行无阻。

和这些国际中介组织机构的作用同等重要的是技术中介的作用。

麦克卢汉在《理解媒介》一书中写道："电子以强有力的'符号暴力'摧毁了一切传统的边界，文化趋向于同质化和类型话，但它又为各种异质因素的成长提供了某种可能"；《数字化生存》（Being Digital）一书的作者尼葛洛庞帝（Nicholas Negroponte）也在"后记"中兴奋地写道："数字世界全球化的特质将会逐渐腐蚀过去的边界。有人感到深受威胁，我则欢欣鼓舞。"他们的论述侧重点各异，但无非都是在表明：当代传播技术已经改变了大众传媒传统的传播方式，传媒信息，尤其是依附于这些信息的传媒文化，已经到达了世界的每一个角落，并改变着每一个角落固有的文化特质。

默多克新闻集团正是依托这些技术中介进行全球化传播的典型例证——其电视产业依托数字技术、卫星技术等当代传播技术，横跨了世界几大洲：美洲的福克斯电视网（FOX），欧洲的天空卫视（B Sky B, Sky Itlia），亚洲的星空卫视（Star TV），大洋洲的FOX Australia，还有逐渐在这些地区推开的《电视指南频道》（TV Guide Channel）等，以卫星直播、有线电视和无线电视等多种形式送到不同语言、不同肤色、不同国度和文化背景的观众家中。② 新闻集团1997年度报告曾写道："作为世界上最垂直一体化的公司，

---

① 关世杰：《国际传播学》，北京大学出版社2004年版，第270页。
② 人民网：《从默多克数字天空的扩张看西方商业电视的冲击力》，http://finance.sina.com.cn。

我们得以在好莱坞生产电影,在世界各地生产电视节目,并通过 FOX 网在美国、STAR 在亚洲、B Sky B 在英国传播。"① 这一状况直到今天仍在很好地延续。与此同时,当代网络技术的发展则为新闻集团的信息传播、文化传播提供了更多便捷、高效的途径,并真正成为这个庞大的媒介帝国的产品和文化流通的"信息高速公路"。使其所要宣扬、所要传递的传媒文化最终进入了一个"立体的、动态的、多向回路的"流通局面之中,从而达到了最佳的传播效果。

毫无疑问,从外部环境上讲,正是媒介技术的发展为传媒文化全球化的发展提供了先决条件,重构了传媒文化的时空距离,使得多种文化都有了全球表达的机会。而且,信息技术的变革也赋予传媒文化崭新的观念和用途:从印刷媒介到电子媒介再到数字媒介,人们获得了越来越多的对文本进行富有创新意识的重新阐释。② 其中最重要的一环,恰恰是对全球化传播的文化的重构。

以上,我们通过对传媒文化全球化传播进路的分析和内外力量对其传播效果的促进与影响,着重对传媒文化全球化传播的运行机制问题进行了分析。那么,在这样的机制之下,传媒文化的全球化究竟又会造成什么样的影响呢?在下一节中,我们就将着重对此进行探讨。

第四节　文明的冲突与异质文化的博弈:
传媒文化全球化所带来的影响

对于传媒文化全球化的影响,目前存在着两种观点的对立:其中的一种观点认为,在传媒文化全球化的过程中,单向度、同质化的文化流通倾向日益明显,美国好莱坞影视作品及其制作手法、运作思想风行世界就是其典型的例子,持这一观点的人要么认为"媒介帝国主义"的"狼"已经来了,要么则为这种"世界的大一统"做着振振有词的辩护。微软总裁比尔·盖茨就认为:信息高速公路将打破国界,并有可能推动一种世界文化的发展,或至少推动一种文化活动、文化价值观的共享。美国学者迈克尔·沙利文—特雷诺(Michael Sullivan-Trainor)也认为:"我们在将来肯定会实现一种同

---

　　① 王英霞:《鲁珀特·默多克:地平线上的卫星电视帝国》,《环球企业家》2003 年第 6 期。
　　② [美]詹姆斯·罗尔著,董洪川译:《媒介、传播、文化——一个全球性的途径》,商务印书馆 2005 年版,第 277 页。

一的文化。它是建立在单一的世界性的知识之上的……两种文化或两个文化之间的偏见和长期对立可以通过对相互差异的了解而得到解决。通过一种中立的文化媒介，我们能清楚、简单地与他人沟通，我们能向对方表达自己的愿望和动机。这样的话，整个世界将能向和平共处迈进一大步。"① 然而，更多的学者则指出，全球交流其实正是文化不断丰富自身、不断发展自己的重要推动力。因为"文化的发展是通过外来文化与本土文化的融合和相互借鉴而实现的。文化的发展是一个动态多元竞逐的过程……合成的文化无可否认依然是本土的，并成为继续演化的新起点"②。"异质文化之间的交流与传播正是文化发展的动力。"③

那么，传媒文化的全球化带来的究竟是什么样的影响？是前者？是后者？后者是另外的什么状态？让我们结合案例对此作出深入的分析。

一 从"点火器"到"润滑剂"——传媒文化全球化对文明冲突的影响

案例一：丹麦漫画事件

2005年9月30日，丹麦报纸《日德兰邮报》(*Jyllends-Posten*) 刊登了12幅关于伊斯兰教创始人穆罕默德的漫画，这些漫画的作者曾经抱怨没有任何人敢于刊登他的作品，但最终，《日德兰邮报》以"言论自由"为大旗，将这些漫画推到了公众面前。

漫画中的先知穆罕默德戴着有炸弹图案的头巾，而其文字描述则更让穆斯林无法接受：穆罕默德向死去的"人弹"表示，用来慰劳自杀袭击者的处女已经用完——对伊斯兰教来说，这绝对是一种亵渎，穆斯林世界一片哗然。

在"捍卫新闻自由"的旗帜下，法国《法兰西晚报》、德国《世界报》、意大利《新闻报》、西班牙《日报》和新西兰《威灵顿自治区邮报》等媒体纷纷以不同形式转载这些漫画的内容；挪威基督教报纸 *Magazinet* 和其官方大报 *Dagbladet* 的网站也登载了漫画内容。

漫画事件引发了伊斯兰世界的怒火。伊斯兰的阿訇们在布道时纷纷指责

---

① [美] 迈克尔·沙利文—特雷诺著，程时端等译：《信息高速公路透视》，科学技术文献出版社1994年版，第191页。
② 陈韬文：《不开放不足以成文化——关于全球化中媒体保护与媒体开放的分析》，尹鸿、李彬主编：《全球化与大众传媒：冲突·融合·互动》，清华大学出版社2002年版，第97页。
③ 王晓朝：《文化互动转型论——新世纪文化研究前瞻》，《浙江社会科学》1999年第3期。

丹麦。中东地区已经开始出现焚烧丹麦国旗等街头抗议事件,并引发多起暴力事件。沙特、利比亚等伊斯兰国家纷纷撤出驻丹麦的大使,有些伊斯兰国家还发动了对丹麦货物的抵制活动。

严格来说,丹麦漫画事件并非简单地表现了西方世界某些人对伊斯兰极端势力的不满,从更深层次的原因上来看,它恰恰是两个异质的文化——西方文化和伊斯兰文化在接触中产生的矛盾与冲突的外在表现。它既展示了当代传媒文化的敏感性与脆弱性,更对文明的冲突进行了真实的再现。

1. 文化的敏感性和脆弱性

文化的"敏感性"和"脆弱性"这两个概念,借鉴于罗伯特·基欧汉(Robert O. Keohane)和约瑟夫·奈(Joseph S. Nye)在《权力与相互依赖》一书中所阐释的各国因相互依赖的加强而产生的敏感性和脆弱性问题,其意思可阐释如下:

敏感性指的是在某政策框架内作出反应的程度——一国变化导致另一国发生有代价变化的速度有多快?所付出的代价多大?即在试图改变局面而作出变化之前外部强加代价影响的程度;而相互依赖的脆弱性程度取决于各行为体获得替代选择的相对能力及其付出的代价,即行为体因外部事件强加的代价而遭受损失的程度。

在本文中,文化的敏感性用来借指在全球化的文化接触中,由于各自文化具有自身独特的内涵和价值观念体系,各文化间的异质性使得对他者的文化作出反应的程度,即在何种程度上作出反应?其反应速度有多快?一般而言,文化观念和社会制度差异越大、思想观念对立越多,这种敏感性就越强。文化的脆弱性则用来借指在两种文化接触时,文化的异质性会引发什么样的冲突?冲突的激烈程度有多大?会造成多大的损失?文化的敏感性越强,其脆弱性可能就越大。

我们首先来看看文化接触中的敏感性问题。在此次漫画事件中,作为西方思想文化中的一员,《日德兰邮报》以"言论自由"的名义刊登了关于先知穆罕默德的漫画。当这一行为受到严重指责时,该报主编声称:"这是我们的传统自由。要我们道歉,就是对自由的不尊重。"《法兰西晚报》以"是的,我们有权丑化上帝"为标题全数转载了此漫画,并在社评文章中诘问:"非穆斯林人难道都必须遵守伊斯兰教规吗?""无国界记者"组织表示,阿拉伯世界的反应"显示它们缺乏对作为民主最基本成就的媒体自由的了解"。作为冲突事件的引发国,丹麦首相拉斯穆森(Anders Fogh Rasmussen）曾发表讲话说："政府没有任何办法去影响媒体行为。"2006年1月30日晚，丹麦外长穆勒（Per Stig Moeller）也宣称："我们谴责任何亵渎行为，我们希望尊重神灵。但是我们不能干预，此前我们已经解释得非常清楚，干预媒体是法律的事情，并非政府行为所能左右。"

而对于穆斯林来说，他们心中的先知穆罕默德则是神圣不可侵犯的。就这些漫画来看，将其描绘成头上带有炸弹图案的形象，无疑是在暗示伊斯兰世界因种种原因而存在着人体炸弹这样的恐怖行为。同样让他们无法接受的是，漫画配发的相关文字也对先知穆罕默德极尽了讽刺和挖苦之能事。面对这样的亵渎，伊斯兰世界当然无法接受。他们迅速作出回应：2005年10月，来自十个穆斯林国家的大使已经向丹麦首相拉斯穆森发出责难，拉斯穆森则以不便干预出版自由为原因拒绝干预此事。但是当这些漫画再次出现在挪威基督教报纸 *Magazinet* 和其官方大报 *Dagbladet* 的网站上后，矛盾急剧升温。伊斯兰的阿訇们在布道时也纷纷指责丹麦，穆斯林按捺了许久的怒火再次指向西方世界。① 一场轩然大波由此而起。

由此我们也就不得不谈到文化接触中的脆弱性问题了。异质文明之间在彼此的接触、交流中会或多或少的引起摩擦，这或许是无法避免的，但如何正确看待这样的摩擦，这样的摩擦会给双方带来何种的损失，则又是另一个层面的问题。在此次丹麦漫画事件中，伊斯兰世界迅速作出回应是情理之中的事。他们纷纷发出抗议，并召回大使。巴勒斯坦武装成员更于2006年2月2日在加沙地带包围了欧盟办公室，并威胁绑架外国人质。当天，300多名巴基斯坦学生也举行了示威游行活动，高喊"法国人去死"、"丹麦人去死"等口号，抗议丹麦和法国报纸刊登讽刺漫画。同时，叙利亚、黎巴嫩也发生了大规模的游行示威活动。随后，外国记者、外交官员和救援组织工作人员开始撤离加沙地带。而在阿富汗民众举行的示威游行中，则发生了多人受伤甚至死亡的惨剧。文化的敏感性与脆弱性在此彰显无遗。

2. 文明冲突的调和剂

美国学者塞缪尔·亨廷顿（Samuel P. Huntington）曾经将世界文明分为八种：中华文明、西方文明、日本文明、伊斯兰文明、印度文明、东正教文明、拉丁美洲文明和非洲文明（可能存在的）。他同时认为，在全球化的背景下，这八大文明在不断地进行着交流与碰撞。不过，正如同中国有古语

---

① 《欧洲时报》：《丹麦"渎神"漫画点燃伊斯兰怒火》，http://www.oushinet.com/news/9951.htm。

"非我族类，其心必异"一样，世界上大多数的人都相信，异质文明或异质文化之间始终会存在着文化隔阂和文化冲突——而这，恰恰是异质文明间形成文化"敏感性"和"脆弱性"的根本原因。

丹麦漫画事件恰恰是这种文明冲突的典型案例，体现的正是基督教文明与伊斯兰文明之间的冲突。众所周知，基督教文明和伊斯兰文明具有巨大的差异，在历史上就发生过多次的冲突，如十字军东征、近代欧洲的扩张等。而这次的冲突，则显然和传媒文化的全球化传播有着直接关系。

当代传媒科技的发展使得任何信息只要经过媒体的报道和转载，几乎就能传遍世界的每一个角落。对此，加拿大学者麦克卢汉有过精彩的论述，他说："媒介是人体的延伸。"任何媒介都不外乎是人的感官的延伸：文字和印刷媒介是人视觉的延伸，广播是人听觉的延伸，电视则是人的听觉、视觉和触觉的同时延伸。最终，媒介技术的发展和媒介信息的全球化传播，让不同文明原有的那种处在各自的生态位上而相安无事的局面一去不复返。约翰·汤姆林森（John Tomlinson）对此的解释是：全球化传播"指涉的是全世界全球各个社会、文化、体制以及个人之间，产生复杂交互关联的发展过程"。"在一定时间内将距离——物理上的或再现上的——作了极大的缩减，在特定的意义上，使得世界缩小了，人与人之间的距离也拉近了。但是它同时也是一个社会关系的'伸展'的过程，那些主导我们日常生活的地方性脉络，移动到了全球的层次上。"[1]

当有关先知的漫画第一次被刊登出来之后，丹麦本国的一些穆斯林组织和阿拉伯国家驻丹麦的大使人员在当地进行了很有限度的抗议活动，随后丹麦政府迅速"灭火"，很快控制了局势。然而，当法国、德国、意大利、西班牙等国的刊物陆续以"捍卫新闻自由"的口号转载漫画以示对《日德兰邮报》的支持之后，漫画事件的波及效应迅速扩大，并最终引燃了穆斯林世界的怒火。对漫画事件最终能演变成全球冲突，漫画家们自己都感到错愕不安，他们的发言人说："他们已在丹麦躲藏起来。有的人真的吓坏了。他们不希望这些漫画流传全球。我们试图阻止，但无能为力。"[2] 的确，在大众传媒这种巨大的传播能力面前，几个画家能做什么呢？无疑，在这一次的文明冲突和文化冲突中，大众传媒所起到的正是"点火器"和"加速剂"

---

[1] 转引自陈龙《媒介文化全球化与当代意识形态的涵化》载《国际新闻界》2002年第5期。
[2] 陈燕萍：《丹麦漫画事件与新闻自由》，http://www.truth-light.org.hk/form/media/recent-news-20060303.doc。

的作用。但是,一个值得关注的问题是,这是否就是传媒文化全球化的必然结果?答案显然是否定的。

从历史的角度来看,虽然文化接触中的敏感性和脆弱性问题始终存在,因此,异质文明与异质文化间的冲突也会始终存在,但人类文化相互交流的车轮却也永不会停止。卡尔·波普尔(Karl R. Popper)为此曾指出,文化之间的冲突可以导致讨论、争辩、互相批评,从而导致富有成效的后果,不同文化之间的鸿沟愈大,讨论就愈有成效。他否认对话与讨论的不可能性,认为尽管这种对话可能很困难,令人不快,引起争吵甚至暴力行为,但仍然可以诉诸人的理性,诉诸人类趋向真理的善良本性。他由此而呼吁,只有用唇枪舌剑来证明甚至取代刀光剑影,人类才能向一个更好、更和平的世界迈出最伟大的一步。[1] 这样的论断,对传媒文化的全球化交流来说——尤其是当传媒文化全球化遭遇文化的敏感性与脆弱性冲击时,或许正是一盏指路的明灯。

那么在这种讨论与争吵中,我们具体又该怎样去诉诸理性呢?首先就是要相互尊重。"文化多样性是对每个民族国家文化选择权利的尊重,这同时也赋予了它尊重其他民族国家文化选择的责任。因此,从任何意义上都可以说,人类文化多样性的存在是人类社会的福祉,也是人类生生不息的生机所在。"[2] 中国有句古话:和而不同。在传媒文化全球化的过程中,我们要倡导的正是这种多元文化间的"求同存异"、"共存互补"。此次丹麦漫画事件发生后,教皇本笃十六世就曾公开呼吁世界各宗教间应该互相尊重。包括德国《法兰克福评论报》在内的一些报纸也纷纷站出来指责那些刊载或转载此漫画的媒体,认为他们确实缺乏对他人的尊重。当然,在相互尊重的基础上,我们更应加强彼此的了解。众所周知,新闻自由是西方价值体系的重要组成部分,并在人类社会中得到了普遍的认同。但这显然不是某一种文化用以讽刺、亵渎他者文化的理由。正如美国国务院发言人库珀(Robert Cooper)所说,漫画的确冒犯了穆斯林的信仰,是对他们的严重侮辱,美国只会支持合乎传媒操守的新闻和言论自由——传媒必须有责任感,而不能煽动宗教仇恨。英国外相也谴责欧洲媒体刊登漫画是"不明智、不尊重及错误"的做法,新闻自由并非能随便拿宗教开玩笑。联合国秘书长、欧盟外交代表

---

[1] 转引自王晓朝《文化互动转型论——新世纪文化研究前瞻》,《浙江社会科学》1999年第3期。

[2] 钟淑洁:《文明对话与世界文化的和谐发展》,《人民日报》2005年12月22日第9版。

和伊斯兰会议组织秘书长则发表联合声明并表示："目前需要的是重新对话，重建互相信任的机制，各国各民族应该本着成熟、友谊的精神保持克制和冷静。"可以有冲突、可以有争论，但每一种文化间都应该在增进彼此了解的基础上保持起码的尊重，坚持和谐相处、共荣共生，这既是新闻自由的真谛，更是传媒文化全球化的真谛。换句话说，全球化传播应该是文明冲突的"润滑剂"而非"点火器"，这才是传媒文化全球化应有的影响。

二 从文化霸权到文化共生：传媒文化全球化的博弈

案例二：美国电视连续剧《达拉斯》（*Dallas*）

作为一部以西方社会中产阶级价值观念和当代美国社会生活场景为主要表现对象的电视连续剧，《达拉斯》自1978年在美国哥伦比亚广播公司（CBS）首播之后，这部晚间电视剧一共热播了13年，共356集，且一直高居20世纪80年代全美国黄金时间电视收视率榜首。《达拉斯》围绕尤因家族内部各位成员之间以及尤因家族与其敌对家族之间的关系展开，在祖父、父亲、儿子的这种纵向关系上，电视剧描绘出了一种忠诚与和谐的关系，但在同代人之间，如同胞之间、夫妇之间、朋友之间以及商业伙伴之间，背信弃义与相互之间进行的激烈的利益博弈则比比皆是。[①]

《达拉斯》不仅在情节构置上悬念迭出、高潮不断，而且场面也很具美国特色：绑架、车祸、火灾、枪击，气势恢弘。而且，《达拉斯》以男性化为叙事中心视角，在保留了一般日间肥皂剧对两性关系和家庭生活的描述的同时，《达拉斯》着力拓展了有关对权力、金钱、社会地位和荣耀的狂热追逐，对家族财产你死我活的争夺，出人头地的强烈愿望与艰苦的个人奋斗，等等。[②]

《达拉斯》除了在巴西、日本等少数几个国家遭遇失败外，在全世界其他的90个国家都获得了极大的成功。但在成功的同时，批评的声浪也接踵而来：1983年，法国文化部因不满其对过分奢侈场景、资本主义工业社会价值观的专注表现，以及对物质消费主义的极端状态，将《达拉斯》称为"美国文化帝国主义的象征"。

[①] [英]泰玛·利贝斯、埃利胡·卡茨著，刘自雄译：《意义的输出：〈达拉斯〉的跨文化解读》，华夏出版社2003年版，第14页。

[②] 参见陆晔《解读〈达拉斯〉：文化帝国主义的尴尬》，《新闻记者》2004年第11期。

《达拉斯》的流行凸显的正是在全球传播时代美国文化的巨大影响力——这也恰恰是美国软实力的重要组成部分。同时，这种巨大影响力是不对称的，反映的是传媒文化在全球化过程中存在严重的不平衡性流动，而其结果则是带来了进一步的文化影响。

1. 软实力的表征：传媒文化的内生影响力

软实力（soft power，又译软权力）的概念是由美国哈佛大学教授约瑟夫·奈提出来的。约瑟夫·奈指出，一个国家的综合国力既包括由经济、科技、军事实力等表现出来的硬实力，也包括以生活方式、文化、娱乐方式、规范、价值观和意识形态吸引力体现出来的软实力。软实力是建立在价值观基础上的，是通过吸引力、诱惑力而不是通过诉诸武力达到自身目的的能力。每种文化都有可能对其他国家产生影响，但影响之大小是完全不一样的，这主要取决于文化中体现出的"软权力"程度。[①] 约瑟夫·奈在《美国定能领导世界吗？》（*Bound to Lead*：*The Changing Nature of American Power*）一书中将软实力归纳为四个方面：文化影响力、意识形态影响力、制度安排上的影响力和外交事务中的影响力，而这些影响力都要通过大众传媒来体现。

就《达拉斯》来看，该剧主要是围绕得克萨斯州一个富有的石油家族——尤因家族的生意和生活展开，从一个侧面展现了当代美国的中产阶级生活图景：一次次的争斗不是发生在大街旁的酒吧中，而是发生在电话里与达拉斯摩天大楼的会议室中；大城市的豪华办公大楼与美国西方辽阔的土地、石油钻探平台并置在一起；漂亮女人穿戴着令人着迷的服装和首饰……这些美国生活的"镜像"随处可见。而这些典型的美国文化元素又会随着剧情的推进和时间的延续，在受众头脑中慢慢地沉淀下来，并成为自我认同的一个组成部分。对此，传播学中的涵化理论（cultivation theory）可以作出恰当的解释。同时，观众们又会进一步将《达拉斯》这个文本中的美国文化元素以创造性的方式整合到自己的生活当中，实现"文化拼贴"。"所有的观众——处于他们的复杂化水平上，并且植根于他们的文化中——将发现这种关于血族纠纷的故事耳熟能详；而且通过把这个故事与他们所知道的同一类型的其他所有文本——他们自己的、他们邻居的与他们先辈们的——进行比较，他们可以卷入到故事之中，了解节目中的人物如何组织他们的生活。这些家族纠纷的故事很可能变得非常引人入胜，以至于将其他的社会与

---

① 王晓德：《美国大众文化的全球扩张及其实质》，《世界经济与政治》2004 年第 4 期。

政治现实排除在外,而且观众也没有觉察到它们的缺席。这显然具有重大的政治性意义"①。

在美国软实力的优势中,美国文化的世界性冲击波是重要组成部分。美国出口了世界上最多的电视节目,比第二大出口国英国多7倍;美国有全世界唯一的全球性的电影发行网,美国的电影生产只占世界总量的6%—7%,但却占世界放映时间的50%。②《达拉斯》在全球传播并被广泛接受的现实已经表明:美国传媒文化产品中包含的美国人所持有的规范、价值观、生活方式、信仰、美国社会制度等的影响力和吸引力,③已经形成了极强的传媒文化"聚合力"和"扩张性",并进而赋予了当代文化以媒介化的特征。

2. 文化霸权:传媒文化全球化的隐忧

文化霸权即意识形态的领导权,它是通过诸如家庭、教育制度、教会、传媒和其他文化形式,而得以运行的。④ 英国著名学者约翰·汤姆林森(John Tomlinson)在《文化帝国主义》中,将文化帝国主义划分为四个层次:媒介帝国主义、民族国家的话语、批判全球资本主义的话语及对现代性的批判。其中,他对媒介帝国主义层面上的论述,从西方资本主义国家,尤其是美国的媒介工业霸权角度分析了文化帝国主义问题,认为人们与媒介的接触总是发生在特定的文化语境中并可能带有文化的后果。⑤

《达拉斯》在全世界90个国家获得成功,但批评的声浪也接踵而来。学者们忧心忡忡,担心人们沉溺于这种表层的快感而"冷落"对大到政治民主小到社区事务的讨论等。同时,一部分学者也对《达拉斯》所反映出来的在国际上文化信息产品流通上的单向性,也即不对称性(asymmetry)表示了明显的担忧:文化传播强国和文化传播弱国之间在文化交流中的不平衡状况,即引进文化要素的数量大于输出文化要素的数量,外来文化对本国的影响大于本国文化对外国的影响,使得本国受众在潜移默化中认同、接受了强势外来文化的价值取向与行为规范等,以适应强势文化主宰的社会系

---

① [英]泰玛·利贝斯、埃利胡·卡茨著,刘自雄译:《意义的输出:〈达拉斯〉的跨文化解读》,华夏出版社2003年版,第225页。

② 关世杰:《国际传播学》,北京大学出版社2004年版,第226页。

③ 对此,哈米德·莫拉那认为,"实际上,认为信息和传播在文化上是中性的,是我们这个时代最大的神话"。参见 Hamid Mowlana, Global Communication in Transition: The End of Diversity? Sage Pubications California, 1996, p. 179。

④ 陆扬、王毅:《文化研究导论》,复旦大学出版社2006年版,第188页。

⑤ 袁莉:《"媒介帝国主义"的"虚惊"》,《现代传播》2004年第6期。

统，进而出现本国文化特质逐渐与外来文化趋同的现象。[①] 1983年，法国文化部就因不满《达拉斯》对过分奢侈的场景、对资本主义工业社会价值观的专注表现，以及对物质消费主义的极端状态，将其称为"美国文化帝国主义的象征"。

这种传媒文化全球化流动的不对称性很值得我们深思。它对传播弱势国家的文化传播主权和文化传播资源构成威胁，给长期生活在单纯文化环境中的受众造成思想的焦虑、迷茫、无从选择等"文化紧张"现象，造成了价值体系的混乱和价值观念的冲突，以至于传播弱势国家的文化有被同质化或殖民化的危险。[②] 一时间，"媒介帝国主义"、"文化霸权""西方中心论"等的担忧之声甚高。

然而，也有很多人对上述的担心不以为然。他们举出了以下的几大理由：

第一，受众在接收信息时不是"应声虫"，不会被动地照单全收，观众在信息解码过程中会加上自己的文化背景、生活体验等元素，从而使媒介效果打折扣甚至受到批判。霍尔的"对立码"解码模式对此就有过精辟的论述。有学者甚至认为，在对当代一些电影、电视的解码过程中，受众根本不会被信息本身所左右——华裔学者洪美恩的研究结果即是指此而言的。他发现"电视剧带来快感的不是内容，而是形式即叙事结构。这叙事结构与内容，与美国价值或美国文化没有关系，它不是大众文化意识形态的帮凶"。"大众在美学本质上是多元的、随机的，文化对象的意义可以因人而异、因地而异。它的基础在于肯定文化形式和日常生活的延续性，在于期望参与和情感投入。换言之，大众的审美要求中首当其冲的就是快感，而快感是个人的事情。《达拉斯》带给观众的就是一种快感，或者说快感消费。快感在看电视的过程中实现，收视时的快感与意识形态无关。"[③]

第二，文化具有反弹现象。著名的"文化反弹理论（to rebound culture）"认为，如果一种外来的浅层文化深度侵害另一种丰厚的文化，经历一定的阶段，发展到一定程度，文化就会实施反弹，即人们就会重新认识并

---

① 参见杨瑞明《传播全球化：西方资本大规模的跨国运动》，《国际新闻界》2001年第2期。
② 参见庄晓东主编《文化传播：历史、理论与现实》，人民出版社2003年版，第186—188页。
③ 陆扬、王毅：《文化研究读本》，复旦大学出版社2006年版，第307页。

认可原有的丰厚文化,① 也即本土文化对外来文化的侵蚀有很强的免疫力。《达拉斯》在日本仅仅播放了大约六个月之后就遭到了失败,这正是其中一个最为典型的案例——最终调查显示,日本观众认为《达拉斯》与他们自己的价值观和趣味是不相融的。针对剧情中争夺遗产、父母对孩子的偏爱等表现出来的叙事特点,一位日本观众认为,最好忘记这些东西:"这确实让我们回想起战前的日本,想到诸如财产、新娘与婆母之间的关系——以及长子享有巨大的特权——之类的事情;这些都是我们所想要忘记的东西。"②

第三,传媒文化中隐藏的意识形态是有限的。《达拉斯》中包含着意识形态因素,这一点是确定无疑的,其在全球造成的巨大影响也的确是文化霸权的体现之一。但有学者认为,这种大众文化的意识形态权力是有限的,"这种影响主要限于观念和理论,而观念和理论未必一定就能管住社会实践。甚至可能大众文化一统天下的规范话语,对大众实践中的文化爱好,恰恰产生一种反作用。以至于大众不是出于无知或缺乏知识,而是出于自尊,因而拒绝臣服于大众文化意识形态的规范,或者听任它来主宰他们的爱好"③。

综合来看,以美国为主导的西方国家依托丰富的信息资源和发达的信息技术,在传媒文化全球化的过程中展现出了无可比拟的优势,彰显了自身强大的软实力,造成了文化产品层面的不对称性影响。以《达拉斯》等为代表的美国传媒文化在世界范围内的流行,为传播美国生活方式、价值观念、政治经济文化、提升美国软实力等提供了一条快捷的通道,对其他国家的本土文化形成了一定的冲击,并进而影响到了众多国家的文化发展。对此,联合国社会发展研究所在1995年的一份报告中指出:"传播媒介革命和消费主义——国际传媒现在是如此能言善辩、无孔不入以致侵蚀了各民族文化传统价值观念;新闻节目不仅报道事件而且还帮助决定事件的发展方向。"④

不过,正如同上文所提到的那样,我们也不应该对传媒文化影响力的不对称性、信息流通过程中的不平衡性问题过于担忧,以至于以一种敌视的态

---

① 参见孟建《"文化帝国主义"的传播扩张与中国影视文化的反弹——加入 WTO,中国影视艺术的文化传播学思考》,《现代传播》2001 年第 1 期。
② [英]泰玛·利贝斯、埃利胡·卡茨著,刘自雄译:《意义的输出:〈达拉斯〉的跨文化解读》,华夏出版社 2003 年版,第 225 页。
③ 陆扬、王毅:《文化研究读本》,复旦大学出版社 2006 年版,第 306 页。
④ 联合国社会发展研究所编著,蔡庆年、沈浦娜译:《全球化背景下的社会问题》,北京大学出版社 1997 年版,第 4 页。

度来看待传媒文化的全球化。在传媒文化全球化的过程中，其传媒产品的影响力和吸引力更多的来自其背后的软实力以及传媒集团富有成效的商业运作。我们不能像某些人那样，一边捧着可口可乐啜饮，一边指责美国的"文化帝国主义"；不能一味地用意识形态的眼光看待强势传媒文化的全球化现象。我们有理由相信，在传媒文化全球化的过程中，不同文化间通过"并育而不相害"、"并行而不相悖"的"和谐相处"、"互补互荣"，是完全可以达到世界和谐的，也是完全可以推进民族文化的不断创新与发展的——对这一点，在当今世界各国、各地方兴未艾的"传媒文化本土化"现象，恰恰是其最经典的注脚。

第三章 传媒文化的本土化

在上一章中,我们着重谈到了传媒文化的全球化问题。本章我们将着重讨论与之相生相伴的传媒文化的本土化问题。

要谈论"本土化",我们首先就要涉及有关"本土"的问题。"本土"(local)是一个典型的空间维度概念。在悠久的历史长河中,人类的不同族群在各自的领地上繁衍、发展,形成了各自不同的灿烂文化。但随着交通的延展和视阈的不断拓宽,人们知道了除自己生活的这片土地之外,还有其他的地方存在,那里还生活着另外一些人们。于是,他们把自己所属之地叫做"本土",而把他人所属之地名曰"他乡"。正是在这种"本土"与"他乡"的对应关系上,人们又随之发展出了"本土性"(locality)的概念,用以指称"本土"所具有的各种特征属性,尤其是文化属性的总和。

在"本土"与"本土性"的概念上进一步延展出来的概念才是"本土化"(localization)。如果说本土和本土性描述了某一相对静止的状态的话,本土化就是表征一个动态过程的概念。那么究竟什么是本土化呢?我们认为,本土化就是指将非本土事物根据本土特有的要素加以改造,使之有机地纳入本土文化,并为本土人群所接受的过程。① 正如同我们在上一章中已经约略提到的那样,"本土化实际上是伴随着全球化进程一起出现的一种趋势和力量"②。它是一枚硬币的两面,缺一不可——一方面是全球化的日益勃兴,另一方面是发展中国家传媒文化本土化的呼声越来越高,媒介组织在这样一个看似矛盾的传播环境中"正以新的方式运作,一方面提供给民众以全球共享的交流空间;另一方面,正以复苏地方性文化的怀旧情愫来满足当地的本民族的或某一社会群体的需求"③。著名学者罗兰·罗伯琛(Roland Robertson)也持有类似的看法,他认为,全球化所指涉的是本土性的联结

---

① 参见杨妍、陈淑花等《文件中心应该本土化》,《北京档案》2001年第4期。
② 李庆霞:《全球化视域中的文化本土化研究》,《社会科学战线》2007年第1期。
③ 转引自米莉、吕岚《媒体中的文化转换现象——从〈花木兰〉到〈超级女声〉》,《青年记者》2006年第6期。

(linking of localities)以及本土性的创造(invention of locality)。[1] 汤姆林森则进一步指出："日常文化实践最本质的东西是由本土性(locality)而非全球性(globality)来定义的……日常生活展示给你的正是'本土性'——文化的差异——的特殊性。当全球化的讨论提出'全球—本土'(global-local)关系的时候,这就是它们所产生的那个庞大的日常生活秩序。"[2] 这说明,全球化时代的到来一方面使得当今世界的文化交流与互动日趋频繁和深入,另一方面又不可避免地导致了"本土"、"本土性"、"本土化"这一系列概念前所未有地凸显出来。而在这一历史进程中,现代传媒扮演着不可替代的角色。正如社会学家吉登斯(Anthony Giddens)所言,传媒把"来自远方暂时的/空间的影响融入到了人类的感觉体验之中"[3]。一句话,全球化时代的传媒文化不可避免地涉及了本土、本土性以及本土化的问题。尤其是本土化,成为当代传媒文化最为核心的特质之一。那么,什么又是"传媒文化的本土化"呢?

传媒文化的核心起点是传媒产品。由于传媒产品具有文化产品(cutural goods)的典型特质,这也就导致其在"本土"与"非本土"之间的跨文化传播过程中不得不考虑文化亲近性(cultural proximity)因素,也就是说,本土的传媒产品总是更容易被接受。然而,从传媒文化本身的特性来看,它又是以大众传播技术为载体的机械复制性文化,它的文化产品不仅是单一作品的无限复制,而且其原作本身也不具有原创性,是对包括各种元素在内的大量作品模仿拼贴的产物。从这一意义而言,传媒文化又是一种普遍性(universality)主导而非特殊性(particularity)主导的文化类型——传媒文化本身的普遍性与传媒产品在传播过程中的文化亲近性之间就产生了矛盾。为了解决这个矛盾,人们常常利用本民族文化或者本地文化等具有较强特殊性的文化对传媒产品进行渗透和改造,使其普遍性在一定程度上被削弱,而特殊性则得到加强,以此增加传媒产品的易接受性。这一过程,就是传媒文化的本土化。概而言之,所谓传媒文化的本土化,就是指在传媒文化的构成要素之中出现具有本土色彩的特征,使其能够有机地纳入本土文化并为本土受

---

[1] See Robertson, R. *Glocalization*: *Time-space and Homogeneity-Heterogeneity*. In M. Featherstone, S. Lash, & R. Robertson (eds.), *Global Modernities*. London: Sage, 1995. p. 5.

[2] 参见[英]约翰·汤姆林森著,郭英剑译《全球化与文化》,南京大学出版社2002年版,第10页。

[3] Giddens, A. *Modernity and Self-Identity*: *Self and Society in the Late Modern Age*. Cambridge: Polity Press, 1991. p. 423.

众所接受的一种传媒文化现象。

显而易见,本土化已经成为当代传媒发展中一个无法回避的文化景观。它不仅已经成为全球化时代传媒拉拢受众的最重要手段之一,更成为国家、民族乃至某个具体地域的特定文化等维护自我生存空间的重要利器。为了对这一景观进行认真的梳理,本章就将从这一传媒现象的表征、形成机制和原因等方面入手,逐一进行分析和探讨。

第一节 内容本土化与形式本土化:传媒文化本土化现象的微观表征

传媒产品是传媒文化最重要的载体。想要深入探究传媒文化的本土化现象,我们就必须首先对传媒产品这一微观个体的本土化方式进行研究——内容的本土化与形式的本土化。

任何传媒产品都是一个文学意义上的文本,其构成要素包含内容和形式两大部分。按照文艺学的一般原理,文本的内容即文本所表现或反映的客观事物,文本的形式即文本在布局谋篇、语法修辞等方面所表现出来的规范、法则。对传媒文本而言,其内容主要包含主题、素材、思想、情感、文化内涵等要素,形式则主要包含表达方式(语言、画面、声音等)、结构编排、节目(栏目)类型、叙事风格等要素。从这个意义上而言,传媒文本的内容与形式与普通文本一样,仍然是联系紧密、互为表里的。为了全面展示传媒产品内容本土化与形式本土化的具体操作方式,我们将从两个典型的传媒案例谈起:江苏电视台新闻节目《南京零距离》和迪士尼动画电影《花木兰》(Mulan)。

一 从《南京零距离》看传媒产品的内容本土化

案例描述:江苏电视台《南京零距离》横扫南京[1]

《南京零距离》是江苏省广播电视总台城市频道倾力打造的一档日播类新闻直播栏目,该栏目于 2002 年 1 月 1 日开播,节目面向省会南京,以报道南京、服务南京、宣传南京为宗旨,主要内容由社会新闻、生活资讯、孟

---

[1] 本案例根据新浪网影音娱乐频道"《南京零距离》节目简介"和"数字——《南京零距离》"改写,原文分别参见《现代传播》2003 年第 2 期以及 http://ent.sina.com.cn/v/2004-06-21/1926423919.html。

非读报、观众热线、现场调查等构成。该栏目一经推出,即受到了广大电视观众的热烈欢迎和广泛好评,真正实现了与电视观众的"零距离"接触,被誉为"南京人的电视晚报"。主持人孟非被市民亲切地称为"市民的儿子",栏目宣传语:"南京零距离就在你身边"也为广大观众所耳熟能详。长期以来,该栏目收视率雄居南京地区电视节目排行榜榜首,并在全国产生了广泛的影响力。该栏目被江苏省广播电视学会评为2003年度"江苏省十佳电视栏目";国内最大的政经杂志《南风窗》将2003年度"为了公共利益"新闻奖授予了《南京零距离》;在新浪网举办的"2003年中国十大电视栏目"网上评选活动中,《南京零距离》名列榜首;主持人孟非在"全国十大优秀电视节目主持人"网上评选活动中得票数位列第2位。在赢得广泛社会影响的同时,《南京零距离》也取得了较好的经济效益,2004年该栏目广告以超过1亿元的价位被广告商买断。国内有学者认为:"在2003年中国电视新闻改革浪潮中,《南京零距离》扮演了领跑者的角色。"

以下是关于《南京零距离》节目的一些数字:

1. 栏目概况

2002年1月1日开播;每晚18:50—19:50现场直播;每晚播出25—35条新闻;2002年共播出新闻2.2万条,电话现场调查85次,共有35万名观众参与调查;接听市民热线电话7.3万通;出资举办了8期下岗工人再就业免费培训班,共培训了300多名下岗工人;每晚南京城区有超过100万人同时收看《南京零距离》,随即调查显示:该栏目在南京市民中的认知度超过94%。

2. 节目内容

整档节目由"时政要闻"、"社会新闻"、"生活资讯"、"孟非读报"、"现场访谈"、"小璐说天气"、"今日头条"、"现场电话连线"、"现场电话调查"、"现场电话投诉"、"数字南京"、"曝光台"等十余种节目形式有机组成。

3. 栏目活动

2002年4月23日南京解放53周年,使用飞艇在江苏电视史上第一次成功实现空中直播(《空中看南京》);2002年中秋节,制作了南京历史上最大的灯笼(直径5.4米),并邀请一个五世同堂的家庭将其升起,节日对整个活动进行了现场直播;2002年国庆节,采用卫星直播车、微波转播车等转播设备多点直播报道南京城市亮化工程;2003年元旦,推出长达6小时的大型直播特别节目《从零开始》;2003年春节,播出16集系列专题片

《四海情牵——天南海北南京人》，这也是江苏电视史上规模最大的一次环球采访。

4. 收视表现

《南京零距离》开播第2周，进入AC尼尔森南京地区电视节目排行榜周平均收视率前50名，开播第6周进入排行榜前15名；第28周进入AC尼尔森南京地区电视节目排行榜前5名，名列所有电视新闻栏目排行第1名，该两项排名一直保持到现在；第36周名列AC尼尔森南京地区电视节目排行榜第1名，2003年1—2月，除央视春节、元宵节晚会外连续列排行榜第1名；新近的周平均（2.24—3.2）收视率为11.6，继续保持排行榜第1名。

5. 广告创收

节目开播后迅速成为南京地区乃至整个江苏所有电视媒体中广告折扣率最少的栏目，一律8折；《南京零距离》2002年广告总创收近5000万元，平均每条广告收视点在4左右，千人成本为56；《南京零距离》开播前该时段（18：50—19：50）广告单价为：7000元/30秒，2003年该时段广告单价为：1.2万元/30秒。

6. 栏目人员

《南京零距离》现有制片人2人，主持人2人，前期编辑、记者约50人（其中出镜记者10人），后期制作及演播室工作人员15人。热线中心工作人员9人；《南京零距离》主创人员中，大专以上学历占85%，其中硕士学历5人，平均年龄26岁；《南京零距离》现有特约通讯员（均自备DV数字摄像机）36人，注册信息员1000名；全年共有2800余条新闻直接来源于热心市民提供的报道线索。

［注］以上数据来源：1. AC尼尔森传媒研究（2002年1月—2003年2月）；2. 南京大学社会学系专项调查报告（2002—2003年）。

对于《南京零距离》的内容，江苏电视台城市频道总监景志刚曾经作过这样的评价：平民化的视角决定了我们所关注的对象是平民百姓，更极大地打开了我们的新闻视野。在我们传统的新闻演绎中屡遭冷落的民生，获得了前所未有的反映和报道空间。在我们的节目中，平民是我们始终关注的对象，民生是我们不遗余力表现的内容。我们主要从社会事件、生活投诉、实用资讯这三个角度来反映他们生活的方方面面，他们的生存矛盾，他们的情感困惑。这些民生的内容是事件化的，我们通过具体的事件来呈现他们真实的生活；这些事件是过程化的，我们通过曲折的过程来揭示他们心灵的冲

第三章 传媒文化的本土化

突;同时,这些过程又是细节化的,我们通过丰富的细节来还原生活的本真。对于民生事件化、过程化、细节化的表达使我们的新闻丰富了、生动了,充满了生命的活力,也使许多在传统新闻观念看来不是新闻的民生内容成了最好的新闻并获得了灵动丰满的表达。①

与之相应的是,构成《南京零距离》三大内容板块的社会事件、生活投诉、实用资讯又都是极富本土化色彩的,"报道发生在百姓身边的新闻故事"成了《南京零距离》的基本口号。如果我们看看《南京零距离》的节目内容串连单,就可以更清楚地发现它为什么能在南京地区取得成功了(见表3-1)。

表3-1　　2002年8月1日(周四)《南京零距离》节目串连单②

排序	报道内容	长度
1	总政歌舞团昨晚在宁激情献演	0′50″
2	132家无证照"网吧"被掐线	0′47″
3	今年月饼会让人放心吗	1′15″
4	200吨船舶今起禁行"夹江"	1′39″
5	一制假窝点被端掉	1′10″
6	梧桐树上的"炸弹"被清除了	1′58″
	孟非读报:1. 服务导报:荒唐——招聘竟择血型	
	2. 金陵晚报:传统"贤妻"日渐稀罕	
	3. 西安的士可拒载带宠物者	
7	河岸塌方"吞"掉一车棚	1′18″
8	摩托车驾乘需守规	0′50″
9	雨花西路今日发生两起车祸	1′17″
10	中山南路高架桥发生一起连环车祸	1′38″
12	今天下午一外地男子当街服药自杀	0′37″
13	警方今日成功解救一名外地轻生男子	1′59″
14	财迷心窍竟骗钱看病	0′54″
15	严惩罪犯,群众称快	1′45″
16	南京玄武警方摧毁一行骗团伙	1′09″

---

① 景志刚:《我们改变了什么》,《视听界》2004年第1期。
② 陈正荣:《电视第三次浪潮》,中国传媒大学出版社2006年版,第159—161页。

续表

排序	报道内容	长度
17	二楼管道堵塞，一楼邻居遭殃	0′43″
18	消防队员又灭一马蜂窝	1′02″
19	熟人竟是"贼"	1′27″
	小璐说天气	
20	长乐路一家超市出现"早产"奶	1′02″
21	居民用电签合同了	1′28″
22	8月1日起南京将实行食品质量安全准入制度	1′21″
23	今天，因私购汇正式开放	1′22″
24	零距离提醒：水价上调前用户须将水费结清	1′20″
25	生日酒宴放倒10客人	1′00″

串连单上一共有25条新闻报道，另外再加上"孟非读报"的3条新闻和一条"小璐说天气"，总共29条。从新闻报道的选题来看，28条新闻中除了第23条"今天，因私购汇正式开放"和"孟非读报"中的"西安的士可拒载带宠物者"之外，有26条是完全的南京本地新闻，比例为92.86%，对非本地新闻占有压倒性的优势。即便是第1条关于总政歌舞团的新闻报道也是由于其在南京演出的本土关联性才列入节目的。第2、3、8、21、22、23、24等7条新闻所提供的信息更是与本地受众的日常生活有着直接联系，比例达25%。

中国电视新闻曾经存在一个"上天不落地"的问题，地方电视媒体的新闻节目中缺乏明显的地方视角和地方关怀。但《南京零距离》开创了一个完全不同的局面，它一改以往晚间19：00档黄金时间综合新闻政府活动多、会议报道多的现象，把关注点放在老百姓身边发生的事情上，以社会信息为主体，并在事件和话题上具有浓郁的本地化特色。正是更多地把百姓生活中的愿望、生活中的困难和他们的批评意见等作为了反映的重点，才使该节目拥有了越来越多的"观众缘"——注重倾听百姓的心声，这种态度和信念撑起了民生新闻的收视率。

此外，与观众的直接互动，也成为节目本土化的典型手法之一。"报道发生在百姓身边的新闻故事"，往往还需要"故事"的"续篇"。《南京零距离》的做法是，每期都会就一个热门话题在节目进行中征集观众的意见，并在节目结束时揭晓。例如，节目某次根据观众意见选择了"长江大桥的收费站该不该拆"为题进行现场调查。这是一个每个司机、每个市民,甚至一部分外地人都很关心的问题。最终节目收到1万多个热心观众的电话,极大地调动了观众的参与热情。

在《南京零距离》的刺激之下,在南京又先后出现了《直播南京》、《1860新闻眼》、《服务到家》等以内容本土化为特色的电视节目,也都取得了不俗的成绩。与此同时,在中国大地上的许许多多城市之中,也都先后出现了类似于《南京零距离》的电视节目,如安徽电视台经济生活频道的《第一时间》、吉林电视台都市频道的《守望都市》、海南电视台新闻综合频道的《直播海南》、青岛电视台新闻综合频道的《今日60分》、成都电视台公共频道的《成都全接触》等。

其实,内容本土化也并非只限于新闻节目,也更非仅限于电视节目。事实上,包括报纸、杂志、广播、电视、网络在内的各类传媒产品,有相当一部分都具备浓厚的内容本土化色彩。同样,"本土化"这一特色和潮流的形成也没有局限于某个地理区域之内,在国外,许许多多的传媒产品早就在围绕着具有本土化内容进行生产和制作,甚至出现了将非本土化作品进行本土化加工之后推出的产品,如2006年在北美地区大受欢迎的好莱坞电影《无间道风云》,即翻拍自2001年中国香港经典警匪片《无间道》,前者与后者的表达方式、叙事结构、镜头运用等等都几乎完全相同,仅有的差别在于发生在香港警方和香港黑帮之间的故事变成了波士顿警方和爱尔兰黑帮之间的故事,人物由香港人变成了美国人。

无数的传媒案例都在表明,如今,具有本土化内容特征的传媒产品,已经形成了一道靓丽的传媒文化风景线。

二 从《花木兰》看传媒产品的形式本土化

案例描述:迪士尼动画电影《花木兰》(*Mulan*)中西合璧[①]

《木兰诗》这首在我国广为传诵的诗歌,千百年来像战斗的号角,时刻激励着中华儿女保卫祖国的和平与家园的安宁。而《花木兰》作为美国迪士尼公司的第36部动画长片,该片的上映为迪士尼公司75年的艺术创作写上了浓浓的一笔。

[①] 本案例根据东方网《中西合璧的迪士尼动画——〈花木兰〉》和《人民日报》符福渊、周德武报道《花木兰走进迪士尼》改写,原文分别参见 http://sports.eastday.com/epublish/gb/paper263/55/class026300002/hwz777234.htm 及《人民日报》1998年6月18日第6版。

迪士尼之所以选择"花木兰"作为主题,是因为这个故事讲述了"一个女孩一心希望冲破礼教束缚,寻找真正的自己"。而人类正在进行的许多探索也正是在寻找自己。到底什么是人,人类是如何产生的,以及我们能够为他人、为国家做些什么?

迪士尼在选择影片题材时,希望每一部影片都能与众不同。《花木兰》一片,是迪士尼首次尝试古装动画片的制作,同时也是迪士尼第一次真正走进亚洲世界。这对于迪士尼的创作人员来说无疑是一次令人兴奋的挑战。由于东西方文化的差异,在将故事改编成动画片的过程中,迪士尼公司遇到了前所未有的困难。有人说这是一个外包装是中国化的,内部结构被完全西化的故事,也有人说,这样的故事已经不具备中国的传统文化色彩,但究竟如何,要让观众评判。而观众中一种颇具代表性的观点是:这确实是迪士尼而不是中国人拍的影片,但却是中国人能够开怀大笑接受的影片。

尽管这是个中西合璧的电影,但很多人认为影片中全新的木兰形象非常吸引人,这主要是因为她身上有一些小缺点,她不是一个完美的神。她有时做事也会出错,这让人觉得她是一个生活在我们身边的很普通的人,很真实。木兰生活在中国传统礼教束缚的封建社会,但她没有被这个社会吞食,而是通过她的身体力行改变了这个社会的传统,改变了人们对她的看法。

片中另外一个主要人物是木兰的守护神——木须龙,这个形象在民间故事中从来没有出现过,但一般在谈到中国时,让人首先想到的是云雾缭绕的山峰和上下翻飞的神龙,"这部影片怎么能没有中国的龙和神仙或者有魔力的小动物呢?"创作者们根据这一提议,创作出了可爱的木须龙,并由黑人影星艾迪·墨菲为之配音。

《花木兰》不仅因首次破天荒地取材中国民间故事而引起全球瞩目,更因其在动画制作技术上的突破性发展,堪称所有迪士尼动画片中艺术成就最高的一部。

与内容本土化相对应的另一种本土化模式是形式本土化。迪士尼动画电影《花木兰》恰恰是采用这一本土化模式的比较有代表性的案例。《花木兰》是迪士尼公司斥巨资打造的一部取材于中国传统民间叙事乐府诗《木兰诗》的动画电影,影片保留了原作《木兰诗》"替父从军"的主干情节,但在整个作品文本的形式特征,如人物设定、对白语言、配乐特色、叙事风格上则完全沿袭了迪士尼动画的传统。

首先,人物形象设定所体现的审美观明显西化。《花木兰》是一个发生在古代中国的故事,其中的人物都是中国人。但我们可以看到,影片中的人物形象却并非地道的中国人形象,而是中国人的外在特征与迪士尼动画人物特征的叠加,例如,女主角木兰(Mulan)虽然一头黑发,身着汉服,但宽额、细眼、高颧骨的脸型和五官与迪士尼另外一部动画电影《风中奇缘》(*Pocahontas*)中的女主角印第安女孩儿宝嘉康蒂(Pocahontas)颇为相似,是典型的符合美国人审美观念的形象设定。美国人对于中国人形象的这种"再塑造"其实历来早已有之,好莱坞大片中的中国美女角色在大多数情况下都是由符合美国人审美观的华裔女演员〔如《007之明日帝国》(*Tomorrow Never Dies*)中饰演邦女郎的杨紫琼〕或拥有部分中国血统的混血女演员〔如《街头霸王》(*Street Fighter*)中饰演春丽的温明娜〕扮演。因为,中国人的形象在美国观众的心中早已形成了定式,只有这样的中国女性才能为他们所接受。

其次,人物对白的语言充满了浓厚的美国文化色彩。影片中皇帝在下诏令向全国征兵时就用了一句"A single grain of rice can tip the scale(一颗小小的米粒就可以使天平倾斜,比喻小事物也能起决定性作用)"①;木兰用"Come on smartboy(来吧,机灵鬼)"召唤自家小狗;一队新兵因为木兰而发生群殴,木兰向校尉李翔(Li Shang)解释说男人冲动起来总是要"fix things('修理'东西)"、"cook outdoors(出一下气)";这些都是美国人常用的习语和口头禅。而体现美国街头黑人文化的俚语在小红龙木须的台词中更是频频出现:如"miss man(男人婆)","chicken boy(胆小鬼)","limp noodle(软蛋)","kick the other kid's butt(教训教训那家伙)",等等,相信许多美国观众听到之后都会发出会心一笑。

再次,影片还采用了西方歌剧式②的以歌唱代替说话的对白形式。歌剧最早起源于古希腊戏剧中的歌队合唱,于16世纪末叶成为一种独立的舞台表演艺术,是一种表演艺术与音乐艺术结合的戏剧形式。歌剧的标志性特征就是以独唱、重唱、轮唱、大合唱、咏叹调、宣叙调、吟诵调等歌唱的方式来完成人物的语言表达。近代由美国百老汇兴起的歌舞片热潮,在古典歌剧的基础上根据市场应求和大众口味进行了改良,将古典和通俗音乐加以融

---

① 参见牛津大学出版社编《牛津英语习语词典(英汉双解版)》,外语教学与研究出版社2005年版,第522页。

② 从戏剧分类学的角度而言,由于中国传统戏曲也可以归于歌剧一类,故而此处特别指出是西方歌剧,以示区别。

合，产生了新的以对唱、歌舞表现剧情的方式。在片中最能体现这一特色的片段是"木兰相亲"和"行军途中"：在"木兰相亲"这一段，以歌舞方式表现的木兰与母亲和众主妇之间的对话与动作构成了一首《以你为荣》(*Honor to Us All*)；而"行军途中"则是木兰和一道从军的金宝（Chien-Po）、小林（Lin）、老姚（Yao）三位朋友用一首《佳人会欢迎我》(*A Girl Worth Fighting For*) 来表达自己对荣归故里的美好期盼。这两个场景中的对白全部由对唱夹杂韵律性旁白及动作完成，具有典型的西方音乐剧式对白的特征。

此外，全片配乐均使用具有迪士尼及欧美流行音乐特色的乐曲。在编曲上，虽然在部分场景配乐上加入了中国民族乐器，但整体上却都是由西洋管弦乐队进行的演奏；在旋律上，几首对唱插曲的百老汇风情显露无遗，桥段中甚至照搬了某进行曲的极具代表性的四小节。片中插入的歌曲更是体现了典型的西方通俗音乐特点。主题曲《倒影》(*Reflection*) 就是一首带有鲜明欧美流行音乐风格的歌曲，由音域宽广，擅长装饰音的著名国际流行歌手克里斯汀娜·阿吉莱拉（Christina Aguilera）主唱。相对于电影场景中朴实无华的唱腔，这首歌作为影片主题曲的流行版，每句歌词都以华丽的 R&B 式转音加以修饰，并以典型的欧美通俗音乐编曲作为陪衬。如果说影片的主要内容还能让美国本土的观众感受到那么一点中国特色的话，那么当影片结束时喷薄而出的片尾曲《依随你心》(*True to Your Heart*) 为他们带来的则是一个从古代中国（虽然真正的古代中国不是这样的，但是绝大多数美国观众都这样认为）一下跳出来回到当代美国的"间离效果"——不论是旋律上的当代美国流行音乐特色，还是编曲上牛仔风格的口琴的加入，这分明就是一首典型的欧美流行歌曲。如此的处理手法再次体现了制片商想要将这个中国故事美国化，以迎合本土大多数观众口味的良苦用心。

最后，影片也以一贯的喜剧化处理手法对整个故事的情绪基调进行了修改。副导演托尼·班克洛夫特（Tony Bancroft）说过："这是中国人民喜爱的故事，我们当尽可能尊重原著。但我们清楚，我们不会把它拍成一部中国片子，因为我们不是中国人，我们有不同的感性和不同的叙事风格。"[①]《木兰诗》是以类似"正剧"的客观叙事基调讲述整个故事的，而影片则从头至尾都以美国式的幽默化叙事风格修改了整个故事的情绪基调，使故事充满

[①] 陈韬文：《文化移转：中国花木兰传统的美国化和全球化》，《新闻学研究》第 66 期（2001 年 1 月）。

了喜剧色彩。木须这一小丑式的人物的设置就体现了迪士尼动画电影自创始以来的一贯特色。在《花木兰》之前，就有多部迪士尼动画电影中的主角身边都有一两个小丑式的人物，用以为整部影片适时地渲染喜剧色彩，如早期《木偶奇遇记》（*Pinocchio*）中的蟋蟀吉米尼（Jiminy）、中期《美女与野兽》（*Beauty and the Beast*）中的烛台卢米亚（Lumiere）和闹钟葛士华（Cogsworth）以及后期巨作《狮子王》（*The Lion King*）中的彭彭（Pumbaa）和丁满（Timon）。在此基础上为影片插入的笑料因而也更加流畅自然。除了喜剧人物的设置之外，许多为烘托主线情节而设计的辅助桥段也延续了美国本土观众的欣赏口味。较具代表性的桥段诸如木兰用一个自己设计的装置让自家的小狗实现喂鸡自动化，新兵排队打饭时因为排在最后的金宝过于肥胖向前倒下而导致打饭队伍形成多米诺骨牌效应，木须用蟋蟀做成闹钟叫木兰起床，木须咬了别人屁股而坚持拿出牙膏刷牙，等等，观众都能从中看到《米老鼠和唐老鸭》（*Mickey and Donald*）、《猫和老鼠》（*Tom and Jerry*）等迪士尼乃至美国其他本土公司制作的动画作品的影子。

以上这几点无一不是在向我们昭示，"形式的本土化"已经成为《花木兰》赢得美国本土观众青睐的最直接、最有效的手段。而这种手段不仅在迪士尼电影中，在全世界的很多文化产品中，都已经成为典型特征。

以上，我们通过两个典型案例对传媒产品的内容本土化和形式本土化的表征进行了简单描述。需要特别说明的是，我们这里的内容本土化和形式本土化划分并非马克斯·韦伯（Max Weber）意义上的理想类型（ideal type），单纯内容本土化的传媒产品和单纯形式本土化的传媒产品在现实中的确存在——前者如以《南京零距离》为代表的普通话民生新闻节目，其制作形式、结构编排、语言表达等形式要素相对于当地观众而言都是非本地化的；后者如翻译的外国文学作品以及引进的电影译制片，其内容一般而言都是非本土化的——但大多数传媒文化产品都是内容本土化与形式本土化相结合的产物，差异只在于在具体的处理上各有侧重，如前文中作为形式本土化案例的动画电影《花木兰》，在其文本的构成元素中就仍然含有主题思想中的女性主义和个人主义、故事情节中女主人公爱情等带有浓厚美国特色的内容本土化成分。只不过，为了论述的方便，为了更容易把握本土化的典型特质，我们破开了这种"融合"来进行单独梳理。

第二节　从文化的多样性到认同需求的满足：传媒文化本土化现象的形成机制与宏观表征

　　从微观上看，传媒文化的本土化表现为传媒产品的内容本土化与形式本土化；那么从宏观上看，传媒文化的本土化又表现出了一些什么样的特征呢？传媒文化的本土化作为一种宏观现象和趋势，它又是怎样形成的呢？

　　本节我们希望通过对"中国风"R&B在华语流行乐坛的流行和方言新闻节目《阿六头说新闻》在杭州地区受到欢迎这两个案例的深入挖掘，找到传媒文化本土化现象的来龙去脉。

案例一：华语流行乐坛中国风 R&B 大受青睐[①]

　　如今，华语流行乐坛出现了两位很受中国歌迷喜爱的创作型新秀歌手，分别是周杰伦和王力宏。从音乐类型上来看，两人的大致风格都可以归于R&B（节奏蓝调）一类，是属于典型的西式流行音乐风格，那么是什么让这两位歌手在中国受到如此青睐呢？应该说，这很大程度上缘于他们各自将民族文化元素与欧美流行音乐风格相结合而创作的"中国风"R&B流行歌曲。

　　周杰伦初出道时，歌曲风格以纯粹的Rap见长。所谓Rap，即说唱，是一个黑人俚语中的词语，相当于"谈话"（talking），产自纽约贫困黑人聚居区，后来发展成为R&B中极为重要的一种亚类型乐。它以在机械的节奏声的背景下，快速地诉说一连串押韵的诗句为特征。这种形式来源之一是过去电台节目主持人在介绍唱片时所用的一种快速的、押韵的行话性的语言。Rap的歌词幽默、风趣，常带讽刺性，20世纪80年代尤其受到黑人欢迎。由于Rap是一种不折不扣的欧美流行音乐类型，因此在周杰伦出道之前，喜爱Rap的中国歌迷只是极少数欧美流行音乐的爱好者。但是在周杰伦创造性地将其与中国民族元素结合之后，该音乐类型取得了意想不到的效果，一时间Rap大受欢迎。

　　作为一名能够在当代流行乐坛屹立几年仍然保持唱片高销量的创作型歌手，周杰伦的特点在于成功地将R&B这种欧美音乐形式与中国传统民族元素相结合。"正统"的欧美Rap往往是在贴近生活的口语中加入节奏并运用

[①] 本案例由国内著名音乐网站仙来网乐评人何雪菲专为本书撰写，作者在此致以诚挚的谢意。

一定的押韵，使其成为一种饶舌的、有韵律性和节奏感的念白，而节奏，正是 R&B 的核心。周杰伦早期的创作，正以此类形式见长。随着周杰伦本身对民族文化与 R&B 的融合理解的深入，周式 R&B 已经渐渐从歌词形式，采用乐器上的表面"中国化"，发展成为利用民族音乐元素，创造歌曲意境上的"中国化"。这种转变从其早期歌曲《娘子》与后来创作《东风破》的比较中可见一斑。《娘子》一曲中，不管是作曲或后期制作的编曲中，基本沿袭了欧美 R&B 的传统，即只是将歌词以 R&B 的方式"表达"出，而在歌曲的内涵、意境方面还没有体现出中国民族音乐的特色。而《东风破》则不同，歌词与旋律、编曲的完美融合，中国古典意境一览无余。至此，周氏 R&B——融合中国民族音乐元素的 R&B，已发展成熟。

以近期《千里之外》为例，费玉清作为老牌的流行歌曲唱将，歌唱时咬字，尾音的处理等都糅合了民族唱法的技巧，而周杰伦则带有典型的 R&B 风格。这是周杰伦首次尝试将两种不同唱腔加以融合，以更加突出古典的意味。在旋律上，他更注重主体部分的优美和连贯，而放弃了欧美 R&B 华丽的装饰音；编曲上，整体辅以模拟二胡、扬琴、琵琶等乐器加以铺垫，前奏以模拟编钟、二胡等民族乐器营造出复古的味道，Rap 部分以二胡为背景则更加渲染了典型的"中国式感伤"；节奏上，虽然仍以 R&B 典型的切分音为主，但始终在强调旋律性的基础上，忠于歌曲整体效果。

与前例比照，《黄金甲》的 R&B 特点更为突出，也采取了更多的电子音乐元素，而中国特色却丝毫未减少。在编曲上仍然采用了模拟中国民族乐器的手法，而此处凸显 R&B 节奏的则是中国鼓强劲的特别音色。同时，模拟笛声和藏式吟唱在前奏部分就为曲子打上了"中国制造"的印章。相比于《千里之外》，周杰伦在处理中国特色的方式上，虽然手法相似，侧重点则略有不同。

有人认为，周杰伦的歌曲其实已经不是真正意义上的 R&B。在某些层面上而言，相对于传统的 R&B，周杰伦的歌曲中的确已经抛弃了许多作为 R&B 的特点；然而从另一个层面来讲，这种糅合了现代元素和中国民族特色的音乐，正是周杰伦成功的主要法宝之一。

同样具有非洲节奏性音乐创作特色的王力宏，也在尝试将之与中国传统文化元素结合起来。借用中国传统戏剧唱腔的演绎手法，近年来频繁为王力宏所发扬。在王的《心中的日月》这首歌中，甚至出现了一大段直接对昆曲的吸收与改造而形成的间奏。王力宏的另一首名曲《花田错》里，"花田里犯了错，说好破晓前忘掉"一句中这个"好"字绕了十几个弯的这种唱腔和九转徘徊的风格也是中国传统戏曲元素进入"中国风"创作的标志性作品。与《花田错》同一张专辑的歌曲《在梅边》可以说将其"中国风"的创作推向了高潮。这首歌不仅取材于中国古典戏剧《牡丹亭》，而且中间插入了整段的昆曲唱腔，一句念白"他年得傍蟾宫客，不在梅边在柳边"在曲中紧接着Rap部分反复出现，把中国戏曲中特有的念白和欧美流行音乐中特有的说唱统一起来，前后连接十分流畅自然，令人耳目一新。

周杰伦和王力宏的成功，掀起了华语流行乐坛的一股"中国风"。许多歌曲纷纷竞起仿效，如胡歌的《逍遥叹》、林俊杰的《曹操》、吴克群的《将军令》、S.H.E.的《中国话》，等等。至此，R&B牢牢占据了华语流行乐坛的主力位置。

案例二：杭州电视台《阿六头说新闻》方言唱主角[①]

2004年新年伊始，杭州电视台西湖明珠频道（即"杭州二套"，以下均用"杭州二套"指代该频道）的一档新闻节目，收视率扶摇直上，一下子蹿到了杭州地区各档新闻节目收视率的首位；在2月15—30日，综合AC尼尔森和央视索福瑞两个指数，收视率平均超过4个点。这档晚间时段（21：30）播出的新闻节目名为《阿六头说新闻》，2004年1月1日推出，是杭州电视界第一个用方言说新闻的栏目。

如今电视节目片头片尾的制作日益精良，并试图体现自己的风格。但是，从目前国内来看，一档新闻类节目，恐怕没有哪档新闻节目的片头，会像《阿六头说新闻》的片头那样具有戏剧性。两个杭州男人一人一句，用杭州话特有的高频率和快速度，手指戳动着，夸张的表情配合着幅度不小的动作，在不到20秒的时间内，说完了"敖稍，敖稍（杭州话'快点，快点'的意思），不要吵不要吵，敖稍、敖稍，阿六头来了；市面蛮灵，说法蛮好，听听新鲜，看看味道，9：30，盯牢锁牢，阿六头来了"。可以说，是连喊带叫地把观众招呼到这档节目中。这个片头的本地化特色，除了语言，还有就是这种"呼喊"的方式，这和以前杭州很多老社区，每天傍晚有人拿着大喇叭用杭州话提醒居民注意安全的"喊话"，形式非常相似。这个看起来有些吵闹的片头，却取得了意想不到的效果。

《阿六头说新闻》的片尾，则有了点儿后现代的意味。用现在流行的

[①] 本案例节选自顾芳芳、韩燕、王健《用杭州话说新闻——城市电视台新闻本地化的思考》，《新闻实践》2004年第4期。

Flash 动画，配上杭州话的说唱音乐，"西湖风景俏，苏堤春晓早。曲院风荷摇，满陇桂雨香，还有断桥残雪飘。耍子地方木佬佬，西湖里划船，城隍阁登高……"将杭州人引以为豪的西湖十景和杭州人悠闲舒适的生活展现出来，慵懒的节奏，幽默的画面，让人倍感轻松。

杭州二套在对这档节目的介绍中提到："《阿六头说新闻》采用的是角色化的主持方式。阿六头是一个富有正义感，喜欢评说时事，又是消息灵通的杭州普通市民形象，他能说出老百姓的心声……"因此，这档节目特别邀请了西湖之声电台的主持人安峰和杭州滑稽剧团资深演员周志华来扮演"阿六头"的形象。至于"说新闻"，对不少电视观众来说，也不算是什么特别新鲜的东西，而《阿六头说新闻》的特别之处，是主持人干脆站着说。

演播室被布置成了说书的场景，主持人在进行新闻串接时，充分利用了站立的姿势，连说带比画，在形象生动性上有了很大的提高。比如，3月3日适逢"全国爱耳日"，主持人安峰在介绍为什么将3月3日定为"全国爱耳日"时，说到"3"，一边右手在右耳朵旁画了一个"3"字，再说"3"，一边左手又在左耳朵旁画了一个"3"字，然后说："像不像两只耳朵啊？"就这么一句话，将选定这个日子的原因解释得清清楚楚，又给观众留下了深刻的印象。

此外，这种形式给了主持人较大的发挥空间，使主持人原有的职业优势也得以体现。比如3月7日有一条《苏州游客舞龙舞到杭州》的新闻，主持人周志华就干脆用起了苏州话，借苏州游客的口吻，道出了他们来杭州舞龙的原因。这段话模仿得惟妙惟肖，既发挥了主持人作为杭州滑稽剧团资深演员的优势，又让观众觉得生动有趣。

尽管每条电视新闻的标题通常只在屏幕上显示5秒钟左右，但是鲜活的标题对吸引观众的关注度仍然起着积极的作用。既然这是一档杭州话说新闻的栏目，杭州方言应用到标题中也就变得顺理成章了。例如，3月5日的《杭州停车：地上挤煞地下空煞》，3月6日《双休日三八节商机木佬佬》。"挤煞"、"空煞"、"木佬佬"，这些典型的杭州方言的运用，不但使标题形象生动，还让杭州观众一看就觉得亲切。

以上两个案例指向了不同的文化样式，但它们却同时表明，无论是在内容还是形式上，一旦加入本土元素并运用得当，在本土流行、受到本土受众的青睐，便成为传媒产品的题中之义。大致说来，传媒文化本土化现象的形成大致可以分为三个阶段：首先是文化的多样性以及文化全球化带来的不同文化之间的交流、碰撞与融合导致"本土"和"他土"意识的产生；其次是每一个人都会基于一定的文化模式（不一定唯一）产生认同，这种认同的需要最终会转化为经济学意义上的需求；最后是有需求就有市场，传媒文化消费市场的形成与细分成为推动传媒文化本土化趋势产生和形成的动力。对这三个阶段，以下我们将逐一论述。

一 "本土"凸显：文化多样性与文化全球化的异动

（一）文化的多样性与"本土"概念的形成

文化是历史地凝结而成的人类的生存方式，它内在于人的一切活动之中，是影响人、制约人、左右人的行为方式的深层的、机理性的东西。文化具有内在的自由和创新性，不同人群的不同生活就会创造出不同的文化。生活的多样性必然导致文化的多样性。案例一中所述的R&B这一流行音乐类型的产生就是一个最好的例证。R&B的前身是20世纪40年代产生于美国芝加哥地区的街头黑人音乐——蓝调（Blues）。那个时代，黑人社会地位非常低下，他们大多背井离乡，在城市流浪打工，干最脏最累的活，工钱却少得可怜，无法负担各种昂贵的娱乐费用。因此，热爱音乐的他们常常自发地在茶余饭后聚集在一起用吉他、口琴等简单乐器来创作和演奏一些格调忧伤的音乐以抒发内心压抑的情绪。由于蓝色是忧郁的色调，人们就把他们的音乐称为"蓝调怨曲"。再后来，蓝调音乐吸收了美国本土流行的爵士乐（Jazz）中的摇摆乐（Swing）和布吉乌吉钢琴乐（Boogie-Woogie）的特点，形成了节奏较为强烈更富舞蹈性的音乐风格，即节奏蓝调。[①] 可见，正是美国黑人这一特殊人群于特定的时代在美国的特殊生活中自由地创造出了R&B这一特定的文化果实，这一创造是全新的、前无古人的，也是自由的、不受限制的，没有人为他们规定创造的方向，也没有人为他们规定创造的目的——一切都来源于生活。同样，戏曲这一特殊的戏剧形式也只能产生于古老的中国，因为只有在那一个时代那里的人们才有着那样的生活，有着那样的生存方式。正如哲学人类学家蓝德曼（Michael Landmann）所说："人没有不变的、封闭的存在状态。或者，更细致地说，只有人的最一般的结构，人的认识和行动的特殊方式，等等，是自然通过牢固的遗传赋予人的。不过，这些坚固的要素并非是人的所有一切。在这之上产生的第二维度，并非由自然规定，而是由人自己的创造力去决定……所有这些以及作为宗教、艺

[①] 张涛、赵朴：《节奏布鲁斯（R&B）音乐探源》，《商丘师范学院学报》2006年第6期。

术、科学等较高层次的领域，在人类天性中并没有强制性的标准。所有这些就是'文化'，而文化这一概念的定义就是人类自身的自由创造性加以创造的。这就是人类赋予文化以多样性的原因。"[1]

每一种文化背后都有一种特定的社会精神气质（ethos），多样性的文化背后则蕴涵着多样性的社会精神气质，这种社会精神气质恰恰是"本土"概念产生的基石。当你身处某一特定的文化环境的时候，什么也感觉不到，也就是说此时文化是无形的、难以直接把握的。以案例一中提到的中国戏曲为例，对于生活在古代中国的人们而言，"看戏"就是他们日常生活的一部分，他们会认为观看戏曲表演是很正常的事情，"戏"这东西到处都有，谁不知道？戏中的帝王将相、神话传说也都是每一个人生下来就见惯不惊的东西。但是如果当你脱离原本的文化环境，你就会感受到强烈的文化强制力量。设想一个古代中国人有机会来到欧洲，看到那里的话剧表演，虽然同样是"舞台上讲故事"，他却很可能会产生一种"戏居然可以这样演"的惊诧。这就是被文化人类学称为"文化震惊（culture shock）"[2]的文化现象。在人类文明发展的初期，任何一个社会、群体都处在一个与外界没有联系的自发的运行状态之中，各自的文化间没有比较、交流和碰撞，因而也就没有经过文化冲突后对彼此文化的深刻认识。但是在文化发生交流和碰撞之后，他们对各自文化的认识则会发生巨大改变。对此，汤姆林森深刻地指出：所谓的本土文化不是"共时性—空间"的历程，而是一种始终伴随着外来文化影响和交流的"时间—历史"下的产物。[3]

社会心理学家库利（Charles Horton Cooley）曾经在其1902年出版的著作《人类本性与社会秩序》中提出"镜中我"（looking-glass self）理论来解释作为个体的人怎样认识自己的。该理论认为，一个人的自我观念是在与其他人的交往中形成的，一个人对自己的认识是其他人关于自己看法的反映。人们总是在别人对自己的评价之中形成了自我的观念。"一个人对于自我有了某种明确的想象——他有了某种想法——涌现在自己心中，一个人所具有的这种自我感觉是由取决于别人思想的、别人对于自己的态度所决定的。这种类型的社会我可以称作'反射的自我'或曰'镜中我'。"无独有偶，社

---

[1] [德] 蓝德曼：《哲学人类学》，工人出版社1988年版，第7页。
[2] 又译"文化冲击"。
[3] 张跣：《文化帝国主义（Cultural Imperialism）》，汪民安主编：《文化研究关键词》，凤凰出版传媒集团、江苏人民出版社2007年版，第347页。

会学家乔治·米德（George Herbert Mead）也曾经指出：自我是逐步发展的，它并非与生俱来，而是在社会经验与活动的过程中产生的，反映了个体与这一过程的关系以及在这一过程中与其他个体关系的结果，"个体经验到他的自我本身，并非直接地经验，而是间接地经验，是从同一社会群体其他个体成员的特定观点，或从他所属的整个社会群体的一般观点来看待他的自我的"[1]。二者都论述了作为个体的人的"自我"观念的产生机制。实际上，这些论述同样可以放之于群体——作为群体的"自我"也是通过"他群体"对"我群体"的看法而形成的。随着人类社会的不断进步，文化随着不同群体之间的交往打破了地缘的界线，发生了联系和交流，人们开始比较彼此的不同文化。此时，作为自我的"我群体"文化也就自然而然地彰显了出来，形成一个"镜中我群体"文化——本土文化的概念自然而然地形成了。

具体而言，这一概念的形成同样包括三个阶段：第一阶段，我们（我群体）想象我们（我群体）的文化在他群体眼中的形象，这是感觉阶段，是我群体设想他群体的感觉。第二阶段，我们（我群体）想象他们（他群体）对我们（我群体）的文化的这种形象的评价，这是解释或定义的阶段，即我群体设想他群体的判断。第三阶段，我群体从上述设想中产生的某种对我群体文化的自我感觉，亦即"本土"的感觉。这是自我反映的阶段。总之，作为单元文化的单个"本土"文化与不同的"本土文化"构成的整体之间存在着有机和稳定的联系。必须有异质文化的参照，才能凸显出"本土"与"他土"的差异性，并从中形成"本土"的概念。

（二）文化全球化与"本土"意识的凸显

从文化的多元化上，人们反观到了文化的本土化问题。而文化的全球化则进一步凸显了这种文化本土化的意义。

随着交通技术和信息技术的日益发达，文化全球化与经济、社会的全球化浪潮相伴而生，并开始展现其清晰的面目。有学者这样定义文化全球化：所谓文化全球化就是"各民族文化通过交流、融合、互渗和互补，不断突破本民族文化的地域和模式的局限性而走向世界，不断超越本民族文化的国界并在人类的评判和取舍中获得文化的认同，不断将本民族文化区域的资源转变为人类共享共有的资源"的过程。[2] 可见，文化全球化既是一种不同文

---

[1] ［美］乔治·米德：《心灵、自我与社会》，张国良主编：《20世纪传播学经典文本》，复旦大学出版社2003年版，第167页。

[2] 高永晨：《文化全球化与跨文化交际研究》，《苏州大学学报》（社会科学版）1999年第4期。

化之间交流、冲突的过程，也是不同文化资源彼此融合、达致共享的结果。文化的全球化在当今世界表现得越发明显，人们可以在不同的国家吃到美味的中式佳肴，买到巴黎最新款的时装和香水，看到好莱坞的最新影片。同时，国际互联网的普及和信息高速公路的建立使各个国家之间及各国人民之间能在瞬息中了解对方的一举一动，并进行沟通和交流。①

作为美国本土流行音乐文化的R&B音乐，也踏上了全球化的浪潮，飘向了世界各地，先后在西欧、日本、澳大利亚等地生根发芽。大约在20世纪80年代中后期，中国内地开始接触欧美流行音乐，其中也包含一部分R&B曲风的作品。但是，R&B在这些国家和地区的着陆并非一帆风顺，而是无一例外都经历了一个从抗拒到接受的过程。这个过程时间的长短随着文化差异的大小而不同，尤其是在文化差异最大的日本、中国等地，接受的过程更为漫长。从R&B登陆中国内地算起，到今天流行音乐听众普遍接受R&B并刮起一阵R&B旋风，足足过了20年。从案例一可以看出，周杰伦等流行歌手对R&B进行的突破性的本土化、民族化再创作，是推动R&B在中国全面普及的关键。有趣的是，有人对周杰伦和王力宏歌曲的归类提出了不同的看法，认为他们二人所谓的"中国风R&B"歌曲根本不能算是R&B，因为其元素已经发生了极大改变。但恰恰是这一看法，从反面确证了R&B的确经受了一个被逐渐本土化的加工处理过程——也正是因为这样的本土化，R&B才获得了本土受众的狂热喜爱。显然，R&B的全球传播反而刺激了本土化产生。于是这里就存在一个问题：文化全球化是怎样转化为文化本土化的呢？

近年来，一部分西方学者提出了"文化全球化将最终导致普世文化的普遍主义（universalism）"观点，认为随着文化全球化的发展与深入，人类在文化上正在向着趋同的方向演进，直至全世界各民族最终接受共同的价值、信仰、行为规范和制度。但很多学者都对此提出了质疑。我们也认为，这一观点是站不住脚的，而且恰恰相反，文化全球化不但不会导致普世文化的生成，还会促成对"本土"的进一步强调和重视。

首先，在文化全球化过程中形成的西方发达国家的"文化帝国主义"激发了本土文化的复兴。

有学者指出："在西方中心主义想象的全球化所虚拟出的乌托邦里，本土被合法地边缘化为他者——一个脱离了文化工业生产流水线的次品，一个

---

① 缪家福：《全球化与民族文化多样性》，人民出版社2005年版，第208—209页。

在地球村时代孤独的异在！全球/本土、现代/传统是现代性话语的基本设定，也是褒贬分明的二元对立，'本土'、'传统'往往意味着保守、落后，全球化则意味着先进、文明、开放的现代世界。因而在现代性话语中，'本土'是个不折不扣的贬义词。"① 联合国教科文组织的一项报告也指出，美国、法国、意大利、英国以及德国共同占有世界上大约80%的电影电视节目对外输出市场，其他各国只占据少数，而且多半只到达少数的外语节目市场中。② 可见，全球化的进程中，以美国为主导的西方文明（文化）总是一直占据强势地位。文化全球化使各民族、各地方的本土文化都受到冲击，甚至不断地被边缘化。在这种情况下，为了使自己的民族文化能维系其生存的权利，实现创造性转化，重新适应新的全球化环境，"本土文化的复兴"就作为一种回应（response）而出现了。文化人类学家露丝·本尼迪克特（Ruth Benedict）在1934年就曾经说过："西方文明总是企图将他们自己的地方性行为，或把他们自己的社会化习惯与人类本性证为同一。"③ 为了对抗这种文化"侵略"，所有的弱势民族都有必要维护自己民族文化的尊严与地位。王沪宁教授将之称为"文化主权"，亦即现代民族国家将本民族文化的习惯、信仰和价值观念上升为国家意志，对本民族文化所拥有的最高独立的权力和权威。④

捍卫文化主权必然要倡导本土文化的复兴，一些在全球化中可能已经失去或者已经多年置于视野之外的本土传统很可能因此而得以重拾，这种现象又被称为"文化反弹（to rebound culture）"⑤。例如，20世纪90年代中期以来巴西掀起了"电影复兴"运动，倡导本国民族电影的崛起，以提升巴西民族电影的艺术品质和国际声望；亚洲的越南从20世纪中期开始就启动了大规模搜集整理民间非物质文化遗产的工程，并于2001年通过并颁布了

---

① 高震、牛鸿英：《全球化视野下的本土镜像——解读中国电视本土化内涵》，《中国电视》2005年第1期。
② 洪浚浩：《传媒全球化及与其相关的一些理论和议题》，张凤铸、黄式宪、胡智锋主编：《全球化与中国影视的命运》，北京广播学院出版社2002年版，第144页。
③ [美]露丝·本尼迪克特著，张燕，傅铿译：《文化模式》，浙江人民出版社1987年版，第5页。
④ 缪家福：《全球化与民族文化多样性》，人民出版社2005年版，第212页。
⑤ 参见孟建《"文化帝国主义"的传播扩张与中国影视文化的反弹》，张凤铸、黄式宪、胡智锋主编：《全球化与中国影视的命运》，北京广播学院出版社2002年版，第80—93页。

《文化遗产法》;① 蒙古国政府也从1999—2006年开始实施"国家扶持传统民间艺术工程",其中1999年至2002年完成的"蒙古口头遗产视听文献工程",对600多位非物质文化遗产传承人进行了录音录像;② 在中国这样的文明古国,诗词、戏曲等作为传统文化艺术一度在青少年人群中间逐渐萎缩,但随着近年来西方流行文化(有代表性的如包括R&B在内的西方流行音乐、电视娱乐节目、好莱坞影片,等等)的大规模进入,党和政府也意识到了保护传统文化遗产的重要性和紧迫性,先后出台了许多方针、政策以及具体措施保证传统文化的安全,如党的十六大报告就明确提出"积极发展文化事业和文化产业",并强调要"完善文化产业政策,支持文化产业发展,增强我国文化产业的整体实力和竞争力",国务院也于2006年2月发出了《关于加强文化遗产保护工作的通知》,决定每年6月第二个星期六为"文化遗产日",文化部、财政部联合国家民族事务委员会、中国文学艺术界联合会等部门共同启动了"中国民族民间文化保护工程"。在政府的推动下,民间也掀起了一股传统文化热潮,许多青少年乃至全社会人群都重新产生了深入了解和学习中国传统文化(国学)的极大兴趣。③

其次,在遭遇本土文化抵抗的情况下,外来文化不得不主动吸收本土文化的一些要素,从而在某种程度上再次凸显了本土文化的重要性和不可替代性。

正如案例一中的中国风R&B所昭示的一样,如果没有本土文化元素对外来文化的改造和融入,外来文化要想被本土所全面接受是十分困难的。一个前所未见的现象——全球本土化(glocalization)因而得以在当今国际传播之中大行其道。④ 此时的本土文化有力地体现了其能够自我保护的特性。不过需要注意的是,虽然本土文化得到了强调和重视,但其边界也已经开始变得模糊不清——本节案例一中被王力宏的歌曲所借用的昆曲和古典戏剧唱词还是不是纯正的中国戏剧戏曲?这似乎也是一个值得思考的问题。近年来不断有人惊呼:中国的传统文化正在被各种各样的传播形式严重扭曲。虽然免不了有一点杞人忧天的嫌疑,但不可否认的是,本土的传统文化在全球化

---

① 参见广东省医药卫生信息网《越南非物质文化遗产保护》,http://www.medste.gd.cn/Html/tcm/zyyzt/sbsjwc/Class1869/21535220070619163700.html。
② 参见《各国非物质文化遗产保护面面观》,《中国民族报》2007年6月8日第5版。
③ 参见人民网《文化遗产保护喜忧参半,传承发展之路剑指何方》,http://culture.people.com.cn/GB/22226/34912/34914/5842507.html。
④ 详见本章第四节的案例分析与论述。

时代的文化交流与碰撞过程中的确已经发生了一定程度的改变。但是，令人欣慰的是，改变毕竟是双方面的，本土化改造始终不会被湮没无闻，不然就不会有人对王力宏等人的歌是否能够归于 R&B 质疑了。作为内核的外来文化和作为包装形式的本土文化，互相对对方作出了必要的妥协，从而促成了多元文化的融合与共生。英国学者拉奥（James Lull）将这一现象称为"文化的再领土化（cultural reterritorialization）"①。高震、牛鸿英两位学者也曾指出："一方面，强势文化在传播扩展的进程中，必然高张本土化大旗，以本土化符码的外在包装融入地方文化，进而在本土化策略的伪饰中潜移默化地同化，甚至改变了真正意义上的本土文化；另一方面，在全球化浪潮的无情涤荡下，本土文化的生存策略必然是在确证自身主体性前提下的创造性发展。竞争个体自身的主体性确认和本土化的自我建设才是地方文化真正融入全球潮流的健康前提，本土化成为地方文化生存的不二法门……"②

总之，在文化全球化正在发生着并将继续发生下去的今天，"本土"的概念自从形成以来就在不断地被加以强调着，并且体现出前所未有的明晰感和重要性。这，恰恰为传媒文化的本土化现象提供了存在的基本条件。

二 文化认同：传媒文化本土化的直接动因

（一）文化认同对象划分的三个层次

当"本土"意识产生之后，文化认同也就随即产生了。社会心理学家发现，人类在社会生活中有两种认同需要：其一是通过寻找"我"与"我们"的差异而获得"自我认同"，它使个体获得一种与众不同的独特性和唯一性；其二是通过寻找"我们"与"他们"的差异而获得"社会认同"。它使个体获得一种与众相同的一致性和同一性。文化认同（cultural identity）恰恰是社会认同的一种，意指个体将所属文化以及文化群体内化并产生归属感，从而获得、保持与创新自身文化的社会心理过程。③ 有学者曾经这样论述文化认同的功能："在个人层面上，文化认同影响着个人的社会身份认同和自我认同，引导着人们热爱和忠实于民族文化，从而保存和扩大民族文化，并最终将其纳入个人的价值观这一深层心理结构之中。在社会层面上，

---

① See Lull, J. *Media, Communication, Culture: A Global Approach*. Cambridge: Polity Press, 1995.
② 高震、牛鸿英：《全球化视野下的本土镜像——解读中国电视本土化内涵》，《中国电视》2005 年第 1 期。
③ 杨宜音：《文化认同的独立性与动力性》，张存武主编：《海外华族研究论集》第三卷《文化、教育与认同》，华侨协会总会出版社 2002 年版，第 407—420 页。

文化认同以民族文化为凝聚力整合和辨识着多元文化中的人类群体，成为群体构成的一种类型——文化群体。"[1] 这一论述将文化认同与民族文化紧紧联系在了一起，也即认为文化认同的实质就是民族文化认同。只需对本节两个案例进行对比分析就会发现，无论是周杰伦、王力宏歌曲中的中华古典音乐成分，还是"方言新闻播报"中体现出来的吴越文化，其指向显然都是民族文化，也正是这种建立在本土民族文化基础上的文化认同，最终将受众吸聚到了身边。当然，把文化认同等同于民族文化认同的做法是值得商榷的，这样的界定实际上把文化认同对象的外延单一化了，若将前述文化认同的定义作为分析的出发点，其对象就应当以一个复合性的面貌展开。

那么，文化认同的对象究竟包括哪些呢？

首先我们可以明确的是，文化认同的对象必须是同时也只能是具有共同价值观念、行为习惯等共同特征的文化单位。这是一种作为整体的文化规定性，而这种意义的文化一定是以文化模式的方式存在的。按照文化哲学和文化人类学的定义，文化模式是指特定群体或特定时代人们普遍认同的，由内在的群体精神或时代精神、价值取向、习俗、伦理规范等构成的相对稳定的基本生存方式。文化模式可以依据共时态和历时态两个维度进行划分。在共时态的维度上，文化模式主要体现在三个不同尺度的基本层面上：第一，文明形态意义上的文化模式；第二，民族心理意义上的文化模式；第三，地方区域意义上的文化模式。

文明形态意义上的文化模式是在一个较大尺度上进行划分的文化模式。所谓文明形态，就是由人类的活动历史地创造出来的社会文化整体形态。人类历史和人类社会在某种意义上就是由众多文明形态在空间上的并存和在时间上的继起而构成的活生生的画面。这些文明形态在不同的历史哲学家那里有着不同的划分，如斯宾格勒（Oswald Spengler）在其著作《西方的没落》中把人类高级文明划分为八大形态：埃及文明、巴比伦文明、印度文明、中国文明、古典文明、阿拉伯文明、墨西哥—玛雅文明和西方文明；汤因比（Arnold Joseph Toynbee）则在《历史研究》中将人类6000年的历史划分为21个文明形态；而存在主义哲学家雅斯贝尔斯（Karl Jaspers）的著作《历史的起源和目标》和中国近代著名学者梁漱溟的著作《东西文化及其哲学》又不约而同地把人类的主导性文明划分为三种形态：中国文明、印度文明和

---

[1] 陈世联：《文化认同、文化和谐与社会和谐》，《西南民族大学学报》（人文社会科学版）2006年第3期。

西方文明——无论怎样划分，这些文明形态之所以能够具有生命力，能够发展与延续，能够再生与重建，主要还是由其内在的活生生的文化精神或文化模式支撑的。因此，文明形态意义上的文化模式，是文化认同的基本对象层次之一。在这一层次上，我们会把R&B看做是整个西方文明（文化）的产物，是代表了包括美国、欧洲、加拿大等国家和地区的一个整体意义上的对象。

比文明形态意义上的文化模式尺度稍小一些的文化模式是民族心理意义上的文化模式。一般来说，支配着一个民族的个体行为和群体行为的占主导地位的文化模式常常表现为该民族的民族心理。① 这里所说的民族，是指人们在一定的历史发展阶段形成的有共同语言、共同地域、共同经济生活以及共同心理素质的稳定的共同体。人类学家露丝·本尼迪克特指出："当我们明确地认为，文化行为是地域性的，人所作出的、千差万别的时候，我们并没有穷尽它的重要意义。文化行为同样也是趋于整合的。一种文化就如一个人，是一种或多或少一贯的思想和行动的模式。各种文化都形成了各自的特征性目的，它们并不必然为其他类型的社会所共有。各个民族的人民都遵照这些文化目的，一步步强化自己的经验，并根据这些文化内驱力的紧迫程度，各种异质的行为也相应地愈来愈取得了融贯统一的形态。一组最混乱地结合在一起的行动，由于被吸收到一种整合完好的文化中，常常会通过不可思议的形态转变，体现该文化独特目标的特征。"② 英国学者吉姆·麦克盖根（Jim McGuigan）则认为，"它（认同）最频繁地被从民族主义的方面考虑，指那些身处民族国家疆域之中的人们被认为共同拥有的特征"③。因此，由民族心理的凝聚和整合功能而形成的民族文化模式，也是文化认同的基本层次对象之一。在这一层次上，R&B会被人们视为美国文化的组成部分，而诗词、戏曲则代表着典型的中国文化。

比民族心理意义上的文化模式尺度更小一些的是地方区域意义上的文化模式。这里的地方区域，是指由于历史原因形成的具有共同价值观念、风俗习惯的人群所生活的小于民族区域范围的区域。地方区域的划分在一些幅员辽阔的多民族国家（如中国、俄罗斯等）之中尤为常见。这些国家的各个

---

① 衣俊卿：《文化哲学十五讲》，北京大学出版社2004年版，第68页。
② ［美］露丝·本尼迪克特著，张燕、傅铿译：《文化模式》，浙江人民出版社1987年版，第45页。
③ ［英］吉姆·麦克盖根：《文化民粹主义》，南京大学出版社2001年版，第228页。

地方区域虽然具有共同的民族文化，但是由于地理位置的不同，在悠久的历史长河之中经过长期积淀形成了各具特色的地方文化。就中国而言，中华文化作为一级文化单位，下面还可以分出很多亚文化，如齐鲁文化、燕赵文化、中原文化、吴越文化、荆楚文化、潇湘文化、岭南文化、八桂文化、青藏文化、关东文化、陇右文化、关中文化、三晋文化等十几个亚文化，每个亚文化区又都有着自己独特的历史文化、人文景观、自然景观、风土人情。[1] 这些亚文化都是属于中华民族文化分支的中国地方区域文化。案例二中的杭州就是中国地方区域文化之一的吴越文化的代表城市，其群体性格、方言发音、饮食习惯等与上海、苏州、扬州等地相近，同时又和中国其他地方区域有着较为明显的差别。尽管如此，这也并不意味着在数量上占绝大多数的国土面积较小的国家就不存在地方区域的划分。以日本为例，日本的陆上国土面积只有37.78万平方公里，而且全国除极少数阿伊努人之外绝大多数为大和族人，民族构成极为简单，但各地文化仍然具有自己的传统特色，如北部的北海道地区和南部的四国地区的民俗文化就存在着不小的差异。可见，在民族国家或地区的范围内，地方区域仍然是文化认同的基本对象层次。

正是在以上三个层次上，文化认同得以形成。

有学者曾指出，本土的位阶会随着定义的不同而发生游移，既可能是国家（state），也可能延伸为比国家更大的地理区域或文化区域，还可能代表比国家范围更小的城镇或地区。[2] 结合以上论述，我们完全可以明确地认为，文化本土化的最终归依必将落脚到上述三个文化认同的基本层次对象上，即文明形态化、民族化和地方化。

（二）从文化认同到传媒市场需求

人是社会性的动物，每个人都会寻求得到自己所关心和重视的个人和群体的支持、喜爱和接纳。根据社会心理学家斯坦利·萨赫特（Stanley Schachter）的"焦虑—亲和假说"，如果一个人离群独居，则会由于焦虑而导致不安感。因此，从本质上讲，认同既是人的一种社会属性，又是人的一种基本需要。1948年，心理学家库尔特·勒温（Kurt Lewin）提出，为了保

---

[1] 高震、牛鸿英：《全球化视野下的本土镜像——解读中国电视本土化内涵》，《中国电视》2005年第1期。

[2] See Sparks, C. *The Global, the Local and the Public Sphere*. In G. Wang, J. Servaes, & A. Goonasekera (eds.), *The New Communications Landscape: Demystifying Media Globalization*. New York: Routledge, 2000. pp. 74–95.

持一种健康感，个体需要一种强烈的群体认同意识。这一思想后来被亨利·泰弗尔（Henri Tajfel）和约翰·特纳（John C. Turner）于20世纪80年代加以扩展，形成了一个著名的结论，即成为一个群体的成员可以给个人提供一种有助于促成正面自我概念的归属感。梁丽萍在《中国人的宗教心理》一书中也认为，认同是"关涉个人与群体隶属关系的一个概念，因此认同首先是个体对某种意义上的身份的一种心理肯定，认同给人以所在感，给人的个体性以稳固的核心"①。人本主义心理学家马斯洛（Abraham Maslow）也毫不犹豫地将归属感列入了人类最主要的五种需要之一。文化认同恰恰是人类这种归属感中最重要的一环。

个体的文化认同需要必然要通过一定的途径来获得满足。从经济学的角度来看，人的需要常常受到客观经济条件的约束而转化为对商品（产品）的需求。消费社会学理论也认为，消费是构成自我认同与社会认同的形成、创造、维护和管理的重要方面；换言之，人们的消费行为并不仅仅是货币所有权和支配权的表现，而且还反映了人们对某一对象的认同。由这些论断出发，我们认为，文化认同的需要也必然会转化为对文化产品的需求，最终通过文化消费行为来加以满足。这一点体现在传媒文化之上，就是受众会积极选择和接受能够满足自身文化认同需要的传媒文化产品——例如，对于R&B这一外来的音乐类型而言，中国人就会选择能够满足自己对中国文化的认同需要的、带有中国民族色彩的R&B音乐；对于铺天盖地、各式各样的电视新闻节目而言，杭州人就会选择能够满足自己对吴越文化的认同需要的杭州方言新闻节目。随后，一定规模的具有相同选择的受众或潜在受众就会形成一个关联的群体，即消费群体。

根据微观经济学的一般原理，有消费需求就有市场，有市场就会推动生产。本土化的消费群体形成或在潜在的本土化消费群体被发掘出来之后，传媒产品的本土化也就成为一个必然的趋势——而这也恰恰是传媒文化本土化的直接动力。

三　民族化与地方化：传媒文化本土化的宏观表征

（一）基于文化认同等的传媒文化消费市场细分

概括而言，传媒文化就是传媒产品所表征的意义及其受众的解读，它包含着从传媒文化产品的生产、文本的呈现到文本的接受、使用这样一个过

---

① 梁丽萍：《中国人的宗教心理》，社会科学文献出版社2004年版，第15页。

程，其本质就是一种作为大众消费对象的文化类型。如今，大众在迅捷地传输或受纳传媒信息的同时，已逐步走向了一种快餐式的消费。在这种消费的情形下，大众的普遍接受心理就是迅速找到能满足自己兴趣的"文化快餐"，而不需要理性对待、不需要奢侈的高雅文化盛宴。随之而来的是人们消费对象的变化，消费从原来的耐用消费品转向了情感、快乐及梦想和欲望等方面，而这正是传媒文化所能满足的——一个前所未有的庞大的传媒文化消费市场由此而日渐成形、日渐彰显。

传媒文化消费市场也必须遵循普遍性的市场规律。市场营销学认为，目标顾客群最大的营销方案未必是市场资源的最优配置方案。对大部分产品或服务而言，都存在一个目标市场，与其他普通市场相比，这个市场更具收益潜力。因此，市场细分的战略就应运而生。而所谓市场细分就是指把市场分割为具有不同需要、性格或行为的购买者群体。市场研究中使用聚类分析（CART、CHAID）等方法定义不同的细分市场，目的就是将同一细分市场内个体之间的固有差异减少到最小，使不同细分市场之间的差异增加到最大。经验证明，市场细分能够有效提高市场决策者面对复杂环境时的应对能力。

市场细分的常用指标主要包括文化因素（民族、地方、语言、宗教信仰等）、地理因素（国家、省、市、区县、乡镇）、人口因素（年龄、性别、家庭收入、职业、教育程度等）、心理因素（自我社会定位、生活方式、个性、偏好等）和行为因素（产品使用率、利益诉求、产品使用状况、品牌忠诚度、产品态度等）。对于文化产品而言，文化因素常常是其主导性的分层指标。因此，相比一般的商品，传媒文化产品由于社会认同和心理吸引而形成的消费者分层现象更为明显和突出。关于文化认同，前文已有论述；而心理吸引则是除文化认同之外的另一个较为重要的相关因素。

心理吸引是社会心理学研究中的一个规律性的现象。研究发现，具有熟悉性和相似性的人或物能够产生更大的吸引力。1968年，美国社会心理学家查荣克（Robert Zajonc）通过一系列的实验证明，为人熟识的东西，可以在其心目中增加积极意义的成分。纽科姆（Theodore M. Newcomb）的密歇根大学生公寓实验和布雷达（P. R. Bleda）进行的配对吸引实验则显示：人们喜欢态度、信念、价值观和自己一样或相似的人。后来的大多数研究结果证明，这一原理不仅可以应用于解释人际吸引，还可以推广到物对人的吸引。对于这一现象，平衡理论范式和强化理论范式提出了不同的解释。平衡理论的提出者海德（Fritz Heider）指出：人们倾向于趋使认知体系里的情感关系和单元关系保持协调一致，倾向于把看来相似的东西视为同一组合，故而诱发出协调一致的情感反应——喜爱。而强化理论者的解释是，他人表现出与自己相似的态度，是支持自己评价的有力根据，具有相当高的强化力量。由于人们喜欢给予自己酬赏（reward）的人，所以对方的吸引力就产生了。[1] 尽管存在不同的解释，但它们无一不表明：熟悉性吸引和相似性吸引是客观存在的社会心理现象。结合我们具体探讨的对象，我们可以尝试把这一结论延伸到文化吸引的范畴：对于传媒受众而言，传媒文化产品中所体现出的与自己所处的文化背景相似的文化以及自己熟悉的文化会产生较大的吸引力——而与受众最为相似和最为熟悉的文化显然是自己认同的本土文化。这恰恰又会与"文化认同"一起共同导致传媒文化产品的消费者按照本土文化认同的理念产生分层的效果。

由于建立在本土化意识下的文化认同可划分为文明形态、民族和地方三个对象层次，以此为依据，我们认为，传媒文化的本土化也将指向文明形态化、民族化以及地方化三大形态——值得注意的是，在现实运作中，由于基于文明形态的文化模式在全球化时代的今天边界过于模糊且尺度过大，因而打造文明形态化的传媒产品困难较大且往往达不到理想的效果。香港"小超人"李泽楷当年打"泛亚洲概念"牌办 Star 卫星电视最终以失败告终就是一个惨痛教训。[2] 因此，传媒文化的文明形态化趋势并不明显。与之相应，传媒文化的民族化和地方化则成为传媒文化本土化的主流。本节案例一正是传媒文化民族化的典型案例，而本节案例二则是传媒文化地方化的典型案例。从这意义上讲，民族化和地方化，恰恰成为传媒文化产品进行市场细分时的重点观照对象。

（二）民族化与地方化：传媒文化本土化现象的宏观表征

传媒文化的民族化主要发生在以民族国家为单元的国际背景下。从辩证的角度观照，民族化必然与全球化有着直接的关联。如本节案例一中的 R&B 音乐，由最初自发生成的地区性黑人群体文化，在全球一体化传媒市场经济机制的运作下，通过录音带、CD、收音机、电视等现代传媒逐渐扩展到整个美国，以致欧洲、澳大利亚，然后是日本、中国、韩国等东方国家和地区。在全球化的进程的推动下，不仅仅是 R&B，所有的流行音乐文化

---

[1] 全国八院校《社会心理学教程》编写组编：《社会心理学教程》，兰州大学出版社 1986 年版，第 441 页。

[2] 张志君：《全球化与中国国家电视文化安全》，中国传媒大学出版社 2006 年版，第 25 页。

都在逐步由原来的边缘地位趋于音乐产品消费中的主流地位,其领域和空间都呈现出真正意义上的开放性。流行音乐的全球化普及趋势,甚至被称为20世纪最大的音乐景观。[①] 在这样一种景观之中,R&B作为一种外来文化依靠国际传播来到了万里之外的中国大地,并凭借古典诗词意境的营造、民族音乐调式的融入、传统戏剧典故的运用和戏曲唱腔的对接等民族化的加工得到了广泛的接受。除了流行音乐之外,包括电影、电视节目、报刊、网站网页等任何传媒产品在全球化的大背景下都存在民族化的倾向,继而在宏观层面形成了传媒文化的民族化现象。

传媒文化的地方化则主要发生在以地方区域为单元的国内背景下。任何一个民族国家,在漫长的历史发展过程中都形成了自己独特的具有共同特征的民族文化,主要表现在语言、文学、艺术、哲学、宗教、风俗、节日等方面。但是由于地缘差异的存在,生活在同一个国家或民族之内不同地方区域的人群仍然形成了体现出差异性的亚文化系统,最典型的莫过于一个国家或民族不同地区的方言文化体系,例如,中国就有北方方言、粤方言、闽方言、吴方言、湘方言、赣方言、客家方言七大方言区,每一个大方言区之下又有若干种亚方言区;美国也大致可以划分为通用语(GA)、北部及东部(NAE)、中部(MAE)、南部(SAE)四大方言区。类似于民族化之于全球化,地方化现象产生的背后其实也存在一个"小型全球化"——全国化(民族化)的背景。如果说全球化刺激了民族化的产生,那么全国化(民族化)就刺激了地方化的产生。二者也同样呈现出了一种辩证的关系。正如从本节案例二中我们所能看到的,全国各级各地电视台都有新闻节目,而大多数新闻节目都采用了基本相同的制作和表现模式,这种全国一体化就是新闻节目地方化的前提和背景。在这样的背景下,电视新闻节目自然可以通过侧重关注当地新闻、方言播报以及采用当地视角诠释新闻事件等方式加入地方文化特色,从而形成电视新闻节目的地方化现象。当然,除了电视新闻节目之外,报纸新闻、电视剧、动画片、电影、流行音乐等等都可以进行地方化的加工处理,典型的如近年来在中国内地颇为流行的方言电视剧、经典动画片和经典电影的方言配音版、用方言演唱的流行歌曲等。这些丰富多彩的地方化传媒产品共同构成传媒文化的地方化景观。

由此,我们也完全可以得出结论:传媒文化的民族化和地方化,不仅仅是传媒文化消费市场在受众文化认同对象维度上细分的结果,同时还构成了

[①] 参见顾再锡《中国当代流行音乐的本土化特征浅析》,《音乐探索》2006年第4期。

传媒文化本土化现象在宏观层面上所表现出的总体特征。

以上两节，我们对传媒文化本土化的微观表征、宏观表征，以及传媒文化本土化的形成机制、形成动因进行了初步的分析，并借此而认为：传媒文化的本土化，实际上正是国家、民族乃至某个具体的地域等主体单位的信仰、价值理念、文化习俗在文化全球化背景下，借助传媒捍卫自我生存权及发展权的必然选择。那么，本土化及其现实操作是否就完全正确、完全合理？它在实际的操作过程中又是否遇到了某种程度的不合理或异变？以下我们将着重对此进行阐释。

第三节　民族主义与地方主义：传媒文化本土化现象中的异化趋势

通过前文的分析我们知道，民族化和地方化已经成为传媒文化本土化现象的主要表现形式。但是马克思主义哲学告诉我们，任何事物都有一个"度"的问题。量的过度往往会引起质的变化。在传媒文化的本土化现象中，也出现了由于没有把握好"度"的问题而引起的异化——过度的民族化和过度的地方化，成为传媒文化中的文化民族主义和地方主义趋势。

下面我们将以《朱蒙》等韩国历史电视剧和《武汉晚报》关于"神舟六号"的一系列报道为例，对传媒文化的文化民族主义和地方主义的成因及影响进行解析。

一　传媒文化民族主义的表现及成因分析

案例一：韩国历史剧《朱蒙》、《渊盖苏文》、《大祚荣》等被指歪曲历史[①]

背景：韩国第一剧《朱蒙》

60集的《朱蒙》是2006年韩国最火爆的电视剧，平均收视率超越40%，超过当年的《大长今》。在2006年底举行的韩国电视剧界权威颁奖典礼"2006MBC演技大奖"中，《朱蒙》一举击败另一部人气剧《宫》，一

---

① 本案例根据新浪网影音娱乐频道《韩剧〈朱蒙〉牵涉到历史问题戏说被指误导观众》、雅虎网娱乐频道《韩剧大改历史唐太宗中箭又挨刀成独眼龙》等文改写，原文参见 http：//ent. sina. com. cn/v/j/2007-02-01/15201435483. html 以 及 http：//cn. ent. yahoo. com/070312/398/290h3. html。

口气拿下十个奖项,男主角宋一国捧得"最佳男演员"和"终极大奖"。

《朱蒙》投资超过300亿韩元,折合人民币约2300万元。剧中群星荟萃,除了因《爱情的条件》走红的男主角宋一国外,还有凭《加油!金顺》跃居一线的女星韩惠珍以及演技派的金胜秀、全光烈等。该剧讲述的是高句丽"始祖"朱蒙克服种种磨难最终统一高句丽民族的故事,其中穿插了他与两个女人的感情纠缠、与母亲柳花的亲情以及与养父金蛙王、王兄带素等人之间充满矛盾的感情。剧中的凄美爱情故事、逼真的大型战争场面,在韩国都备受好评。

《朱蒙》的收视率在韩国屡创高峰,而平均收视率亦是2006年韩国节目的冠军。韩国收视率调查公司AGB Nelson Media Research公司曾宣布,《朱蒙》以超过40%的平均收视率成为去年播放的所有电视节目中收视率最佳的节目,更比2005年收视率最佳的剧集高出1.3%,成为韩国名副其实的"国民电视剧"。

争议:"高句丽"归属何方?

许多中国观众已经通过影碟或网络提前看到了《朱蒙》,而香港亚视播出该剧后,网上有关讨论越来越多,剧中部分情节更引起了争议,其中关于古代高句丽归属问题的帖子数不胜数。有网民认为,高句丽是汉朝时中国境内的少数民族,并不是古朝鲜的创始者,但在《朱蒙》中却否认高句丽人属于中国,还称高句丽人创造了高丽,将韩国神话传说中的英雄"朱蒙"变成古高句丽的创始者。有网友将之形容为"乱认祖宗",而且有"刻意美化韩国古代历史"之嫌。还有网友写道:"韩国人把自己描写得如此善良,但却把中国人描写得如此残酷,是刻意歪曲史实!""在剧中他们对中国充满敌意,把中国描写成是很差很坏的国家。"

从《大长今》开始,有关古装韩剧的争论便时有耳闻。有网友认为,商业化的韩剧对中国文化的误解或曲解,"假作真时真亦假",有可能使世界误读中国文化,比如将中国的国粹误认为韩国的国粹,这个问题不容小视,"电视剧如同小说,一旦深入民心之后,便可能像《三国演义》一般,在百姓心中代替《三国志》"。

另一部韩国古装电视剧《渊盖苏文》也遇到同样的情况。

2006年,韩国SBS电视台斥巨资制作了长达100集的大型历史电视剧《渊盖苏文》。该剧制作费用高达400亿韩元,堪称韩国之最。《渊盖苏文》以韩国著名小说家刘贤钟的同名小说为故事主纲,描述了高句丽时期的民族英雄渊盖苏文的故事。电视剧的制作和拍摄由韩国SBS与朝鲜中央电视台联手完成，制作班底阵容强大，由韩国著名导演金在衡执导。担任男女主角的柳东根和钱忍和夫妻档联袂演出噱头十足，而徐仁锡、刘泰雄等也是观众所熟悉的演技派演员，再加上数名辅助演员的配合，该剧堪称一部豪华巨作。剧中安市城战役一段，投石器射出大量石块和数千支火箭等战争场面足以和好莱坞的爆炸场面相媲美。为了拍摄这一场面，剧组人员花费了5个月左右的时间，制作费用也额外花费了5亿韩元。该剧从2006年7月8日开始在韩国播放，收视率一直保持在20%左右，最高曾达到23.9%，可谓居高不下，非常受韩国观众欢迎。年底的韩国三大电视台演技大奖颁奖仪式上，《渊盖苏文》还获得了"最优秀表演大奖"。

但就是这样一部在韩国获得极大成功的电视剧，在中国却遭到了批评。

该剧剧情中有这样一段：唐太宗率军攻入高句丽，唯有安市城未下。高句丽名将渊盖苏文夜袭唐军，射出一只冷箭直插唐太宗李世民眼睛，弦响之处李世民"哎呀"一声捂住了左眼，顿时血流满面，不得已之下，随即结束了这场战争。中国天涯（www.tianya.com.cn）等各大论坛均有网友愤怒地对此表示不满：开创"贞观之治"的一代英主唐太宗李世民，竟然变成了"独眼龙"——历史居然敢这样篡改！

不仅如此，另一部热门韩剧《大祚荣》的第一集末尾，同样在描写进攻安市城时，唐太宗还被化装成军官的刺客用短刀直插右腹，几欲送命。

据查证，相关史料——甚至韩国自己的史料中，都并无任何唐太宗被射瞎的描述，在《渊盖苏文：高句丽最后一位名将》里也仅有寥寥数语——"645年，唐太宗亲征之，于安市（今辽宁省海城市）大战而不能下之，遂还师。"

对于《大祚荣》一剧中出现的历史谬误，导演金钟善曾对韩国媒体解释说："历史剧不是纪录片，故事情节可能和历史记载有所差距，拍片主要是让年轻人看了产生自豪感。"但对于这种解释，连一些韩国观众都不认同，他们指出：应该以客观、公正和宽容的心态看待历史，尤其不应该片面迎合受众的某些需求而不顾历史事实。

以上案例，让我们看到了典型的文化民族主义的泛滥。

其实，在全球化的文化大潮之下，为了有效地保护和继承本民族的传统文化和独立意识，许多国家在有意识地借助大众传媒的巨大影响力张扬传统民族文化，以达到增强民族自豪感和凝聚力的目的。这其中不乏成功的经典案例，如20世纪90年代中期巴西的"电影复兴"①，就通过大力扶持融合了巴西文化内部的多元性构造的电影作品创作，既挽救了此前被摧毁的民族电影产业，又弘扬了民族传统文化，增强了本土认同感。不过，一些国家在依靠大众传媒来宣扬民族文化的时候却也走入了误区，造成了传媒文化本土化现象中的异化趋势——传媒文化的文化民族主义。上述有关韩剧的案例正是其中的典型。

对文化民族主义，学者历来多有研究。西方政治学家查尔斯·泰勒（Charles Taylor）认为："民族主义并不简单是指民族感情，而是指旨在促进社会生活的一体化，并通过群众动员来决定现代国家政治发展的意识形态和社会运动。"② 我国学者郑师渠也曾指出："所谓文化民族主义，实为民族主义在文化问题上的集中表现。它坚信民族固有文化的优越性，认同文化传统，并要求从文化上将民族统一起来。"③ 这两位学者对于民族主义都持较为中立的态度。而有的西方学者则有意无意地表露出一种西方中心主义的意识，如历史学家汉斯·科恩（Hans Kohn）将中东欧和亚洲地区的民族主义定义为落后保守的"文化民族主义"，以区别于西欧和北美的"理性"的民族主义。他认为它的出现是对西方理性主义文化的效仿式回应，因而是防御性的，是一种倒退的力量。美国著名汉学家艾恺（Guy Salvatore Alitto）则进一步认为文化民族主义是"非西方"所独有的，是"反现代化"的。

稍加归纳即可发现，持西方中心主义观的学者的观点具有以下共同点：第一，文化民族主义产生于民族的文化自我认同意识缺乏、不稳定或在受到威胁时；第二，文化民族主义是通过文化自我认同意识的创造、维持、强化，争取民族共同体再生的活动；第三，文化民族主义是落后国家在面对更先进的文化时用以弥补心理上的自卑和落后感的武器；第四，文化民族主义是反理性、反现代化的。如果说，前面的两点是对民族主义较为客观的概括的话，后两点则有失偏颇。事实上，文化民族主义并不是如某些西方学者所言只是所谓"落后国家"的独有现象。西方一些发达国家出于种种目的，强行在发展中国家推行其文化价值观念，其实也是一种文化民族主义的表现。"在许多危险当中，另外一种危险涉及国际和平，它表现为西方——主

---

① 参见胡旭东《巴西的"电影复兴"》，《拉丁美洲研究》2007年第1期。
② 转引自张晓刚《民族主义、文化民族主义、第三世界民族主义》，李世涛主编：《知识分子立场——民族主义与转型期中国的命运》，时代文艺出版社2000年版，第103页。
③ 郑师渠：《近代中国的文化民族主义》，李世涛主编：《知识分子立场——民族主义与转型期中国的命运》，第261页。

要是美国——所倡导的这样一种企图,即强迫其他大陆的民族和文化接受西方关于文明、民主和人权的理想和观念。"① 因此,就其产生的背景而言,文化民族主义可以划分为两种类型:一种是刺激反应型的文化民族主义,是弱势国家或发展中国家文化民族主义的表现形式;上述韩国电视剧所表现出的歪曲历史的现象就是弱势国家文化民族主义的直接体现;另一种是对外扩张型的文化民族主义,是强势国家或发达国家文化民族主义的表现形式;以《胜利日》等为代表的好莱坞电影所宣称的美国中心主义是其典型代表。

但无论哪一种类型的文化民族主义,其主要思想诉求都包含以下两个方面:一是对内诉求,要求重新整合意识形态,有效地确立文化价值取向的权威性和合法性;二是对外诉求,即使本民族以一个世界文明代表的姿态出现于国际舞台,并有利于全球文化多样性的发展。从《大祚荣》的导演金钟善对韩国媒体的解释就可以看出,为了让年轻人产生自豪感而设计这样脱离史实的剧情,显然是韩国文化民族主义对内对外双重诉求的直接表现。在这里,以导演金钟善为代表的电视剧制作方扮演了一个极为重要的角色。他们是韩国传媒文化中文化民族主义的直接推动者。正如有学者所指出的,如果说文化民族主义是民族主义的核心内容,那么民族精英们就是文化民族主义的灵魂。在文化民族主义形成过程中,掌握一定的科学、文化知识的知识精英们直接参与其中,并起着主导的作用。借助于某些凝聚一个民族的普遍要素——语言、种族起源、共有的历史(现实的或想象的),那些接受过良好教育的、具有诸多社会和历史关怀的人士必须对民族观念和民族情感作出相当明确的阐释,通过各种方式向广大民众进行宣传。② 当然,阐释方式和传播途径会因这些知识精英的历史背景、知识框架、学术训练和文化特点不同而有所不同。

传媒文化产品的生产者就是这样的一些民族知识分子或者说民族精英,由于他们是传媒行业的从业者,因而通过现代大众传媒产品对民族历史和民族文化作出带有强烈主观性的阐释,刻意强调和突出民族历史文化中能够使国民产生自豪感和凝聚力的部分,甚至不惜通过牵强附会和张冠李戴等方式将一些其他民族优秀的历史文化遗产"纳入"本民族的历史文化体系之中。

---

① [德]赫尔穆特·施密特:《全球化与道德重建》,社会科学文献出版社2001年版,第65—66页。
② 张淑娟、黄凤志:《"文化民族主义"思想根源探悉——以德国文化民族主义为例》,《世界民族》2006年第6期。

韩国自古以来都是一个比较弱小的国家，常常生存在大国的阴影之下，其历史也是一部充满了苦难的历史。因此，它们的历史书上也常常流露出一种悲情意识并折射出一种纯洁感——朝鲜民族最无辜、历史最干净，从没有入侵过其他国家，虽不断被外国入侵，但自强不息，顽强地生活到现在。在文化心理上，一方面他们害怕对民族文化的认同受到湮没甚至被根除，但又因当初有向外大量求助之必要而感到自惭形秽——一种认为自己人"落后"的自卑感；另一方面，他们又希望见到自己的人民和他们的过去对人类有一定的贡献，和其他民族相比具有同样的价值，特别是和那些在物质上明显优越的民族相比，似乎也可相提并论——然而这又是必须要摆出贡献的具体证据来的，所以就出现了电视剧《大长今》里面将中医说成"韩医"，把针灸说成是古代朝鲜人发明的等等歪曲历史事实的情节。再者，从20世纪70年代开始，韩国政府成功地推行以增长为主的经济政策，70年代之后正式走上发展经济的轨道，创造了举世闻名的"汉江奇迹"。到80年代，韩国一改贫穷与落后的面貌，呈现出繁荣和富裕的景象，成为国际市场上一个具有竞争力的国家。如今，韩国经济实力雄厚，钢铁、汽车、造船、电子、纺织等已成为韩国的支柱产业，其中电子工业、船舶和汽车制造等行业更是享誉世界，成为世界十大电子工业国之一。[①] 韩国在经济发展上的成功与文化上的弱势对比之下显得极不相称，从而进一步刺激了韩国国内文化民族主义思潮的蔓延。可见，《渊盖苏文》、《大祚荣》、《朱蒙》等韩国电视剧一而再、再而三地借古国高句丽的历史来对本民族历史进行包装和粉饰的现象，出现并非偶然，而是韩国国内一直存在的文化民族主义潮流所导致的必然——通过传媒文化来展现的文化民族主义，成为韩国确证自我的最重要工具之一。

但是，通过美化自我甚至篡改历史的手法来达到确证自我的目的，这种文化民族主义究竟能走多远？这种"确证"最终是否会滑入历史的虚妄？

二 传媒文化地方主义的表现及成因分析

传媒文化本土化潮流中的另一种异化现象是传媒文化的地方主义。

地方主义本是中央主义或国家主义的对词，是一个国家之内以地方利益为导向的思维和行为倾向的集中体现。中国学者王续添曾经在考证地方主义辞源并结合当代一些现实的情况下提出了一个相对较为完整的地方主义的定义：地方主义是指千百年来形成的人们对于本国内自己生存地方的强烈的认

---

① 参见百度百科"韩国"词条，http://baike.baidu.com/view/3299.htm。

同、热爱、维护、捍卫的思想感情、集团观念，和以此为基础，一定的地方政治集团或地方政府的控制者在国家政治生活尤其是国家权力和利益分配上的利己主张，以及由此产生的对中央和中央统治集团或其他地方和地方政治集团的对立、自主、自保、扩张的思想观念、政治行为及其模式。① 地方主义主要在一些国土面积较大的国家如美国、加拿大以及俄罗斯等存在，但是一些小国由于历史和政治等方面的原因也不同程度地存在着地方主义的现象。值得注意的是，王续添所提到的地方主义更多的是在关注政治问题，但其实，在经济、文化等诸多问题上，地方主义也都有着突出的表现。为此，我们仍然从案例谈起。

案例二：北美各国体育新闻报道频惹争议②

今天的体育世界里，人们一眼望过去，看到的只有极度扩张的联赛，动辄几百万美金的球员合同，几十亿的赞助合同，媒体面临着更多挑战，而地方主义则是其中一个主要的问题。

《今日冰球》是加拿大最受观众喜爱的一档体育节目，可最近它却受到了很多人的批评，原因是这个节目太多伦多中心主义了。在很多冰球迷眼中，目前的《今日冰球》报道组更像是多伦多枫叶队的拉拉队。而在枫叶队和渥太华议员队进行季后赛期间，来自球迷的反对声更到达了顶点，这个节目的主持人之一哈里·尼尔扬言，如果球迷对他的评论不满，可以"在我的屁股上猛咬一口"，尽管渥太华球迷最终没有动用自己的牙齿，可他们仍然将愤怒的电话打到了节目组。

与加拿大相似，美国也是个地域性很强的国家，比如各个州之间的法律都有许多不同的地方，而每个地方的人也只关心自己生活区域内的事情。从美国媒体报道 NBA 总决赛就能看出来，除了比较大的全国性媒体和体育专业媒体外，总决赛两支球队所在城市以外的地方媒体前来采访的数量非常有限。而且，连续两场比赛的新闻发布会有这样一个有趣的现象，记者对主队教练和球员提的问题很多，采访时间也很长，而对客队则要低调得多。第一场比赛过后，出于巧合，马刺的球员和教练都集中在前面进入新闻发布会现

---

① 王续添：《现代中国地方主义的政治解读》，《史学月刊》2002 年第 6 期。
② 本案例根据《南方体育》詹涓《记者观察：地方保护主义在媒体》和《篮球报》《美国国内也讲地方主义卫冕王活塞总决赛受冷遇》等文改编，原文分别参见东方网，http://sports.eastday.com/epublish/gb/paper97/20010725/class009700008/hwz354730.htm 以及华奥星空，http://news.sports.cn/basketball/nba/qt/2005-06-15/590955.html。

场。结果马刺方面结束后，很多记者都选择了离场而放弃了后面的客队采访机会。其实，离开的人中大部分是圣安东尼奥当地的记者，所以他们一走，会场马上看出有点冷清。

还有一个例子是对棒球明星罗德里格斯的报道，他在上赛季结束后与得克萨斯流浪者队签订了10年2.52亿美元的合同。4月1日在对多伦多蓝鹈鸟队的比赛上，他第一次上场，可表现却相当差，来自得克萨斯的加洛维和《西雅图时报》的斯通都来看了这场比赛，也都注意到罗德里格斯的表现，可两人的报道却迥异。加洛维的报道是："罗德里格斯在他新合同后的第一场表现，看起来一点都不像他自己，不过我们更相信他和流浪者队是在给其他队一个喘息的机会。"而斯通的报道是："罗德里格斯在得克萨斯的时代开始了，只不过是以不断的失误向人们打了招呼，他以如此糟糕的表现开始了自己2.52亿的旅程，这让人怀疑，是不是过多的金钱令他失去了辨别方向的能力。"显然前者的报道对罗德里格斯有维护之意。

不只是在北美，在欧洲，尤其是西班牙和意大利，很多存在着严重偏向性的媒体甚至不会提及别的城市对手球队的胜利，著名体育记者马洛尼声称在这方面加拿大还算公允，但他也承认，对主队的偏向仍然存在。他说："记者最好是能做到客观公正，但如果他们偏向某支球队，他们很可能会得到别人无法得到的这个队的独家消息，这是个巨大的诱惑。"

本书案例二中的加拿大历来就是一个饱受地方主义困扰的国家，魁北克地区的分裂运动方兴未艾，西部离心主义（Western Alienation）又接踵而来，沿海四省对联邦也颇有怨言。[①] 究其原因，不过历史渊源、政治制度、社会控制和利益分配四个方面。从历史渊源的角度而言，自17世纪初，加拿大地区就一直陷于区内各殖民地互相之间的纠纷与动荡之中。即便联邦成立之后，各省也是出于自身利益考虑先后陆续加入联邦的。美国也与加拿大颇有相近之处，联邦各州拥有不同的历史渊源，并曾经站在不同的立场。这种不存在权力的绝对集中的历史以及广阔复杂的地理环境为一国之内地方文化的存在提供了有利的客观条件。从政治制度的角度而言，地方自主权力较大的联邦制必然带来相应的政治、经济、文化后果。加拿大和美国都是实行联邦制的国家，国家权力较为分散，各省各州都拥有联邦宪法授予的较大自主权，长此以往就都形成了一套具有自身特点的政治、经济、文化系统，致

---

① 傅成双：《试析加拿大地方主义经久不衰的机制性原因》，《国际论坛》2002年第1期。

使互相之间的差异性增大,认同度降低。从社会控制的角度来看,国家统治对地方性社会背后的非正式制度规范的需要为地方主义的存续提供了体制性支撑。中央政权在加强中央集权时,不会也没有能力去通过加强国家层面的统一的法律制度建设的办法挤压习惯法——地方性规范的生存空间,而试图绕开统一制度构建以遏制地方主义的努力往往收效甚微。[1] 如同加拿大、美国这样的联邦制大国的治理和运行则更加不得不借助于地方性规范,从而间接"保护"了地方主义的存在。从利益分配上看,追求地方利益是地方政府作为一个政治经济文化的大型集团——国家的个体成员的理性行为。建设统一而强大的经济社会是该集团的共同利益和目标,同时各个体成员也存在自身利益,即实现本地区经济社会的强大,并使之不受外部地区的威胁和压制。[2]

文化地方主义是地方主义在文化上的体现,因此传媒文化的地方主义本质上是地方主义在传媒文化中的体现。传媒文化的地方主义产生的根源与传媒文化的民族主义稍有不同。传媒文化的民族主义产生于主权国家,是本民族面对外来民族的文化影响时的自发响应,是希图利用传媒产品塑造或强调民族文化的传承性和独立性来表明国家主权独立性的一种手段;而传媒文化的地方主义往往产生于主权国家内部的某个地方文化区域,其产生的基础是长期以来由历史演变和制度原因而形成的各地方文化差异和当地人对地方文化的自我认同意识。

传媒文化的地方主义就其构成要件而言有二:

其一是传媒文化成为反射地方文化和放大地方文化间差异的镜子。作为认同对象的各地方文化本属同一主权国家民族文化的内部分支,虽然在基本特征上一致,但也存在一些较小的差异。上述案例中多伦多与渥太华,一为国内第一大城市一为首都,同属加拿大规模名列前茅的大城市,市内人口的构成也与整个加拿大的人口结构相似,是多元文化共存的格局。二者的文化差异在于多伦多移民众多,以国际通用语言英语为主导,是加拿大英语区域的经济、文化中心,而渥太华位于主要以英裔为主的安大略省和主要以法裔为主的魁北克省的交界处,两种不同的文化、传统、习性、语言在这里碰撞,从而形成较为明显的双重文化特质。但正是这些相对较小的地方之间的

---

[1] 黄海、李鹏:《地方主义的考察——以传统制度文化为视角》,《南京工业大学学报》(社会科学版) 2003 年第 2 期。

[2] 卢天程:《地方主义的行动逻辑》,载《云南行政学院学报》2004 年第 2 期。

文化差异借助人的观念、意识、行为等通过形形色色的传媒产品所构成的传媒文化景观反射出来、体现出来，在某些时候甚至还被放大，成为地方主义的潜在诱因。

其二是传媒文化成为不同地方文化之间对抗与冲突的平台。如果对本地文化产生的认同和维护过于强烈，形成一定程度的排他性，就会与其他地方文化之间发生冲突。在案例二中，引起争议的新闻报道对象是体育比赛。体育比赛本质上就是一种人与人之间智慧与力量的较量，具有激烈的功利性、竞争性和排他性，是现实冲突如口角、斗殴甚至战争等发生的替代性场所。当举行地区间的体育比赛之时，人们对各自的地方文化认同就会自然而然融入体育比赛以及由之延伸而出的相关情境（如赛后新闻报道）之中，把对抗的领域扩大，使文化认同的排他性与体育比赛的排他性叠加到一起，形成一股巨大的地方主义力量，并最终在某个平台上导致冲突。而传媒——微观上是某个传媒产品、宏观上则是整个传媒文化——则恰好提供了比赛之外对抗和冲突的平台。

当然，形成传媒文化的地方主义的根本原因还是经济利益的驱动。追求利益是地方媒体作为一个市场主体的理性行为。正如案例中马洛尼所说的那样："记者最好是能做到客观公正，但如果他们偏向某支球队，他们很可能会得到别人无法得到的这个队的独家消息，这是个巨大的诱惑。"什么诱惑？显然是利益诱惑。在美国，绝大多数媒体都是商业媒体，运作实行彻底的商业化，[1]是完全独立的市场主体，因而经济利益是他们不得不考虑的因素。在加拿大，媒体虽然采用公营、私营并举的双轨制，[2]但市场化的倾向也很明显。这样，媒体就不能忽略本地受众的文化认同倾向，转而采用顺从和强化本地受众文化认同的策略来赢得市场，最终导致传媒文化的地方主义。

毫无疑问，传媒文化本土化潮流中出现的文化民族主义和地方主义倾向都是不值得提倡的，是典型的本土化误区，我们也可以称之为"本土化的异化"，应当加以遏制。虽然我们现在暂时还无法提出遏制的具体对策和方法，但我们在对其具体的表现形式和产生的原因等进行梳理和分析后，至少会对这类现象保持更加清醒的认知，这，也正是本节内容的意义所在。

---

[1] 李良荣：《当代世界新闻事业》，中国人民大学出版社2002年版，第21页。
[2] 同上书，第28页。

第四节　传媒文化的全球本土化：传媒文化本土化与全球化的联结

　　除了传媒文化本土化潮流中的异化现象之外，还有一个特殊的现象不能不引起我们的注意，即当前已经出现了同时具有全球传播特征和本土化特征的传媒文化现象。在本书的第二章以及本章中我们都曾反复谈到，传媒文化的本土化和全球化两个现象之间有着密切的联系，正是全球化时代的文化交流与互动促进了本土、本土性以及本土化等一系列概念的凸显。全球化和本土化体现在同一传播过程中的这种一体两面的现象，进一步证明了全球化与本土化之间的关系甚至可以达到高度的辩证统一。20 世纪 90 年代，美国匹兹堡大学教授罗兰·罗伯琛正式把这一现象命名为"全球本土化（glocalization）"。

　　在本节中，我们将结合百事可乐的广告策略和 Rap 音乐在全球的传播过程两个案例，对传媒文化的"全球本土化现象"作一番探索——这既是对传媒文化崭新发展趋势的一种描述，同时，我们也将以此来为本书第二章和第三章中涉及的这对辩证统一的概念作一个互动式的小结。

案例一：百事可乐全球销售战略下的本土化广告[①]

　　作为世界饮料业两大巨头之一，100 多年来，百事可乐（Pepsi Cola）与可口可乐上演了一场蔚为壮观的"两乐之战"。两乐之战的前期，也即 20 世纪 80 年代之前，百事可乐一直惨淡经营，由于其竞争手法不够高明，尤其是广告的竞争不得力，所以被可口可乐远远甩在后头。然而经历了与可口可乐无数交锋之后，百事可乐终于明确了自己的定位，以"新生代的可乐"形象对可口可乐实施了侧翼攻击，从年轻人身上赢得了广大的市场。如今，饮料市场份额的战略格局正在悄悄地发生变化。

　　百事可乐的定位是具有战略眼光的。因为百事可乐配方、色泽、味道都与可口可乐相似，绝大多数消费者根本喝不出二者的区别，所以百事可乐在质量上根本无法胜出，百事可乐选择的挑战方式是在消费者定位上实施差异化。百事可乐摒弃了不分男女老少"全面覆盖"的策略，而从年轻人入手，

[①] 本案例改编自《百事可乐广告策略分析》，《世界商业评论》2004 年 10 月，转引自 http: //www.globrand.com/2006/03/31/20060331-135441-1.shtml。

对可口可乐实施了侧翼攻击——通过广告，树立起了"年轻、活泼、时尚"的形象，而暗示可口可乐的"老迈、落伍、过时"。

百事可乐完成了自己的定位后，开始研究年轻人的特点。精心调查发现，年轻人现在最流行的东西是"酷"，而"酷"表达出来，就是独特的、新潮的、有内涵的、有风格创意的意思。百事可乐抓住了年轻人喜欢"酷"的心理特征，开始推出了一系列以年轻人认为最"酷"明星为形象代言人的广告。

在美国本土，1994年百事可乐以500万美元的重金聘请了流行乐坛巨星迈克尔·杰克逊做广告。此举被誉为有史以来最大手笔的广告运动。杰克逊果然不辱使命，当他踏着如梦似狂的舞步，唱着百事可乐广告主题曲出现在屏幕上时，年轻消费者的心无不为之震撼。在中国大陆，继邀请张国荣和刘德华做其代言人之后，百事可乐又力邀郭富城、王菲、珍妮·杰克逊和瑞奇·马丁四大歌星做它的形象代表。两位香港歌星自然不同凡响，郭富城的劲歌劲舞，王菲的冷酷气质，迷倒了全国无数年轻消费者。不过，由于过高估计了两名外国歌星在中国大陆的知名度和影响力，造成了资源的浪费。

尽管如此，凭借郭富城与王菲两位本土偶像巨星的影响力，百事可乐年轻、活力的形象仍然逐渐在中国大陆深入人心。在上海电台一次6000人调查中，年轻人说出了自己认为最酷的东西。他们认为：最酷的男歌手是郭富城，最酷的女歌手是王菲，而最酷的饮料是百事可乐，最酷的广告是百事可乐郭富城超长版，而现在年轻人最酷的行为就是喝百事可乐。1997年北京饮料市场百事可乐与可口可乐占有率为1∶10，到1999年升至1∶2.5，其中绝大部分贡献就是由年轻人做的。可见，百事可乐以新生代喜欢的超级巨星做形象代言人是它广告策略最成功的一点。此后，百事可乐总结经验吸取教训，更加注意塑造自身的本土化形象，坚持采用本土明星代言品牌的策略，先后邀请了郑秀文、陈慧琳、周杰伦、蔡依林、陈冠希、古天乐、谢霆锋、姚明、F4等本土明星作为代言人。

除了大量使用本土明星代言品牌之外，百事可乐还进一步加强了广告内容的本土化，其中最具中国本土特色的百事广告无疑当数"功夫篇"，片中通过叙述一名外国少年到中国一座寺庙学武的故事，把百事可乐的核心精神同中国人引以自豪的传统文化结合在了一起，既表达了对中国文化的敬意，又推介了自己的品牌和产品，达到了极佳的传播效果。

案例二：Rap——从美国流行音乐到世界流行音乐

本章第二节案例一中曾经提到周杰伦和王力宏等华人明星在华语流行乐坛掀起的一股R&B的风潮，而周、王又尤以R&B中的Rap曲风见长。事实上，Rap是20世纪后期起源于美国的一种流行音乐形式，但是后来逐渐为遍布五大洲的许多国家所接受，现在已经成为世界流行音乐的绝对主流曲风，众多Rap歌手甚至被称为"流行生活的代言人"，更形成了一种特殊的亚文化现象：嘻哈（Hip-Hop）文化。

一 全球本土化：传媒文化本土化潮流中的特殊现象

众所周知，发源于美国的百事可乐，其目标市场并不局限于美国本土，而是全球。与美国众多的全球性大企业相同，如何成功地进入文化与价值观与其相异的他国市场并巩固其全球品牌形象是无法回避的一个问题。而要解决这一问题，广告就是关键。百事可乐在遭遇瑞奇·马丁和珍妮·杰克逊在中国代言失败的挫折之后显然意识到了本土文化的价值观念对于消费者决策的影响，于是转而坚决地贯彻了本土化的广告策略。百事可乐品牌和产品的全球化传播和广告的本土化就构成了一个看似"矛盾"却又充满辩证色彩的整体——这就是当今传媒文化本土化潮流中一个不可忽视的特殊现象：传媒文化的全球本土化。

全球本土化的英文原文"glocalization"是一个合成词，由单词"globalization（全球化）"和"localization（本土化）"的词根组成，是由美国匹兹堡大学教授罗兰·罗伯琛最早提出的。这一概念的中文翻译目前尚未取得共识，大致有"全球化下的本土化"、"全球本土化"、"全球在地化"、"全球地域化"、"球土化"、"球域化"等译法。我们认为比较能够准确反映该概念内涵的是"全球化下的本土化"，但由于较长可能导致表达不便，故以下都简称"全球本土化"。我们认为，所谓全球本土化，就是指某种事物通过本土化的方式得以向全球各地传播并被当地人所普遍接受的现象。

从本土化的模式来看，全球本土化具有以下三个特点：第一，全球本土化下的传媒产品所承载的核心价值观具有非本土性；第二，全球本土化下的传媒产品在形式和内容上都具有本土性；第三，全球本土化下的传媒产品及其核心价值观的传播具有全球性。也就是说，全球本土化所包含的"本土化"是一种边缘要素的本土化，这里的边缘要素既可以是产品形式，也可以是产品内容，但其所体现的核心价值则一定是来自于他者的。

对于传媒文化的全球本土化现象，有学者持明显的否定态度，认为全球本土化是媒介文化全球化用以掩人耳目的策略,在全球本土化的运作之下,全球化经营目标、经营理念与本土化的形式风格结合在一起,更具吸引力。"球土化"是一个文化的缓冲地带,它既突出本土特征又突出全球的普泛价值。典型的西方文化内涵、高度现代化的形式与"伪本土文化"构成了征服全球的"真实的谎言"①。还有学者认为,由于许多国家,特别是广大发展中国家对于"文化全球化"存有深深的戒备心理,因此,大型跨国公司在进行全球化传播时就不得不更多采取较为隐蔽的策略,即采取包以"本土化"外衣进行传播的策略,这种策略大大地降低了跨国公司进入对象国的进入成本,使得进入阻力最小化。这种策略……导致"传统文化的传承者"被暗中置换,或被不知不觉地边缘化。②

但也有学者对此持肯定态度。欧阳宏生、梁英在《混合与重构:媒介文化的球土化》(见《现代传播》2005年第2期)一文中对传媒文化的全球本土化现象进行了较为深入的剖析和挖掘。该文认为:"当今世界,信息高度集中于西方发达传媒手中,但各国人民对信息共享的程度也越来越高,信息垄断日益不可能。在各民族和各文明体系在生活、生产方式和价值观念上趋同化的同时,特殊化和多样化也日益凸显。身处全球化的时代,我们却发现四周各种形式的民族主义再度抬头,回归传统的呼声日益高涨。媒介正以新的方式运作,一方面提供给民众以全球共享的交流空间;另一方面正以复苏地方性文化的怀旧情愫,来满足当地的、本民族的或某一社会群体的需求。球土化就是指这种巨大的两重性过程,在这一过程中,全球化在世界各地以多元的形式出现在不同的社会文化语境中。"从这段话中可以看出,该文是对全球本土化持正面态度的。两位作者还在文中明确指出:"从事实层面来看,球土化是客观存在的现象;从理论层面来看,球土化是全新的全球化理论视阈;从实践层面来看,球土化是解决全球与本土冲突的策略。"③

两派学者对于全球本土化的认识上有一个最根本的差异在于,否定者认为全球本土化中的本土化是一个主动性的策略因素,而肯定者认为,这只是在相应的社会文化环境下伴随全球化而自然产生的应激因素。恰恰是这一差

---

① 陈龙:《媒介文化全球化与当代意识形态的涵化》,《国际新闻界》2002年第5期。
② 张志君:《全球化与中国国家电视文化安全》,中国传媒大学出版社2006年版,第25—26页。
③ 欧阳宏生、梁英:《混合与重构:媒介文化的球土化》,载《现代传播》2005年第2期。

异直接导致了对全球本土化评价的分歧。如果说传媒产品的生产者出于全球推广产品的目的而对其进行形式上的本土化包装，以便有利于全球性的广泛传播，那么在这种情况下的全球本土化的后果自然就值得怀疑；相反，如果说全球本土化是对传媒文化全球化的一种调节式平衡的话，那么也就有其可取之处。显然，全球本土化究竟带来的是利是弊，还需要在考察其发生机制的基础上结合现实作出判断。

二 推进与演进：传媒文化全球本土化的两种类型

就全球本土化现象的发生机制而言，我们认为可以将其划分为两种类型：一种是在某个明确存在的推动者的主动推动下而发生的，我们称之为"推进型全球本土化"；另一种则是在文化全球交流与融合的过程中逐渐自发地发生的，我们将其称为"演进型全球本土化"。

本节案例一中的百事可乐广告的全球本土化即属于传媒文化的推进型全球本土化。

根据案例的介绍，百事可乐公司的消费者定位主要是年轻人，品牌核心价值主要是"酷"、"时尚"、"活力"。如果百事可乐直接向全球各个国家和地区推介它的品牌核心价值和产品，很可能由于文化差异的存在而遭遇本土文化的抵抗。为了开拓全球市场，并在全球范围内树立其品牌形象，让不同国家和地区的人们都接受其产品并认同其品牌，百事可乐根据不同国家和地区的文化特色制作了不同的广告片。以其在中国的广告片为例，在广告的基本元素上，百事可乐从以下几个方面进行了本土化的创作：首先，广告语的本土化。广告语全部用中文撰写，并适当运用中文的对仗、平仄等语言要素增强广告语的美感和易记性，如"渴望无限，激情百事"。当然，这是最基本的本土化要素，任何在特定国家和地区发布的广告都应该做到用当地的语言文字进行表达。其次，品牌形象代言人的本土化。百事可乐在中国的广告先后确定了张国荣、刘德华、郭富城、王菲、郑秀文、周杰伦、蔡依林、陈冠希、古天乐、谢霆锋、姚明、F4等华人明星作为代言人，这些华人明星在中国大陆的号召力远远超过了珍妮·杰克逊和瑞奇·马丁等国外明星。虽然代言人不等于产品本身，但是广告的作用之一就是把某些特定的要素同目标产品联结在一起，并对受众的心理产生影响。百事可乐就有效地利用了这一原理，以本土明星与品牌特征"酷"、"时尚"、"激情"、"活力"相关联的特质作为桥梁来达到传播产品的目的。最后，广告内容的本土化。不仅广告语和广告中的人物是本土的，连广告的情节、背景、诉求都是本土的。

"百事可乐广告之功夫篇"中，虽然没有点明外国少年学武的地点是哪一座寺庙，但看到这一广告的人毫无疑问都会联想到中华武学的发源地少林寺。不仅如此，一名外国少年千里迢迢赶到中国来拜师学艺，也极大地迎合了中国人强烈的民族自豪感，更加容易赢得中国受众的认同。

然而，与广告基本元素本土化形成鲜明对比的是，百事可乐品牌的核心价值从来未曾改变。百事认为，年轻人对一切事物都有所追求，于是百事可乐提出了"渴望无限"的广告语。百事可乐还提倡年轻人作出"新一代的选择"——当然也就是喝百事可乐。百事可乐这两句"富有活力"的广告语很快赢得了年轻人的认同。我们稍加分析就不难发现，百事可乐自始至终所强调的"酷"、"时尚"、"个性"等针对年轻人的品牌价值以及体现这些核心价值的广告语，无不折射出美国文化价值观的影子。在美国，个人主义是具有独一无二的重要性的文化特质。[①]"个性"这一追求显然就是美国个人主义文化特质的体现，与中国人历来强调的集体主义是颇为不同的。"酷"这个字本来是英文词"cool"的音译，起源于美国，原意为"冷"。后被引申为"无热情、不激动"，主要表现为对人、对某种信仰以及对主流文化的冷漠，特别是对传统价值蔑视的心态和神态。作为一种生活价值观的"酷"，是一种个性的表达，是地地道道的美国文化。提倡年轻人作出"新一代的选择"也是美国人习惯于自己驾驭自己、自己作出抉择的个人主义文化的体现。"时尚"以及广告语"渴望无限"则是美国人"高度看重变化、新意和进步"[②] 这一文化特质的表现。消费者一旦形成了对某种品牌的认同，也就意味着对该种品牌所表达的核心价值会逐渐产生认同——所谓近朱者赤、近墨者黑。这一点从中国的百事可乐消费者的心态就可以看出来：许多消费者选择百事可乐是因为它带给人"时尚"的感觉，是"现代性"的象征，而大多数中国人往往将现代性与美国联系到一起。据研究，对麦当劳食品的消费也证明了这一文化关联的存在。[③] 此时，无论是百事可乐还是麦当劳都已经摇身一变成为美国现代性的符号（Symbol）。或许，百事可乐公司的本意并非进行文化扩张或文化侵略，而只在谋划着企图拓展市场，通

---

① Samovar, L. A. and Porter, R. E. *Communication Between Cultures*. Beijing: Peking University Press, 2004, p. 54.
② Ibid., p. 71.
③ See Yan, Yunxiang. McDonald's in Beijing: The Localization in Americana, In James L. Watson (Ed.), *Golden Arches East: McDonald's in East Asia*. Stanford: Stanford University Press, 1997, pp. 77 – 109.

过占有更大的市场份额而赢得更多的利润,其根本目的或许仅在于推动产品的销售。但是,在品牌形象如此重要的市场经济时代,任何一个跨国公司在推广其产品的同时都不可能不重视对品牌文化的建设。这就使得产品的全球化销售必然与品牌文化的全球化传播紧密联系在一起——而某一跨国公司的品牌文化又常常带有浓厚的本国或本民族文化色彩,这样,在品牌文化全球传播的过程中,自然而然地也就会把本国或本民族独特的文化价值观传递给消费者。广告传媒文化如此,影片、电视节目等直接提供给文化消费者消费的传媒文化产品,更是如此。

传媒文化的推进型全球本土化,正是通过这样一个本土化包装的方式,促使某一特定的文化价值观得以在全球范围内有效传播。对此,我们还可以对其主要特征进行一个归纳:第一,在其背后存在某一个非本土的外来推动者;第二,推动者的动机是企图依靠本土化包装的手段来达到全球传播的目的;第三,全球传播的传媒文化核心价值是特定的,具有自觉性;第四,整个全球传播过程是有计划的,实现的时间周期较短。

与推进型全球本土化不同,传媒文化的演进型全球本土化为我们展现了传媒文化全球本土化的另一种发生机制。对此,我们将使用本节案例二中所提到的 Rap 音乐在全球的传播过程来对其进行探讨分析。

根据英国学者利普希茨(George Lipsitz)的考据,最早的 Rap 可以追溯到 20 世纪 70 年代早期出现在美国纽约北部布朗克斯地区街头的黑人音乐。[1] 当时美国的社会经济大环境存在着各种各样的问题,南布朗克斯区的黑人青年就在所居住的社区里用 Rap 这种音乐形式针砭时弊。由于不需要专门的音乐技巧并且只需要使用很简单的乐器就可以演唱,因而 Rap 具有极强的传播性,特别适合用以发泄对于生活中遭遇的种族暴力、贫困以及失业等等问题的不满,受到广大年轻人的喜爱。第一个以演唱 Rap 而著称的明星名叫"非洲邦巴塔"(Afrika Bambaataa),他被后人称为 Rap 音乐教父。他曾经表示,他创作 Rap 音乐的目的是为了让当时的黑人青年们从帮会斗殴中挣脱出来,而学会以音乐、舞蹈和涂鸦等方式表达自己的想法或情绪。这就是早期的"说唱音乐运动"。后来,电台和迪斯科舞厅的黑人 DJ 们由于工作的需要,借鉴了 Rap 最早的形式,通过大量使用押韵的俚语和节拍强烈的音乐来对着麦克风"说话"。再后来,一部分电台 DJ 就"接管"了

---

[1] See Lipsitz, G. *Dangerous Crossroads: Popular Music, Posmodernism and the Poetics of Place*. London: Verso Press, 1994.

"说唱音乐运动",变成了说唱音乐的主要人物。1979 年,一支名叫"糖山小子(Sugar Hill Gang)"的乐队的一张单曲唱片《说唱家的快乐》(Rapper's Delight)在美国国内创造了 200 万张的销售成绩,成为最早登上主流音乐排行榜的 Rap 唱片。从此,只能在自制的录音带上听的 Rap 音乐,可以以唱片的形式上市了。随着各种元素的逐渐引入,Rap 风潮于 1984 年全面爆发,许多唱片公司都大胆地推出了自己的 Rap 艺人。1986 年,Rap 音乐在 Run-D. M. C. 乐队的突破性演绎之下,得以风行全美。起初的 Rap 音乐还只是黑人音乐文化的表现形式,大多数白人流行乐迷对 Rap 持敌对态度。但很快,Run-D. M. C. 乐队的 Rap 歌曲 MTV 在音乐频道的反复播放,触发了 Rap 在美国白人中的流行。

一方面,Rap 音乐在美国掀起流行音乐新浪潮,赢得了白人歌迷的支持;另一方面,随着非洲黑人向欧美各国的大规模移民,Rap 这一代表黑人文化的音乐的形式也不经意间成为全球黑人身份认同的纽带。科贝利(Paul Cobley)和奥斯格尔比(William Osgerby)对英国伦敦的 Rap 歌手的研究发现,这些歌手几乎都是来自加勒比海地区的黑人,他们坚持演唱 Rap 的原因,是由于他们把以 Rap 为代表的 Hip-Hop 文化作为黑人身份的象征。[1] 也正是由于这个原因,在世界各地只要有黑人的地方就有 Rap 的存在。Rap 这一流行音乐形式最初就是这样开始扩散的。然而,这一传播途径仍然只能使得 Rap 音乐局限于欧美国家的黑人圈子之内。

但很快,遍布全球各大城市和地区的、不同民族文化背景的其他肤色的年轻人改变了这一状况。他们在保留了 Rap 基本风格元素的基础上,以融入地方性知识和情感的方式对其进行了重新演绎,把 Rap 转变为一种能够在特定的本土语境下进行有效传播的对象。在意大利,Rap 成为"左翼激进学生与叛逆青年"参与意识形态斗争的武器,他们常常利用 Rap 来批判政治腐败、黑手党、失业、种族主义等各种社会病态。在法国,MC Solaar 等 Rap 歌手作为被排挤民族的代表,以一种精英主义的姿态创作并演唱 Rap 歌曲来揭露少数民族聚居区产生的种种问题,以及反对荒谬的种族文化政策。在德国,Rap 又成为反对移民第二代子女公民身份歧视的斗争利器。在英国,Rap 则被用作针对小英国主义(Little Englandism)的批判矛头。[2] 在这

---

[1] See Cobley, P. and Osgerby, W. "*Peckham Clan ain't nothin' to fuck with*": *Urban rap style in Britain. Paper presented to conference "Youth* 2000", University of Teesside, pp. 19 – 23, July, 1995.

[2] See Benett, A. *Cultures of Popular Music.* Beijing: Peking University Press, 2006, pp. 92 – 98.

里，一个不可忽略的现象是，以"移民"为传播方式的 Rap 音乐在本土化过程中主要体现了一种工具性，所融入的地方性知识和情感更多的是归属于内容的东西，而形式上则没有太大的变化。究其原因，欧美地区在大文化背景上比较接近是一个重要因素。

相比之下，如果我们对本章第二节中提到的案例进行分析就可以发现，Rap 在中国能够立足的决定性因素不是其内容的本土化，而是形式的本土化。在音乐的形式上，中国风的 Rap 较之欧美 Rap 已经有了较大的改变，这也是为什么周杰伦和王力宏的歌曲类属受到质疑以及陶喆的歌曲虽然更为接近所谓原汁原味的 R&B 却未能在中国得到普遍接受的主要原因。尽管如此，无论是 Rap 在欧洲等文化背景相似的地区的传播，还是在以东亚、南亚为代表的文化背景迥异的地区的传播，都有一个共同点，那就是：由当地人通过"拿来"式的本土化而使得 Rap 在这些国家和地区落地生根。这个"拿来"式的本土化过程有几个特点：第一，由当地人的主动学习和接受作为传播动力实现有效传播，而非由外来者推动传播；第二，当地人通过本土化的手段将外来传媒文化加以重塑，以与本土的社会文化背景或大众接受心理衔接；第三，作为传播对象的传媒文化其核心价值不是事先确定的，具有自在性；第四，整个全球传播过程完全是各种文化在全球范围内自然交流与碰撞的结果，是逐步演进的，其时间周期较长。

综上所述，传媒文化的演进型全球本土化是一个自发的过程，在客观现实中存在某一种文化占据优势的可能，但是它更多地体现了全球化与本土化之间的辩证关系，是文化边界的融合与重构的自然过程。而传媒文化的推进型本土化，则需要具体情况具体分析，既不能排除可能存在的以文化殖民或文化帝国主义为动机的"传媒文化侵略"，同时也要看到那种跨国传媒巨头以追求利润为目的的商业利益至上的全球本土化运作，[1] 以便对此作出恰当的应对。但无论哪一种运作类型，都旨在表明：传媒文化的全球本土化已经成为当代传媒文化本土化或全球化中的一种典型景观，甚至将发展成为未来传媒文化全球化和本土化的主要景观。对此，我们似乎更该作出积极应对。

---

[1] 参见林晖《从新词流行看全球媒体的新变化》，《新闻记者》2005 年第 11 期。

第四章　传媒文化的市场化

由于大众传媒是通过符号形式进行生产、分配和消费的系统，因此它必然要求物质上和精神上的社会稀缺资源能够自由流动。而在现代社会，这样的社会资源又大都被局限在了资本主义生产方式的结构中分配和使用。因此，"传媒文化的市场化"概念厘定必须从资本主义世界关于传媒经济与传媒文化的研究当中去寻找支持。然而，在西方传媒经济与传媒文化研究中明确提出的，只有 commercialization（商业化）和 industrialization（产业化），而非"市场化"，其实也不难理解，因为在西方国家的传媒体制之下，非赢利的公营传媒机构和逐利的私营传媒机构是泾渭分明的，前者绝不会"市场化"而后者天然"市场化"。此外，在英美国家的权威工具书中也没有此词条，如 *The Encyclopedia Britannia*（《大英百科全书》）中仅有 Marketing and Merchandising[1]（销售与销售规则）词条，*The Encyclopedia Americana*[2]（《大美百科全书》）也只有 Market（市场）和 Marketing（营销）两个词条。而在国内，关于传媒文化现象与本质的研究几乎还是一个新颖的领域，因此我们认为"传媒文化的市场化"的概念厘定可以尝试从相关经济学概念的清理即"市场—市场经济—市场化—传媒文化的市场化"的进路来实现。

"市场"是经济学的基本概念：从经济活动的空间角度讲，市场是商品交换的场所或领域；从经济主体讲，市场又是各经济主体之间经济活动的集合点；从经济运行的角度讲，市场是一种经济资源配置的调节机制或调节手段。

市场经济是以市场对资源配置起基础性作用为特征的经济制度。现代市场经济的一般特征为：第一，资源配置市场化；第二，企业行为自主化；第三，宏观调控间接化；第四，市场运行规范化。市场经济的确立是以市场机制在经济运行中发挥基础性作用为标志的。市场机制发挥调节经济运行的作

---

[1]　*The Encyclopedia Britannia*, 1980, Vol. 11, Encyclopedia Britannia Inc. p. 505
[2]　*The Encyclopedia Americana*, 1988, Vol. 18, Grolier Incorporated. pp. 332–335.

用,有三个基本要素,即价格、供求和竞争。从更深层次看,还有两个制约市场机制三要素运动的深层因素:市场价值和经济利益。

关于"市场化"的概念,不同的学者从不同的分析视角和理论背景出发,具体定义的侧重也完全不同,如有学者认为"所谓市场化,是指经济制度由政府管制型经济(计划经济是其极端的表现形式)向市场经济转变的过程"[①],也有学者认为,"所谓市场化就是指社会经济生活、经济活动、经济行为逐步纳入市场运行轨道,全面引入市场竞争机制,逐步消除非商品化、非市场经济行为的过程"[②],等等。综合整理各家说法,我们认为,"市场化"的概念其实有广义和狭义之分。

广义的"市场化",是一种以市场为社会基轴的经济社会发展模式。现代化的经济本体就是市场化。运作规范和有效的市场经济体制一般具有五个共同特点,即独立的企业制度、有效的市场竞争、规范的政府职能、良好的社会信用和健全的法治基础。从社会资源配置主体来看,市场化就是要消除权力因素对资源调配的干扰,让市场成为资源配置的基本因素。从这个意义上说,市场化与其说是一种体制,还不如说是一种生活样式,一种文明形态。

而狭义的"市场化",是针对生产者和经营者(企业)而言,指的是在市场经济体制中企业作为市场主体将产品的生产、流通和销售全部纳入市场轨道,以市场需求作为唯一标准;追逐利润的最大化是其存在的唯一理由和全部目的。因此,从这个意义上说,市场化的本质就是商品化、货币化,就是追逐利润。

本章所阐述的"传媒文化市场化"中的核心词汇"市场化"正是从狭义的市场化概念上展开的,同时"传媒文化市场化"的主体也确指在市场经济体制下进行运作的传媒企业或者传媒机构。我们在上面已谈道:"市场经济是以市场对资源配置起基础性作用为特征的经济制度",同时根据马克思政治经济学的观点"资本只有一种生活本能,就是增殖自身,获取剩余价值",那么在市场经济体制下传媒资本同其他一切资本一样,不可避免地具有追逐利润、追求最大剩余价值的本能。因此,我们这里所探讨的"传

---

① 赵彦云、李静萍:《中国市场化水平测度、分析与预测》,《中国人民大学学报》2000年第4期。

② 贺爱忠:《湖南经济市场化的思考》,中国期刊网学术定义搜索,http://define.cnki.net/define_result.aspx?searchword=%E5%B8%82%E5%9C%BA%E5%8C%96。

媒文化市场化"指的就是在市场经济体制下，传媒企业或者传媒机构将其产品及附载在产品上的各种传媒文化的生产、流通和销售全部纳入市场轨道，以市场需求作为唯一出发点和归宿的这种现象。在市场经济体制下，"传媒文化市场化"是一种普遍存在的事实；或者说，市场化正是现代社会传媒文化的一个本质特征。

既然传媒文化市场化是当今世界所普遍存在的社会现实，那么它的具体表征如何，其产生和发展的原因如何，存在哪些突出问题以及如何寻求解决？这都是本章所要着力阐释和深入剖析的主要内容。

第一节 消费文化：传媒文化市场化的表征

"消费社会"的提出是法国著名理论家波德里亚的一大发明。他认为，消费社会的到来揭示了一种前所未有的社会图景，即现代"大型技术统治者是怎么引起无法克制的欲望，而且又是怎样创建了用以取代旧的不同阶级区分的新的社会等级"。而传媒文化正是这一社会图景的最显眼的标志和最突出的表征。因此，解析传媒文化的最佳途径就是解析消费社会的文化即"消费文化"。

在许多时候，消费文化与传媒文化是可以互换的概念，或者说两者是二而一或一而二的关系。一方面，诚如英国学者迈克·费瑟斯通（Mike Featherstone）在《消费文化与后现代主义》一书中写到的那样："使用'消费文化'这个词是为了强调，商品世界及其结构化原则对理解当代社会来说具有核心地位。这里有双层含义：首先，就经济的文化维度而言，符号化的过程与物质产品的使用，体现的不仅是使用价值，而且还扮演着'沟通者'的角色；其次，在文化产品的经济方面，文化产品与商品的供给、需求、资本积累、竞争以及垄断市场等原则，运作于生活方式领域之中。"[①] 另一方面，传媒文化惟其是开放的体系，所以集信息交流、娱乐和消费于一体，传媒文化本身是可供娱乐和消费的，因此它是名副其实的"消费的"文化。

承袭费瑟斯通的观点，本节拟以"消费文化"一词来概括传媒文化市场化的总体表征，并从这个起点出发，结合一些具体案例进行深入剖析。

---

① 蒋原伦：《媒体文化与消费时代》，中央编译出版社2004年版，第121页。

案例一：英国《太阳报》三版女郎

"三版女郎"指的是每天固定出现在《太阳报》第三版的一幅半裸女郎照片，照片上附有该女郎的真实姓名和居住地区，有时还有她的爱好、习惯和性格等。

"三版女郎"推出 30 多年来，它不仅成为《太阳报》的一道"招牌菜"，从某种程度上也被视为英国小报文化的象征。

"三版女郎"第一次出现于 1970 年 11 月 17 日，正好是默多克接办《太阳报》一周年的日子，第一次刊登的是一个穿前胸大开叉衣服的女郎，她的名字叫斯蒂芬尼·拉恩。在接下来的报纸中，穿比基尼泳装的性感女郎、裸露一只乳房的艳女、只遮盖"一点"的模特便以"时装世界"之名连连登场。

虽然在《太阳报》的"三版女郎"出现之前，英国就有许多报纸刊登裸体女郎的照片，但像《太阳报》那样纯粹为了展示女性胴体以吸引男性读者，则是第一次。这自然会引起社会舆论的强烈不满，甚至在英国中部约克郡的一个地方议会，还曾制定政策禁止在当地的公共图书馆摆放《太阳报》。然而，社会上的反对声音却从另一个方面刺激了一部分人对"三版女郎"的好奇，他们不断关注这些女孩。《太阳报》则故意派遣那些"三版女郎"在公共场合搞促销，使之销量跳跃上升，《太阳报》在默多克接办 3 年内，发行量就从原来几十万份猛升至 300 万份，超乎所有人的意料。

"三版女郎"之所以受到英国人的喜爱，除了她们性感、美丽、青春之外，还有她们的"爱国情操"在里面。2000 年 8 月底世界杯外围赛德国对英国，《太阳报》专门派出一队"三版女郎"前往德国队驻地吹喇叭干扰其睡眠，最终使英国队在赛场上以 5∶1 大获全胜。2003 年美英发动伊拉克战争后，《太阳报》立即推出了一系列身着迷彩裤或子弹裤衩的"战争女郎"为前线打气。难怪有人评价说，《太阳报》善玩噱头，和其他一些出版物上赤裸裸的艳照相比，"三版女郎"更具有另类的风情。

《太阳报》不仅是英国销量最大的报纸，而且成为英国国民生活重要的一部分，它的读者群高达 1000 万，这意味着每 5 个英国成年人中平均每天就有一个在读《太阳报》。这其中"三版女郎"功不可没，《太阳报》现任副主编沙纳汉就此说，"我们办'三版女郎'，很重要的一个原因就是要给《太阳报》赋予个性"，"我们有时会因为报纸上没有'三版女郎'而收到上百个的投诉"。① 另一方面，在英国，"三版女郎"成为了许多女孩子追求的梦想。每一天，《太阳报》的三版编辑都会收到成千上万的女孩子发来的照片，她们中有许多是职业模特，也有许多是自己花钱请摄影师为自己拍照的。不少女郎在《太阳报》的三版一脱成名，跻身于竞争激烈的娱乐和演艺界，比如2001年被评为年度最佳女郎的贾姬原来是个理发师，在三版现身之后成了英国电视第四频道的知名节目主持人，有"波霸"之称的著名脱星乔丹也是从"三版女郎"起步的。

据说，在"三版女郎"30周岁的时候也曾面临质疑，但最终因为它已经成为《太阳报》的招牌菜，并且也是该报能够有别于其他竞争对手的主要原因而保留了下来。此外，2003年11月14日，美国总统布什在访问英国之前接受《太阳报》这家"刊登女人裸照的庸俗小报"的独家专访而备受国内媒体诟病，但白宫的决定则直接体现了《太阳报》在英国的巨大影响力。

案例二：好莱坞电影《007大战皇家赌场》

2006年11月，由哥伦比亚公司（米高梅）发行，著名导演马丁·坎贝尔执导、丹尼尔·克雷格和伊娃·格林主演的好莱坞电影《007大战皇家赌场》在欧洲正式上映。这是《007》系列电影的第21部，讲述邦德入行之初和第一次参与暗杀行动的故事。该片的原著是弗莱明的系列小说中最黑暗和最暴力的一部，因此该片也成为了历史上最暴力、最血腥的《007》电影。根据美国电影分级制度，该片为R级，即17岁以下观众要求有父母或成人陪同观看，因为该级别的影片包含成人内容，有较多的性爱、暴力、吸毒等场面和脏话。

38岁的男演员丹尼尔·克雷格凭此片成为了第六代邦德。与几位前任相比，他显然不够帅，额头还有些明显的皱纹；他不再是叼着雪茄、优雅迷人的花花公子，而是时常穿着短袖衬衫风尘仆仆；他不是风流倜傥的间谍，而是时常暴力得像粗俗的打手。与布鲁斯南演绎的第一代"绅士邦德"相比，克雷格则堕落为一代"动作邦德"，强壮、粗犷、野性，常常以暴力来解决问题。

以往的《007》系列电影总是对特技和隐形汽车之类的新式道具推崇备至，道具的"戏份"甚至超过了故事和演员本身。而《007大战皇家赌场》

---

① 唐亚明：《走进英国大报》，南方日报出版社2004年版，第221页。

打破了这个传统，弱化了道具的功能，更加渲染动作和暴力，新一代007完全要凭借真刀真枪的功夫与敌人展开生死搏斗，他也会被打倒在地，会受伤，会流血，更加突出了新一代007的硬汉本色。

《007大战皇家赌场》的血腥场面也相当频繁，追杀、火拼、刀枪、爆炸、流血、死尸……充斥银屏。邦德甚至落入敌手，被人脱光施以鞭刑，场面长达数十秒，鞭笞的脆响、邦德的哀鸣、痛苦的神情和裸露的躯体令人触目惊心。邦德全裸受刑的场景无疑是《007》系列电影中邦德形象最令人震惊和最具突破性的镜头。此外，该片还含有大量其他不良镜头，如性爱、粗口和药物使用。

尽管该片的"暴力"路线一改《007》系列电影的一贯风格，然而该片在全球上映，取得了超过4亿美元的辉煌票房业绩，堪称历史上最卖座的《007》电影。

案例三：凤凰卫视《锵锵三人行》

《锵锵三人行》是凤凰卫视中文台著名的谈话节目，1998年4月起周一至周五23:30—23:55播出，节目形态是闲谈式节目，由主持人窦文涛与两位嘉宾（通常是两岸三地传媒界之精英）对每日热门新闻事件各抒己见，话题涉及时事、社会、娱乐、学术等各种题材。节目理念是"俗人闲话"，并不追求问题答案的"正论"，集信息传播、制造乐趣与辨析事理三大元素于一身，体现其平民视角和人文价值取向。

该节目特色鲜明：其一是主持人窦文涛"小市民"风格，亲和、自然、调侃、幽默，常常引导嘉宾发表具个人色彩的大胆言论；其二话题都是有关每日热门新闻事件的家常话题；其三语言口语化、个性化、轻松、惹笑；其四现场真实，事前并无准备稿，谈话过程中甚至常常跑题；其五编辑方式是一种无剪辑"准直播"方式。

该节目自播出以来收视相当稳定，9年来几乎未有任何变动，创造了凤凰卫视中文台节目的一个奇迹。2006年被《新周刊》评选为"15年来中国最有价值的电视节目"，主持人窦文涛则以3.2亿人民币的品牌价值名列由世界品牌实验室独家编制的2006年度《中国最具价值主持人》排行榜位次。有评论认为该节目"定位高明，观众听着有意思，节目氛围真诚而有智慧，是节目成功关键之一。节目历久弥新，拥有持久的生命力和活力，八年来秉承平民视角的清谈态度，深入透彻，具有浓厚的人文色彩和人文价值取向"。

下面是《锵锵三人行》2007年5月14—18日节目表：

播出时间	节目内容（话题）	嘉宾
5月14日	苗圃、马未都谈飞机趣事	苗圃、马未都
5月15日	唐朝：一个复杂的历史断层	李菁、梁文道
5月16日	时下新闻的"趣味"化	梁文道、林奕华
5月17日	林黛玉扮演者陈晓旭去世	李菁、梁文道
5月18日	港中大学生报色情风波	梁文道、林奕华

案例四：北京报纸违禁人流广告顶风"变脸"

2006年10月下旬，新闻出版总署和国家工商总局针对报刊广告发出了《禁止报刊刊载部分类型广告的通知》（下文简称《通知》），从11月1日起所有报刊一律不得发布包含性病、癌症、人工流产等12类内容的医疗广告，并提出禁止刊载含有淫秽、迷信、色情内容广告等7项禁止性规定。新闻出版总署报刊出版管理司相关负责人建议媒体应调整广告思路，规范广告，不要依赖某几类广告。

《通知》明确提出，如继续刊登违规广告，将按照《出版管理条例》第五十六条予以处罚。可以给予警告、罚款等行政处罚。如没收违法所得，违法所得在1万元以上的，处以5倍以上至10倍以下的罚款，1万元以下的，最高罚5万元。最严重的处罚手段是吊销出版许可证。

消息传出，京城各广告公司大多持观望态度，但是也有的提出可能打"擦边球"或转移到网络媒体。而相关医院则称"叫停"这些医疗广告将会对医院收入带来很大影响。另有观点认为相关媒体的收入也将因此减少1/3。

11月1日是"禁刊"首日，北京市多数报纸都遵守规则撤下了上述广告，少数报纸却顶风作案，将"无痛流产"的广告改成了"意外怀孕"、"终止妊娠"。如在某知名报纸上，刊登了5条标有"意外怀孕"字样的小型广告，分别为北京永南医院的"意外怀孕580元"，北京德仁门诊妇科诊疗中心的"意外怀孕到德仁"，北京东四医院的"意外怀孕"，北京建国医院"意外怀孕怎么办？"和北京华仁医院的"意外怀孕，新技术超导可视终止早孕"。另一份报纸也刊登了北京同仁长虹医院的"终止妊娠"的广告，上面写着手术费280元起，免费查早早孕，"让怕痛的你不再痛——在安静的睡眠中轻松完成全过程。一觉醒来，一切如故"[①]。对此，工商部门表示此类广告是否属于禁止范围，尚不确定。

根据传媒市场的商业逻辑，传媒资本要获得更多的利润，总是要不断开拓新的消费领域，让更多的人参与消费，因此传媒文化市场化的基本路径就是"大众化"、"世俗化"，就是要满足普罗大众的日常需求，并实现法兰克福学派著名代表人物西奥多·阿多诺（Theodor W. Adorno）所批判的那种"文化工业"的规模化、批量化和标准化的生产，而这种"大众化"、"世俗化"的意识和要求又直接规定着传媒产品的制作内容、形式及其欣赏趣味，进而构筑了传媒文化市场化的重要表征。

一 色情路线

（一）Sex Sells（性是好卖的）——传媒经济学解读

正如同我们在"全球化"一节中所谈到的那样，鲁珀特·默多克自1953年进入报业以来，不断开疆拓土，将其触角伸向了所有和传媒有关的领域，他的新闻集团已经成为当今世界上规模最大、国际化程度最高的综合性传媒公司之一，净资产超过400亿美元。有人说："默多克已编织起一个遍布世界的立体传媒网。在传媒高速发展的今天，如果你不认识默多克，那你一定看过他的报纸；如果你没看过他的报纸，那一定看过他的电视；如果你没看过他的电视，那你一定看过他的电影；如果你没看过他的电影，那你一定看过他的图书……默多克已让你无处可逃。"毫无疑问，默多克无愧为当今世界最深谙市场规则的"传媒经营大师"。

20世纪60年代，由于经济不景气，电子媒介的兴起夺走了不少读者和广告客户，以及不断的劳资纠纷、落后的管理制度、陈旧的设备等因素使得英国报业每况愈下，销量下降、种类减少，整个报业出现停滞和衰退的局面，1963年还出现过地方报倒闭的高潮。这正是默多克打入英国、构筑传媒帝国的大好时机。

默多克认为"性、体育和比赛"是报纸热销的三大要素，更是传媒赢利的利器。在接手《太阳报》那一刻，默多克就想把这份枯燥的报纸变为黄色小报。他说："我想办的是一份野性十足的报纸，在它上面可以看到女

[①] 廖爱玲、郭晓军：《违禁人流广告变成终止妊娠文字游戏难倒工商》，搜狐网，http://news.sohu.com/20061102/n246148323_1.shtml。

人裸露的胸部。""三版女郎"的推出，真实地体现了默多克的经营理念和制胜法宝，那就是以软性的色情新闻与体育新闻代替硬性的政治、经济新闻，以此取悦数量巨大的劳动阶层的人们。它成功之处就是把"性"、"体育"和"比赛"这三个要素融会在一起，把"美女"、"色情"、"体育"、"比赛"和"绯闻"这些娱乐元素统统调动起来，不仅经年累月地造出吸引眼球的各种精彩"看点"，热气腾腾地刺激着读者的每一根神经；而且为《太阳报》赋予了鲜明的个性，成为《太阳报》击退竞争对手的一道"招牌"、一棵生财聚宝的"摇钱树"。"三版女郎"的性标签和色情武器的确奏效，发行30多年来使《太阳报》赚得盆满钵满，始终是英国销量最大的报纸，同时堪称欧美国家中当之无愧的通俗小报之冠，而默多克本人也被英国的竞争对手称之为"色情挖掘者"。

其实，色情路线在传媒行业由来已久且屡试不爽。早在19世纪末美国第二次大众报刊热潮中，"黄色新闻"的始作俑者普利策（Joseph Pulitzer）就曾总结过："体育、绯闻和性（3S：Sport, Scandal, Sex）并列为媒介吸引受众的三大法宝，观众感兴趣的东西，就是媒介感兴趣的东西。"当时，打着色情标签的报纸比比皆是。20世纪20年代的美国"小报热"中，色情路线再度抬头，当时销量最大的黄色小报《纽约每日新闻》创办人约瑟夫·帕特森上尉（Captain Joseph M. Patterson）坦然承认他的报纸销量是"建立在女人大腿上的"。二战结束之后，伴随着经济的复苏，色情路线再次卷土重来，1953年，休·赫夫纳（Hugh Hefner）在芝加哥创办的性杂志《花花公子》颇为轰动，甚至开启了60年代美国的性解放运动，该刊发行量最高时竟达到720万份。与之齐名的《阁楼》杂志（1969年由鲍博·古斯尼Bob Guccione创办于纽约）发行量也保持在300万份左右。

《太阳报》的"三版女郎"发行30多年长盛不衰，也再次印证了那句新闻行话"Sex Sells"（性是好卖的），尽管饱受讥评，但即便是最苛酷的评判者也不能否认默多克在报业经营方面的过人之处。

（二）市场需求的刺激——心理学解读

《太阳报》"三版女郎"的成功证实了"性"确实是"好卖的"，而这一切都缘于实际存在的巨大市场需求即人们对于"性"这种不可磨灭的生理需要。

社会心理学家马斯洛的"人的需求层次理论"把人的基本需求层次从低到高分为"生理的需要"、"安全的需要"、"爱与归宿的需要"、"尊重的需要"和"自我实现的需要"五个层次。马斯洛认为：低层次的需要力量强、潜力大；当低层次的需要相对满足后，就会向高一层次发展，但是任何一种需要都不会因为下一个高层次需要的发展而消失。生理需要位于最低层，包括饥、渴和性的驱力，因此，生理需要是所有需要中最为基本也最有潜力的。

著名心理学家精神分析理论创始人西格蒙德·弗洛伊德（Sigmund Freud）在其人格结构理论中也提出了"本我"（id）、"自我"（ego）和超我（superego）三个理念："本我"代表所有驱力能量的来源，它"寻找"兴奋或紧张的释放，遵循快乐原则；与"本我"形成鲜明对照的是"超我"，它代表"道德"，涉及我们努力追求的理想和当我们违背道德标准时所预期的惩罚；"自我"与现实相对应，其功能是根据现实情况和超我的需要来表述和满足本我的愿望。根据弗洛伊德的观点，可以对人的心理结构的三个部分作如下概括："本我"是欲望我，遵循享乐原则，属于生理或生物性的低层次的我；自我是主宰我，遵循社会原则，在个体的需要和外在环境的限制之间取得平衡，并以有效的方式应付现实问题；"超我"则是道德我，遵循道德原则，按照良心及规范的标准行事，属于精神层面的高层次的我。三个"我"基本上是彼此相对而不协调的，因此人格结构本身含有冲突性。弗洛伊德批评传统道德很少考虑人的本能要求和自我幸福，因而道德要求在很大程度上违反了人的本性。

马斯洛的"人的需求层次理论"和弗洛伊德的"人格结构理论"都能为"三版女郎"的成功和色情路线的盛行提供直接的理论支持。要按市场的规律行事就得想方设法满足消费者的需要，也就是说，在市场经济条件下，大众传媒需要根据人的生理需求和"本我"确定内容，以"快乐原则"为主线，使受众放纵身心，从原始欲望的满足中，获得短暂的欢乐。哈贝马斯（Jürgen Habermgs）对此的说法是："文化工业为了俯就公众，首先，就要根据市场的要求，调整文化商品的内容，从心理上增强各个阶层的获取能力；其次，降低产品的价格，使公众在经济上能够接受。""性"的需求作为人们永不磨灭的一种生理需求，促使大众传媒的色情路线在市场经济条件下具有可资挖掘的无限潜力以及广阔的经营空间。近几年，电视美女主播一边脱衣一边播出新闻以显示"裸露的真相"，以及美女主持人纷纷推出裸体写真集的浪潮迅速波及全球，这正是大众传媒色情路线不断"创新"的最佳范本。人们有理由相信，在市场的驱动下，色情路线还将继续"推陈出新"并如火如荼地蔓延开去——而这，也已经构成了传媒文化市场化的重要表征之一。

二 暴力路线

（一）传媒经济学解读——传媒对"暴力"的追捧

《007大战皇家赌场》可以说是《007》系列电影史上的一次重大转型和突破，堪称最暴力、最血腥的一部，但是超过4亿美元的票房业绩足以证明这种"暴力转型"的精道眼光。事实上，暴力同样是传媒追捧的热点，且非常畅销，在招徕受众方面，足以与"性"并称。

美国传播学者梅尔文·德弗勒（Melvin Defleur）认为：媒介系统最中心的目标是经济利润，暴力、色情或其他能吸引和维持受众注意力的内容虽然趣味低下，但能把接触广告的读者和听众、观众数目增加到最大限度。为此，媒体甚至利用统计学，对市场进行指标分析，设计出刺激的、令人兴奋的、极富煽动性的娱乐性内容，尽可能地吸引受众的注意力。英国的一位社会心理学家曾指出收视行为的一项铁律——越不用花脑筋、越刺激的内容，越容易为观众接受和欣赏。[①] 而暴力、色情这类满足人们原始欲望的题材恰恰是最适合媒体挖掘的对象。在传媒史上，媒体对于"暴力"、"犯罪"等新闻的重视源远流长。早在19世纪40年代美国大众报刊时期，纽约四大报之一的《纽约先驱报》就已擅长对犯罪新闻的炒作；黄色新闻浪潮时期，犯罪新闻报道更是报业大王赫斯特（William Randolph Hearst）的拿手好戏，许多做法都登峰造极并对后世产生了深远影响。

近年来，"注意力经济"的提出也能为当代传媒对暴力路线的推崇提供理论依据。全球商界大师托马斯·达文波特（Thomas H. Davenport）和约翰·贝克（John C. Beck）在2002年出版的《注意力经济》（Attention Economy）一书中写道，"当今商业社会中，最稀缺的资源是什么？不是点子，也不是天才，而是'注意力'！现代社会过多的资讯压力，已经超过了人们注意力的负荷，引发了'注意力匮乏'的问题。面对排山倒海而来的资讯，一个人的注意力就立刻变成了稀缺资源"。他们直言不讳地提出："在新的经济下，注意力本身就是财产，金钱将与注意力一起流动。"[②] 的确如此，21世纪是信息爆炸的时代，在媒介领域里，信息爆炸的结果是：媒介产品的生产者难以准确地发现消费者的需求，消费者选择信息的空间空前扩大，常常处于不知所措的状

[①] 苗棣、范钟离：《电视文化学》，新华出版社1999年版，第108页。
[②] 李岚：《"超女"点燃"注意力经济"》，新华网，http://news.xinhuanet.com/fortune/2005-09/02/content_3432972.htm。

态。消费者的注意力作为一种新的资源,被各个媒体殚精竭虑地竞相争夺。暴力题材对受众造成强烈的感官刺激和巨大的心理冲击,这是其他类型的题材无法比拟的——这也恰恰成为时下《谍中谍》(*Mission Imposible*)、《黑客帝国》(*The Matrix*)、《蜘蛛侠》(*Spider Man*)、《X战警》(*X-man*)、《越狱》(*Prison Break*)等影视大片纷纷走上暴力路线的根本原因。

而自布鲁斯南演绎的第一代邦德起,40多年来,《007》系列电影中邦德与邦女郎的风流韵事、高科技道具与特技"秀"所建构的老套路,已在动作大片的四面夹击当中渐失风头,因此《007》电影的"暴力转型"在"与时俱进"中更是煞费苦心——第六代邦德强壮、粗犷、野性甚至鲁莽冒失,一改过去风度翩翩、优雅迷人的绅士形象,令人耳目一新、感受强烈;而邦德全裸受刑的场景设计更是令所有观众瞠目结舌,不仅产生了震撼性的感官冲击力,而且邦德勇于献"身"的形式和尺度完全突破底线,彻底颠覆了观众心目中邦德的优雅形象,这种"落差"给观众带来的心理冲击力已经登峰造极。尽管新一代邦德电影颇受争议,但是它刷新了票房纪录——在制作人眼里,票房就是一切。

(二)心理学解读——现代人的心理需求

近年来,暴力文化愈演愈烈,枪林弹雨、血肉横飞的暴力内容充斥了网络游戏和影音制品,暴力路线的走红折射出暴力文化产品已经成为现代社会人们的一种重要需求,这种需求可以从心理学的解释当中寻找到理论支持。

首先,毋庸置疑的是,人的本能当中有一种强烈持久的对力量的崇拜,而暴力则是展示这种力量的有效的场所之一。但是,在现代文明社会,人们很少有机会展示自己的力量,只能转而通过媒体上的"虚拟暴力"满足对力量的渴求和崇拜。同时,日益精细的社会分工使人们的生活日益单调和平淡,激烈的社会竞争则又带来了巨大的心理压力。传媒所"虚拟"的暴力、色情和血腥场面,可以宣泄人们被压抑的各种欲望和幻想,甚至刺激人的原始生理本能,从而满足他们的一些基本心理需求。特别是20世纪80年代以后,政治上"冷战"结束,经济的持续发展和繁荣为享乐主义提供了沃土。在进入消费社会的背景下,人们的兴趣发生了很大的变化,1996年对美国公众的一项调查显示,"犯罪新闻"竟然排名"美国公众最感兴趣的话题"的第一位。[①] 从某种意义上说,在当代和平社会,暴力文化似乎已经成为人

---

① 周小普主编:《全球化媒介的奇观——默多克新闻集团解读》,中国社会科学出版社2006年版,第341页。

们平淡生活的一种调剂和点缀。

其次，从心理学家的眼光来看，现代人仍然具有对暴力刺激的强烈心理需要。一方面，这种需要是施虐与受虐两重心理冲动的宣泄要求。这两重心理中交织着恐惧和快意两种预后的情绪状态：暴力、犯罪的情境首先造成恐惧感，而恐惧心理的宣泄也会带来快感；暴力惩罚的情境造成了恢复心理平衡的快感，然而在快感中也混合着对暴力本身的恐惧；另一方面，人们对暴力刺激的需要也是安全需求充分满足之后的负需求。[①] 收视率调查表明，人们对负面的、耸人听闻的、关于暴力犯罪的新闻较之于正面新闻更感兴趣。犯罪大多与暴力相关，而且多是社会上的变态事情，所以最能引起注意。同时，众多的研究显示：不但犯罪新闻在传媒的全部新闻中所占的比例大大超出在实际生活中发生的概率，而且当实际犯罪率下降时，犯罪报道反而在上升。暴力犯罪题材已经成为众多媒体赚取惊人利润的法宝，这已经是不争的事实，同时更成为当代传媒文化市场化的典型表征之一。

三 世俗化路线

（一）凤凰卫视："世俗化是一种选择"

《锵锵三人行》是中国电视最早的脱口秀节目，也是目前中国最有价值的电视节目之一，它的成功与凤凰卫视掌门人刘长乐的经营理念有必然联系。刘长乐认为"世俗化是一种选择"。在接受《纽约时报》采访时，他说道："人们看待事物一般有三种角度：一种是俯视的，一种是平视的，一种是仰视的。中国传统媒体的角度是俯视的，教育式的，居高临下。凤凰追求的是用平视的角度去观察了解事实真相，有时候为了体现人本主义态度，甚至会用仰视的角度去观察新闻。在老百姓已经很讨厌说教口吻的时候，我们有必要矫枉过正。"[②] 刘长乐坚持用凤凰卫视来摆脱媒体惯有的说教习气，力求贴近每一个观众，"以精英之智慧办平民之节目"。

默多克的新闻集团也是凤凰卫视的大股东，凤凰卫视的创办也源于刘长乐与默多克的合作。两人的经营理念有很多的契合之处，比如默多克在很早以前就对他的报纸发行商所竭力鼓吹的"精英新闻"发出警告："不要依赖社会顶层的消费者，一家报纸如果不能使整个社会对它发生兴趣，它最终将

[①] 周本存：《文化与市场营销》，合肥工业大学出版社2005年版，第241页。
[②] 默多克、刘长乐：《东西论剑——东西方传媒大亨的对话》，北京出版社2005年版，第160页。

成为精英阶层的内部出版物。"两人早年都在社会底层摸爬滚打，品尝过苦难的经历，这让他们读懂了受众的需求与喜好。成为新闻行业的实践者后，他们并没有成为自鸣得意的新闻精英的一部分，而是敏锐地感受到了社会的变革和受众趣味的变化，并学会如何去尊重或迎合他们的口味。

《锵锵三人行》的节目理念定位为"俗人闲话"，为普罗大众提供了一种茶余饭后的漫谈；它的话题虽然追逐每日热门新闻事件，但大多是老百姓在饭桌上谈的话题，具有明显的"市民"特性，比如"老年人的性问题"、"满城尽带黄金甲"、"林黛玉扮演者陈晓旭去世"等选题都是节目播出时社会市民阶层中言论的话题中心。但节目也并不因此而走向低俗化、缺乏深度，权威人士的参与为节目增加了深度，提升了价值。同时，节目还提供了一些分析这些热门问题的角度和方法以及不同层面人的观点，让人们能够更加深入的了解当下的社会。

《锵锵三人行》在节目形态上也好似老百姓家庭里的日常聊天。窦文涛自己将这个节目定位为"不求高度，只求广度；不求深度，只求温度；不求结论，只求议论"①，将原本属于私人空间的聊天搬上了电视，将娱乐元素注入时事节目，成为一种平民化的集体聊天式的访谈新方式。这种方式并不追求问题的某种必然结论，谈话过程中信马由缰甚至常常"跑题"，编辑方式也是一种无剪辑"准直播"，常常节目结束上字幕了嘉宾和主持人都还在谈。但正是这种真实的平民化的侃谈填补了现代都市人内心的孤独和寂寞，给予了他们精神上的某种抚慰，诚如中国传媒大学教授胡智锋评价的那样："《锵锵三人行》是属于轻音乐，属于萝卜白菜，属于家常菜。"②

《锵锵三人行》主持人风格即窦文涛本人的"小市民"风格也是这个节目世俗化理念的最好体现。窦文涛自己说："我基本上是小市民的思想觉悟"③，他把自己当做一个普通市民去关注社会现象，讨论社会问题，以一种市民的方式去解读社会，这种平民的视角缩短了和观众之间的心理距离，

---

① 默多克、刘长乐：《东西论剑——东西方传媒大亨的对话》，北京出版社2005年版，第69页。

② 钟大年、朱冰编著：《凤凰秀——凤凰卫视十年节目回顾》，中国友谊出版公司2006年版，第113页。

③ ［英］狄更斯：《双城记》，原文为：It was the best of times, it was the worst of times, it was the age of wisdom, it was the age of foolishness, it was the epoch of belief, it was the epoch of incredulity, it was the season of Light, it was the season of Darkness, it was the spring of hope, it was the winter of despair, we had everything before us, we had nothing before us, we were all going direct to Heaven, we were all going direct the other way. 第160页。

产生了贴近感,增加了亲和力。另一方面,传统的中国媒体人认为电视是新闻传播的工具,因此主持人的风格也基本框定在庄重沉稳的基调之中。窦文涛是这种风格的彻底反叛,他很少顾及自己所谓的"正面形象",调侃、幽默、口无遮拦。"我比你们的思想觉悟低,比你们的品位低,比你们穷,所以开几句'荤'笑话,你们大人不计小人过就行了。"但正是窦文涛这个"小市民",给内地电视带来了全新的视角。

(二)世俗化:传媒文化市场化的另一进路

"世俗化"(secularization)是与"超越性"相对的概念,它表示人们关注现实生活的取向。"世俗化"在西方社会学中,是指文艺复兴以来西方文化从宗教统治中逐渐摆脱出来的过程。"世俗化"的概念有两个基本意义,其一是随着科学的发展,理性原则取代神学教条;其二是指一种消费主义和享乐主义,注重现世的善的生活,而不是来世的生活方式。

世俗化表明了信仰力量的消解和宗教禁忌的瓦解,从社会学意义上看,世俗化完全是一个值得肯定的积极趋向,甚至被当成现代化的一个重要标志,是传统社会向现代社会转变的尺度。所以,世俗化就是肯定现世生活,肯定官能享受,肯定大众在社会生活中的地位与作用,表现出以具体功利为追求、以感官享受为满足、以眼前利益为目标的价值取向。它同市场经济与民主政治的关系是非常贴近而融洽的,可以说,它是促进市场经济发展与民主政治建设的社会心理土壤。

传媒文化市场化的基本进路就是世俗化、大众化、日常生活化,或者说世俗化正是传媒文化的特征之一。传媒资本受"大数法则"的驱使,为了获得更多的利润,总是要不断开拓新的消费领域,让更多的人参与消费,因此也必然要走向世俗化、大众化和日常生活化。进一步说,传媒文化的生命力及其持久性,在很大程度上取决于它同大众日常生活之间的紧密关系。当代传媒文化,事实上已经成为大众日常生活的一个部分。一方面,传媒文化不但反映人们的生活状况,而且参与到日常生活当中,渗透到人们日常生活的每一个细节,以至于成为人们的生活方式本身。正是从这个意义上,有人说,精英文化以印刷文化为代表,走向哲学,而大众(传媒)文化以影视文化为代表,走向生活。另一方面,传媒文化的日常生活化也使其更加重视符合大众口味的内容选择和通俗易懂的表现形式,这使传媒文化带有浓郁的生活气息,同时又为生活本身带来某种乐趣,这一特征又意味着它在一定程度上体现了大众传媒的人文关怀,充满着人情味。

黑格尔(Georg Wilhelm Friedrich Hegel)在他的《美学》中曾断言:近

代市民社会中的社会秩序及其价值观念将把外在的商业法则与世俗欲求作为追求目标。《锵锵三人行》的成功,不仅再一次证明了黑格尔的话是有预见性的,也使得世俗化成为传媒文化市场化的另一重要表征。

四 广告文化"潜规则"

(一)媒体异化:广告商对传媒话语权的操控

在始终强调对媒体进行"事业化管理"的中国,个别媒体公然冒着"撞红线"的政治风险,打"擦边球"照登违禁广告,案例四所反映的事件的本身显然已经超出了传媒资本逐利本能所能承受的范围。事实上,广告文化作为传媒文化的天然组成部分,恶俗广告、虚假广告、隐性广告、广告"蚕食"新闻版面等现象在国内外由来已久而且越发突出。这一切都反映出在市场经济大背景下媒体在与广告商的博弈中逐步妥协退让的"铁"的事实。

在市场经济大背景下,优胜劣汰的生存法则成为各家传媒必须面对的永恒主题。广告收入是现代传媒的主要财源,始终是媒体努力维持和开发的重要资源。就报业而言,报社的广告经营本质上就是向广告客户出售版面空间,然而在这个资讯发达的时代,过去那种广告版面供不应求的时光已成旧梦,虽然大多数报纸的版面供求处与平衡状态,但依然有 1/3 的报纸处于"供大于求","供不应求"的报纸仅占 3%,这个数据表明报纸广告正处于一个从卖方市场向买方市场转变的过程。① 以美国为例,报刊的收益有 50%以上来自广告商,而电台和电视台的收益 100% 来自广告。为了赢利,媒体往往不得不迁就广告商。美国马凯特大学的教授进行的一项调查发现,90%以上的报纸都曾迫于广告客户的压力而改动或封杀过新闻报道,大约 1/3 的编辑承认自己曾屈服于广告客户。② 美国传播学者赫伯特·席勒(Herbert I. Schiller)在《思想管理者》(*The Mind Managers*)一书中,曾批判了媒介对广告的严重依赖。他认为,这样做的结果是媒介成了大公司的控制物;为了达到使媒介忠实地服务于大公司利益的目的,他们就要彻底控制所有媒介的内容;而媒介一旦被控制,无论媒介最初归属于谁,都会成为商业文化的工具。

媒体对广告的过分依赖造成了广告商对传媒话语权的实际操控,这是传

---

① 邵培仁、陈兵:《媒介战略管理》,复旦大学出版社 2003 年版,第 341 页。
② 禹建强:《传媒市场化的陷阱》,中国传媒大学出版社 2005 年版,第 141 页。

媒市场上不争的事实。这里借用"异化"（alienation）这个哲学术语来描述这个现象。马克思（Karl Marx）在《1844年经济学哲学手稿》提出了劳动异化理论，从马克思主义观点看，异化作为社会现象同阶级一起产生，是人的物质生产与精神生产及其产品变成异己力量，反过来统治人的一种社会现象。异化概念所反映的，是人们的生产活动及其产品反对人们自己的特殊性质和特殊关系。在异化活动中，人的能动性丧失了，遭到异己的物质力量或精神力量的奴役。反观广告，它原本依附于媒体、是以媒体为载体促销产品的一种手段，但它却最终演化成可以掌控传媒的"神灵"，这种现象显然也是一种典型的"异化"。

（二）媒体经营模式的改变缔造出新的传媒文化

20世纪90年代的传媒环境变得太富有竞争性，使得媒体在与广告商的博弈中已经清醒地认识到，改变运作模式才真正能够拯救自己。在这样的状况下，现代传媒的经营模式和传统传媒相比也有了明显改变，出现了主动趋从于广告商需要的新模式，即由原来"揣摩受众需求"→"提供适销对路的媒介产品"→"提高发行量、收视率和影响力"→"通过发行量、收视率和影响力来兑现广告收益"的线形流程，转变为"为广告商量身定做广告版面和时段"→"填充广告商喜欢的广告内容和时段"→"过滤受众"→"收取广告回报"的逆向流程。这种新模式较之传统模式有了很大的重心位移，即从出卖传媒本体原有价值过渡到营销传媒附加价值。从某种意义上说，这种重心转移造成了传媒与受众的脱节，即传媒不再像从前那样依赖受众而是更加依赖广告商。因为在传媒的收入中，受众直接购买的费用所占比重并不大，广告客户对传媒的影响却越来越大。

现代传媒经营模式的重心位移，缔造了传媒文化市场化的另一个新的表征：广告开始在各种媒体上泛滥成灾且威风八面——在报业，广告挤占新闻版面的现象十分突出，广告常常反客为主，挤掉新闻。报纸要为广告预留空间，版位上剩下来的位置，才交由编辑刊登新闻。这些新闻只不过是插播在商业广告之间的、微不足道而道义上必须履行的"配料"。电视广告在形式上也不断发掘推陈出新，令人应接不暇、防不胜防。一定程度上说，媒体似乎已经由主要提供消息的工具变成了主要促销商品的工具了。

总之，在市场经济浪潮中，媒体与广告商的博弈运动使他们形成了"一荣俱荣，一损俱损"的利益共同体，他们相互依赖，相互庇护，编织成一张强有力的关系网，在这个网中各主体都遵循"荣辱与共"、"心照不宣"的行为准则来行事。这是一种隐藏在正式的组织制度、法律法规之下的行为规范，一种公开的"潜规则"。也恰恰是这种潜规则，才造就了案例四中违禁广告顶风变脸的媒介奇观。

以上，我们结合四个具体的案例，对传媒文化市场化的主要表征进行了初步的描述。下面我们将对传媒文化市场化的动因问题作出具体探讨。

第二节　文化经济一体化：传媒文化市场化的动因

正如前文所述，市场化可以说是现代社会传媒文化的本质特征之一，那么促使"传媒文化市场化"这种现象形成和发展的原因究竟又是什么呢？

总的来说，在现代社会工业经济和工业文明的历史条件下，全社会文化市场和文化消费逐渐形成，产生了文化与经济之间相互渗透、相互交融即"文化经济一体化"的巨大动力。由于价值规律的作用，一切文化产品都必须进入流通领域才能实现文化价值；市场竞争则驱使经济向文化、艺术回归，增强文化的造血功能。因此，经济的背后是文化，文化的动力是经济，市场经济与文化的双向合力促使文化、经济走向一体化——而文化经济一体化趋势正是促使传媒文化不断追逐市场、强化市场的一个重要原因，或者说文化经济一体化趋势正是传媒文化市场化的深层动因。下面我们以在全世界家喻户晓的迪士尼[①]公司的文化品牌拓展作为案例来进行阐释。

案例描述：迪士尼公司的文化品牌拓展

美国迪士尼公司（The Walt Disney Company）是目前世界上第二大传媒公司，产业涉及动画、书籍、电影、电视、广告、玩具、旅游、网络等各个行业。该公司也是全世界最赚钱的文化品牌之一，其年收入高达250亿美元，而且自1984年以来，该公司已经创下了连续14年20%的年增长率和每年18.5%的资产回报率的成绩。[②] 而这一切都得益于公司创始人沃尔特·迪士尼（Walt Disney），用迪士尼自己的话来说，"一切都从一只老鼠开始"。

图4-1为迪士尼公司发展过程的简要概括。

迪士尼公司最早以动画片起家。1928年，沃尔特·迪士尼创作出的动

[①] 中国大陆、中国香港、中国台湾地区的 Disney 名字根据当地语言的发音翻译各不相同，1995年 Disney 公司为了统一中国市场，正式统一使用官方中文名字"迪士尼"。
[②] 姜飞、张丹编著：《海外传媒在中国》，中国文联出版社2005年版，第39页。

```
        动画片起家
        ↓
        特许经营开发
        ↓
        兴建主题公园
        ↓
        影视业转型
```

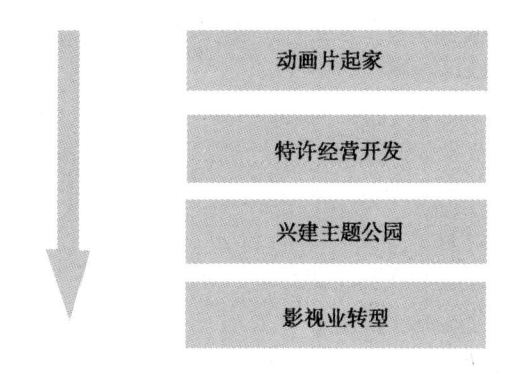

图 4-1　迪士尼公司发展过程简要概括

画形象"米老鼠（Mickey Mouse）"大获成功，于是成立了迪士尼兄弟动画制作公司，之后它便以动画片著称世界。该公司用企业生产流水线的方式，批量制作动画片并销往世界各地。迪士尼亲自参与制作的 600 部电影和短动画片共获得了 29 个奥斯卡奖和数百个其他奖项。

"米老鼠"成功后，迪士尼公司为米老鼠、唐老鸭、皮特狗等卡通形象申请专利，在法律保护下进行特许经营开发。凡是印有迪士尼卡通形象的玩具、食品、礼品和文具，都因此提高了附加值，为迪士尼公司带来了巨大利润。目前，迪士尼公司在全球拥有 4000 多家特许经营商店，商品包括电视、杂志、动画、网络、服装、文具以及其他日常用品，从几美分的普通橡皮到几万美元的高级手表应有尽有，还提供网上销售，2000 年的特许经营收入就高达 10 亿美元。

1955 年迪士尼公司在美国加利福尼亚州建立了第一个迪士尼主题公园，利用已有的动画品牌资源，开发新的市场空间，使迪士尼的经营范围从纯粹的文化产业扩展到主题公园文化旅游业。在主题公园中，不但有一流的迪士尼品牌游乐设施，而且建有配套的餐饮和住宿设施，在给游客提供方便的同时也增加了获取利润的机会和可能。主题公园的巨额旅游收入促使它迅速在佛罗里达州、东京、巴黎和香港又新建了四座迪士尼主题公园。

20 世纪 90 年代初，迪士尼公司又将其发展重心从主题公园转向了电影及电视方面。1995 年，迪士尼公司斥资 190 亿美元与 Capital Cities/ABC 电视网合并，让迪士尼的影视转型达到最高潮，这使它从全球最大的内容产品生产商转变为高度一体化的媒体巨人，拥有了能够协同作战的美国广播网以及遍布全球的媒介分支公司。最近的 15 年来，迪士尼公司也收购了大量的电视频道，到目前为止，已经有卡通电影频道、家庭娱乐频道，甚至还收购了一些新闻频道和体育频道。借助电视的触角，迪士尼公司布下了它的天罗地网。同时，它还通过不断兼并收购或者与其他媒介集团合作，不断地充实着自己世界级传媒集团的根基。比如，它所拥有的新 Capital Cities/ABC 品牌已打入了由麦当劳及 Mettel 玩具生产商所独有的全球营销协议中。目前，迪士尼/ABC 公司已经成为美国和世界第二大传媒公司。据《广告时代》（Advertising Age）报道，"迪士尼公司拥有了几乎可以在全世界的任何地点，以任何一种规模来彻底实现其销售任务"的地位。①

目前，迪士尼公司的主要业务有五项——电视网、影视娱乐、主题公园与游乐场、消费品、互联网与直销。图 4-2 为目前迪士尼公司的收入构成。迪士尼凭借它所拥有的众多卡通形象和电影明星，长期保持着世界最大的特许品牌地位。目前，迪士尼公司控有的股权如下：包括迪士尼及 Buena Vista 在内的几家主要的电影、录像及电视工作室；主题公园及旅游胜地，包括迪士尼乐园、迪士尼世界，并拥有法国和日本迪士尼主题公园的股份；消费品，包括遍及世界各地的迪士尼零售店，以及大量利用迪士尼商标获益的产品；包括好莱坞唱片公司及怀特·迪士尼唱片公司在内的 3 家音乐商标；图书出版，包括 Hyperion 图书公司和 Chilton 出版公司；美国广播公司电视及无线电网络；10 家美国电视台，21 家广播电台；持有 Young 广播公司 14% 的股份，Young 广播公司拥有 8 家美国电视台；美国及全球有线电视频道、ABC 家庭频道、娱乐体育网 1 及娱乐体育网 2；持有生活时代 50% 的股份，文化娱乐（Arts & Entertainment）37% 的股份，以及历史频道有线电视频道；新闻及杂志出版业，包括 7 家美国日报，3 家特色杂志出版公司；持有 5 家欧洲商业电视公司 20%—33% 的股份；持有超级 RTL 频道 50% 的股份，这是与 Bertelsmann（贝塔斯曼）协办的一家德国少儿电视台；控股美国全国曲棍球联盟阿纳海姆壮鸭子队（Anaheim Mighty Ducks）及主要联赛棒球队阿纳海姆壮天使队（Major League Baseball Anaheim Angels）；持有一家巴西有偿电视公司 TVA 20% 的股份。②

迪士尼公司以"文化"起家，通过"米老鼠"形象打开市场，并以特许经营开发致富，接着重拳出击主题公园拓展其文化品牌，继而大举进军影视业缔造起实力庞大的"传媒帝国"，并不断拓展其文化产业价值链。独特的文化品牌是这个"传媒帝国"创造财富神话战无不胜的"战车"，而巨大

---

① 吴飞：《大众传媒经济学》，浙江大学出版社 2003 年版，第 545 页。
② 同上书，第 546 页。

第四章 传媒文化的市场化

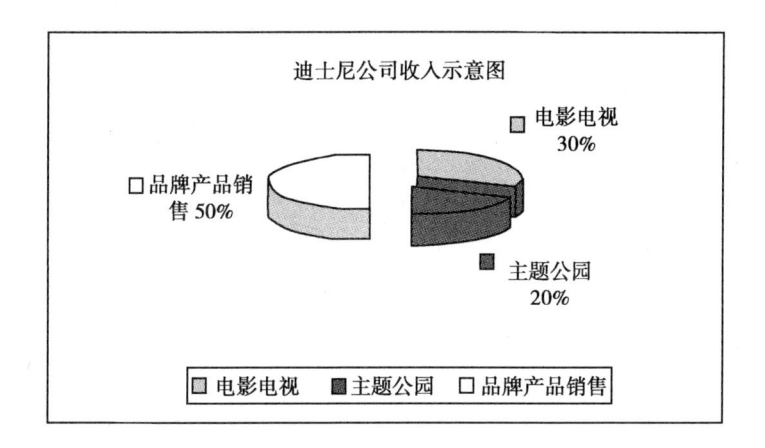

图 4-2 目前迪士尼公司的收入构成

的市场需求与丰厚的经济回报则是其一往无前长盛不衰的"推进剂"。迪士尼公司作为当今世界最赚钱的文化品牌之一，自创立85年来的产业延伸与全球拓展恰好是全球文化经济一体化趋势的经典诠释。

一 文化经济一体化概述

（一）文化经济一体化的含义

文化经济一体化被视为现代市场经济发展的三大根本趋势之一。它是指文化与经济之间出现了相互渗透、相互交融、优势互补的共生性发展趋势，尤其强调经济中文化的、知识的、信息的、科技的乃至心理的因素将越来越具有重要的、主导的甚至决定性的作用。文化经济一体化包含着"文化经济化"和"经济文化化"表里统一的两个方面。杰姆逊在《全球化的文化》（*The Cultures of Globalization*）一书中直接指出："经济的文化化与文化的经济化常常被认为是如今众所皆知的后现代的特征之一。"[①]

所谓"文化经济化"，是指文化进入市场，文化进入产业，文化中渗透经济的、商品的要素，使文化具有经济力，成为社会生产力中的一个重要组成部分。将文化的商品属性解放出来，增加文化的造血功能，使文化进入良性循环的发展机制。这一点在西方国家的文化产业发展中尤其明显：在西方国家发展过程中，以音乐磁带、激光唱盘、MTV、电影、电视、录像、奥林匹克运动会、世界拳王争霸赛、世界杯足球赛为代表的娱乐文化已成为当代

[①] 蔡尚伟、温洪泉：《文化产业导论》，复旦大学出版社2006年版，第109页。

世界经济中的新兴产业。

所谓"经济文化化",则是指现代经济发展中文化的、科学技术的、信息的,乃至心理的要素越来越具有举足轻重的作用。美国、西欧国家、日本等国,高科技大量进入文化,使当代产业结构发生根本性变化,经济中的知识、科技、文化因素已日益跃居重要地位。经济活动中文化的作用日益加大,至少在四个方面对经济发展起到促进和推动作用:第一,"文化是经济发展方向的引力";第二,"文化是经济发展的动力",经济发展的动力来源于文化的综合实力;第三,"文化是经济发展的潜力";第四,"文化可以直接创造经济效益"。

(二) 文化经济一体化的历史背景

从20世纪五六十年代开始,科技革命、信息革命极大地改变了人类的生产及生活方式,高新技术的带动、社会分工的细化促使第三产业的比重不断上升,发达国家逐步从工业型功能向服务型功能转变,精神生产领域呈现全新的态势:文化发展成为一种生产力,在社会中起着重要作用。同时,一个国家在跨入中等以上发达水平之后,人们对物质需求的增长会相对饱和,而包括文化娱乐、艺术欣赏、信息交流、教育进修、旅游观光在内的文化上的、精神上的、心理上的需求增长会加快。全社会文化市场与文化消费的逐渐形成,产生了文化经济一体化的巨大动力。从20世纪50年代到80年代,文化进入市场,文化进入产业,文化中渗透着经济的、商品的要素,文化生产日益成为经济生活的一部分,成为复杂的科技化的现代化大生产的一部分。文化与经济相互渗透、相互融合,并互相促进,产生了难以区分而且日渐成熟的社会经济类型——以文化为导引的经济,即文化经济。

20世纪90年代以来,文化经济一体化趋势进一步加强。以信息技术等高科技及其相关产业的迅猛发展为标志的科技革命宣告了"知识经济"、"文化经济"时代的到来。如今,新经济已占据美国GDP的70%,加拿大GDP的60%。迪士尼公司产业规模及赢利均进入世界前十强,好莱坞电影《泰坦尼克号》(*Titanic*)创下全球18亿美元的票房收入,等等,都充分证明了文化的经济价值。20世纪90年代正是许多国家制定其文化政策和文化发展战略的关键时期,这表明以促进"文化市场化"和"市场文化化"、推动文化内容的创新和生产的体制格局已经开始形成。迪士尼公司20世纪20年代以动画片起家,50年代进而以主题公园发展文化旅游业,90年代斥巨资进行影视业转型,不断拓展品牌,开拓市场,这正是"文化市场化"和"市场文化化"的最好注脚。

（三）文化经济一体化的主要表现

文化经济一体化潮流主要表现在经济活动和商品的文化含量与文化附加值显著提高上。

文化含量高，是指在现代经济活动和商品体现物质效用的经济价值和体现精神的文化价值相统一的条件下，文化价值所占的价格比重有所增加，而经济价值的价格比重相应下降。二战以后，各国产业结构纷纷发生变化，其共同点是：文化含量明显高于第一、二产业的第三产业迅速发展，其中又以娱乐、旅游、影视、广告、出版等行业组成的文化产业的增长速度最快。此外，在现代经济中，科学技术作为第一生产力日益受到重视，但它并不像人们以往认为的那样价值中立，"新科学的成长表明，科学是价值负荷的。这是说，科学受文化背景污染、渗透，不同文化背景会产生对科学的不同理解"。而且，"科学是人进行的，它不可能不受到人的主观观念的影响"，从而使科学技术也间接地受到文化背景的影响。

文化附加值高，则是指科技和文化在投入产出中的贡献率增大，主要表现为科技文化因素对经济增长发挥越来越强的作用。促进经济增长的非经济因素引起了经济学家的重视，从此文化因素在经济增长中的作用也越来越得到人们的普遍关注。从一般经济活动和商品的投入来看，正如美国当代经济学家莱斯特·瑟罗（Lester C. Thurow）在《21世纪的角逐——行将到来的日、欧、美经济战》（*Head to Head: The Coming Economic Battle among Japan, Europe and America*）一书中所说，绿色革命和材料科学革命的兴起大大降低了自然资源在经济发展中的重要性，从而提高了人为相对优势的重要性。因此，资源、能源、人力、物力等的有形投入对经济增长的贡献相对减弱，而科技文化等的无形投入的贡献则相应地增大。

（四）文化经济一体化的理论来源

文化力研究是文化经济一体化的重要理论来源。马克思主义对文化力的提法可以大致用"精神生产力"来代替，"精神生产力是直接生产精神产品、间接生产物质产品的智慧和理性的力量"。美国学者弗农·鲁坦（Vernon W. Ruttan）对于西方文化力方面的研究有详细的阐述，他认为："'二战'以后，一些经济学家开始关注经济发展中文化因素的作用。其中，较早进行此项研究的霍塞利茨，20世纪50年代在其文章中给予文化因素的作用以极大的关注，他还在芝加哥大学组建了'经济发展与文化变迁研究中心'，并创办了《经济发展与文化变迁》期刊，刊发了许多有关经济发展中非经济因素作用的文章。到了60年代，埃费雷特·E.哈根力图构建一个将文化变量纳入经济分析之中的统一的社会发展理论,艾麦·阿德尔曼和辛西娅·塔夫脱·莫里斯研究了文化变量与经济发展之间的定量关系,冈拉·默多尔努力用文化变量来说明经济行为、预测发展趋势、指导经济政策。80年代,P. T. 鲍尔主要针对不同人种的文化力研究方面,认为'不同文化种群之间经济行为不同,是许多经济发展史中所表现出来的一大特征'。以上研究虽引起了广泛注意,特别是在经济学界以外的领域,但基本没有被主流经济学所接纳。"① 这种情况直到西奥多·舒尔茨(Theodore Schultz)等诺贝尔经济学奖获得者也强调要注意引起经济增长的超经济因素特别是文化因素的作用时才有所改变。

国内有人将市场经济发展中的文化力定义为:"在市场经济文化活动中人为主体所蕴涵的,通过人的创造性活动整合和显化出来的精神力和物质力的多层结合与整体发展的综合力。"国外学者则认为:"文化,包括宗教和思想观念,也是一种重要的资源,可以称之为文化资源或文化力。"两种提法的区别主要在于,前者以肯定的方式提出文化力,而后者包含了对经济增长的促进和阻碍两方面作用——但无论哪一种提法,显然都承认了文化经济一体化的基本事实。

二 文化经济一体化对传媒文化市场化的推动作用

文化经济一体化最直接的产物就是文化产业的兴起。而传媒业作为文化产业的中枢,又是其中最具活力和影响力的产业类型,全球文化经济一体化趋势的加剧促使了传媒文化市场化扩张态势的不断推进。

(一) 文化产业的兴起与蓬勃发展

上文已经提到,从20世纪五六十年代开始,发达国家逐步从工业型功能向服务型功能转变,精神生产领域呈现全新的态势:文化发展成为一种生产力,在社会中起着重要作用;同时,人们对物质需求的增长相对饱和,而文化上的、精神上的、心理上的需求增长加快。全社会文化市场与文化消费的逐渐形成,产生了文化经济一体化的巨大动力。由于价值规律的作用,一切文化产品都必须进入文化流通领域,这样才能实现文化价值。而激烈的商品竞争,又迫使经济向文化、艺术回归,增强了文化的造血功能,使文化进入良性循环的发展机制。因此,经济的背后是文化,文化的动力是经济,市

---

① [美] 弗农·W. 鲁坦著,任学辉译:《国外文化力研究述评》,《社会科学动态》1997年第8期。

场经济与文化的双向合力促使文化、经济走向一体化，最终催生了文化与经济一体化的结晶——文化产业的兴起。从20世纪50年代到80年代，文化开始进入市场，开始进入产业，文化中开始渗透经济的、商品的要素，文化生产日益成为经济生活的一部分，成为复杂的科技化的现代化大生产的一部分，世界文化产业初步形成。

对这种初步成型的文化产业，联合国教科文组织的定义是："按照工业标准生产、再生产、储存以及分配文化产品和服务的一系列活动。"也就是说，文化产业指的是通过工业化和商业化方式进行的文化产品和文化服务的生产、再生产、供应和传播。按照联合国教科文组织的归纳，它至少包括以下行业：影视业、音像业、广告业、咨询业、网络业、出版业、文化旅游业、文化娱乐业等。[①] 文化产业的出现，体现了文化与经济相互交融、发展的客观趋势，并伴随着文化市场的发展而发展。

20世纪90年代以后，以信息技术等高科技及其相关产业的迅猛发展为标志的科技革命宣告知识经济的到来。电子出版、数字化、网络传输等高新技术在文化领域的广泛运用，又大大推动了文化产业的发展。在20世纪末的十年里，许多国家纷纷制定了文化扶持政策和文化发展战略，使得文化产业在该国经济体系中所占的比重快速提升。在许多发达国家和地区，文化产业已经成为国民经济重要的经济增长点和支柱。从世界范围看，文化产业的年增长率为6%，而其他产业的增长率仅为3%。美国是公认的文化产业大国，其文化产业经营总额达几千亿美元，仅迪士尼公司的年收入就高达数百亿美元；加拿大文化产业的产值超过了诸如农业、通信及信息技术等行业；英国文化产业年产值近60亿英镑，平均发展速度是经济增长的2倍。文化产业作为一种新型的朝阳产业（有学者将其称之为"第五产业"）潜力日现，并以一种锐不可当的速度在全球范围内蓬勃发展起来。对此，日本著名学者日下公人（くさか・きみんど）在《新文化产业论》中断言："21世纪的经济学将由文化与产业两部分构成"，"文化必将成为经济进步的新形象。"[②]

(二) 传媒文化市场化的迅速扩张

传媒文化作为现代文化的一个重要组成部分，它与现代市场经济是紧密联系在一起的，它使文化生产兼有文化的意识形态属性和市场的商品属性：

[①] 刘玉珠、柳士法：《文化市场学》，上海文艺出版社2004年版，第13页。
[②] 蔡尚伟、温洪泉：《文化产业导论》，复旦大学出版社2006年版，第110页。

传媒企业所生产的文化产品,首先是一种精神产品,具有影响人们的精神世界包括思想道德和科学文化素质的特殊属性;同时,它又要面对市场,在市场上进行流通和交换,因而也具有商品的价值属性。而传媒业作为现代文化产业的中枢,不仅自身就是文化产业中最具活力和影响力的产业类型,而且它带动了文化产业其他产业门类的发展,如广告业、娱乐业等。20世纪50年代起,在文化经济一体化大背景下,与世界文化产业兴起和发展的脉搏相应合,传媒文化市场化的步伐也日益加快。

在报纸和杂志等传统媒体中,现代经济、资本的运作不断加强,出现了从单一的报业集团、出版集团到跨媒介、跨行业、跨地区的大型综合性传媒集团的发展过程,传媒业逐渐建立起了庞大的产业化系统。广播的技术手段也在迅速发展,调幅广播、调频广播、立体声广播开始涌现,其内容也更加丰富多彩,日益深入到人们的各个生活领域。第二次世界大战之后重新恢复的电视业,不断地更新各种传播技术,在有线传播、卫星传播和数字化技术的推动下,已经成为大众传播中首屈一指的重要媒介。而方兴未艾的网络媒体,集合多媒体传播技术,不断创造出BBS、网上聊天、博客、播客、纠客等传媒文化新的传播形态与赢利模式,给传统媒介带来了巨大的冲击,但是也逐渐与传统媒介走向融合,进而产生出包容所有通信传播领域的"全媒体"巨人。

随着世界性市场经济向各个领域的扩展,传媒产品的市场化也使传媒的经营范围不断拓展,已经渗透到商品销售、文化娱乐、体育、旅游等众多行业。其一是传媒对商品符号价值的极度张扬,直接推动了广告业的大发展。以商业电视为例,没有比电视更容易把"符号"和"商品"连接在一起的媒体了,而商业电视的首要任务就是赢利,赢利则主要依靠广告收入。其二是传媒业运用大量资源和多种手段丰富和发展体育业。20世纪70年代以来,传媒业与体育界联手,充分发挥了市场机制的作用,打造了至今炙手可热的全球体育业。比如,本章第一节中所讲到的长盛不衰的《太阳报》"三版女郎",就是传媒业与体育界"联姻"创造出新的"吸金术"——体育娱乐业。其三是传媒业对娱乐业的促进。例如,本案例中提到的以动画片起家的迪士尼公司,在20世纪50年代创建了一种全新的娱乐产品——主题公园,而且也创立了一种全新的娱乐模式——主题公园旅游,并在全世界不同地区推广,成就了迪士尼娱乐帝国的辉煌。

随着世界文化经济一体化趋势的加剧,人类社会的空间障碍正在消失,传媒文化市场化扩张态势也更加明显。一方面,传媒文化突破了国界的限制，资本和内容的结合在世界范围内满足了不同文化背景、不同阶层的消费者多样化的需求，促使文化产业开放的力度不断加大，全球文化市场得以形成。当今世界几大国际传媒巨头如迪士尼公司、新闻集团、美国在线—时代华纳、贝塔斯曼、维亚康姆等，依靠强大的资本优势，精明的"本土化"战略和成熟的跨国经营管理策略以及高新科技传播手段，通过资本运作，对全球传媒企业进行了规模化并购或渗透式合作，并强化了在某些领域的主控地位，以便从广阔的全球市场中获取巨额利润。比如，迪士尼公司在全球拥有4000多家特许经营商店、5座主题公园，拥有和控股数量众多的电视频道和传媒企业，拥有几乎可以在全世界的任何地点，以任何一种规模来彻底实现其销售任务的能力；再如，默多克的新闻集团是当今世界上规模最大、国际化程度最高的综合性传媒公司之一，在全球五大洲70多个国家和地区拥有近800家企业，编织起了一个遍布世界的立体传媒网。另一方面，通过消费市场反映的用户的不同需求，它们又进一步通过本土化等操作模式促进了传媒文化多样化的发展，并逐渐将全世界各民族熔铸成一个多元的"文化共同体"。在"全球化"和"本土化"章节中，我们都举到了迪士尼公司1998年6月推出的动画片《花木兰》，该片正是这样的典型：影片取材于中国传统经典故事"花木兰替父从军"，但迪士尼公司为它注入了现代流行元素和美国式精神理念，把中国千年来家喻户晓的传奇故事蜕变为风靡全球的流行文化，获得了不同文化、不同年龄观众群体的普遍接受。该片在全球巡回放映，总收入达3亿美元，成为迪士尼公司利润最高和"口碑最佳"的动画片之一。除此之外，从世界各国传奇故事、历史文化中寻找创作素材的迪士尼动画片也有不少，比如《阿拉丁的神灯》、《美女与野兽》、《狮子王》、《灰姑娘》、《阿里巴巴与四十大盗》等都是这方面的杰作。这些异国传奇故事被美国传媒西方化和全球化的过程，恰恰也是美国传媒文化为了开拓市场而改造其他文化的过程。因此，当其他国家和地区的人们在面对来自美国的传媒文化时候，已经不再感觉陌生，而是或多或少地产生了某种"本土"的亲切感和认同感，在他们的心目中美国传媒文化也许更像一个"熟悉的陌生人"，有一点熟悉，又有点陌生，却让人难以拒绝。

综上所述，我们认为，正是全球文化经济一体化催生了传媒文化的市场化，并促使其不断推进，而传媒文化市场化则又从本质上包含了"全球化"和"本土化"两个立体面。只不过，也正如我们在全球化和本土化这两章中反复强调的那样，这两个立体面并不互相矛盾，它们既是一个硬币的两面，更是传媒文化为了其市场化的步伐更加快捷、有效而进行的因地制宜、因时制宜的选择。

第三节　从道德危机到社会责任修正：
传媒文化市场化的影响分析

毫无疑问，传媒文化市场化给普通大众带来了"福祉"，其世俗化、大众化、日常生活化的进路带来了文化产品的丰富和文化消费的激增，带来了对人性的尊重和欲望的满足。但是，正如一句名言所说的那样"一半是火焰，一半是冰山"，传媒文化市场化同时也给人们带来了忧虑与困扰，利润的诱惑常常驱使媒体拿正义、道德和良知去兑换市场，大量色情、暴力、媚俗甚至是欺骗的文化产品充斥着各种媒体，由此引发的各种社会问题尤其是对青少年的不良影响已经日益凸显。市场经济从本质上说是一种求利性经济，市场主体都是自利、理性的"经济人"，追求利润最大化的传媒难免会视自身利益重于公众利益、经济效益高于社会效益，因而传媒的道德"失范"正是市场化天空下无可躲藏的"痼疾"。

1990年诺贝尔经济学奖的获得者、美国纽约市立大学教授马克维茨（Harry Markowitz）曾提出："市场没有心脏和大脑，因而不能指望市场自身会意识到它所带来的严重不平等，更不可能指望市场自身来纠正这种不平等。"[①] 也就是说，市场经济虽然是经济活动的重要调节机制，但是市场机制绝不是万能的，它不可能解决一切经济和社会问题。那么传媒的"道德危机"该如何解决？出路在哪儿？这正是本小节所要探讨的问题。

案例描述：东京电视台奥姆真理教丑闻事件

日本的奥姆真理教是当今世界上最险恶的极端主义邪教之一。其教主麻原彰晃于1985年成立了"奥姆神仙会"，自称是"神的化身"，并自订教义。1987年将该会改名为"奥姆真理教"，并在1989年成为合法宗教团体。到20世纪90年代该教建立了29个国内分支机构和4个国外支部。麻原政治野心极强，1990年组织"真理党"参选失败后便走上了与政府对抗，以武力夺取政权的道路，并于1995年起制造了一系列反政府、反社会的恐怖活动。

1995年3月20日，麻原指使手下将神经性毒气沙林（学名甲氟磷异丙

[①] 禹建强：《传媒市场化的陷阱》，中国传媒大学出版社2005年版，第28页。

脂）带入东京地铁三条线路的五节车厢同时施放，造成12人死亡，5000多人受伤的惨剧。5月16日，东京警视厅将其缉拿归案。东京沙林毒气事件发生之后，东京各家电视台纷纷中断了正常节目，对该事件进行全面报道。各电视台为了竞争收视率，在奥姆真理教问题上大做文章，频频让奥姆真理教人员在电视上露面，不加批判地播放麻原的主张，甚至不惜采用花里胡哨的标题和猎奇的图像音响，以致整个电视界不得不呼吁重建电视伦理。

1996年3月，日本最大民间电视台之一的东京电视台（TBS）将奥姆真理教问题的丑闻揭露出来。原来，早在沙林毒气事件之前的1989年10月，一位名叫板本堤的律师就已接手为奥姆真理教受害人办理法律诉讼案，并站出来揭露了奥姆真理教的欺骗性，东京电视台计划以《奥姆真理教受害人之会》为题播出板本律师的谈话。但此事被麻原获知，便派手下与东京电视台做了一笔极不光彩的交易：请东京电视台独家采访去德国的访问活动。东京电视台立即取消了原来的播出计划，而板本律师一家四口则于不久神秘失踪，后证实于11月被麻原手下杀害。板本律师失踪案发生后，日本警方开始怀疑并着手调查奥姆真理教，此案最终成为破获东京地铁沙林毒气事件、捣毁奥姆真理教的一个重要线索，也是日后警方起诉麻原的重要罪证。在这个事件当中，东京电视台不仅成了麻原残害板本一家的间接帮凶，也成了奥姆真理教日后变本加厉野心膨胀的"开道者"。此事直到1996年3月才被揭露，日本电视界深刻反思，遂将3月26日定为整个电视界的耻辱日。

东京电视台奥姆真理教丑闻事件可以说是现代社会传媒道德"失范"的一个经典案例，利益的收获诱使传媒出卖了应有的正义、良心和道德守望，事实上成为邪教的帮凶和开道者，最终将自己钉在了"耻辱柱"上。在众声喧哗的消费社会中，东京电视台奥姆真理教丑闻事件值得整个传媒界认真反思。

一　传媒消费主义的盛行与媒体道德危机的凸显

20世纪70年代末80年代初以来，伴随着西方世界政治、经济和文化领域的显著变化，传媒消费主义逐步兴起。所谓的传媒消费主义，是指传媒着眼于创造公众物质消费和精神消费的需求欲望的、为强调物的符号意义及其为营造"消费社会"的氛围而进行的传播活动及相应的社会实践。法国当代哲学家利奥塔（Jean-Francois Lyotard）认为，传媒消费主义倾向是后现代消费社会的本质体现。

作为观念体系，直接为传媒消费主义提供了理论基础的是功利主义学说。该学说将功利原则视为道德与立法的根本原则，批评自然权力学说和神权学说，主张以功利原则评价与改造现实社会，把"最大多数人的最大幸福"原则作为衡量政治、经济、法律、社会与言论出版自由等一切问题的唯一标准。而"最大多数人的最大幸福"、"自由放任"、"快乐等值"等功利主义学说的主要原则恰恰为媒体消费主义提供了直接的理论源头。与此同时，媒介消费主义也打上了自由主义尤其是新自由主义的烙印。新自由主义迷信市场机制万能，主张减少或取消国家对经济的干预，在新的形势下，以新的形式来回复新古典的自由放任政策。在传媒领域，新自由主义借20世纪80年代美国总统里根和英国首相撒切尔夫人掀起的革命，为媒介的自由竞争、兼并和扩张鸣锣开道，推进了西欧国家对广播电视媒介的放松管制（deregulation）和私有化。电视业中重视效率、重视市场竞争的声音开始上涨，政府管制电视媒体的力度下降、范围也缩小了很多，其结果是欧美等国众多公共电视系统"少有不在解禁、自由化、私有化等口号中应声倒地的"——在功利主义和新自由主义理论的影响下，媒体消费主义应运而生。

作为西方消费社会特有的文化实践和文化现象的传媒消费主义具体表现出了三个方面的特点：第一，市场入主传媒、商业逻辑支配媒体。传媒消费主义以市场、商业逻辑为驱动力，而商业逻辑奉行的是利润最大化原则。第二，受众至上、受众成为消费者。传媒消费主义的重要主张之一就是把受众当做至高无上的上帝对待，为受众提供了多样化的选择，同时以受众最高的效率和最低的成本发现最具有吸引力的传媒内容。第三，主张放松媒体管制，认为政府在产权、并购等方面施加的强制性约束并无必要。"现在是自由与选择的时代，而不是控制与稀缺的时代，市场竞争是保证新闻自由最基本的条件，只有打破公共服务媒体的垄断，才能进入一个真正的'传播媒体自由沟通'的电子信息时代。"①

从上述特点我们可以看出，传媒消费主义的兴起无可否认地为传媒业产生了一些积极影响。其一，传媒消费主义关注受众的物质生活，为受众提供娱乐服务，在客观上释放人的欲望，它内在地体现了时代文化由"理想的天空"转向世俗并开始重视物质享受和感官快乐的价值取向；其二，传媒由原先的政治、经济、教育、国际事务等传统领域扩散到日常生活的方方面

---

① 周小普主编：《全球化媒介的奇观——默多克新闻集团解读》，中国社会科学出版社2006年版，第323页。

面，使其关注的内容更加丰富多彩，覆盖面更加宽泛，从而也就使传媒的信息资源配置趋向全面、合理；其三，传媒消费主义倾向从内容到形式的"可受性"，强化了传媒自身的亲和力，使传媒由昔日高不可攀的圣坛走向大众化、生活化、世俗化，由教化型转向服务型，传媒的多样化社会功能得以开发和实现

不过，一个值得关注的问题是，传媒消费主义所引发的弊端也显而易见。它所推崇的"最大多数人的最大幸福"、"自由放任"、"快乐等值"等主要理念直接促成了媒体"想要不惜一切地取悦最大多数人的态度"，促成了传媒文化媚俗化态势，使得性和暴力作为畅销的卖点日胜一日，使得商业广告横行无阻，而传媒的社会责任则愈加淡薄。而这也正是东京电视台在1989年奥姆真理教刚刚获得合法地位、"邪教"面目并未完全撕开时，断然出卖了板本律师的揭露节目，而后又在东京地铁沙林毒气事件之后不加批判地大做文章的全部原因。这种明显缺乏道德价值判断和文化发展意识的传媒消费主义以其消极、被动的态势，在导致受众心理宣泄和快感享受的同时，也消除了人的激情和创造性，甚至使人们玩物丧志、是非莫辨。歌德（Johann Wolfgang Goethe）曾说："对待群众，如果你是激起他们想要的情感，而不是激起他们应有的情感，那就是个错误的让步。"对由传媒文化市场化所带来的消费主义来说，由此而引发的道德风险正是问题的症结所在。

"道德风险"是20世纪80年代西方经济学家提出的一个经济哲学范畴的概念，指的是从事经济活动的主体在最大限度地增进自身利益时，做出不利于他人的行动。这种行动并不违法，并不违背合同，却是有悖于"利人利己"的市场道德。

其实，市场经济中的"道德风险"问题已是一个古老的话题。正如马克思（Karl Marx）在他的《资本论》中所引述的："古代社会咒骂货币是换走了自己的经济秩序和道德秩序的辅币。"19世纪初叶，法国空想社会主义思想家的著名代表人物傅立叶（Charles Fourier）也曾历数"商业社会"的36种罪恶。亚当·斯密（Adam Smith）在《国富论》中强调市场这只"无形的手"的作用时认为，经济人追求个人利益最大化时，促进了整个社会福利的增加；然而，在现实的经济生活中，当自利的经济主体忽视基本的市场伦理，必然对整个经济产生破坏作用。在他的另一本书《道德情操论》中，亚当·斯密着重强调同情和仁慈在创造一个具有凝聚力社会的过程中的关键作用。显然，斯密的意思是，只有在一个有凝聚力和道德约束的社会中，个人对自我利益的追逐才会同时为公众利益服务。亚当·斯密认为，只

有在这种情况下，社会合作和凝聚力才会为追逐个人利益的冲动而进一步加强。因为，由于劳动分工，进行对双方都有利的合作和交易对每个人的自我利益都有好处。

"道德风险"归纳起来，主要有三种情况：一是市场交易对人类传统的交往关系及其道德观念的冲击；二是极端的"拜金主义"或"向钱看"对人性的扭曲和对社会正常秩序的破坏；三是某些市场主体利用市场的不确定性和合同的不完全性或局限性在最大限度地增进自身利益时做出不利于或有损于他人的行动。[①] 应该说，"道德风险"本质上是一种与市场经济相伴随而行的风险，只要市场经济存在，道德风险就不可避免。但是，作为一种"起作用的不确定性"，如果不能将"道德风险"的影响力限定在一定范围之内，其结果就只能是造成"道德失范"，并最终导致严重的"道德危机"。

实际上，在传媒领域，"道德危机"与传媒市场化的进程也是如影随形的。以美国为例，19世纪30年代第一张成功的美分报即由本杰明·戴（Benjamin H. Day）创办的《太阳报》就曾经因为杜撰"月球人"的连续报道而引起广泛指责。同一时代另一张著名的美分报《纽约先驱报》也因过分渲染犯罪场面、随意诽谤他人而遭受社会各界发动的"道德战争"。19世纪末纽约《新闻报》的老板赫斯特利用不正当手段与普利策竞争，利用报纸煽动美西战争以及唆使刺杀麦金莱总统，则激起了全社会的抵制并最终因此而声名狼藉……

在传媒消费主义盛行的当代社会，"道德危机"更是如临水火。德国著名哲学家、当代法兰克福学派的主要代表哈贝马斯曾指出，晚期资本主义的发展，已经促使商业化的媒体成为消费主义泛滥的非理性公共表演舞台；舆论统治技术和商业化已使公共领域蜕变为消费领域。上文我们也已经谈到，传媒消费主义是以商业逻辑为驱动力的，而商业逻辑执行的是利润最大化原则。商业逻辑一旦支配媒体，就可能把一切当作商业资源来开发，从而带来一系列不良后果：其一是资本取代行政（政府）控制了传媒；其二是为了争取受众争夺广告，煽情媚俗内容泛滥；其三是自由竞争被垄断取代，垄断扼杀了意见的自由市场。总而言之，商业逻辑一旦支配传媒，就必然破坏其自律性，形成严重的文化"物化"现象，从而遮蔽、挤竞媒介应有的公共性、公益性的本质规定，进而引发严重的媒体"道德危机"。东京电视台奥姆真理教丑闻事件就是一个最有说服力的范本。

---

① 参见杨再平《市场论》，经济出版社1997年版，第203—204页。

二 社会修正与自我修正：社会责任论与传媒自律

美国在经历了18世纪末19世纪初的"党派新闻时期"、19世纪末20世纪初的"黄色新闻时期"之后，几经传媒与社会间的磨合，终于开始重新审视多年来保障传媒运作的自由主义原则，并对其作了重要补充，从而产生了"社会责任理论"——在传媒消费主义盛行、媒体道德危机日益凸显的当代社会，重建传媒伦理道德的呼声已经日胜一日，那些关于传媒社会责任与行业自律的"旧话"也逐渐走向中心舞台。

作为一种新闻观念，社会责任是相对于新闻传媒与从业人员的新闻权利而言的。社会责任在这里指的是新闻媒介和新闻从业人员在新闻活动中对社会安定、国家安全和公众身心健康所承担的法律、道德责任和社会义务。[①]

追溯新闻自由的发展历史我们会发现，其实在"新闻自由"概念中，权利与责任的对应理解源远流长。人类历史上第一个规定了新闻自由的宪法性文件——18世纪法国著名的《人权宣言》第11条就明确提出："无拘束地交流思想和意见是人类最宝贵的权利之一，每个公民都有言论、著述、出版的自由，只要他对滥用法律规定情况下的这种自由负责。"[②] 就在法国国民议会辩论新闻自由条款的前一年（1788），美国的两位立国者詹姆斯·麦迪逊（James Madison）与托马斯·杰弗逊（Thomas Jefferson）在一次通信中也曾明确提出"自由不是终极的责任"，意思是"自由本身就体现着责任"[③]。1924年出版的《新闻学原理》标志世界新闻学成熟，其作者美国著名新闻学家卡斯柏·约斯特（Casper S. Yost）同样认为，行使出版自由要出于良好的动机，有公正和正当的目的，他强调："关于出版自由，新闻负有两大责任，第一，只要这种权利并不对自由政府和公民自由引起直接的、紧急的和明显的危害，报纸就应当保卫此权利，不要使它受到任何侵犯。第二，报纸应当为大众福利而真诚地、聪明地运用此项权利。"[④]

20世纪40年代，西方一些新闻学者开始对传统的自由主义新闻理论进行认真、深刻的检讨，认识到这种理论所宣扬的自由放任只会导致混乱并最终失去新闻自由。于是，社会责任论便应运而生。1943年以美国芝加哥大

[①] 童兵：《比较新闻传播学》，中国人民大学出版社2002年版，第131页。
[②] 陈力丹：《世界新闻传播史》，上海交通大学出版社2002年版，第69页。
[③] 陈力丹：《新闻自由/社会责任/传媒操守》，http://www.zjol.com.cn/05cjr/system/2002/02/01/000851993.shtml。
[④] 童兵：《比较新闻传播学》，中国人民大学出版社2002年版，第132页。

学校长罗伯特·哈钦斯（Robert M. Hutchins）为首的一批学者组成了报刊自由委员会（又称"哈钦斯委员会"），承担起了对报刊自由的现状和前景进行调查分析的任务。1947年该委员会提交的总报告《一个自由而又负责的报刊》，清楚地指出新闻自由陷入危机的主要原因，乃是缺乏责任的约束，因此要求报刊对全社会负责，并具体提出了五个要求，即社会责任论对报刊的基本要求：第一，"对每日的事件予以真实的、全面的和理智的报道，并将它们置于能显示其意义特定的前后联系之中"；第二，报刊要成为"交换评论和批评的论坛"；第三，报刊要反映出社会各个集团的典型画面；第四，报刊要澄清和提出社会的目标和价值观；第五，报刊要"完全接近每日的信息"[①]。社会责任论提出后，不仅在美国新闻界得到普遍认同，到了50年代被西方大多数国家所接受，并逐渐取代自由主义报刊理论成为西方大多数国家的主导性理论。毋庸置疑，社会责任论对美国、对西方其他国家的新闻媒介确实产生了积极的影响，如它为公众评价西方传媒建立一个价值体系，提供了批判的武器；各国媒体都先后建立了自律规则；煽情新闻在一定程度上得到了抑制；在一定程度上影响了司法机构的判案标准，等等。尽管社会责任论自身有着不可克服的缺陷，但它作为自由主义新闻理论的重要修正和补充，依然闪烁着历史的光芒。

20世纪50年代，在社会责任论的影响下，西方各国逐步建立起传媒自律制度与规范。新闻评议制度的兴起就是其中一个重要的现象。新闻评议制度属于一种新闻行业的自律性组织。它由代表社会公共利益的独立机构，对于新闻事业的实际表现给予客观而公正的监评。其基本职能是"负责处理新闻业内部或新闻业与社会间的新闻纠纷（即因为新闻传播行为所引发的矛盾纠纷）。它以国家宪法及相关法律为依据，按照行业规约和评议会章程，对涉及新闻道德问题和新闻侵权所引发的新闻纠纷进行仲裁，并监督裁定决议的执行"。它是以自律方式敦促新闻界履行社会责任的一种有效方法。1953年成立的英国报业总评议会，因其体制之完善、成效之显著而著称于世。该组织获得了英国政府的支持，由25名委员组成，他们均为来自英国7个报业集团的编辑和经理代表，其主要职责是受理外界对报业的控告和申诉，作出裁决与结论。1963年该组织改组为由报界、法律界和社会知名人士代表共同组成的报业评议会，以增强其权威性和社会性。在此前后，世界不少国家纷纷仿效建立新闻评议组织，其名除了称评议会之外，还有新

---

① 李良荣：《当代世界新闻事业》，中国人民大学出版社2002年版，第138—139页。

闻荣誉法庭、新闻道德法庭、新闻伦理委员会等多种名称。

另外,新闻从业人员的职业道德规范也在逐渐订立与实施。18世纪晚期西方产业革命之后,因为新闻传播活动范围不断扩大而出现了许多不守信用、不择手段等不良现象。为了调整新闻传播活动中各有关方面的关系,各国的一些新闻机构、团体分别制定了《记者守则》、《报业信条》、《新闻伦理纲领》,以作为每个新闻工作者自我教育、自我约束的行为准则。1874年瑞典政论家俱乐部成立后制定了职业守则,作为各报行为指导纲领。[①] 1923年美国报纸编辑人协会制定的《新闻规约》是西方第一个由新闻同业制定的自律规约。1954年联合国经济与社会理事会拟订的《国际新闻道德规约》,由联合国转发到各国记者协会参照执行。新闻道德的范围从报业扩展到广播、电视等整个新闻行业。《国际新闻道德规约》对全世界新闻从业人员的职业理想、职业态度、职业纪律、职业责任四个基本方面作了明确的规定:其一,职业理想,即献身于公共利益,反对谋求个人便利及争取任何有违大众福利的私利;其二,职业态度,必须严肃、严谨、认真、踏实,确保公众所接受的消息绝对正确,不应任意曲解事实,也不故意删除任何重要的事实;其三,职业纪律,只用公平的方式获得新闻、照片和资料,对秘密获得的新闻来源保守职业秘密;其四,职业责任,即竭尽一切努力,以确保新闻的真实、全面、客观和公正。[②] 新闻职业道德是新闻工作者自律的行为准则,借助舆论的力量来促进新闻从业人员自觉遵守,它与新闻评议制度相辅相成,共同敦促和鼓励了新闻从业人员完成其应有的社会使命。

马克思告诉我们:"道德的基础是人类精神的自律。"新闻职业道德的提高,起最后决定作用的是新闻从业人员的内在信念。然而,为世界各国采用和指定的新闻职业道德规范、建立新闻职业道德规范评议组织等举措,就其性质而言,均属于新闻职业道德的外部建设,旨在调整新闻传播活动中各种外部的道德关系,制约新闻职业从业人员的外部表现行为,并未深入到新闻从业人员的内在信念的层次。因此,展开新闻职业道德问题内部建设十分必要,在一些西方国家如美国也有尝试:一是展开传媒"评论运动",通过形成一个有利于解决传媒职业道德问题的社会舆论环境,以影响或改变传媒从业人员的内在道德信念;二是加强新闻职业道德教育,培育新闻从业人员以及未来的新闻从业人员的职业道德素质;三是鼓励关于潜在新闻伦理意识

---

① 《中国大百科全书·新闻卷》,中国大百科全书出版社1990年版,第399页。
② 李良荣:《新闻学概论》,中国人民大学出版社2004年版,第305—306页。

方面的研究与探索。①

总之,在市场化的天空下,传媒既是社会公共机构,又是典型的经济谋利者,其间的角色冲突一直是世界性的难题。尤其是在这个"众神狂欢"的消费社会,法律在众多不良传媒现象面前已经显得苍白,道德建设的必要性越发明显,传媒社会责任与行业自律因此将成为一个永不消沉的话题。

历史的发展有时也带有某些戏剧性。20世纪初期,美国报业史上一个划时代的人物普利策开始厌恶自己所肇始的黄色新闻的泛滥,于是退出了与赫斯特的竞争。在按照他的遗愿设立起来的哥伦比亚大学新闻学院前,后人塑立了他的铜像,并在基座上镌刻了他的一段名言。这段名言或许也正是我们面对当代传媒文化市场化的影响问题时,所不得不认真思考的话题。所以,我们谨以这一段名言作为本章的结束语,并以此共勉——

"我们的国家与报业休戚相关,升沉与共。报业必须具有能力,大公无私,训练有素,深知公理并有维护公理的勇气,才能保障社会道德。否则,民选政府就会徒有虚名,成为一种赝品。报业的谩骂、煽动、虚伪、专横将使国家与报业一同堕落。塑造国家前途之权,掌握在未来的新闻记者手中。"②

---

① 李良荣:《西方新闻事业概论》,复旦大学出版社1997年版,第305—306页。
② 童兵:《比较新闻传播学》,中国人民大学出版社2002年版,第272页。

第五章　传媒文化的分众化

1970年，美国未来学家阿尔文·托夫勒（Alvin Toffler）在《未来的冲击》（*Future Shock*）一书中首次提出了"分众"（Demassify/Demassification）的概念；1980年，他在《第三次浪潮》（*The Third Wave*）中进一步写道："群体化的传播工具正在经受冲击。新的，非群体化的传播工具在发展，在挑战，甚至要取而代之。第三次浪潮就这样开始了一个真正的新时代——非群体化传播工具的时代。"[1] 这里讲的实际上就是我们所处的信息时代，即分众化传播时代。托夫勒于20世纪七八十年代作出的传播学预测，到了20世纪末就已显露端倪。

随着网络、手机等新媒体的出现，传统的大众传播模式悄然改变。那种面向广大、不确定的受众以及追求覆盖率与受众规模的大众传播，正让位于追求覆盖的针对性和有效性、尊重受众的个性化需求的分众传播。有学者指出，在分众传播时代，传播模式从"一对多"转向"多对多"，甚至回归到"一对一"传播；从满足大众需求转向满足部分人、满足某方面需求转变；从"以获取绝大多数人的注意力为目标"转向"以获取某特定部分人的注意力为目标"。尼葛洛庞帝在《数字化生存》一书中指出："大众传媒正演变成个人化的双向交流，信息将不再被'推给'消费者，相反人们（或他们的电脑）将把需要的信息'拉出来'，并参与到创造信息的活动中。"[2] 受众真正成了传播的主导者，长久以来较为固定的传媒文化模式在传播的主导性问题上，也开始有了崭新的变化。

分众传播针对不同的对象，采用不同的技术和策略，传播不同的内容。可以这样认为，以往的传播是对信息的大规模生产和发散性传播，而分众传播则是对信息的定制化生产和多点对多点的网状性传播。[3] 大致说来，这种

---

[1]　[美] 阿尔文·托夫勒：《第三次浪潮》，生活·读书·新知三联书店1984年版，第240页。
[2]　[美] 尼葛洛庞帝：《数字化生存》前言，海南出版社1997年版，第4页。
[3]　杨国安："分众传播在制定健康教育策略中的应用"，《中国健康教育》2005年第11期。

传播模式有如下两个特点：

第一，多点互动成为主要的传播模式。分众传播关注个人、关注不同群体的需要，由少数对多数的传播走向多数对多数（多对多）的传播，甚至回归"一对一"的传播；① 增强了信息的互动效果和传播质量。这种互动性赋予人们在传播过程中转换角色的自由，受众不再是被动地接受信息，而是主动地掌握和控制信息，参与信息的传播。

第二，个性化和定制化的信息服务。个性化定制化的信息服务体现出对个体需求的尊重，具体表现在两个方面：一方面，传播者更加关心和了解受众的需求，不同媒介圈定各自的目标受众，并主动为其量身订制；另一方面，受众的主体意识增强，面对各种媒介提供的自助大餐，进行自由主动地搭配，各取所需。

结合这两大特点，我们不妨先给传媒文化的分众化做一个简单的定义：所谓传媒文化的分众化，就是指传播者根据受众需求的差异性，面向特定受众群体的特定需求，提供特定的信息与服务的一种传播态势。② 传媒文化的分众化，不仅在现代传媒文化中蔚为大观，而且是传媒业主动应对市场的一种策略选择，其发展潮流已势不可挡。在本章中，我们将从表征、动因、趋势三个维度出发，着重对传媒文化的分众化现象作出解析。

第一节 传媒内容及媒介组织的分众化：传媒文化分众化的表征及解读

人类从工业社会进入信息社会之后，其经济形态也随之发生了重大变化：注重质量、消费者起主要推动作用的经济形态取代了注重数量、生产者起主要推动作用的经济形态。信息社会的生产和消费形态促成了消费群体的分化。当今的传媒时代，受众群体能够被清晰的描述或定义，同时，这部分群体也恰恰是某些产品（包括媒介产品和其他商品）的领先消费群或重度消费群。③ 一方面，媒体在市场需求和行业竞争的双重压力下，正在实现从信息发布者向为受众提供个性化服务的角色转变。把受众（消费者）的需

---

① 郭惠民：《大众 vs 分众》，《传播》2005 年第 6 期。
② 杨凤娇：《电视分众化传播趋势的发展策略》，《电视研究》2001 年第 6 期。
③ 该定义引自分众传媒控股有限公司官方网站，详见 http://www.focusmedia.cn/cn/index.htm。

求摆在第一位成为必然趋势；另一方面，媒体根据受众的特征细分出一个个目标受众群，并有针对性地提供媒介产品，从而也催生了专门从事某种特定内容生产的媒介组织。

正如我们在本书前面章节中提到的那样，媒介产品和媒介组织是传媒文化的主要载体，加之媒介产品和大众传媒自身在信息社会已经发生了上述变化，因而我们认为，传媒文化在媒体的分众化表征上也完全可以从两个层面加以考察：一是内容层面，即媒介产品的分众；二是载体层面，即传播渠道的分众。下面，我们就分别从这两个层面，详细描述传媒文化分众化的基本表征。

一 媒介内容的分众化改造

在当今这个信息爆炸的时代，要让受众从海量的信息中迅速准确地找出符合自己需求的内容，就要求媒体对其生产的信息进行特殊的设置——这也正是当代媒体在内容上进行分众化设置的原因之一。在具体的实践上，我们看到，当代媒体已经在利用各种各样的手段来实现这一意义上的分众化目标。

（一）纸媒体的分众化改造——以《南方都市报》为例

案例一：《南方都市报》的分众化策略[①]

《南方都市报》正式创刊于1997年1月1日，是面向珠三角地区主流人群所创办的综合类日报，目前是广东省内发行量最大的、国内版数最多、信息量最大的综合性日报，同时也是国家新闻出版总署所评的2006年全国晚报都市报竞争力排名第一的报纸。

20世纪90年代末期，随着综合性报纸同质化竞争的加剧，《南方都市报》开始了一系列的改革。在国内首创了分叠出版模式，先后进行了9次扩版和改版，在短短的几年之内从最初的16版发展到了今天的常规版面96版。

自2002年3月4日始，《南方都市报》率先对各类新闻进行了分叠设置，A、B、C、D叠分别定位在区域新闻、国际/体育/娱乐新闻、经济新闻、生活杂志四大版块。

[①] 该案例根据传媒领袖网文章《南方都市报总编辑王春芙阐释改版理念》改写，原文参见 http://www.medialeader.com.cn/leader/200610/20061018145550_2620.html。

2006年《南方都市报》又一次改版,在A3版增设"速览"版来分担封面的导读功能,提供便捷的检索服务,全日要闻,一目了然。

再次改版的重点是A叠——集中力量打造新闻版块,使其充分体现《南方都市报》的核心竞争力。做好新闻,充分体现"新闻纸"这一报纸的最本质特征。A1叠以时政和社会新闻为主,A2叠以国际新闻和体育新闻为主,并增设7个"城事"版,汇集广东各城最核心的事件资讯,报道坚持立足民生、权威、客观、深入。比如,广州A2叠,由16个版升级至24个版,强化民生内容、热点话题、公共服务乃至街坊故事,使广州A2叠成为"更广州"也更贴近市民的"广州读本"。同时加强对时政新闻报道的力度,解读广州市委、市政府在各个时期的工作意图和工作动向。市民所关注的衣食住行、生老病死等方面的情况,《南方都市报》也会重点关注,将一些全国性的话题涵化为本地性报道,真正反映老百姓的心声,例如,以介绍楼市、车市等生活消费资讯为主的D叠,也增设了广州杂志、深圳杂志、东莞杂志、佛山杂志和珠海杂志,以适应不同城市读者对本地信息的需求。

"观点纸"时代的要求在此次改版中也受到了充分尊重。评论版面增加到3个,分为"社论"、"众论"和"个论"——社论代表一个报社的看法和立场;个论是由国内外的专家、学者,以及在第一线从事实际工作的人撰写的文章,他们对当前社会上的一些热点和难点问题保持关注,以个人的身份发表见解;众论版则主要是刊登广大老百姓、广大读者对日常生活中发生的一些问题的看法和见解——这样一来,新闻与解读能够融为一体,为读者提供了很好的背景参照。

《南方都市报》将市民阶层作为自己的主流读者群,并根据读者的需求,打造出不同的版块,在国内首创分叠出版模式,最终成功转型为了一份"新主流媒体"。分析《南方都市报》的分众策略,我们可以对纸媒体在内容上的分众化改造作出如下解读:

1. 分叠+导读:引导读者各取所需

分叠设置版面是当今国际报业的一种常见的方式,如美国《芝加哥论坛报》(*Chicago Tribune*)、《底特律自由报》(*Detroit Free Press*)、《巴尔的摩太阳报*》(*Baltimore Sun*)、《洛杉矶时报》(*Los Angeles Times*)等厚报均采用了分叠的做法;但在国内,近年来一些走在市场前端的报纸如《南方都市报》、《京华时报》、《新京报》、《北京青年报》等开始了设置"叠"的尝试,并且取得了相当好的效果。所谓"叠",就是在"报纸—版面—栏目"

的三级分类的基础上，将同类版面进一步归类为一个单元结构，使每一叠的内容自成一体，形成整份报纸中的一份可折叠的小型杂志，更加方便读者随意选择需要的信息或抛弃干扰的信息；方便了读者过滤其他不感兴趣的信息，节省了阅读的"时间"和"精力"，也方便了广告商有选择、更高效地投放广告。应该说，分叠设置既体现了综合类报纸内容多样化的特点，又兼顾了读者群的差异化，实现了分众的目标，最终有利于扩大读者的规模。

与分叠紧密相连的是导读。导读是对读者发出的清晰阅读指令。厚报的时代，不同读者的阅读兴趣不同。每位读者读完整份报纸的可能性也很小。因此导读也就显得越来越重要——导读能够把当天报纸最精华的内容简洁地呈现在读者眼前，让读者在比较短的时间内找到自己想要阅读的信息。

应该说，分叠＋导读的做法是根据读者的阅读习惯，提升读者的阅读效率的有效方式，最终提升的是报纸的整个传播效率。《南方都市报》在采用这种分众化传播模式之后，报社的广告经营额急速上涨，改版后一年的时间（到2003年上半年）广告收入达5.1亿元，同比增长80%。[①]

2. 信息本土化：提升报刊的亲和力

关注本地，向本土新闻倾斜，是《南方都市报》适应不同地区读者的另一个重要策略。今天的读者希望报纸提供与国计民生息息相关的主流信息的同时，也要求报纸能够提供具有地域和社区亲和力的生活服务类信息——要让当地读者从心理上接受你的报纸，本地化将是跨地域发行的报纸的基本策略。实际上，从新闻特性的角度上讲，这也恰恰是新闻的贴近性中"地域贴近性"的基本要求。

《南方都市报》面向珠三角地区发行，主打广州、深圳两大中心城市，并覆盖东莞、佛山、珠海。为此，该报在A叠和D叠中针对不同城市开设了不同版面，这显然正是一种本土化的策略。一般性的综合性报刊具有"全而广"的特点，能够充分发挥媒介的"环境监测"功能，但由于其综合性实在太强，有时却又不能满足不同地域受众的不同信息需求。因此，报刊将各个小区域性的信息汇集成对某一个大区域的"全景式"参考，就能够同时满足读者不同的需求。除《南方都市报》外，《华西都市报》的《巴蜀新闻》也同样起着这种本土化的作用——四川省内不同地域的一些新闻都能在该版块上得到体现。显然，当宜宾、内江、乐山、南充等地的读者看到本地的新闻登上了《华西都市报》时，其地缘的亲近性自然也就十分容易

[①] 该数据来源新浪网新闻中心，http://news.sina.com.cn/c/2007-08-25/142813742702.shtml。

地转化为对该报的亲切感。

实际上，很多成功的国际期刊走的正是本土化发展的道路。《时代》（Times）是美国三大时事性周刊之一，其美国本土版是面向全球的主刊，关注的主要是世界性的大事件。此外，该周刊也设置了亚洲版和欧洲版等极具区域性质的地方版面。虽用同一名称，但地方版却是根据不同地区的特点和读者对象来决定其风格和报道内容的——例如，2006年时，《时代周刊》亚洲版就曾用了其中一期的封面来关注当年度在中国颇具影响力的"超级女声"现象。与之相应的是，被认为是世界上影响最大的流行音乐杂志——美国的《滚石》（Rolling STone）杂志，也在2006年2月发行了中文版，其内容包括中国本土资讯和美国版文章的中文译文。美国赫斯特集团旗下的著名时尚女性杂志 Cosmopolitan 已在全球30多个国家发行，该杂志也已经用34种语言出版了59个不同的版本，包括美国版、中国版、意大利版、韩国版、马来西亚版、印度版、澳洲版、日本版和新加坡版等。中国版每期只有25%的文章是向总公司美国赫斯特集团购买的，其他75%的内容则是符合中国读者口味的时尚主题或本土人物报道，由本土的编辑策划——因为中国版是给和美国人的平均收入不在同一水平上的中国人看的，因此其美国版的时尚生活理念和标准不能完全移植到中国。仅以女性话题来看，该杂志的两种版本就有明显的地域性区别——由于两国女性的生活方式不同，在美国，Cosmopolitan 的主题定位于两性"关系"，国内版的主题则为"女性关注的社会话题"；甚至中国版选用美国版的内容时也不仅仅是做简单的翻译，而是经历了一个再创造的本土化过程。此外，在 Cosmopolitan 中国版上投放的广告中85%的商品也是在国内就可以买到的。

在全球化的背景下，报纸和杂志有了被"全球阅读"的机遇，一些全球性事件和全球性信息的传播效率明显增强，但是媒体也应当充分考虑到不同地域和不同文化背景下不同读者的具体差异性——也只有这样，用"本土化"的策略来尊重不同读者的不同需要，实现媒体内容上的分众，媒体才能最终实现其真正意义上的全方位覆盖、全球化目标。

3. 扩大话语权：兼顾精英和大众读者

从上文的案例中，我们可以看到，与"分叠+导读"和"版块内容地域化"不同，《南方都市报》评论版的扩版对媒体的话语权进行了重新分派——在该报的评论版上，业内人士、社会精英以及普通市民都有了发言的机会，"社论"、"众论"、"个论"这三种形式使不同的声音都有了表达的途径，使不同层次的利益诉求都得到了尊重，实际上，也就是通过分众化的手段把不同的读者群都拉到了报纸的周围。

诺贝尔经济学奖获得者赫伯特·西蒙（Herbert A. Simon）曾说："随着信息的发展，有价值的不是信息，而是你的注意力。"根据认知心理学中的过滤理论，注意力就是对信息的一种选择性加工。大脑会加工它想要加工的信息，而把其他信息放在一边。① 一个人不可能把有限的注意力用于关注无限的信息，因此如何抓住人们的注意力就成了媒体竞争的焦点。《南方都市报》的实践证明，分叠、导读、本土化以及话语权的赠与这一系列分众化策略，对报纸注意力的提升已经起到有力的促进作用，也已经成为厚报时代报纸信息有序化的重要策略。

（二）电视媒体的分众化改造

案例二：湖南卫视以特色圈定观众②

2003年，已经在全国观众中具有一定号召力的湖南卫视再度改版，从此打出了"娱乐"的口号，确立了"锁定娱乐、锁定年轻、锁定全国"的频道定位。

在这个定位下，湖南卫视的栏目主要细分为娱乐、新闻资讯、电视剧、谈话四大类，其中娱乐栏目在数量、播出时段和时长上占绝对优势。以2007年10月的栏目为例，湖南卫视共有28个栏目，其中娱乐类的栏目12个，占42%；新闻资讯类栏目5个，占17%；电视剧5部，占21%；谈话类栏目3个，占10%；其他栏目3个，占10%。娱乐栏目在形式上包括娱乐资讯、音乐、综艺、真人秀、脱口秀、选秀、文艺晚会等，这其中既有播放5年以上的老牌和王牌节目，如"快乐大本营"、"娱乐无极限"；也有新推出的或改版的新栏目，如"谁是英雄"、"变形计"、"勇往直前"等；还有大型活动带动的阶段性的自创栏目：如"足球小子"，"舞动奇迹"，"瘦身魔方"；以及应景的文艺晚会，如迎接八月建军节的"红歌会"，庆祝十七大的"十月放歌"等。

改版后，即使是非娱乐类的新闻资讯栏目也具有了强烈的娱乐特色。2003年11月，湖南卫视"老招牌"晚间新闻改版后完全换了新面孔，用嬉笑怒骂的说新闻方式，选取奇闻轶事、实用信息或海外风情作为播报内容；

---

① ［英］布丽姬特·贾艾斯主编，黄国强等译：《认知心理学》，黑龙江科学技术出版社2007年版，第23页。

② 该案例相关信息出自湖南卫视官方网站，http://www.hunantv.com/。

另一档于 2004 年 11 月推出的生活资讯和民生新闻栏目"播报多看点"以"资讯聊天剧"为栏目形态,关注热点时事和泛健康资讯。这些方式都提高了新闻的趣味性和娱乐性。

同时,为了充分展示其"娱乐"精神,电视台在节目时段上也采取了错位竞争的模式。在其他电视台都在播电视剧的黄金时段,湖南卫视用来推广和播放自办栏目,并特设了一个快乐中国 730 自办栏目带,把 7：30—10：00 的黄金时段让位给娱乐节目,电视剧则被安排到 22：00 之后的时间播放。

湖南卫视通过近几年的特色化打造,已经成功地树立起了国内娱乐的第一品牌。根据 2007 的《中国卫视品牌竞争力提升报告》,① 在栏目竞争力、电视剧竞争力、大型活动竞争力和节目创新力等几项评比中,湖南卫视均名列省级卫视第一,成为省级卫视的领跑者。

20 世纪 90 年代末以来,随着国内省级上星频道的增多和同业竞争加剧,各省级卫视纷纷重新改版,开始倾力打造特色化品牌频道,借助全新的节目内容和品牌风格,调整目标受众群,重新划分核心观众,客观上促进了分众化电视节目市场的形成。②

以下,我们就将借助湖南卫视的发展历程,来透析综合性电视媒体在分众化传媒时代进行特色化改造的一些基本策略。

1. 品牌定位：目标受众的细分

品牌定位的目的就是在市场上树立一个明确的、有别于竞争对手的、符合消费者需要的形象,从而在消费者心中占领一个有利的位置。品牌定位的一个重要的策略就是特色定位,即寻找为消费者重视,但尚未被占领的细分市场。③

在国内所有电视媒体中,湖南卫视是第一个对自身品牌进行清晰定位与形象区隔的电视频道。其特色化定位首先体现在几个品牌栏目的打造上——《快乐大本营》和《玫瑰之约》开播后风靡大江南北,2004 年开始的"超级女声"首开无门槛大众娱乐之先河,成功带动了真人秀节目的大量推出,

---

① 2007 的《中国卫视品牌竞争力提升报告》见致信网, http://www.mie168.com/manage/2007-07/213161.htm。
② 张霆：《论省级卫视特色化频道的打造》,《新闻界》2006 年第 5 期。
③ 肖柳：《省级卫视品牌的特色化定位》,《中国记者》2003 年第 10 期。

这些品牌栏目为湖南卫视的娱乐化发展道路奠定了一定的品牌基础和影响力，并培养了大量的参与性高、互动性强的观众，而这也成为湖南卫视做大型娱乐活动的人文优势。此后，在娱乐品牌的旗帜下，湖南卫视越走越顺，其影响力也越来越大。

在湖南卫视的带动或刺激下，近年来，国内的其他一些省级综合频道也逐渐走上了具有自身特色的发展道路，如东方卫视的新闻特色、安徽卫视的电视剧特色、四川卫视的故事特色、南京电视台的民生特色、广西卫视的女性特色、广东卫视的财富特色、江苏卫视的情感特色、湖北卫视的公益特色等。省级卫视的特色化品牌打造，在客观上推动了电视节目收视市场的细化，在当代传媒同质化竞争日趋激烈的情况下，也为自己赢得了更大的生存空间。

2. 锁定+兼顾：综合频道的受众策略

湖南卫视在2003年提出的频道定位是"锁定娱乐兼顾资讯、锁定年轻兼顾其他、锁定全国兼顾湖南"。"锁定"体现的正是对目标受众的重视，以及在栏目数量和内容上体现出的娱乐节目主导地位。"兼顾"体现的则是湖南卫视作为省级电视台的综合性和公益性。

在这个定位下，湖南卫视采取栏目、大型活动、电视剧三驾齐驱的战术，集中了全台的优质资源，全线立体地构筑娱乐阵线。并利用综合频道的资源，增强栏目之间的互动，让非娱乐性栏目为娱乐性栏目服务，比如用新闻和谈话节目根据正在热播的电视剧或大型活动作专题节目进行捆绑宣传，增加了节目内在的有效关联度与依存度，娱乐的特色得到强化和锁定——这一点在"超级女声"活动期间，以及电视剧《大明王朝》播出期间尤为明显。

3. 差异竞争：实现受众的分流和聚合

在本节案例二中，我们看到，在时段分配上，湖南卫视打破了传统的在黄金时段播放电视剧的做法，避开了与其他电视台的同质化竞争，不仅培养了观众在黄金时段收看娱乐节目的约会意识，还采用购买引进剧目的独播权或播放自制剧目的方式，创下了非黄金时段电视剧的收视新高。

湖南卫视对黄金时段节目内容的调整是建立在对受众需求和收视习惯的研究之上的。据AC尼尔森的一篇关于节目类型及收视行为的分析报告显示，不同年龄层次的电视观众对于电视剧的忠诚度有着明显的差异，35—60岁的中老年观众是晚间电视剧节目收视的重要群体。一些最活跃、最追逐时尚、最具消费能力的30岁左右的群体，则正在从电视的收视人群中被其他一些更具吸引力的娱乐、休闲方式所分流。① 因此，湖南卫视将黄金时段让位给娱乐节目，将电视剧安排至22：00以后的时段播出，不仅吸引了年轻的观众，也符合中老年观众的收视习惯——其结果是娱乐节目与电视剧收视率的"双赢"，电视剧播放的"后黄金时段"也由此而诞生。

正如我们在上文中提到的那样，省级卫视的品牌化意味着综合电视台开始采取差异化竞争的策略，不再拼争整个节目市场，而是力图在细分市场中，以具有自身特色与优势的电视节目内容来吸引各自的核心观众，最终促成观众群的分流。

（三）广播媒体的分众化改造

案例三：《音乐之声》和《经济之声》频率的内容编排②

近年来，中央台的广播经过多次节目改革，在节目设置、制作运行模式上已逐步朝着"频率专业化、听众目标化、服务对象化"迈进。对比《音乐之声》和《经济之声》节目运行流程，可以看到，根据受众收听习惯的不同，该台已经在内容选定和时段的设置上做了大量调整。

2002年成立的中央人民广播电台的《音乐之声》栏目，是国内第一个类型化音乐频率。《音乐之声》的创办理念是纯粹的流行音乐频率，其目标受众群是年轻的音乐爱好者，紧扣15—45岁最具音乐产品消费力的受众。《音乐之声》节目流程整体设计为栏目大区块切割。将全天18个小时音乐节目，以2—3小时为单位，划分为8个时段，让听众可以完整享受《音乐之声》提供的音乐陪伴。《音乐之声》按目标听众的日常生活习惯，分析各种流行音乐比例，进而将流行、摇滚、节奏蓝调等多彩多姿的音乐类型，依不同的时段，划定不同的流行歌曲比例，流畅的贯穿于人们一整天的作息里。栏目时长基本都在一个小时以上，《音乐任我行》和《音乐无极限》等约半数的栏目时长甚至达到三个小时左右。这样，即使是只喜欢音乐之声某一栏目的听众，在一两个小时之内，一般也不会选择调到其他频率。

2003年中央人民广播电台"经济之声"也进行了改版。新版节目按照频率专业化，听众目标化标准，撤销了与经济、财经无关的栏目或专栏，立

---

① 《对湖南卫视晚间电视剧播放时段调整的分析》，http：//www.oursee.com/yew/jiem/2007731/192874666_4.html。

② 该案例根据中国广播网《中国之声开播中央人民广播电台完成8套节目改版》改写，http：//www.cnr.cn/news/200401010059.html。

足经济，关注民生，为商务人群及关注经济的人士打造全天候信息服务平台，成为当年度中央人民广播电台改革的又一新亮点。改版后的"经济之声"，推出了滚动式、短平快的节目结构，即在一天人们收听广播的主要时区，做到将一天里的经济财经信息、相关财经背景和各种动态指数每20分钟播出一次；通过节目直播，实现最新最重要内容的前置播出，每天滚动播出40次。

《音乐之声》和《经济之声》频率在对听众进行细分的基础上，针对特定听众群体的需求、收听时间、接收方式进行了内容的选择和编排，这也恰恰是当代媒体对传播内容进行分众化改造的典型案例。

《音乐之声》将目标受众群设定为城市中15—40岁的中青年听众。这部分群体中的绝大多数人热衷流行音乐，以流行音乐为传播内容将会最大限度上填充他们的需求期待。流行音乐本身具有很大的包容性，蓝调、说唱、摇滚、电子音乐都具有流行的元素。可以说，流行音乐的听众是音乐类听众中最大的一个群体——因此，只做流行音乐的《音乐之声》，既实现了对听众市场的进一步细分，又获得了稳定和庞大的受众群，正是通过"窄播"来实现"广播"。

与收听流行音乐的听众不同，收听经济信息的听众不是为了获得娱乐，而是为了获取信息，更加注重信息内容的准确性和新鲜度。在这样的前提下，《经济之声》对其他信息的删除，恰恰是最典型的"内容分众"。基于听众注重信息的时效性和收听广播的移动性和随意性的特点，《经济之声》提出了天下财经"任意时间收听，二十分钟搞定"的节目设置思路，首次提出了"轮盘式节目结构"，即在一天人们收听广播的主要时区，将一天里的经济财经信息、相关财经背景和各种动态指数每20分钟播出一次；通过节目直播，实现最新、最重要内容的前置播出，每天滚动播出40次。虽然20分钟不足以让人们对天下财经有更深入的了解，但是经济之声的受众大多数为成熟、高学历和高收入的企业商务人士，他们很容易接触到各种电子、纸介及其网络媒体，这些媒体足以弥补听众短短20分钟的收听缺憾。不仅使广播信息传递快捷、收听方便的优势得到张扬，同时对听众的选择性也给予了最大限度的尊重，为不同媒体间的优势互补、互动合作留下了广阔的空间。

当今的听众有太多的媒介和媒介产品可供选择，他们不再有耐心去等待、搜索某一个特定节目。因此如果一个频率拥有清晰定位，内容恒常、稳定、不必守候就能得到，就容易让听众把握和认知。《经济之声》和《音乐之声》频率以特定内容和节目编排来满足特定听众喜好和需求，形成了便于听众记忆的整体频率风格，打造出了分众化时代的"黄金频率"。

二 媒体组织的分众化重组

在传媒内容日渐走向分众化的大背景下，以前"航空母舰"式的综合性媒体纷纷分化重组为"联合舰队"式的专业媒体，同质化的恶性竞争逐渐转变为良性的差异化竞争，媒体的资源配置变得更加合理，媒体组织之间也有了进一步的优势互补。应该说，专业性媒体的出现正是当代媒体组织分众化重组的典型产物。

我们先来看一组案例。

案例四：中国《时尚》杂志的系列主题刊物[①]

1998年，中国《时尚》杂志与美国最大的出版集团赫斯特合作，出版了《时尚COSMO》杂志。该杂志最初是一本针对白领女性时尚生活的综合性刊物。此后，它精心选择了白领阶层作为其主要的塑造对象——虽然这是一个小众群体，但却是国内最有消费能力或者消费最活跃的群体，是现代商业和消费文化潮流的引领者和最忠实的实践者。十年内，《时尚》不断地进行市场细分和读者定位，从白领阶层读者的年龄、性别和消费领域来划分主题刊物。从年龄上划分，《时尚娇点》定位为18—22岁年轻姑娘，《时尚·COSMO》定位为25—28岁职业女性，《中国时装·BAZAAR》、《时尚健康·女士》则为30岁左右的优雅女性，而《好管家》则是35岁左右的成熟女性；从性别上划分，《时尚·ESQUIRE》、《时尚健康·男士》、《座驾》、《时尚时间》侧重男性读者，引领男士的生活消费潮流；从消费领域划分：健康、家居、汽车、旅游、时装、钟表……应有尽有。

《时尚》以每年推出2—3本的速度推出主题刊物，现在《时尚》旗下已经有《时尚家居》、《时尚健康·女士》、《时尚健康·男士》、《时尚·ESQUIRE》、《时尚旅游》、《时尚芭莎BAZAAR》、《好管家》、《时尚时间》、《华夏地理》、《座驾》、《男人装》、《美食与美酒》等十多种主题刊物。《时尚》系列杂志就像一个联合舰队，培养并网络住了一大批忠实的读者。

[①] 该案例根据《时尚》杂志的官方网站的资料改写，http://www.trendsmag.com/trendsmag/client/about/trends_ text2. htm。

案例五：美国探索频道的细分与我国专业电视频道建设[①]

1985年面世的探索频道传播公司以独特视角和革命性的拍摄手段迅速成长。目前，除了拥有美国的14个频道外，在全球145个国家还拥有10个国际频道，其中亚洲有7个。Discovery提供高品质的专题纪录片，内容涵盖了科技、自然、历史、探险和世界文化等领域。

仅以Discovery亚洲电视网（DNA）为例，该电视网是一家领先的纪实娱乐节目提供商，通过17路卫星信号，以8种不同语言在亚太地区播出节目，累计订户已逾3.29亿。Discovery亚洲电视网旗下汇集七大优质品牌：Discovery探索频道、动物星球频道、Discovery旅游生活频道、Discovery居家健康频道、Discovery动力频道、Discovery科学频道和Discovery高清影院，覆盖亚太地区23个国家和地区。

在探索频道的冲击与带动之下，目前我国的电视频道专业化也在逐渐升温，中央台和省市台也都在纷纷进行专业频道建设。现在的中央电视台已经形成了包括新闻综合、经济、综艺、国际、体育、电影、军事农业、电视剧、英语、科教、戏曲、社会与法、少儿、音乐、西班牙语和法语共16套免费频道，同时开办了包括风云足球、第一剧场、风云剧场、世界地理、风云音乐、怀旧经典、高尔夫·网球、CCTV—娱乐、CCTV—戏曲、央视精品、国防军事和女性时尚共12个数字电视付费频道和28个网络电视频道。近年来，我国的省级电视台也纷纷成立了一些专业频道，如福建台开办的24小时新闻频道，湖南台开办的女性频道、文体频道等。与此同时，许多城市台也纷纷设立了都市频道、生活频道。在外来的冲击与带动下，我国的电视媒介已经逐渐由传统的综合频道逐渐走上了具有自身特色的专业化发展道路。

案例六：中央人民广播电台的频率专业化改革[②]

为了适应媒体竞争和受众需求多元化的新形势，中央人民广播电台以全面提高国家电台的竞争力和影响力为目标，从2002年起进行了以"频率专业化、管理频率化"为核心的全面改革——根据原有8套节目的设置背景

[①] 该案例根据新华网文章《美国探索频道将为中国观众量身定做节目》的资料改写，http://news.xinhuanet.com/newmedia/2005-12/05/content_3876879.htm。

[②] 该案例根据中国广播网文章《综述：中央台频率专业化管理频率化改革》改写，http://www.cnr.cn/2007zt/2007gbfzlt/gdzs/200708/t20070820_504545164.html。

及其承担任务的实际，按照内容专业化、对象细分化、服务专业化的要求，确定每个频率的定位、目标受众群体和发展方向，全面启动专业化改革。自2002年10月中央台推出第一个专业化频率——对香港、澳门特别行政区广播的第七套节目《华夏之声》起，至2004年，中央台完成了原有8套节目的重新定位，推出了以新闻为主的《中国之声》，以经济、科技信息和生活服务为主的《经济之声》，播放流行音乐的《音乐之声》，面向首都生活的《都市之声》，对中国台湾地区广播的《中华之声》和《神州之声》、对香港、澳门特别行政区及珠江三角洲地区广播的《华夏之声》，以及进行民族语言广播的《民族之声》8个专业化频率，2005年又新创办了以评书、小说连播等语言类文艺节目为主的第九套节目《文艺之声》。至此，中央台完成了频率专业化改革的初步目标，形成了以专业化广播频率为核心的节目体系。

通过分众化、专业化、类型化，中央人民广播电台的竞争力和影响力正在不断壮大。

应该说，以上案例正是当代媒体组织逐渐实现其传播渠道分众化的典型代表。

《时尚》杂志是纸质媒体组织分众化的典型代表。在案例四中我们看到，它在同一品牌下推出了一系列主题不同的杂志，同样获得了以"小众"带动"大众"的良好效果。实际上，时至今日，报纸、杂志等纸质媒体的分众化已经越来越体现在了这种传播渠道的专门化或专业化上。目前，我国有接近50%的报纸为专业类报纸。据人民网人民传媒频道2006年提供的数据，从种类和发行量的角度看，目前中国正规出版有专业类报纸958种，占中国报纸种类数量的49.7%；平均期发行量超过了全国各类报纸总发行量的50%；专业报纸已经占据了我国报纸半壁江山。随着行业分工的越来越细密，为了适应专业性信息需求的增多，纸媒体根据不同的读者群，出版不同的专版或对一个主题进行全方位介绍——这种专业化和主题化的趋势只会越来越明显。

和纸媒体的分众化相类似，今天，电视频道也已经在新闻、娱乐、资讯等类别的基础上产生了进一步分化，有了专门的历史和纪录片频道、天气预报频道、卡通频道、园艺频道和食品频道等。案例五反映的正是这一现实。与此同时，一些专业性频道还有了更进一步的细化，比如电影频道中又分为新片频道和老片频道，以及喜剧频道、动作片频道等；体育频道中又分化出户外运动频道、赛车频道、篮球频道、足球频道、奥运频道等。在这种频道细分之下，电视节目的定位更加准确，指向性也更强了。相对于观众定位模糊的综合频道，专业化频道的观众才是最稳定的。以美国为例，作为专业频道的"历史频道"（History Channel）的利润率就明显高于典型的大众资源频道 CNN。1999 年，美国广告商和观众评选最有价值和最值得欣赏的频道时，历史频道在这两个测试中都位于前三名，远远高于 CNN。[①] 案例五中提到的"探索频道"也在此后很长一段时间内居于前七名。

广播电台的专业化是当代媒体组织分众化的另一典型。所谓专业化电台，国际上又称为类型化电台（Format Radio），就是节目只锁定一部分听众，并针对其特征编排播出内容定位、风格特征专一的节目，以广播频率为单位而不是以节目为单位树立频率的整体形象，听众对电台内容定位和品牌有明确的认知，收听无须节目表，可在需要时随时开机收听所需内容。从20 世纪 60 年代初开始，一些发达国家的电台已经在类型化上进行了一定的探索，各种广播专业台纷纷出现。到 70—80 年代，广播业发展较早的美国已经呈现出了"小众"广播媒体占据主导地位的趋势。该国最早出现的类型化电台是音乐台，当前的主要电台类型则包括新闻台（News）、谈话台（Talk）、体育台（Sports）、音乐台（Music）、民族台（Ethnic）等几个大类。在我国，专业广播台建设正方兴未艾。1991 年 9 月 30 日，上海人民广播电台开通交通信息台。十余年后，中国每天播出节目在 12 小时以上的交通广播电台已达 50 多家。与交通台的发展相伴随的是，广播的其他频率不断得到细分。中央人民广播电台已经成为拥有 11 个专业频率的大家园。今日的广播，由"广"而"窄"的趋势已经成为广播发展的主流，广播的针对性已越来越强，服务对象也越来越单一，它已经逐渐表现出明显的专业化、对象化、系统化、服务化特性。

实际上，无论是案例四中的纸质媒体，案例五中的电视媒体，还是案例六中的广播媒体，甚至是单一指向的楼宇广告电视"分众/聚众传媒"，体现的都是传媒渠道的专业化和运作上的格式化，归根到底，也就是传媒组织的分众化。它以特定类型的内容、节目形成特定的特色，抓住特定的目标听众，以格式化的运作大大节约了运行成本；而且，恰当的传播渠道聚合也契合了广告主的有效诉求，获得了传媒自身的经济效益成功。

[①] 引自清华大学国际传播研究中心网站文章《杨澜清华演讲会纪实"分众时代的传媒"》，http://www.media.tsinghua.edu.cn/data/2006/0225/article_17.html。

媒体内容越来越细化，媒体组织分工越来越明确，一个分众传媒的时代已经呈现出它清晰的轮廓。在媒体极大丰富的今天，大众传播媒体对受众的认识早已度过了混沌的整体受众时代，多数传媒不再把受众仍看做是一个尚未分化的"大众"市场，而是积极开拓有特定需求的"小众"市场；媒体的生存法则也不再是提供能够满足普遍需求的信息产品或服务，而是对受众进行细分，了解某一类受众的需求，并准确迅速地提供给他们所需要的信息，从而最大限度地实现有效传播——"精确打击"已经成为传媒文化领域最时髦的词汇。

第二节　需求分化、经济诉求与传播技术的进步：传媒文化分众化的动因分析

在上一节中，我们着重对传媒文化分众化的表征进行了描述。那么，究竟是什么原因最终导致了这种分众化的诞生呢？应该说，传媒文化分众化浪潮的兴起是一系列综合因素推动的结果，但这其中，社会发展带来的受众需求差异、为最大限度获取经济效益的业态生存竞争、技术进步带来的多媒体化可算是三个主要的原因。

一　需求差异带来受众细分

媒体的分众化源于受众价值的多元化。作为一个普适性的概念，"大众"实则是由无数"小众"组合而成的。这些"小众"又正是从"大众"中按照年龄、职业、学历、收入、性别、地区、生活方式、人生态度等因素划分出的具有相似性的群体。心理学研究表明，群体的某种相似性决定了他们在阅读需求等方面的趋同性。对此，我们仍然可以从案例谈起。

案例一：英国三类全国性报纸房产专刊的分众化策略[①]

根据读者的社会阶层差异，英国的十家全国性报纸分属于高端、中端和低端三个不同的子市场，提供给读者不同的内容——内容的差别不仅表现在新闻报道上，专刊的区别也非常明显。以房产专刊为例，根据各报所定位的读者阶层不同，反映出三类全国性报纸关于房产报道的重视程度、版面设置和关注焦点的差异。

[①] 该案例根据李桦《浅析同类专刊的分众化策略》改写，原文载《新闻战线》2006年第5期。

高端的《每日电讯报》、《卫报》等大报的核心读者是高收入高消费人群，是英国社会名流权贵阶层。这些读者具有高学历，掌握决策权，他们看重报道的启发性、思考性、分析性和借鉴性。他们也是房产等昂贵产品的主要消费者和投资者。高端市场报非常重视房产市场的报道和广告，均设有房产专刊。以《每日电讯报》为例，该报与其周日版《星期日电讯报》分别设立了房产专刊，可见该报极其看重房产报道的读者和广告市场，并体现出强调严肃性的大报风范。《每日电讯报》及其星期日版每期刊出的"封面故事"多是深度报道，主要涉及投资信息与建议、市场与政策分析、问题揭示与评判等。该报不惜版面介绍投资规则与获利技巧，其中不乏海外投资。同时，还把焦点投向房产市场中存在的社会问题上。《卫报》的房产报道更"硬"，深度的统计分析、揭露问题的反思文章在其房产专版上占据了更重的比例。为读者提供信息只是《卫报》的一个方面，它更强调的是对信息的解释、对现象的质疑，以此帮助读者更加清晰地认识信息。

盯住中产阶级的中端市场报纸，如《每日邮报》和《每日快报》，都没有设房产专刊或专版，不过，它们的星期日版《星期日邮报》与《星期日快报》却有专门的房产专刊。由于《每日邮报》和《每日快报》的女性读者比例超过了高端和低端市场的报纸，其周日的房产专刊也显示出明显的女性偏好。《每日邮报》的读者中职业女性比例高于《每日快报》，所以前者被视为女性中产阶级的代言人；而《每日快报》则为全职妻子和母亲偏爱——于是二者把目光投向了不同的女性群体。《星期日邮报》关注成功女性与房地产的故事，房产专刊的封面故事几乎被女性所垄断，房产专刊的图片、标题、报道的主人公等都以女性为主，这一特征可以从报道的数量和内容上得以佐证。以2003年7月27日的一期为例，与女性有关的报道达10篇，占所有16篇报道的70%。它封面故事的主人公几乎都是事业和婚姻双丰收的中产白领女性。与此不同的是，《每日快报》不惜给予厨房设计、室内装饰改造大量版面以吸引家庭主妇读者——因为关于女性与媒体的研究表明，全职妻子或母亲更热衷于家庭装饰。

而针对工人阶级的低端报纸，如《太阳报》和《镜报》的读者多来自中低收入家庭，他们是政府廉租房的主要受益对象，即使购房也是用于自己居住而非用于投资。这样的读者，是难以高价位的房产广告吸引的。所以，在对待房产报道上，两家报纸采取了相同的策略——不设房产专刊。《镜报》仅在周六有一块版面涉及房产，而《太阳报》也只是不定期地在经济版面提供房产信息。这些有限的房产报道也主要是为初次购房者和低收入者提供简单的购买、出租和装修信息。政府廉租房、价位较低的房屋出售、DIY 装修等信息占据了少有的房产版面。《太阳报》和《镜报》在不定期提供其读者所需信息的前提下，把更多的版面留给具有轰动效应的特写以增加发行，而不是盲目地浪费版面关注高消费品。

英国的三类全国性报纸根据读者的社会阶层、收入、性别和职业的差异在房产专刊的设置上采取了不同的策略，这样的做法恰恰使不同的房产信息都能在各自的受众群中产生相应的效应。上述案例说明了一个极有意义的问题：随着社会的发展，不同的社会环境因素影响并促成了当代受众的不同需求，最终也就导致了不同的媒介或媒介产品的诞生。虽然传媒受众不能简单地等同于物质商品的消费者，但在当代，"受众即市场"的观点还是受到大多数媒介机构认同的，因此在大多数时候，把受众直接等同于消费者来考虑媒介自身的发行等问题，显然就具有实质性的意义。按照市场营销学的消费者划分指标，我们可以按以下特征对当代受众进行一个粗略的划分：

心理要素：趣味、偏好、品位；

文化要素：区域、语言、民族、宗教；

人口要素：年龄、性别、职业、学历、收入；

行为要素：消费者为获得、使用、处置消费品所采取的各种行动以及先于且决定这些行动的决策过程。

以上这些要素决定、影响着受众的需求。其中的心理要素，即受众趣味等是决定受众需求的主观要素，也是决定性的要素；其余的要素为客观要素，均可以影响受众的心理要素。而案例中所涉及的社会阶层的差别与受众的需求心理、文化、收入等要素紧密相关——皮埃尔·布迪厄（Pierre Bourdieu）在其代表作《区分：鉴赏判断的社会批判》（*Distinction: A Social Critique of the Judgement of Taste*）一书中要努力证明的一个中心观点就是：人们在日常消费中的文化实践，从饮食、服饰、身体直至音乐、绘画、文学等的鉴赏趣味，都表明和证明了行动者在社会中所处的位置和等级。[①] 不同的鉴赏趣味是由不同的社会等级生产出来的。皮埃尔·布迪厄把消费者的鉴赏趣味分析和社会等级（阶级）分析结合在一起，并认为，人们在社会实践中把客观的社会结构和社会惯例逐渐内化为自身的"惯习"（habitus）。人

---

① 罗钢：《前言》，罗钢、王中忱主编：《消费文化读本》，中国社会科学出版社 2003 年版，第 39 页。

们在消费中的鉴赏趣味就是由这种"惯习"决定的。① 因此，不同的阶层能够拥有不同的鉴赏品味，包括其所涉及的生活的各个方面，如衣着打扮、饮食、行为、居住，甚至情感表达与思考方式等，这与他们携带的文化资本有关。与经济资本一样，文化资本也需要长期的积累和传承。② 而在信息社会，物质在一个人的思维、行为状态中已经不占有绝对的主导地位了，占主导地位的恰恰是一个人所接受的信息。他所成长的资讯环境以及他所属社会阶层人群的行为、价值观和世界观，决定着他的行为和思维方式。因此处于特定阶层的人有着相似的审美品味、消费偏好与生活需求，就成为一种必然的趋势。从这个角度上讲，社会分层是分析受众需求差异的一个重要切入点，也同样是决定传媒产品差异性特征的一个重要切入点。

造成社会阶层分化的最根本原因是社会生产力的发展。社会发展到工业化大生产阶段后，社会分工越来越细，不同的人从事不同的职业，因而也就会形成不同的生活习惯和价值观念。对传播而言，这种生活习惯和价值观念的分化过程则恰恰是目标受众不断地集中和清晰的过程。前面提到"定制化"是分众传媒的一个特点，而"定制"的前提正是社会分工、社会成员分层的日渐清晰。当然，由于社会人群的纵向或横向移动，社会阶层内部构成很可能会发生变化。这就需要用动态的眼光去追寻人群的分流和组合特征，用动态的眼光去对受众市场进行细致与科学的调查分析，从而发现特定人群对传媒产品的特殊需求，并根据目标观众的需求制作出适合的传媒产品。

对于任何媒介而言，受众的接触与选择，都是其一切功能目标实现的首要前提。③ 19世纪30年代以后，随着大众传媒向企业经营形态的转变，受众的主体地位得到进一步重视，此后的"使用与满足"研究已经明确地把受众成员看成了是有着特定需求的个人，④ 认为受众是相当主动的，能基于具有社会和心理根源的需求使用媒介。正是从这一意义上，我们认为，由社会分层等众多原因造成的受众心理需求，恰恰是当代传媒分众化发展的主导因素之一。

---

① 罗钢：《前言》，罗钢、王中忱主编：《消费文化读本》，中国社会科学出版社2003年版，第40页。
② 同上书，第43页。
③ 李良荣：《新闻学概论》，复旦大学出版社2007年版，第217页。
④ 郭庆光：《传播学教程》，中国人民大学出版社1999年版，第180页。

二 经济诉求推动传媒分众

当代传媒业越来越遵循丛林法则的支配。在成王败寇的激烈竞争中，表面上是对越来越稀有的宝贵"注意力"资源的争夺，实则是争夺附着于"注意力"上的广告资源。目前，不论是传统媒体还是新媒体，其赢利模式主要还是依靠广告。广告资源正是媒体生存竞争的经济基础。而分众化模式恰恰能给当代传媒带来广告价值的提升。

案例二：寻找新的市场赢利区——分众广告传播[①]

随着人们生活习惯和工作方式的转变，人们的触媒时间越发分散，停留在家的时间剧减，外出的时间剧增。在这样的状况下，户外分众广告媒体脱颖而出。

2003年，分众传媒（Focus Media）公司首创中国户外视频广告联播网络。其最初的形式是在公寓或写字楼人流量较大的电梯等候处安装视频广告，形成"楼宇液晶电视网"，即视频广告系统。它是一种新兴的媒体形态，通过反复播放商业广告、娱乐信息和社会公益宣传片，实现了对特定中高收入人群的广泛和反复地覆盖，使面向中高端人士的广告精确地击中大部分目标受众，并产生重复而深刻的印象。这一媒体的卖点，在于成功地实现了广告内容的分众化传播，同时分众的楼宇广告更侧重于新款手机、化妆品、汽车、楼盘等信息，都是白领在空闲时间主动去寻找的资讯，这些中高端的受众同时也是这些商品的可能消费者，因此也提高了广告的可接受性。

2006年1月，分众传媒合并中国楼宇视频媒体第二大运营商聚众传媒（Target Media），中国最大的户外广告平台从此诞生——该平台覆盖全国75个城市，以约98%的市场占有率进一步巩固了在这一领域的领导地位，并以精准的受众定位和传播效果博得了消费者和广告客户的肯定。

在楼宇广告市场趋于饱和的情况下，分众传媒开始在卖场视频广告上寻求新的市场赢利区。据央视CTR调查数据表明，进入卖场的消费者中有近六成是临时作出购买决定的，也就是说，60%的消费者在卖场里不清楚自己到底需要什么或者应该选择哪种品牌。他们游离不定，容易受到周围信息的影响而冲动地作出购买决定。卖场视频广告要争夺的，正是这60%的人群。

[①] 本案例根据"分众（Focus Media）控股有限公司"官方网站的资料改写，http://www.focusmedia.cn/cn/aboutus/companyoverview.htm。

卖场联播网成为快速消费品市场营销不可或缺的实效性媒体。2004年底分众传媒全面推出中国卖场终端联播网，锁定快速消费品的主要购买决策人群，影响终端购物中的品牌选择和消费决策。目前，这一媒体网络已经覆盖全国约106个城市，超过5000个卖场和零售点，日覆盖上亿主流消费人群。

2005年10月，分众传媒收购占据全国电梯平面媒体市场90%份额的框架媒介（Framedia），进入社区平面媒体领域，目前进入约10万部电梯，日覆盖约4500万中高收入人群。这一网络也成为分众生活圈媒体群的重要组成部分。

2006年3月，分众传媒全资收购北京凯威广告公司，启动"分众无线"手机广告媒体品牌。

2006年4月底，分众传媒正式推出户外LED彩屏媒体，覆盖都市中心商务区的行进路途。

2007年3月，分众传媒斥资2.25亿—3亿美元并购中国最大的互联网广告及互动营销服务提供商好耶公司，全面进军网络广告营销市场。借力好耶的技术与营销平台，分众传媒将触及更广泛、更细分的受众市场，而其所能影响到的受众注意力时间也将大大增加。

现在，分众传媒所运营的是一个贴合于各类特征受众群的生活圈媒体群，包括：楼宇视频媒体、卖场终端视频媒体、公寓电梯平面媒体（框架媒介）、户外大型LED彩屏媒体、手机无线广告媒体、互联网广告平台、DM媒体等崭新的分众传播媒体；将媒体终端植入领袖人士、商旅人士、时尚人士、OFFICE白领、快速消费品采购者等等不同细分人群的生活轨迹，在人们的生活接触点上建设媒体，针对特定类别的消费者、特定的品牌类别、特定的收视时间与空间、特定的内容，精确细分而又可以有机整合。

分众传媒所打造的生活圈媒体群正日益成为中国都市生活中最具商业影响力的主流传播平台。

正如我们在前文中提到的那样，随着社会阶层分化的日益明显，消费产品的诉求目标也正在呈现出细分特色。正是在这样的状况下，市场才迫切需要有分众化的媒体来为特定的消费群投放广告。以户外楼宇电视为代表的新兴分众广告媒体应运而生，并以最快速度从最初的楼宇电视，发展到卖场电视，再到电梯海报，以及手机广告——分众广告这一单纯性广告媒体以强劲的发展势头参与到了瓜分广告这块蛋糕的行列之中。

近年来，由于互联网、手机、移动电视、楼宇电视等新兴数字媒体的迅速崛起,报纸、广播、电视、杂志等传统媒体面临越来越严峻的挑战——新媒体对受众和大量广告份额的分流,导致了传统媒体的受众和广告收入不断流失,其覆盖面、渗透率和影响力也相继出现下滑趋势。① 从传统意义上讲,在众多的广告媒体中,电视和报纸是两种最主要的广告媒体。然而在媒体数量越来越多的今天,受众对媒体的选择自由度越来越大,广告投放于电视和报纸上的效果明显被衡释。AC 尼尔森的统计显示,2004 年,中国传媒广告收入同比增长 6%,但报纸和杂志的广告收入却分别下降了 5% 和 10%。几乎所有报纸的广告收入都出现了负增长。②

如何提高媒体的广告投放价值已经成为关乎媒体生死存亡的核心问题。在这样的背景下,各媒体之间无论是渠道、内容还是技术的竞争,最后都落实到了提升广告的市场竞争力问题上——此时此刻,分众化传播的意义,便凸显得与众不同。

媒体的广告价值首先体现在它的受众质量上。受众对于广告传播的价值不仅仅体现在是否暴露于广告之中,还涉及这些受众作为目标消费者的效度。即受众阶层、年龄、性别、收入、职业、需求等特征是否符合产品的定位以及目标受众群体之间的相互关系和影响——因为受众事实上并非单纯和被动地接受信息,同时他们还构成了多级传播的主体,它们间的二级甚至多级传播将再次影响其消费诉求。因此,评估媒体广告传播价值时,就必须多角度审视——暴露于广告的受众规模是把受众作为自然人来考虑的,受众的消费力则体现了对受众作为经济人的假设;对受众的更高层次假设则是社会人假设,强调人际之间相互的关系及影响。③ 广告主需要的是将信息准确的传达到目标客户群体中,也就是说,他们需要的不再是面向大众的传播,而是要找到直接针对目标客户的分众传媒、"小众"传媒,即广告传播"不求人人皆知,只要有购买欲和购买力的人知晓"。为了争夺广告市场的份额,为了提高自身的经济效益,全方位、多角度地进行分众化改革,优化其受众资源,已经成为传统媒体不得不面对的当务之急。

在上一节中,我们也曾反复谈到,近年来,一些率先进行了分众化改造的媒体都体现出了新的活力。2003 年湖南卫视开始了专业化品牌打造,同

---

① 叶国标:《同质化竞争严重 传统媒体渐入微利时代》,《每日经济新闻》2005 年 8 月 4 日,http://www.donews.com/Content/200508/c13cd070ea7b4c809cf8ffd540d094ed.shtm。
② 数据来源:刘宏奇:《报业经济迎接发展新挑战》,《传媒观察》2006 年第 2 期。
③ 郑维东:《电视媒体品牌价值的市场解构》,人民网传媒频道,http://media.people.com.cn/GB/5252569.html。

年的广告收入比上年增长近一倍。2004年湖南卫视在收视率和广告创收上更是位列全国省级卫视第一名。[①] 2002年3月,《南方都市报》开始分叠改版,2003年上半年广告收入5.1亿元,同比增长80%;[②] 2005年底该报在全国报纸广告收入中排名第一。[③] 媒体广告价值的提升有赖于媒体对受众的清晰定位,再一次得到了实践的证明。

加拿大学者达拉斯·斯迈思（Dallas W. Smythe）曾提出,媒介最重要的产品其实是受众。他认为,大众媒介生产的消息、思想、形象、娱乐、言论和信息不是其最重要的产品,只不过是引诱受众的"免费午餐",媒介根据受众的多寡和质量向广告客户收取费用。因此媒介公司所想做的其实就是将受众集合并打包,以便出售。[④] 和前人的另一些观点一样,这一观点再一次揭示出了"媒介的商品价值实际上是通过它所聚集的受众来体现的"这一真相。值得注意的是,在这一观点中,在谈到媒介与广告商进行交易的砝码时,不仅提到了受众的数量,更提到了受众的质量——恰恰是这个质量,成为当代传媒最终走向分众化传播的重要理由之一。

三 技术进步促进分众化最终实现

大众传播的历史无数次告诉我们,任何一次传播技术的进步都会引发一场传播方式的变革。印刷术的发明,使得社会信息通过纸质媒体大规模传播成为可能;无线电的发明,让信息传播逾越了空间的限制;互联网的发明,则导致了智者先贤们所预言的地球村的真正到来——恰恰是传播技术这种日新月异的变化,推动了信息传播的进一步大众化。不过,"月盈则亏,水满则溢",正如前文我们所反复描述的那样,在大众传播走到登峰造极的今天,分众化终于闪亮登场——而这种分众化的最终成型,显然和当代传播技术的迅猛发展有着直接关系。从这个意义上,我们甚至可以说,正是传媒技术,成就了大众传播的辉煌,但又最终成为大众传播的掘墓者和分众传播的开路人。对此,我们可以先来看一看有关手机传媒的一个案例。

[①] 数据来源：中华广告网2005年1月24日报道:《湖南卫视摘地方台广告收入冠军》, http://news.a.com.cn/News/Infos/200501/1532859180.shtml。

[②] 数据来源：人民网:《南方都市报简介》, http://www.people.com.cn/GB/14677/22114/30468/30470/2182152.html。

[③] 数据来源:《南方都市报》广告网, http://dsad.nanfangdaily.com.cn/shownews.asp?newsid=186。

[④] 罗杰·迪金森等编:《受众研究读本》,华夏出版社2006年版,第16页。

案例三：手机的多媒体化进程[①]

2005年11月18日,《无极》开通了手机官方网站,能用WAP上网的手机都可以直接在这个官方站点上欣赏或下载《无极》的片花、剧照、配乐,以及访谈花絮。12月15日,《无极》正式上映,同名手机游戏同步发行,花12块钱就可以从掌上灵通的WAP网站下载《无极》游戏。12月16日,网络写手韩寒在博客上就《无极》写了一篇言辞犀利的影评。很快,这段不长的影评被编成短信,在无线互联网上口耳相传,让《无极》损失不少票房。

在电影《无极》铺天盖地的媒体宣传战中,这几段小花絮也许并不起眼,但对手机来说却意味深长,因为它们见证了一种前途未可限量的新媒体正在浮出水面。在大众传媒史上,从来没有一种媒介比手机更具媒体的整合性、兼容性与互动性;也从来没有一种媒介比手机与人们的关系更加亲密——24小时不敢离身;更重要的是,从来没有一种媒介像手机这样,将传播者与受众的身份如此紧密地合而为一,人们走在世界的每个角落,既生产信息,传播信息,又消费信息。

我们首先来看手机和相机的结合。2005年照相手机的全球销量已经达到3亿部,远远超过了数码相机的销售量,一些高端照相手机比专业数码相机更厉害。从南亚海啸、伦敦地铁爆炸,到新奥尔良飓风、伦敦北部燃油库事件,人们用手机拍下的突发事件新闻照片成了2005年媒体的一个异象,它彰显了"沉默的大多数"在技术的推动下积极参与公共话题的空前热情。

同样,在传媒技术的推动下,手机视频也在酝酿一场新的视觉革命。英国最大的移动公司Vodafone与20世纪福克斯影视公司在2004年合作制作了一个名叫《24》的手机电视剧,在13个国家播出,很受欢迎;英国最大的手机生产商I-Mate推出了10集伴有视频的恐怖小说《Cjaq》;2005年秋天,MTV推出了专门为手机用户制作的一系列幽默短剧《头与身体》……

在新闻信息的传播上,情况同样如此。1999年,CNN与诺基亚合作推出了世界上第一个基于WAP网络的手机新闻服务CNN Mobile,覆盖12个国家,3000多万用户,每天24小时不间断播放CNN的新闻、天气预报、商务信息和体育节目。如今,《纽约时报》、《华盛顿邮报》、《华尔街日报》等主流媒体都不敢再忽视手机的潜力,纷纷推出了自己的手机新闻服务。

---

① 该案例根据尚进、朱步冲、陈赛《十年不足论英雄:从电子杂志鼻祖说起》改写,《三联生活周刊》2006年1月11日。

在"大势所趋"下，互联网时代的头号明星公司 Google 已经迫不及待要进军手机平台了。早在 2004 年，Google 就已经推出了手机短信查询搜索结果服务；2005 年 6 月，Google 又通过无线网站 Google Mobile 向手机用户提供上网搜索服务；同年 11 月，Google 推出了手机无线专用的 Google 卫星地图搜索服务，将其 2005 年最得意的地图技术用到了手机身上；一个月后，又推出了手机版 Gmail，可在手机上访问 Gmail 电子邮箱，浏览附件中的照片及文档，并可对邮件进行语音回复。在传媒技术的推动下，互联网这个"第四媒体"和手机这个"第五媒体"开始了前所未有的亲密接触……

从以上案例中我们看到，在传媒技术的推动下，以手机为代表的新媒体的发展已势不可挡。用户对手机的理解已逐渐从简单的通话工具变成了一种多媒体终端。新技术催生出来的集视频、音频、上网于一身的多媒体手机也正在迅速成长为未来媒体家族中的宠儿。不过，上述案例却并非是要简单地描述一种发展现状——通过案例，我们希望看到的，恰恰是大众化背景下的分众趋势。正如案例中提到的那样："在大众传媒史上，从来没有一种媒介比手机更具整合性、兼容性与互动性；也从来没有一种媒介比手机与人们的关系更加亲密——24 小时不敢离身；更重要的是，从来没有一种媒介像手机这样，将传播者与受众的身份如此紧密地合而为一。"这也就是说，在全新的数字技术支撑下，手机传媒实现了登峰造极的"大众化"。不过，一个特别值得关注的问题是，手机媒体上的绝大多数服务——尤其是那些上网、视频、新闻阅读，等等——都是需要定制的，只有当你对它们感兴趣，只有当你对它们有需要时，你才会定制并主动接受其服务——也就是说，在手机传媒上，并不是所有人都在接受所有的服务。而这，恰恰是分众传播的基石。一句话，在高度发达的传媒技术的支持下，手机传媒最终实现的，是"大规模、广覆盖"的分众化传播。这是一个悖论，更是一个现实。

上述案例实际上也已经告诉了我们：在当代，媒介技术的革新正是分众化传播最终得以实现的必要条件。数字压缩技术的应用和网络新技术的出现，使原有的媒介资源得到前所未有的开发。技术实现了传播时间由集中到分散，传播渠道由单一到多元的转变，使传媒为有不同需求的受众搭建不同的传播渠道成为可能，同样也使特定受众在不同时段接受不同的传媒产品成为可能。下面我们就从纸媒、广播电视、网络这三个方面，分别对新技术在其分众化进程中的推动作用进行一番探究。

1. 新技术在纸质媒体分众化中的作用

众所周知，正是数字传播技术，为今天的报刊数字化转型提供了环境技术支持和新的发展空间。手机报纸、多媒体网络报纸、电子杂志等新的数字媒体的出现，正是传媒技术发展的结果——它们以定位更加精准的微内容不断地细分读者群，适应了读者在信息获取、信息分享和信息体验方面的差异性需求。

实时更新的数字媒体突破了传统报刊的出版周期限制，可以跨越时空，通过网络平台随时发布最新的新闻信息。电子纸产品在彩色显示和视频显示等领域的技术飞跃，使人们的阅读观念和阅读习惯也发生了革命性的变化，并极大满足了读者获取信息的需求。美国 E-Ink 公司最新研制的只有 0.3 毫米厚的电子纸张产品，可以任意弯曲而不发生字面的扭曲；支持以无线的方式下载文本内容，可以随时进行阅读内容的网络刷新和内容改写。国内一些报社，如《宁波日报》推出的电子纸阅读器体积有一本书大小，运用 HTML 和 PDF 格式，保持了报纸的视觉形态，与阅读纸介质一样舒适并可以随身携带。更重要的是，数字化的报刊在信息发布方式上，将以自身的数字平台为主渠道，同时登陆 PC、手机、便携式阅读器等多种信息接收终端，为读者提供了信息获取渠道的多样化选择。

此外，传统纸质报刊在进行信息传播后缺乏动态的即时反馈，新媒体报刊则打破了传者和受者的边界，拥有较好的增强型反馈体系，能根据需求状况进行必要的动态分析——纽约时报公司研制的"时报阅读器"，就可以随时对浏览的文章进行注释和评论，自动下载实时新闻，从而改变了读者与报纸的交流方式。一些数字报业更是引入了 BBS、RSS、BLOG 等技术，搭起了信息迅速传播和共享的全新技术平台，读者能便捷地进行交流，使得每个人都成为潜在的信息提供者，互动与交流使得读者能够根据阅读兴趣形成阅读群体，从而进一步增强了分众传播的有效性。

以目前的发展态势来看，传统纸媒的多媒体技术应用，以图文、音频、视频、FLASH 等多媒体形式呈现，把读报（图文）、看报（视频）、听报（音频）、查报（链接）、说报（互动）结合在一起，既照顾了已有读者的阅读习惯，又能全面调动感官体验，带动了数字时代新的体验式阅读，适应了新增读者，尤其是追求时尚生活的青年读者的阅读习惯，最终，带来了分众阅读，全面传播的良好局面。

2. 技术进步对广电分众化传播的作用

和纸媒的发展一样，在谈到广电传媒的分众化传播时，我们看到的同样是一个又一个的技术进步。

通过数字广播技术，同一频率在使用上可以达到原先的十几倍。这就意味着原先只能播放一套节目的一个频率现在可以至少播放十套不同的节目。而这将能有效解决广播电台的频率资源不足的难题。随着频率资源上的突破，根据数字音频广播的更适于移动人群接收的技术优势，广播电台从而可以开发出更多的受众明确、内容集中的专业化的"窄"播节目。

与此相应，数字压缩技术的突破也给电视业的发展带来了一场革命，电视频道数量迅猛增长。原来短缺稀少的频道资源突然变得富裕充足，也使节目内容极大地丰富了起来——而这更成为电视的频道化、专业化发展的前提，电视传媒在内容、时间和收费上的分众化随之成为可能。

近年来，建立在新兴的网络技术基础之上的 IPTV 也开始进军电视受众市场。IPTV 是一种利用宽带有线电视网，集互联网、多媒体、通信等多种技术于一体，向家庭用户提供包括数字电视在内的多种交互式服务的崭新技术。它能根据用户的选择配置多种多媒体服务功能，实现媒体提供者和媒体消费者的实质性互动。由于其不受时间与空间的限制，它将把现行的点对面的传播方式转变为点对点传播，从而使电视资讯的传播更加个性化、即时化。[①] 比如，在收看实时播出的节目时，可以暂停、回放，也可以快进，还可以点播以前播放过的节目，或者从服务器上调看各类影视剧。IPTV 打破了传统电视对观众收视时间的强制性和"我播什么你看什么"的模式，用户有极为自由的选择空间，真正实现了在传播时间和传播内容上的分众化。

电视加解密技术的成熟使付费电视成为可能，也使广电传媒的分众化传播有了新的渠道。要想让观众必须付费才能看到电视，就必须先对播出信号进行加密控制，而观众付费后予以解密，解除控制。这是实现有偿电视的关键技术关口，也是电视由大众化时代走向分众和小众化时代的技术关口。电视付费频道始于 1972 年 11 月开始运作的美国 HBO（家庭影院），此后这类电视频道日渐增多，今天，我国中央电视台等也已经开通若干付费频道。

3. 新技术在网络传媒中的应用

当 Web2.0、P2P 技术、宽带技术、流媒体技术、无线通信等一系列技术日趋成熟并相互结合时，网络成为传媒行业的强劲力量。网络新技术带动了诸如多媒体手机、MP4、互动电视、数字电视、户外广告媒体等新媒体的

[①] 刘春光、蒋新琴：《IPTV 对传统电视制作、传播模式的挑战》，《中国广播电视学刊》2006 年第 7 期。

发展壮大，也最终导致了分众化在网络传媒上的最终成型。

2003年3G手机（第三代手机）问世。3G手机将无线通信与互联网等结合起来，集多媒体性、交互性、移动性和及时性为一身，集中体现了网络的最新优势。DVB-H（Digital Video Broadcasting Handheld 手持数码视频播放）是通过手机发送高质量电视信号的几种技术之一，它使手机报和手机电视的普及成为可能。信息通过有线宽带网络和无线通信网络两大通道实现多种终端的发布。传统媒体与网络结合，催生了跨媒体的组合传播方式并加速了媒介产业的多媒体融合。广播、电视、网络媒体、移动媒体、通信服务等行业界限变得越来越模糊。在传统的"点对面"、"一对多"传播模式中，媒介组织只会针对某个群体的需要而不会针对某个人的特殊需要来进行传播。传统媒体与受众沟通不直接，难以做到按需分众；而网络的交互性则可以使其对用户进行不同程度的细分，可以根据消费者对信息的不同需求设计不同备选方案，信息分众化传播最终成为可能。

1964年，传播学泰斗、技术论的先驱者、加拿大人麦克卢汉提出了惊世骇俗的"媒介即讯息"观点；今天，技术又一次改变了传媒、改变了传播格局、也改变了信息传播的基本策略；传统的发散式传播模式的信息中心场正在逐步弱化，取而代之的是网状的信息传播模式。技术满足了受众不同需求，也为他们创造了更多的需求和选择。可以说，正是当代传媒技术，适应了传媒分众化的需求，又最终推动了传媒文化分众化的加剧。

第三节　个性化、定制化、互动化：
　　　传媒文化分众化的趋势预测

通过前两节的分析，我们可以看到，尽管大众化媒体依然处于强势地位，但分众化传播已然开启了传媒业发展的崭新格局。在当下的传媒环境中，受众的需求在进一步地细分，传媒技术也在日新月异地进步，各类传媒争夺市场的竞争将变得更加惨烈。面对变化的社会、变化的受众、变化的市场、变化的技术，我们甚至可以说，分众传播正在引领传播业的未来。在本章的前两节中，我们已分别对传媒文化分众化的表征及其原因进行了初略的分析，分众化是否会就此止步？如果有继续的发展，它又会呈现出怎样的特质？在本节中，我们就将对传媒文化分众化的未来趋势，作一番粗略的预测。

一 话语权下移：自媒体时代的到来

在谈到当代传媒的发展趋势时，人民大学教授喻国民曾经指出，大众媒体时代正在让位于个人和参与性媒体时代，数字化给我们带来了很大的变化，其中极其重要的变化就是"微内容"的崛起。这里所谓的"微内容"，是跟引起社会普遍关注的、有重大意义的"巨内容"相对的。在当前众多的分众化媒体中，已经彰显了强大生命力的博客正是提供"微内容"的最为典型的个性化传播媒体。

案例一：从《老徐博客》到电子杂志《开啦》[①]

作为一名青年女演员和新锐导演，徐静蕾在影视娱乐圈有很高的人气。2005年10月25日凌晨，徐静蕾在新浪网上以《老徐》为名正式开博，第一篇博客《难道我的博客生涯也要开始啦?!》只有短短十几个字："还不太适应……等等我……适应适应"，没想到，这寥寥12个字从此开辟了中国网络博客的神话。2006年2月3日，《老徐》博客开张112天后，其点击率突破一千万，成为"中国第一博客"。2007年7月12日，开博第630天，《老徐》突破1亿次的点击量，徐静蕾成为"全球第一博女王"。截至2007年11月13日上午11点，《老徐》的点击已达到125945523次，且行情还在一路看涨。

附着《老徐》点击量的飙升，2006年3月，中信出版社精选出《老徐》博客上的文章100余篇，以《老徐的博客》为名正式出版了徐静蕾的博客，首印10万册。

在开博成功与博客出版的鼓励下，2007年4月16日，徐静蕾再接再厉，出版了半月刊（每月10日、25日上线）电子杂志《开啦》。《开啦》是一份综合性电子媒体，涉及影视娱乐、时事政治、人文社会、经济、文学、IT科技、旅游、养生、两性、星座等众多领域。每期由一个影视作品为主线的专题及若干专栏组成。《开啦》内容丰富，作者阵容强大，包括王朔、韩寒、梁文道、罗点点等在内的众多知名作家及更多新锐均在邀请之列。同时，《开啦》也为读者提供了更为宽泛的自由言论空间，据悉，其最终目标是成为"内容最丰富、最原创，制作最精良，发行量最大"的网络媒体。

---

① 该案例相关数据来自新华网《112天点击超过千万 徐静蕾演博客神话》，http://news3.xinhuanet.com/audio/2006-02/15/content_4181705.htm。

案例二：博客："伦敦地铁大爆炸"事件的新闻发布者[①]

2005年7月7日8时49分（北京时间7日15时49分），伦敦发生多起地铁和公共汽车爆炸。北京时间20时左右，东方卫视首先以专题形式报道了英国伦敦地铁的系列爆炸事件；之后的一小时，国内的新浪、搜狐等各大门户网站开始对该事件进行报道，但它们都只有几条叙述简单的短讯。与之相对应的是，在此之前3个小时，上海某报社记者陈明已通过其英国朋友的MSN和博客上的文字描述及现场照片，全面了解了这场发生在大洋彼岸的灾难——世界上有关该事件的第一张现场照片和第一个目击者叙述在最后一次爆炸冲击伦敦城区之际，已开始全球范围地流传，但它们首先是出现在Flickr等图片共享网站和其他几个BLOG组织上的。

英国普通市民亚当·斯塔西（Adam Stacey）就是世界上提供第一张现场照片的作者，在发生爆炸的KingCross地铁站内，斯塔西不停将这些即时照片发给他的朋友阿尔菲·丹恩（Alfie Dennen）。经营着一个BLOG网站的丹恩，迅速对这些图片进行了发布。很快，斯塔西的照片被Picturephoning.com和Wikipedia网站采用；随后，斯塔西的图片又被天空电视台、美联社采用；最后，BBC和英国卫报等媒体也采用了这一照片。

在事件发生后的几天时间里，在全球日志的集中地Technorati网站上，已有关于该事件的7000多条个人日志，它们大部分由亲历爆炸现场的英国市民和居住于爆炸现场附近的英国市民书写。

截止到北京时间7月12日凌晨5时，Technorati上关于"London"的Tag已有3295条。在由世界各地用户自行添加和编辑的Wikipedia（维基百科全书）上显示——已有10多种语言的用户曾在这个社会性软件上参与伦敦爆炸事件的历史记录。还有人在Google推出的地图搜索功能Googlemaps的技术基础上加入了创意，他将一些英国市民拍摄的现场照片切入到Googlemaps的相关地理位置中，并在他的个人日志上发表了这一集合信息。因为对事件的关注，人们正在发挥更多的创造力，日志和更多的社会性软件开始融合成为一种全时空的媒体组合。

伦敦爆炸事件结束后，包括《波士顿环球报》、路透社、《纽约时报》、《华盛顿邮报》等在内世界主流媒体开始传播起了该爆炸事件的一个衍生新

[①] 该案例根据杨琳桦《博客时代的"公众新闻"打破"沉默的螺旋"》改写。原文参见传媒中国网，http://www.mediach.com/Html/20067/Detail30178202_1.html。

闻——"BLOG 迅速响应：伦敦爆炸目击者纷纷在日志上发表了自己的所见和照片"。

无论是从上述案例还是当代传媒的实际运作情况来看，博客都已经成为当代个人媒体最主要的表现形式。顾名思义，个人媒体就是指属于个人的媒体，它是个人自主创造和传播信息，并向不特定的大多数或者特定的单个人传递，内容兼具私密性和公开性的传播载体。个人媒体包括个人网站、E-mail、BBS、博客、播客、Q-zone、个人电子杂志和手机等。根据目前的定义，个人媒体也叫做自媒体、我媒体或共享媒体（Me media 或 We Media）。①

个人媒体对传统媒体的冲击首先体现在传受者的关系变化上。博客和播客等个人媒体技术促成了个人"公共空间"的形成，个人相当于拥有了自己的出版社和电视台，可以不受把关人控制发表信息，不经任何过滤和传播阻碍向所有的受众开放。理想状态下，个人媒体实现了话语权从精英独享到向普通大众的平移——当然，传者拥有了自主的发布权还不等于话语权的实现，只有当个人媒体拥有其相应的受众群体，受众通过评论、链接、点击率等参与方式主动地介入到了信息创造和传播的全过程时，话语权才能得以实现。因此，从这个意义上说，正是受众与传者的信息共享与积极参与，才使个人媒体真正具有媒体的性质。在共享信息的过程中，个人既是信息接受者，又是信息发布者；既是传者，又是受众，传受双方的角色界限日趋模糊——传统传播的"传受分离"模式最终实现了向新媒体传播的"传受一体"模式转变。

值得注意的是，传统媒体是"先经由权威集团过滤筛选，然后发表出版"，而个人媒体则是"先发表出版，然后经由受众根据自己的兴趣选择、过滤、筛选"。在这样的个人媒体平台上，传受双方通过即时互动，衍生出以兴趣、话题归类的群体传播链，最终形成的恰恰是以传者为中心的小众或分众化传播。正如上面所言，仅就当前来看，案例一和案例二中所提到的博客可以说是这种分众化传播的自媒体的典型产物。

与传统的大众媒体不同，作为自媒体的博客的公共开放程度全部由个人来掌控，写博客的人以个人的价值观造成对他人和社会的影响，而这种影响

---

① We Media 的概念是由硅谷著名的 IT 专栏记者丹·吉尔默（Dan Gillmor）首先于 2001 年 9 月 28 日在其博客上提出的，后写入他出版的 *We the Media* 一书中。

力的强大程度正在日益彰显——徐静蕾利用其博客影响力开办的电子杂志《开啦》在短期内就创下上百万的点击率，这显然是一般印刷媒体很难企及的。在成功案例的刺激下，杨澜、李静、鲁豫等传媒界名人相继推出了带有浓郁个人风格的电子杂志，一个以个人影响力为竞争核心的"自媒体行业"雏形初现。更为重要的是，和传统的大众传媒比较起来，这种"自媒体"成为当代新闻更为及时的发布工具。案例二描述的，正是这样一种传媒现实。

对当代读者而言，事件目击者通过各类自媒体发布及时信息应该已不是新鲜事——从克林顿与莱温斯基的"拉链门"事件、伊拉克战争、美国"9·11"事件，到莫斯科剧院劫持人质事件再到东南亚海啸，在一系列的突发事件中，当传统媒体还因为不清楚状况而保持缄默或正在赶往事发现场时，目击者已经在第一时间通过个人媒体发布了正在发生的一切。个人媒体在时效性和真实性上显示出来的强大优势，也促使其公信力在逐渐增强。和上述这些事件比较起来，案例二所描绘的伦敦连环爆炸事件中，通过目击者发布的信息之多、速度之快更是将自媒体的强大优势发挥到了淋漓尽致的程度。它也使世人进一步认清了自媒体的强大影响力。正如Grassroots（草根）媒体网的创始人丹·吉尔默所言，"以往的历史由新闻记者撰写，但现在的历史由人民大众书写，这是非常重要的一种改变"[①]。公民记者的出现使专业记者不再是第一时间报道新闻的人，也使传统媒体不再是读者第一时间获取信息并对该信息保有信任的唯一渠道。正是在这样的状况下，有人甚至预言：传统大众媒体所扮演的角色将最终被个人媒体所颠覆。事实究竟会不会如此，目前我们尚不敢妄下断言。但我们有理由相信，在未来的传媒环境下，个人媒体的蓬勃发展，则必然会是传媒文化分众化的一个壮丽景观。

二 定制化服务：信息过剩时代的对策

所谓定制化服务，是指媒体针对不同受众的特定信息需求与接收习惯，为其在特定时间提供特定信息的一种服务。当今社会是一个信息爆炸的社会。信息爆炸即指有效信息的空间增多，同时也描述了无效信息甚至垃圾信

---

① 引自杨琳桦《博客时代的"公众新闻"打破"沉默的螺旋"》，传媒中国网，http://www.mediach.com/Html/20067/Detail30178202_1.html。

第五章 传媒文化的分众化

息同时增长的现实。在众多的选择面前，广大受众反而变得无所适从。① 在这样的状况下，提供定制化新闻及娱乐资讯服务的各类媒体或媒体运营方式的出现，将可承担起受众资讯过滤器的功能，体现出分众传播时代注重人性化和个性化的传播趋势。

案例三：各大网站的新闻定制服务②

从 2004 年中开始，一股定制化风潮开始席卷各大网站：2004 年 8 月 9 日，新华网推出 RSS 聚合新闻；2004 年 9 月 9 日，Google 推出已带有 RSS 聚合新闻功能的简体中文新闻测试版；2004 年 12 月 9 日，百度新闻推出 RSS 新闻订阅；同时，新浪网推出"新浪点点通阅读器"，提供 RSS 新闻定制、阅读、管理等一系列服务。自此以后，国内各大网站蜂拥而上，从大型主流媒体网站如人民网，到商业门户网站如搜狐、网易，再到一些专业型网站如计世网、阿里巴巴和中国汽车网，等等，都纷纷提供 RSS 聚合新闻服务，形成了一股影响遍及中国互联网业的 RSS 热潮。

在这股热潮之下，Yahoo 也大力推广了"My Yahoo! RSS 搜索"。通过这种 RSS 搜索功能，用户不仅可以方便地利用网站的 RSS 服务来推广自己的网站或 BLOG，而且所有提交的 RSS 内容都会出现在 My Yahoo! 的 RSS 搜索数据库或者分类目录中，便于查阅和管理。与此相应，百度 RSS 新闻推出的关键词新闻订阅，也使用户可以在第一时间获取该关键词所指向的最后更新的新闻信息——而这两者，不失为拓展 RSS 功能的有益尝试。

与各大网站的实践大致同步，理论界对 RSS 的研究也在紧锣密鼓地进行。绝大多数学者都认为，RSS 作为一种网络新技术，能方便简易地聚合信息，更新速度快，而且可以使互联网用户免受垃圾信息的干扰，并实现对特定信息的全程跟踪、即时更新以及网上搜索等。由于 RSS 的诸多优点，学者们对它寄予厚望，觉得 RSS 作为一种全新的资讯传播方式，将对互联网上的信息接收与发布、新闻出版、电子商务、互动交流等领域产生巨大影响；甚至可能导致一场互联网的崭新革命。

RSS 是 Really Simple Syndication 的英文缩写，即简单聚合。作为一种简

---

① 邵培仁：《传播学》，高等教育出版社 2000 年第 1 版，第 115 页。
② 该案例根据新华网传媒在线文章《RSS：热潮之路能行多远？》改写，http://news3.xinhuanet.com/newmedia/2006-03/03/content_4254039.htm。

单的信息发布和传递方式，它使得一个网站可以方便地调用其他提供RSS订阅服务的网站的内容，从而形成"新闻聚合"，让网站发布的内容在更大的范围内传播。网络用户则可以在客户端借助支持RSS的新闻聚合工具软件，在不打开网站内容页面的情况下，阅读支持RSS输出的网站内容。

在《信息烟尘：如何在信息爆炸中求生存》（Data Smog: Surviving the Information Glut）一书中，美国人大卫·申克（David Shenk）提出了"信噪比"这一概念。这一概念所描述的正是受众日常接触的有用信息和无用信息的比例。当信息堆积到大量过剩时，它就成为一种污染了。面对网络上每天都在发布的大量新闻，任何人都不可能对每条新闻进行浏览，信息过剩导致了注意力资源的浪费。而定制化的新闻不失为一种有效分配注意力资源的办法，可以让读者"锁定"自己的情趣和爱好，只浏览自己关心的新闻。从这意义上说，RSS服务所解决的，正是上文提到的信息爆炸时代受众如何有效梳理自己所需要的信息的问题，它也正是当代传媒文化分众化中内容分众的典型表现——而从这一点上讲，RSS服务，和我们在本章第一节中所谈到的《南方都市报》等厚报的"导读"不是有异曲同工之妙吗？只不过，它比报纸的导读来得更加方便、更加快捷。我们相信，随着网络化时代的全面降临，这一服务也必将开启网络分众化的先河。

三　传受互动推动信息分类与共享

正如我们在上文分析自媒体的发展趋势时所谈到的那样，在分众传播时代，传统大众传播那种你播我看、你说我听、你刊我读的模式已趋于老套，传受双方的交流互动日益频繁，已发展出了崭新的格局。特别是随着互联网的繁荣昌盛，传受双方这种对等的交流已经变得越来越及时，越来越无障碍。其结果是推动了传媒文化分众化的进一步深化。对此，我们还是先从一个案例说起。

案例四：互动化的音乐推荐网站[①]

随着数字音乐数量的不断增大，困扰人们的一个难题就是如何找到自己

---

① 本案例根据姜明媚《寻找自己的音乐》和草根网《在线广告应学习Pandora的自定义广告模式》改写，原文分别参见《互联网周刊》2007年1月20日以及http://www.20ju.com/content/V5939.htm。

最想要的音乐。如今，音乐迷的无奈正在被Pandora.com、Last.fm这样的提供音乐推荐服务的网站所改变。

Pandora.com是美国一个提供音乐推荐服务的网站，成立于2000年。Pandora会根据你一开始在网站中输入的歌曲或者歌者名称，向你推荐其他你有可能会喜欢的音乐，帮助你找到更多你感兴趣的音乐。这个网站将每首歌划分成了400个属性，有旋律、谐调、和弦、抒情以及其他的特性。这样的分类使得Pandora能依据用户喜好的音乐样本来推荐类似属性的歌曲。这就像身边有个专家会按照你想要的来推荐音乐一样。

Last.fm提供的最具特色的服务是用户下载并安装一款Last.fm软件，当用户在收听电脑硬盘或者iPod里的歌曲时，软件会向网站传输歌曲名称，并添加到用户的个人主页上——据称每天有数百万的歌曲会被记录下来。网站根据反馈回来的信息，为用户建立个人音乐排行榜、个性化电台，每周向用户推荐你可能喜欢的音乐。听的歌越多网站推荐的歌曲就越准确。注册用户还可以根据自己的音乐喜好，通过该网站寻找到音乐品位类似的投缘好友（被称之为"邻居"）。在这里，你还可以去看看"邻居"们在听什么音乐。

2006年7月上线的"八宝盒"同样定位为个性化音乐社区。通过推荐引擎和网站服务，"八宝盒"帮助用户发现新音乐，认识新朋友，并且通过朋友找到更多的音乐。在八宝盒网站上，用户不仅可以通过贡献链接的方式与大家分享音乐，网站后台还会对用户收听习惯进行数据分析，可以给网友们提供彼此的"缘分指数"（喜好相同风格音乐的程度）。对某一歌星或类型音乐感兴趣的网友，还可以组建"饭团"（fans group）。目前网站正在整合一个包含100多万张专辑、上千万首歌的音乐meta库。与此类似的是，另一家音乐推荐网站——友播网（Yobo），则通过一个"音乐DNA测试"，将注册用户分为了四种类型，以此来匹配用户，寻找喜好共同音乐的人并与其共享音乐资源。

通过上述案例，我们看到，音乐推荐网站通过与网民的互动，以及让网民之间互动的方式，更好地掌握了乐迷的偏好和需求，以此为据，网站将能更好地为受众提供更为贴心的服务，同样也就使得传媒文化的分众化走到了更加精准、更加细腻的道路上去。可以说，它也必将是分众化传播的一种典型的未来走向，因为它真正体现了传受双方相互认知与合作的需求。"媒体希望了解受众的不同特征，并根据其需求的差异，来投其所好，把握'目标受众'；受众渴望提高信息吸收的效率，日益理智的受众通过各自的解读与反馈对传者构成影响,使之趋于针对性、分众化"①。正是对这类服务的典型写照。

值得注意的是,和上文提到的自媒体、RSS 定制化服务比较起来,虽然分众化传播的这几种模式都注重了"互动"对传播的意义,都最终促使了分众化传播的进一步深入,但我们必须看到,它们之间却也存在细微差别——自媒体和 RSS 定制化服务都是先有传播,后有受众对这种传播的积极反馈,二者唯一的区别是,在内容上,自媒体仅仅指向个人传播,RSS 定制服务指向的却是个人及传统的所有传播方式;但类似 Pandora.com、Last.fm 的音乐网站却将这种互动顺序颠倒了过来,他们是先有受众的积极反馈——根据受众一开始在网站中输入的歌曲或者歌者名称等,然后再为受众定制个性化的内容——向你推荐其他你有可能会喜欢的音乐,帮助你找到更多你感兴趣的音乐。也正是基于这种细微的差别,所以在本节中,我们才将它们分作了三种可能的趋势,一一阐释,一一描述。

以上,我们对传媒文化分众化的几种未来趋势作了初步的探讨。应该说,这些趋势都已经初露端倪,甚至已经有了较好、较快发展的分众化传播模式。我们相信,传媒文化分众化的未来远不止此,至于它还将有什么样的发展,什么样的变化,我们将拭目以待。

对当今传播趋势,未来学家尼葛洛庞帝在《数字化生存》一书中有如下描述:"在信息时代中,大众传媒的覆盖面一方面变得越来越大,另一方面又变得越来越小……后信息时代中,大众传播的受众往往只是单独一人……信息变得极端个人化……个人化是窄播的延伸,其受众从大众到较小和更小的群体,最后终于只针对个人。"② 应该说,尼葛洛庞帝在书中描绘的这一传媒发展趋势,恰恰为传媒文化的分众化做了最好的注脚。正如我们在本章中反复强调的那样,虽然在很长一段时间内,传媒主要还是以大众传播的形式存在,但是分众化的现象已经出现于大众传播的内部,并且随着社会经济的发展和技术的进步,传媒文化的分众化程度还将进一步加剧。至于它是否会如尼葛洛庞帝等人所说的那样,最终取代大众传播,我们也将拭目以待。

---

① 梅琼林、陈文举:《从传者与受众的互动看媒体的分众化趋势》,《今传媒》2005 年第 2 期,总第 88 期。

② [美] 尼葛洛庞帝:《数字化生存》,海南出版社 1996 年版,第 192 页。

第六章　传媒文化的权力化

　　无论是在东方文化还是西方文化中，"权力"都是一个十分古老的概念。在中国古汉语中，"权"是指秤锤，《汉书·律历志上》说："权者……所以秤物平施，知轻重也。"《孟子·梁惠王上》中也表达了相同的意思："权，然后知轻重。"此外，"权"还有另外一个重要的含义，就是平均或平衡。《周礼·考工记·弓人》说："九和之弓，角与干权。"《汉书·贾谊传》在较为接近现代的意义上使用了这个词汇："况莫大诸侯，权力且十此者乎？"这里所谓的现代意义，概念有三：一是权威和势力；二是政治上的强制力量；三是指一定范围内的支配力量。① 英语中的权力（power）一词来自法语 pouvoir，法语又源自拉丁语 poteretestas 或 potentia，意指能力。因此，在英语中"权力"一词的基本含义是能力，power 也常用作能力（capacity）、技巧（skill）或禀赋（talent）的同义语。美国政治学家丹尼斯·朗（Dennis H. Wrong）修正了英国哲学家伯特兰·罗素（Bertrand Russell）的权力定义，认为"权力是某些人对他人产生预期效果的能力"②。我们认为，和上述各种概念描述比较起来，丹尼斯·朗的概念更接近权力的本质，因此，本章也将在把权力界定为"能力"的基础上，展开传媒文化的权力化研究。

　　可以毫不夸张地认为，"权力"问题是大众传播学研究领域的最为核心的问题之一，"媒介权力"作为一个概念被传播学研究中的两大学派——经验学派和批判学派频繁提及，并取得了众多理论成果。

　　从经验学派的研究来看，控制分析、效果研究都直接涉及权力问题。传播学的四大先驱之一、美国政治学家哈罗德·拉斯韦尔（Harold D. Lasswell）认为，大众媒介有三大功能：监视社会环境、协调社会关系、传递社会遗产。其中，"监视社会环境"就是媒介权力的体现。库尔特·勒

---

① 陈行之：《权力考》，http://blog.readnovel.com/article/htm/tid_222249.html。
② ［美］丹尼斯·朗著，陆震纶、郑明哲译：《权力论》，中国社会科学出版社2001年版，第3页。

温的"把关人"理论表明,传媒具有选择和过滤信息的功能,而信息是构成客观世界的三大要素(物质、能量、信息)之一,"把关"正是传媒权力的彰显。传播学上的"议程设置"、"沉默的螺旋"、"知沟理论"等理论和假说也都无数次地表明了传媒的巨大威力。再从批判学派的研究看,法兰克福学派、政治经济学派、文化研究学派也都毫无例外地触及了传媒的权力问题。法兰克福学派的理论家们对"文化工业"的批判表明,传媒已沦落为统治者对大众操纵与欺骗的有力工具。传媒政治经济学研究了"媒介所有权与控制、连锁董事以及媒介工业与其他媒介、其他工业、政治经济和社会精英联合在一起的因素"[1]。文化研究学派也假定,"媒介是作为嵌入现在社会关系模式中的一个机构,它和特定社会系统中的其他权力机构一样,发挥着复制能够在其中运用它们自己的权力的社会关系的作用"[2]。赫伯特·阿特休尔(J. Herbert Altschull)说,"新闻就是权力"。"显而易见,新闻媒介是一支作为调查者(监督人)、反对者(抗衡者)和筹划者(议程确定者)而工作的独立力量。"[3] 以上种种理论都旨在表明,作为一个核心概念,"权力"已渗透到了传媒运作的方方面面,无处不在、无时不在——传媒,已经被彻底的"权力化"。

当然,在传媒的这种权力化过程中,"传媒文化的权力化"又是一个值得高度关注的话题。

对传媒文化与权力的关系进行深入的梳理后,我们可以清晰地看到,传媒文化与权力之间的关系是共荣共生、相互交织的,传媒文化时而是权力的对象,时而是权力的主体,时而又作为权力各方争斗的场所而存在——而这也恰恰构成了传媒文化权力化的主要维度。为便于研究,本章将从三个方面来透视传媒文化的这种权力化过程:首先,作为权力的对象,传媒文化受到了社会上各种形形色色的权力的控制与渗透,这可称之为"权力掌控下的传媒文化";其次,传媒文化作为行为主体,又对广大受众以及社会政治、经济、文化等产生了深刻的影响,这可称为"传媒文化的权力化";最后,大众传媒作为一个斗争场所,各种权力都在传媒这一宏大的舞台上粉墨登场,相互博弈,展现出了各种各样的文化景观。我们不妨把传媒文化的这种

---

[1] [英]奥利弗·博伊德—巴雷特、克里斯·纽博尔德编,汪凯、刘晓红译:《媒介研究的进路》,新华出版社 2004 年版,第 227 页。

[2] 同上书,第 403 页。

[3] [美]赫伯特·阿特休尔著,黄煜、裘志康译:《权力的媒介》,华夏出版社 1989 年版,第 225 页。

权力化现象命名为"传媒与权力博弈的舞台化"。下面，我们就通过一些实际的案例，从以上三个维度出发，对传媒文化的权力化问题进行深入解读。

第一节 权力掌控下的传媒文化：传媒文化的政治经济学分析

在《权力的媒介》一书的结尾处，赫伯特·阿特休尔对新闻学作了七项归纳，其中前两项是："1. 在所有的新闻体系中，新闻媒介都是掌握政治和经济权力者的代言人。因此，报刊杂志和广播电视并不是独立的媒介，它们只是潜在地发挥独立作用。2. 新闻媒介的内容往往反映那些给新闻媒介提供资金者的利益。"[①] 这两项归纳显示，在资本主义体系中，新闻媒介背后有着明显的权力控制。与之相应的是，在社会主义阵营中，传媒被认为是党的喉舌、国家的喉舌、人民的喉舌。显然，当一个媒介承担起"喉舌"的使命时，它本身也必然要受到大脑——传媒背后的权力——的支配。事实上，传媒自诞生之日起就是权力控制的对象，无论是东方还是西方，概莫能外。基于此，西方学者就曾明确指出："媒体关系是权力关系的一部分。"各种政治、经济、军事、社会、文化力量都在以不同的方式影响传媒，从一定意义上说，一个区域内的媒体生态事实上就是该区域内权力架构的反映。也正是从这一意义上，我们认为，无论是东方还是西方，传媒文化都是政治、经济、社会、军事等各种权力掌控之下的传媒文化。

一 政治权力对传媒文化的控制

关于政治权力对传媒文化的控制，我们先从一个典型的案例——"'育婴箱惨案'与娜依拉"事件说起。

案例一："育婴箱惨案"与娜依拉事件

1990年10月10日，一位15岁的自称"娜伊拉"的"科威特"少女，出现在美国国会众议院人权小组上，声泪俱下地讲述了她"亲眼所见"的伊拉克军队的暴行：

"我在阿尔丹医院做义工……看到伊拉克士兵持枪进入医院，然后走入一间屋子。那里有15个婴儿还在育婴箱中。他们把15个婴儿拿出育婴箱，

[①] [美] 赫伯特·阿特休尔：《权力的媒介》，第336页。

然后拿走了育婴箱,把婴儿丢在冰冷的地上,任由他们死去。"

"科威特少女国会作证"的全部内容当日就出现在了全国广播电视网(NBC)的晚间新闻中,数百万美国电视观众义愤填膺。大赦国际首先对此予以确认,美国总统乔治·布什在科威特少女国会做证之后一个月的各种演说中,六次提到伊拉克士兵杀死科威特婴儿的故事。盖洛普民意调查显示,支持对伊拉克进行战争的民众比例急剧上升。美国决策者在有效动员了民众舆论后,于1991年1月12日发动了海湾战争。

事后证明,娜伊拉并非纯粹的科威特少女,而是科威特驻美大使的女儿。整个"育婴箱惨案"是由世界最大的公关公司之一希尔·诺顿受雇策划的一场旨在对美国民众舆论进行战争动员的"伪事件"。美国国会的人权小组事先也已经知道娜伊拉的真实身份。因此,所谓的"希尔·诺顿受雇"就再明确不过了,在战争舆论动员的背后,是美国政府的战争意愿、公关公司的策划以及科威特王室流亡人员的金钱。这三者通过公共关系的设计和导演,成功地推动了美国媒体和舆论支持政府进行战争。

显然,"娜依拉事件"是现代社会中政府权力对媒介控制的极端个案。为了发动一场对伊拉克的战争,以维护自己在中东的利益,美国政府伙同公关公司,导演"伪事件",从而操纵舆论,进而欺骗了整个美国的民众。

如果说,这种通过公关活动、欺骗手段来实现的控制还显得比较间接的话,政治权力对传媒的其他一些控制手段就显得更加直接、更加赤裸裸。从传媒的发展史来看,这种直接的控制手段随处可见,古今中外,概莫能外——我国历史上有"防民之口,甚于防川"的"禁播政治",秦始皇曾用"焚书坑儒"来控制思想传播,清朝前期则是通过大兴"文字狱"来严控思想传播。在西方,13世纪之前,教廷的修道院也一直支配着书籍的生产,结果,支持或阐述教廷意识形态的文本被大量复制,而那些或明或暗地挑战教会世界观的文本则遭到了封杀。① 布鲁诺(Giordano Bruno)被宗教裁判所判为"异端"烧死在罗马鲜花广场,就是强权对真理进行的扼杀;而英国资产阶级革命前的报业许可证制度更是政治强权控制媒介、钳制舆论、干涉信息传播的典型例证。

对政治权力的这些控制手段,传媒学者也进行了大量的理论总结。1956年,美国学者施拉姆等人在《报刊的四种理论》(*Four Theories of*

---

① [英]詹姆斯·卡伦著,史安斌译:《媒体与权力》,清华大学出版社2006年版,第79页。

the Press）中，集中阐述了世界上各国政府对报刊的四种控制模式：集权主义模式、自由主义模式、社会责任模式和苏联共产主义模式。其中集权主义模式的历史最为古老。它认为传媒应支持和促进政府的权力，并听命于国家的管理。在集权主义模式下，传媒既可以为集体所有，也可以为私人所有，但它们都被认为是加强政府统治的工具。自由主义模式与集权主义模式正好相反，它认为，传媒的功能在于帮助人们了解真相，监督政府，同时还具有告知、娱乐和销售功能。也就是说，媒体要独立于政府权力之外，成为"第四权力"，传媒主要为私有。在这种模式下，媒介通过两种方式受到控制：一种是通过多数人的声音，在"思想自由市场"下进行"真理的自我修正"；另一种是通过法律体系，法律对于诽谤、亵渎、无礼和战时煽动叛乱的行为进行规范。第三种是社会责任模式。该模式是对自由主义模式的修正，认为媒介是唯一保证了自由权的产业，因而媒介必须负起社会责任，媒介应受到社群意见、消费者行为、媒介职业道德的控制，同时还应受到政府立法机构的控制。最后是苏联共产主义模式。该模式认为，媒介的主要目的在于巩固苏维埃制度。媒介受政府经济、政治行为及监督部门的控制，只有忠诚的和正统的党员才可以有规律地使用媒介，媒介都是国有的，并由国家掌握。

到20世纪80年代，美国批判学者阿特休尔提出了进一步的理论。他认为，《报刊的四种理论》中所提到的分类是冷战时代的产物，如今已不再适用。在《权力的媒介》中，他把传媒与政府的关系划分为三种类型，并称之为"三个乐章"：一是市场经济的乐章，大致包括发达或次发达资本主义世界；二是马克思主义乐章，大致指信奉马克思主义的社会主义国家；三是进步中世界乐章，大致为第三世界或发展中国家。在进行这种划分的前提下，阿特休尔明确指出，无论过去还是现在，新闻媒介都没有展现出独立行动的图景，都是为那些所有者和经营者的利益提供服务的，因此，媒介在任何领域都是政治、经济权力的代言人。

无论是施拉姆还是阿特休尔，他们的研究都旨在说明：权力，尤其是政治权力，已经成为传媒及传媒文化的主要控制力量。

大致说来，政治力量对传媒的控制，不外乎是通过规定大众传播体制、制定相关法律、法规和政策，来保障媒介活动服务于国家制度、意识形态及各种其他目标。其主要内容包括规定传媒组织的所有制形式，对传播媒介的活动进行法制和行政管理；限制和禁止某些信息内容的传播；对传播事业的发展制定总体规划或实行国家援助等。① 以美国为例，美国新闻媒介一直自诩为代表公众监督政府的"看门狗"，但随着媒体的影响力越来越大，美国政府对媒体的管理和限制也越发加剧，影响和施加压力的手段和方式也日趋复杂。总体上说，美国政府对新闻媒介的控制可分为硬性的控制与软性的控制两个方面。硬性的控制是指国家对新闻媒介的行政调控、司法调控、资源调控，如税收、战时新闻检查、保密制度、对法庭报道的限制等。软性的控制首先表现在美国政府拥有庞大的公关网络，各级政府和部门都设有专门的公共关系或新闻办公室，这些机构的一项主要任务就是处理好与媒体的关系，发布公务信息。其次是拉拢、笼络新闻界的头面人物。历届美国总统都力图同新闻界的头面人物建立个人友谊，对报刊发行人、广播电视业主礼遇不菲，并在媒介内部培植代理人或拉拢部分记者。我们在上文中所提到的"娜依拉事件"，恰恰是美国政府通过公关公司对新闻媒介进行软性控制的典型案例。

总之，不论是以哪种方式控制传媒，政治就是传媒颈脖上所套的那一根绳子，绳索的长短松紧，完全取决于政治这只有力的大手。而在绳子的提调之下，传媒就是皮影戏中的那些舞于前台的木偶。

二 经济权力对传媒文化的渗透

对这一问题，我们仍然需要从一个典型案例说起。而这一案例，将涉及在美国社会中占有较大影响力的《每日新闻》（*Daily Necos*）。

案例二：《每日新闻》与超市博弈

纽约《每日新闻》创刊于1920年，是美国第一份小报，在20世纪时其发行量曾长期居全国第一，目前居纽约市报纸发行量第一。2001年3月，《每日新闻》在州政府检查报告的基础上，开始以主标题"腐恶肮脏，羞于见人"发表系列报道，称很多超市过于肮脏而达不到州卫生标准。

系列报道刊出的第一天，《每日新闻》的老板莫蒂默·B.朱克曼赞扬文章的热辣，该报总编辑爱德华·科斯纳也在见报的当天上午对报道表示满意。但报道却使Red Apple Group（美国东部著名大型连锁超市）的首席执行官约翰·卡西麦特迪斯（John Catsimatidis）大为光火，他立即让公司取消在该报的广告，并要求本公司所有连锁店停止销售该报——因为Red Ap-

---

① 郭庆光：《传播学教程》，中国人民大学出版社1999年版，第130页。

ple Group 的一家商店在报道中受到了批评，被指是全市十家最肮脏的超市之一。其他超市的负责人也表示抗议，说报道根据的是过时的检查报告，而未在文章中提到最新的报告。这几份最新的报告称很多超市比过去清洁了。于是，当地几乎所有连锁超市都拒绝在该报刊登广告，一些商店甚至拒绝代销该报。

这种状况持续了七个星期，超市行业的负责人们估计，该报每周损失5万—10万美元的广告收入，这个数字使《每日新闻》的头头脑脑难以承受。于是，6月13日，为挽回这些大宗广告，该报发表了四个版的非同寻常的广告增刊，热情洋溢地赞扬了全市超市行业的业绩。这篇由自由撰稿人写的稿件完全按照新闻的样式进行。而据超市管理者们说，这篇评论式广告是在该报经营方面的强烈建议下出台的，旨在修缮与重要广告客户的关系。该报发言人肯·弗莱德曼也说："这篇文章属于广告社论的一部分，占用的是广告增刊和有价市场版，由报社出资。这样做是希望将超市请回报纸方面来。"对此，位于佛罗里达州的圣彼得堡波因特新闻学院院长詹姆斯·诺顿（James Naughton）不无遗憾地说："我还未曾见过这样一篇与报纸的系列调查报道如此对立的广告社论。"不过恰好是这样的"对立"，挽救了报纸广告——在报纸和超市上层的多次沟通下，事态最终得到圆满解决，所有超市都恢复了在该报的广告投放。

当年6月14日，《纽约时报》以"《每日新闻》屈膝挽救超市广告"为题详细报道了此事。

上面是辜晓进在《走进美国大报》中讲述的一个例子。虽然在案例的最后，作者从正面解读了这一非常罕见的事情，如"编辑部的独立性依然得到体现和尊重，表现在所有当事记者和编辑都未受到处分"。但我们更应该看重案例另一侧面的解读："超市广告是城市报纸广告来源的大头，一些报纸的这类零售商广告占了50%，当他们联合抵制报纸时，即便是美国的报纸也不得不低下高贵的头颅。"[1]

从经济来源上看，世界上的传媒大致可分为三种基本类型：国营型、公共型、私营型。国营型传媒体制如市场化之前的我国传媒，资金来源于广告收入和政府财政提供；公共型传媒体制如BBC，经费来源于政府有关部门、个人与团体的赞助和视听税收三个方面；私营型体制如美国的媒体，财源主

---

[1] 辜晓进：《走进美国大报》，南方日报出版社2002年版，第359—362页。

要靠广告收入维持。但是，随着传媒业的竞争越来越激烈，无论哪种类型的传媒，对广告收入的依赖都成为较为普遍的现象。传媒是一个高投入、高消耗的产业。先进技术的采用，优质节目的制作都需要强大的资金后盾。在我国，统计表明，报业集团的广告收入占总收入的60%左右，而广播电视集团的广告收入占总收入的70%左右。在美国，报纸收入的70%来自于广告，电视则更为突出。① 媒体对广告的依赖，使媒体成为大公司、大资本的控制物。

控制了传媒财政渠道的广告商和大公司，总是想方设法控制媒体传播的内容，以便媒体更忠实地服务于它们的利益。对此，阿特休尔作了一个形象的比喻："新闻媒介好比吹笛手，而给吹笛手的乐曲定调的是那些付钱给吹笛手的人。即便付钱主子的身份不清，情况也是这样。""吹笛手与其'付钱主子'的关系不外乎四种形式：官方形式、商业形式、利益关系形式和非正式关系形式。"② 有时垄断资本甚至亲自上阵，入股大型传媒集团，成立超大型媒介联合企业，直接插手传播事务，通过连锁董事，将众多的传媒企业置于少数人的集中控制之下。以美国为例，20世纪80年代初，美国有1700种日报、1.1万种杂志、9000个广播电台、1000个电视台、2500家图书出版公司、7家电影制片厂。现在，这个庞大的产业，实际上绝大部分控制在50家最大的媒介公司手中，控制权的高度集中，保证了少数垄断资本在大众传播过程中的统治地位。美国学者本·巴格迪坎（Ben Bagdikian）说道："50家占支配地位的传播媒介公司在控制国家日常舆论上，比任何个别私人，也常常比任何政府机构作用更大。"③ 面对这种发展趋势，美国传播学家席勒（Herbert I. Schiller）感叹道："经济和政治使媒体作为'第三种权力'或'第四种权力'完全只是一种幻想。美国媒体只是包括财富500强在内的跨国大公司用以出售其产品、服务、观点的工具；也是政府用以维护社会规范、社会制度、社会秩序以及搞全球霸权的工具。"④

美国传播学者约翰·费斯克（John Fiske）的"两种经济理论"能帮助我们进一步认清经济权力对传媒及传媒文化的控制。在《理解大众文化》中，费斯克提出了传媒的两种经济理论："金融经济"与"文化经济"。金

---

① 张晓群：《传媒集团规模扩张的经济学分析》，http：//www.chuanboxue.net/list.asp?unid=2054。
② [美] 赫伯特·阿特休尔：《权力的媒介》，第287页。
③ 郭庆光：《传播学教程》，第132页。
④ 潘之常、林玮主编：《传媒批判理论》，新华出版社2002年版，第151页。

融经济流通的是金钱；文化经济流通的是意义、快感和社会认同。费斯克以电视为例具体阐述了两种经济，他指出："演播室生产出一种商品，即某一个节目，把它卖给经销商，如广播公司或有线电视网，以谋求利润。就所有商品而言，这都是一种简单的金融交换。然而这不是事情的了结，因为一个电视节目或一种文化商品，并不是微波炉或牛仔裤这样的物质商品。一个电视节目的经济功能，并未在它售出之后即告完成，因为在它被消费的时候，它又转变成一个生产者。它产生出来的是一批观众，然后，这批观众又被卖给了广告商。"① 这就是传媒中的"金融经济"。所谓"文化经济"则是指观众作为生产者，在收看节目的过程中通过对电视节目的解码，生产出意义、快感，并同时作为消费者消费意义与快感。其中，金融经济最能让我们一窥经济权力对传媒文化的制约。显然，作为传媒来说，它的最终目的在于广告商，受众不过是它们生产出来的"商品"，这种"受众商品"凝聚的注意力与时间是它们与广告商讨价还价的筹码。这里，"'受众商品'是一种被用于广告商品销售的不耐用的生产原料。受众商品为买他们的广告商所做的工作就是学会购买任何分类的商品，并相应地花掉他们的收入"②。结合我们给出的案例，纽约超市的老板们在《每日新闻》上打广告，付钱给《每日新闻》，实际上就是想购买该报的"读者"，超市老板寄希望于这些"读者商品"去他们的超市消费。但是，《每日新闻》却告诉它的读者"这些超市正在出售卫生不达标的食品"，其结果显然是读者不会再去这些超市购物。这样，超市付出了广告费但却无法从报社买回"受众商品"，无法给自己带来利润，难怪超市老板们要大为光火——显然，对超市老板们来说，通过经济的杀手锏来调整媒体不利于自己的传播内容，自然也就成为他们行使控制权力的题中应有之义。

其实，对任何媒体而言，追逐利润的本性和为公众提供公益的追求都是一对永远也解不开的疙瘩。在这对矛盾体中，经济权力已经越来越彰显了自我的力量。为此，阿特休尔意味深长地指出："新闻发展的历史证明，报纸以及形形色色的现代化新闻媒介已日趋满足掌握新闻媒介经济命脉者的个人利益的需要，同时又通过服务于新闻消费者的利益来确保新闻媒介的形象。但期望新闻媒介会出现天翻地覆的大变化并对其经济命脉操纵者的愿望嗤之

---

① [美]约翰·费斯克：《理解大众文化》，中央编译出版社2001年版，第32页。
② [英]奥利弗·博伊德—巴雷特、克里斯·纽博尔德编：《媒介研究的进路》，第273页。

以鼻，无异于一种最狂热的乌托邦式的痴心妄想。"①

三 社会价值观念对传媒文化的影响

实际上，除了政治权力和经济权力对传媒文化有着极强的控制力外，各种各样的社会观念，即社会价值判断体系同样对传媒及传媒文化造成了不可忽视的影响。对于这一点，我们同样以案例来进行说明。

案例三：《渴望》与刘慧芳现象

《渴望》是中国第一部室内连续剧，1989年摄制，1991年播出。该剧被评价为一部轰动全国、感动千万人的电视剧，被称为中国电视剧发展史上的里程碑，它创下的巅峰效应成为一个时代的神话。万人空巷的反响一夜间把刘慧芳——凯丽捧为了20世纪90年代初第一个"全民偶像"。

《渴望》所描绘的故事发生在20世纪60年代末到80年代末。该剧着力刻画了三个家庭中父子、夫妻、姐弟、恋人、朋友之间的关系以及刻骨铭心、感人肺腑的亲子之情。剧中以女主角"慧芳"的情感经历为主线，讲述了两个大家庭长达16年的情感纠葛和生活中的风风雨雨。

故事开始于一段复杂的恋情：年轻漂亮的女工刘慧芳面对两个追求者迟疑不决。一个是车间副主任宋大成；一个是来厂劳动的大学毕业生王沪生。她渴望爱情，但这两个人，前者于她有恩；后者则身处困境。慧芳左右为难……

时值1969年，王沪生一家身陷困境：作为著名学者的父亲被抓下落不明；母亲忧急交加病发身亡；当医生的姐姐亚茹未婚生下女儿罗丹，却被未婚夫罗冈带走。罗冈因在日记中写下了对"文革"的真实体会而被打成反革命，受到通缉，在逃亡路上罗冈遗失了女儿丹丹，遗失的丹丹被慧芳的妹妹燕子捡到，慧芳不顾母亲的劝阻收养了她……

在王沪生最艰苦的时候，慧芳毅然冲破家庭、社会的种种阻力与沪生结婚。慧芳对妹妹捡来的女婴已萌母爱，沪生却极不情愿，迫于慧芳的坚持只好同意收养，取名刘小芳。一年后，他们有了自己的儿子王东东；深感失望的宋大成与刘慧芳的好友徐月娟结婚，但对她毫无感情。

"文革"结束，沪生的父亲得到平反，全家决定搬回小楼。向来自视知识分子身份而看不起慧芳的亚茹以小芳不是王家亲骨肉为由对慧芳百般刁

---

① [美] 赫伯特·阿特休尔：《权力的媒介》，第336—337页。

难,慧芳不忍抛下小芳最终没有住进王家;沪生的初恋情人肖竹心回到北京,慧芳恍然大悟与沪生离婚;小芳偷偷去见爷爷不小心掉进工地陷阱而瘫痪……燕子的大学老师竟是罗冈,他被慧芳伟大的母爱深深感动,并与小芳建立了深厚的感情。偶然间,罗冈发现小芳就是自己丢失的女儿;亚茹经过几年的钻研终于治愈了小芳的瘫痪。生活再次迫使慧芳作出痛苦的选择……

《渴望》让"刘慧芳"成为电视荧屏上中国妇女的经典形象,也为我们分析传媒文化中女性形象的生成机制提供了一个绝佳个案。"刘慧芳"是贤妻良母的典范:大杂院长大的青年女工,美丽善良、温柔贤淑,偏偏命运多舛,即便如此,在被亲人误解、生活窘迫的种种逆境中,她仍然保持了隐忍善良的美德。刘慧芳恪守着女人的传统天性,面对婚姻,她愿付出全部温柔,作为对幸福的追求。然而,为了非亲非故的弃婴,她却甘愿选择放弃婚姻。这是一个高大而完美、仿佛一切都是天性使然的女性形象。"刘慧芳"这个名字成了集传统美德于一身的中国女性形象的代名词。

电视文本是现实生活的写照,现实存在制约着电视文本。媒介文本中的女性形象无疑正是传统文化中女性形象的典型写照。

中国传统的性别文化通常将男性归于公共领域,将女性归于私人领域。这种公共/私人的对立与划分,又往往将男性的存在界定在了政治、商业、科学等社会生活领域,而将女性的存在界定在了家庭、生儿育女等私人领域,把"温存"、"柔顺"、"娴静"视为了女人之为女人的重要特征。[1] 传媒文化中的刘慧芳,实则是中国传统性别文化中的刘慧芳、李慧芳们的代表,刘慧芳的所作所为,也恰恰是在传统文化的规约下的所作所为。温别尔托·艾柯(Umberto Eco)在《电影符码的分节方式》一文中说:"信息的传达必然取决于信息发送者组织信息的方式,而信息的接受者也必然按照社会通行的约定性规则接受信息。"[2] 那么,信息的发送者们究竟以何种方式组织信息呢?北京电视台《娱乐开讲》栏目给我们提供了答案。2007年7月18日,《渴望》剧组创作人员在北京电视台《娱乐开讲》特别节目录制现场重聚,嘉宾郑晓龙透露:"'刘慧芳'其实就是几个编剧心目中的完美女性,几经王朔、李晓明等人策划,'刘慧芳'最终被赋予漂亮、正直、忍

---

[1] 黄蓉芳:《我国新闻受众中的女性缺失》,《新闻与传播研究》2000年第3期,参见吴飞、王学成《传媒·文化·社会》,山东人民出版社2006年版,第232页。

[2] 姚晓蒙:《电影美学》,东方出版社1991年版,第83页。

辱负重等品德，承担了幕后策划小组四位成员对完美女性的所有要求。"与之相应，观众们则按照中国传统文化对一个贤妻良母的要求接受了刘慧芳。从电视剧播出后的反响来看，信息发送者的编码和接受者的解码达到了高度的统一。即便是10多年后的今天，在中央电视台对20多万名观众进行的调查问卷中，依然有91.3%的观众喜欢刘慧芳。刘慧芳更成了好女儿、好媳妇、好妻子和好母亲的代名。

"刘慧芳"这一传媒文化形象的出现，还可以用文学符号学上的一对范畴：深层结构/表层结构来得到阐释。深层结构就是语言（language）。瑞士语言学家索绪尔给它下的定义是："一个仓库……一个文化系统，潜在在每个头脑里，或者，更确切地说，潜存于一群人的头脑里"；表层结构是言语（parole），指具体的用任何一种物质方式（书面、口头、哑语等）表达的语言行为。语言是社会性的存在，而言语是个人的选择和实践。① 按照这一阐释方式，我们完全可以说，刘慧芳正是中国文化的深层结构对女性的表达，表达的基础则来源于中国传统文化对男女性别的约定。

实际上，传媒文化的这种深层结构，也正是李普曼所说的"刻板成见"。在《舆论学》中，李普曼对此作出了解释——所谓刻板成见，就是人们对特定事物所持有的固定化、简介化的观念和印象，它通常伴随着对该事物的价值评价和好恶的感情。② 当今传媒文化中出现的对女性的"刻板成见"，除了会描绘出"刘慧芳"这样的贤妻良母外，也同样会塑造出以下类型的女性：一是美女形象，这种形象特别多地出现在广告中。洗发水、沐浴露、化妆品、减肥茶等日常消费品，总是有一个脸蛋漂亮、身材姣好、皮肤白皙、性感活泼的美女来作代言人，在这些文本中，女性成了被观赏的对象；二是祸水形象，这种形象较多地出现在电视剧和新闻报道中。比如电视剧《封神榜》中的妲己、清宫戏里的慈禧、希腊神话影视作品中的海伦。而新闻报道中，则直接表述为"一个贪污腐败分子的背后总有一个祸水女人"。其实，把女性看成祸水，这本身就是以男性视角对女性的污蔑与歧视——但问题的症结就在于，不论是"贤妻良母"还是"红颜祸水"，她们都是社会价值观念，或者说是"社会刻板成见"在传媒文化中的映射——反映的都是已有的社会价值观念体系对传媒文化的影响。

值得特别说明的是，从传媒与现实的关系来看，传媒文化形象又并非人

---

① 赵毅衡：《文学符号学》，中国文联出版公司1990年版，第33页。
② 郭庆光：《传播学教程》，第260页。

们通常认为的那样,"真实地"、"直接地"再现了现实,它只是一种表现、一种映射。社会性别理论指出,传媒中的女性形象不可避免地经过了男权文化的调整,表现了男权文化对女性角色的期待,即男权文化通过大众传媒参与并完成了对女性形象的重塑。① 葛兰·乔丹(Glenn Jordan)和克里斯·韦顿(Chris Weedon)也认为,"所有的表意活动——也就是所有带有意义的实践——都牵涉权力关系"②。传媒表意活动中的女性形象,其实质正是现实社会中性别政治的延续。无论是把女性塑造成贤妻良母、弱者还是祸水、美女等形象,都不是女性自己对自己的定义,而是由占主导地位的男性权力的定义——而女性的这一形象重塑过程恰恰说明,在传媒文化的自我表达中,社会价值观念的影响同样无处不在、无时不在,它也已经成为控制传媒文化表达方式、表达内容的重要力量之一。

实际上,除了政治权力、经济权力和固有的社会价值观念会对传媒及传媒文化造成极大的影响之外,其他的各种权力形式也都在或明或暗的影响、掌控着传媒的运行内容或运行方式——只不过,以上三种"权力"的影响最为典型而已。传媒发展史上的无数经典案例也都已经说明,传媒只会是权力掌控下的传媒,传媒文化也只能是经过了权力重塑的文化——阿特休尔所说的"权力的媒介",道出的其实正是这样一个基本事实。值得注意的是,正是由于受到了各种权力的"垂青"——有了"近朱者赤"或"近墨者黑"的可能,加上自身又掌握着各种信息的采集与发布权,传媒,不可避免的又变成了社会权力结构中不可或缺的一个部分,"传媒文化的权力化"也因此成为传媒文化中的另一个引人注目的景观。对此,我们将用下一节来作出详细论述。

第二节 传媒文化的权力化:传媒文化的影响力分析

正如我们在第一节结尾处所谈到的那样,随着社会的发展及大众传媒的自我完善,媒介已获得了前所未有的权力。拿破仑(Napoléon Bonaparte)说,记者之笔,胜过三千枝毛瑟枪;我国也有过"飘萍一枝笔,抵过十万

---

① 吴飞、王学成:《传媒·文化·社会》,山东人民出版社2006年版,第235页。
② [英]利萨·泰勒、安德鲁·威利斯著,吴靖、黄佩译:《媒介研究:文本、机构与受众》,北京大学出版社2005年版,第37页。

军"之说；德国社会学家菲迪南·汤尼斯（Ferdinand Tonnies）早在1922年就得出结论：谁控制了新闻媒介，谁就控制了世界——或者至少控制了世界的舆论；在第三世界的大多数地方，国家与政权总是想方设法地去控制媒介，非洲国家在政权更迭时，大都也是谋求最先占领和控制新闻媒介。这些言说与事例无一不表明，传播媒介有着巨大的权力。乔治·格伯纳（George Gerbner）在论述美国的电视时曾经说道："电视改变了这个国家的政治生活，改变了人们的日常生活习惯，形成了一代人的风格，使地方事件一夜之间成为全球的新闻，把信息和价值摊贩的传播从传统的渠道引入中心化的网络，继而到达每一个家庭。一句话，它深刻地影响了那个我们称之为社会化的过程，那个使我们的种族成为人类成员的过程。"[1] 这段话中的"改变"、"形成"、"影响"无一不是媒体权力的彰显。与传播媒介的权力化相伴而生的，恰恰是传媒文化的权力化——因为正如我们在绪论中所谈到的那样，传媒本身的权力化恰恰是传媒文化权力化的基础与前提。但值得注意的是，传媒与传媒文化的权力与以靠警察、监狱、军队等强制机器作保障的国家权力不同，它是一种软权力，主要靠操纵、说服来产生影响。下面，我们主要从三个方面来对传媒与传媒文化的这种"权力化"进行解说。

一　传媒文化的构造权

所谓"构造权"，简而言之，就是传媒通过传媒文化所拥有的构造另一个与真实现实略有不同的传媒现实的权力。我们甚至可以认为，这是传媒及其文化所拥有的某种能够"捏造现实"的能力。这种能力首先来源于传媒的信息权力——传媒这一信息多者、信息先知先觉者与受众这一信息缺乏者、信息被动接受者身份的对立，使传媒及其文化的构造权有了实现的可能。谈到传媒文化的构造权，我们就不得不再次提起"火星人入侵"那个经典案例。

案例一：火星人"入侵"地球

1938年10月30日晚，美国哥伦比亚广播公司"空中水星剧场"播出了改编自19世纪作家赫伯特·乔治·威尔斯的科幻小说《星际大战》（*War of the Worlds*）的广播剧，说有不明飞行物降临美国新泽西州，一群形象丑

---

[1] 陈犀禾：《当代美国电视·前言》，复旦大学出版社1998年版，参见郑世明《权力的影像》，中国传媒大学出版社2006年版，第9页。

陋、手持喷火器和毒瓦斯的火星人正在展开对地球的攻击。由于播音员奥森·威尔斯运用的是恐怖逼真的新闻报道手法，广播剧立即使美国东海岸部分地区听众信以为真，造成大恐慌，成千上万人开始在黑夜中大逃亡。

人们蜂拥到大街上准备逃生，很多人用湿毛巾捂住口鼻，也有一些勇敢者拿起武器，准备抵抗入侵者。在华盛顿州的康克托，当听到"火星人"捣毁通信和电力系统时，该城正好停电，黑暗使全市居民更加惶恐不安，他们越发相信真的是"火星人"杀过来了。

据普林斯顿大学事后调查，整个国家约有170万人相信这个节目是新闻广播，约有120万人产生了严重恐慌，要马上逃难。实际上，广播剧播出时，开始和结尾处都声明这只是一个改编自小说的科幻故事，在演播过程中，哥伦比亚广播公司还曾4次插入声明。然而，谁也没有料到，该节目会对听众产生如此巨大的影响。

这是传播史上的一个最为经典的个案——因而在本书中，我们从不同的角度，曾多次提到。而对这一案例的研究也已经成为大众传播研究的里程碑。在大众传播研究的早期阶段，这一个案有力地证明了当时人们所认为的大众传播具有"魔弹"般的强大效果，成为"子弹论"的一个有力注脚。在这一事件发生十年后，约翰·豪斯曼（John Houseman）再次对它进行了研究。他分析了这次广播产生不寻常暴乱效果的两大原因：一是历史时机，当时正是慕尼黑危机发生后的35天之内，《纽约时报》对欧洲发生的危机详加报道，美国人潜意识中存在战争危机；二是现场播报新技术刚刚发展出来，广播剧的卓越技巧，音乐、访问、记者现场播报，使播报显得异常逼真。加之许多听众是中途转收CBS广播的，根本就没有听到"本剧改编自赫伯特·乔治·威尔斯的同名科幻小说"的提示。[①] 正是这两大原因，造就了"火星人从传媒入侵地球"的荒唐局面。

今天，我们再来审视这一个案时，则完全可以把它看成是传媒权力的一次炫耀。正如上文所说，这种权力其实就是传媒通过传媒文化建构现实的权力。张巨岩认为，"对大众而言，'制造现实'才是媒体最大的权力"，并且，媒体的这一权力在本质上不同于其他传统的权力，它是一种新的权力形式。这种权力是约翰·肯尼思·加尔布雷斯（John Kenneth Galbraith）在《权力解剖》（*The Anatomy of Power*）中所说的"约定性权力"，它通过改变

[①] 张慧元：《大众传播理论解读》，苏州大学出版社2005年版，第177页。

他人的信念得以实现。①《火星人入侵》(*The Invasion From Mars*) 本是广播剧,是供人们消遣娱乐的,但却被传媒通过各种技巧构造成了"现实",促使人们陷入了巨大的恐慌——对于这样一种权力,谁敢漠视?谁又能无动于衷?

借助李普曼的"拟态环境"理论,我们可以更好地理解传媒制造现实的强大权力。李普曼在《舆论学》中,借柏拉图《理想国》中的"洞中人"比喻,提出了"拟态环境"的概念。所谓"拟态环境",是指在大众传媒时代由大众传播媒介有选择地提示的"象征性现实"。按李普曼的观点,在大众传播高度发达的现代社会,人们的行为与三种意义上的"现实"发生着密切的联系:一是实际存在的"客观现实";二是前面提到的"象征性现实";三是人们的"主观现实"。在传统社会,主观现实是对客观现实较为真实的反映,二者高度叠合。而在媒介社会中,人们对客观现实的认识在很大程度上需要经过媒介的提示,换句话说,在人和客观环境之间,楔入了一个由传媒"制造的现实"——虚拟现实。在地球村时代,人们无法对任何事情都凭借自己的直接经验来认知,对超出自己感知以外的事物,只有通过传媒提供的"虚拟现实"才能认识世界。这样,当人们认为自己是在依靠自己的认识判断行事时,实际上他只是在依赖传媒给他提供的"虚拟环境"行事。在前面的案例中,人们惊恐万状,在黑暗中夺路而逃,这并不是根据自己亲眼所见的"火星人来了"而采取的行动,而是根据广播制造的"现实"在行事。当人们不能摆脱传媒制造的虚拟现实时,传媒就把人们牢牢攥在了手心里,人们的行为受到了传媒文化的彻底支配。对这种支配与控制,法国传播学泰斗波德里亚在他的《类像与仿真》一书中,进行了更加彻底的论述。在他看来,真正支配我们生活的,已经不再是那个看得见、摸得着的"真实现实",而是由传媒文化所构造的那个虚拟世界、仿真世界——而且在这一世界面前,我们根本就"无路可逃"。

从传播学的角度讲,传媒"制造现实"又是通过两大手段来实现的,一是行使"把关"功能;二是进行"议程设置"。"把关人"理论是由美国社会心理学家、传播学四大先驱之一的库尔特·勒温率先提出的。他在《群体生活的渠道》(1947年)一文中,首先提出"把关"(gatekeeping)一词。他指出:"信息总是沿着含有门区的某些渠道流动,在那里,或是根

---

① 张巨岩:《权力的声音:美国的媒体和战争》,生活·读书·新知三联书店2004年版,第264页。

据公正无私的规定，或是根据'把关人'的个人意见，对信息或商品是否被允许进入渠道或继续在渠道里流动作出决定。""把关人"对新闻信息进行取舍，决定哪些内容最后与受众见面，构建着虚拟环境。议程设置理论最早由美国传播学家马克斯韦尔·麦库姆斯和唐纳德·肖在1972年提出，它的大体含义是指，在公众对社会公共事务中重要问题的认识和判断与传播媒介的报道活动之间，存在着一种高度对应的关系，即传播媒介作为"大事"加以报道的问题，同样也作为"大事"反映在公众的意识中；传播媒介给予的强调越多，公众对该问题的重视程度越高。由此我们可以得出，传媒是从事"环境再构成作业"的机构，传媒通过设置议事日程，可以在公众中建立共识，也可以构造事件。通过"把关"和"议程设置"，传媒就像一个哈哈镜，时而把某些事件放大，时而把某些事情缩小，时而甚至遮蔽住某些事情——如此往复，受众脑海中的图景就在被不断地构造、影响和改变着。日本学者林雄二郎所说的"电视人"，美国学者所形容的"沙发上的土豆"，说到底，也无一不是这种"传媒构造权"直接影响的结果。而好莱坞大片中的"雨人"[《雨人》(*Rain Man*)]、"楚门"[《楚门的世界》(*Trueman Show*)]，无疑也正是被这种构造权所支配、所控制的当下受众的缩影。

二　传媒文化的监督权

如果说，对受众而言，传媒文化的构造权较多地倾向于负面意义的话，传媒文化的监督权则更近于正面——它恰恰是通过大众传媒这一中介来展现的社会公众所持有的舆论力量。

案例二：水门事件报道

水门事件是指1972年6月17日美国共和党人尼克松利用其竞选班子刺探对手民主党的竞选政策，在民主党总部水门大楼安装窃听器，事后被《华盛顿邮报》记者鲍勃·伍德沃德（Bob Woodward）和卡尔·伯恩斯坦（Carl Bernstein）揭发，从而掀起弹劾尼克松的事件。这次事件导致了美国历史上的第一次总统辞职。

共和党人理查德·尼克松（Richard M. Nixon），1968年当选为美国第37届总统。1972年美国第38届总统选举时，他获得的选举人票数为520张（占总张的97%），以压倒性优势战胜民主党对手乔治·麦戈文（George McGovern），连任美国第38届总统。可是，他的竞选班子搞了一个"水门事件"，给他捅了一个大漏洞，使他从高山之巅掉进万丈深渊，在取得空前胜利之后遭到了彻底覆灭的命运。

事情的经过是这样的：1972年6月17日，有人闯入位于水门大厦的民主党全国委员会总部，华盛顿警察当场逮捕了5人——这些人正在民主党主席劳伦斯·F. 奥布赖恩（Lawrence O'Brien）办公室安装窃听器。6月18日，《华盛顿邮报》记者卡尔·伯恩斯坦和鲍勃·伍德沃德报道了这一消息，把水门大厦闯入者与中央情报局联系在一起。随后，在神秘情报来源"深喉"的帮助下，两位记者在《华盛顿邮报》上继续发表消息，并在10月份撰文说水门事件只不过是白宫进行大规模侦查和政治间谍活动计划的一部分。但1972年秋的新闻研究表明，大多数新闻媒介都不大注意水门事件，本可以采访这一消息的433名驻华盛顿记者中，只有15名奉命这样做了。盖洛普民意调查测验表明，只有52%的美国人知道"水门"这个词。

正是在这种气氛下，1972年底，尼克松连任总统。但是，1973年，"水门事件"却成为了最大新闻。司法机关开始加大对闯入水门大厦的被捕者的审讯力度，美国政府、司法部门和国会先后组成十多个机构对"水门事件"进行调查和审理，各大新闻媒体也开始对水门事件进行调查，美国公众开始用数百小时的时间观看相关电视节目。最后，在新闻界和司法界的联合努力下，事情终于查明——闯入水门大厦的人是白宫的"管子工"（尼克松批准成立的白宫监视组，主要任务是堵住秘密情报的漏洞），目的是侦察民主党领袖的竞选活动情况，这一计划是由争取总统连任委员会得到的捐款中拨给经费的。在水门事件发生后的两年多时间的调查中，作为总统的尼克松一再否认白宫及政府有关人员与这一事件有牵连，还以美国行政、立法、司法三权分立和总统享有行政特权为理由，阻止白宫人员到调查委员会作证。最后，在强大的舆论压力下，尼克松被迫交出三盘有关水门事件的录音带，这些录音带记录了1972年6月23日（即水门事件后第七天）他和霍尔德曼（Harry R. Haldeman）谈论阻挠调查的内容。在事件真相大白、无可掩盖的情况下，全国出现了一股要求尼克松下台的浪潮。

1974年8月8日，尼克松被迫辞职。

"水门事件"是美国媒体制衡政府、监督政府的经典个案——媒体通过新闻报道挖掘真相，最终让一个在职的总统下了台。也正是两个年轻的记者对一桩看似平常的入室窃听案的寻根刨底，才最终把美国最有权势的人拉下了马——大众传媒的"权力神话"在这里得到了最好的展现。由此，美国的新闻人也更加自豪地向外界宣称：媒介作为"第四权力"（the Fourth Estate）已经在监督政府滥用公共权力方面发挥了重要作用。

"第四权力"的说法可以溯源到英国思想家柏克（Edmund Burke, 1729—1779）。在谈论柏克的这种提法时，我们又不得不提到英国19世纪的作家托马斯·卡莱尔（Thomas Carlyle, 1795—1881），正是这个曾说过"不自由，毋宁死"的作家，在他1884年撰写的《论英雄、英雄崇拜和历史上的英雄业绩》中写道："柏克说，在议会中有三个阶级（estate），但是，在那边的记者席，却坐着比他们更重要的第四阶级。"在这里，柏克的原意是指新闻界是早期组成国会的三种阶级——宗教、贵族和平民——之外的第四阶级。[1] 不过，在随后的发展中，新闻媒介却被说成了是立法、司法、行政之外的第四权力机构。

在美国，新闻媒介成为"第四权力"走过了一段漫长的路程。早在美国独立战争后，为了防止政治专制，美国民主党的杰出代表托马斯·杰斐逊（Thomas Jefferson）就提出了利用新闻媒介来实现人民对政府进行监督的主张。他写道："民意是我们政府存在的基础，所以我们先于一切的目标就是要保持这一权利；若由我来决定我们是要一个没有报纸的政府，还是没有政府的报纸，我会毫不迟疑地选择后者。"[2] 这一段话成了标准的范文被不断复制出来，高悬于美国各家报社的墙上。在1791年通过的《权利法案》的庇护下，美国媒体终于发展成为一支强大的力量。其后，这支力量有了各种各样的"名字"：19世纪末，美国报人普利策说："倘若一个国家是一条航行在大海上的船，新闻记者就是船头的守望者。他要在一望无际的海面上观察一切，审视海上的不测风云和浅滩暗礁，及时发出警告。"从此，新闻媒介被称为"社会守望者"。20世纪初，美国新闻进入了"黑幕揭发时代"，新闻记者又被称为"扒粪者"。尽管"第四权力"的提法早已有之，甚至还早于"守望者"、"扒粪者"的提法，但直到"水门事件"之后，新闻媒体才真正发挥了"第四权力"的功能。

正如我们在上文中提到的那样，新闻传媒之所以享有"第四权力"，根本原因就在于在新闻媒介的背后存在着强大的舆论力量。罗素在《权力论》中提出，很容易找到事实来证明这一点：舆论万能，所有其他形式的权力都导源于它。卢梭（Jean Jacques Rousseau, 1712—1778）在《社会契约论》中也指出，舆论是国家基本的三大法律之外的第四种，是国家的真正法律，

---

[1] 吴飞、王学成：《传媒·文化·社会》，第195页。
[2] ［美］赫伯特·阿特休尔：《权力的媒介》，第32页。

是铭刻在公民内心的真正法律。沃伦·艾吉（Agee K. Warren）在《大众传播概论》（*Introduction to Mass Communications*）中则指出了报纸对于舆论生成与传播的作用。他说："舆论是用来运转民主机器的……我们的官员受到舆论影响的约束。正是舆论的力量把他们放到职位上去。舆论主要是通过公众传播工具来表达的。假如官员的所作所为与广大公众的意愿背道而驰，反对力量便会发生作用。"①

在当今这个媒介化生存的时代，舆论又恰恰是和新闻传媒紧密结合在一起的，从而，传媒也就成为一种具有无穷威力的社会力量。这种力量在世界各地发挥着监督作用。从这个角度上讲，在"水门事件"中，不是美国媒体把总统拉下了马，而是舆论，来自大众心灵的裁决，迫使尼克松下了台。

在我国，新闻媒介作为社会公器，在维护社会正义上发挥着重要的作用。从20世纪90年代以来，我国新闻界出现的《焦点访谈》、《南方周末》等媒介栏目与媒体，就是媒体行使监督权方面的排头兵。从不轻易题词的前总理朱镕基破例为《焦点访谈》栏目题词，称赞它是："舆论监督、群众喉舌、政府镜鉴、改革尖兵。"《焦点访谈》也不辱使命，十几年来，匡扶正义，揭露丑恶，为广大人民群众所拍手称道，让违法乱纪分子"谈访色变"。《南方周末》的跨地区舆论监督、大案要案报道、为弱势群体代言，也获得了广大读者的尊敬和信赖，成为我国新闻媒介舆论监督报道的一面旗帜。当然，《焦点访谈》和《南方周末》所依赖的，同样也是蕴藏在受众中的那种强大的舆论力量，这，正是一种最重要的社会资源。对此，郑世明指出："舆论通过社会反响发挥作用，本质上是对这一来自民心的社会资源的运用。"②

当然，需要特别指出的是，正如我们在第一节中所说的那样，在当代复杂的权力结构体系中，各种政治的、经济的、军事的、文化的权力都在或明或暗地控制着新闻传媒，"第四权力"要真正发挥作用，还要受到这样那样的权力制约。因此，阿特休尔所说的"新闻媒介是一支作为调查者（监督人）、反对者（抗衡者）和筹划者（议程确定者）而工作的独立力量"，绝大多数时候，还只能是众多的新闻传媒和新闻从业人员的一种目标追求。

---

① 童兵：《舆论的力量与记者的使命——纪念中国记者节的感想》，《新闻爱好者》2006年第11期。

② 郑世明：《权力的影像》，中国传媒大学出版社2006年版，第121页。

三 传媒文化的命名权

我们这里所说的大众传媒的"文化命名权",是指由大众传媒给人和事物授予一个称谓,然后借助大众传媒信息传播的强化和聚集效应,让其在一定时间内成为大众关注的焦点和尊崇的典型、膜拜的偶像,从而出现明星效应这种状态的权力。近年来在各大电视台兴起的"选秀节目",就很好的行使了传媒的这种命名权。

案例三:《超级女声》与李宇春现象

《超级女声》是湖南卫视的一档选秀节目。2004年首次亮相,2005年风靡一时,2006年仍高烧不退,2007年变异为"快乐男声"。不论怎么变化,湖南卫视的"超级"节目已集聚起上亿的受众,成为中国近年来最大的文化现象。

2005年的《超级女声》最值得一提。经过了2004年的热身,2005年《超级女声》报名人数达到15万人;观众达到4亿人;收视率超过10%;广告价格达到7.5万元/15秒……《超级女声》在整个中国掀起一场热潮,创造了"超女"、"粉丝"、"PK"等一批新名词,成为当年社会文化领域中无法忽视的媒体文化奇观,"超女"也成为当夏最热门的娱乐词汇。

1984年出生的李宇春,因参加了2005年湖南卫视的《超级女声》,从而获得了观众和媒体的瞩目,在决赛中获得了全国观众的352万个短信投票,并因此而成为了当年的超女总冠军——由四川音乐学院的一个默默无闻的学生一举变为了万人追捧的明星。2005年10月3日,美国《时代周刊》(亚洲版)出版,超女冠军李宇春赫然出现在周刊封面上,被评选为年度亚洲英雄人物。随后,李宇春担任了可口可乐、时尚腕表品牌SWATCH、佳洁士牙膏等品牌的中国形象大使,身价上千万。自获得2005年《超级女声》冠军后,近两年来,李宇春还获得各类机构和媒体颁发的"年度新锐人物"、"年度明星奖"、"最具发展潜力歌手奖"、"年度最具影响力歌手"、"最受欢迎女歌手"等几十项荣誉,成为人气超群的"超级明星"。

其实,"超级女声"这一传媒文化奇观刚一出现,便引爆了学术讨论的热潮。学者们从不同的角度分析了这一文化现象。在本文里,我们需要关注的是李宇春这样一个普通的女大学生,为何能在短短几个月时间一举成名?对此,"玉米"们(李宇春的粉丝的简称)可能会说,这是因为李宇春具有独特的气质，特别是她的"中性美"让她鹤立鸡群，最终成为超人气偶像明星。我们承认，李宇春自身的素质及特点是她成功不可或缺的条件，但这也只是她成名的必要条件之一。如果没有湖南卫视、没有《超级女声》节目，李宇春至多就是个在就读学校小有名气的校园歌手。只有湖南卫视与李宇春的结合，才造就了超级明星李宇春。因此，我们完全有必要探析一下湖南卫视——传媒，在李宇春从一个普通女孩到超级明星嬗变中所起到的举足轻重的作用。

拉扎斯菲尔德（Paul F. Lazarsfeld）与默顿（Robert K. Merton）在分析大众传播的功能时，提出了大众传媒的"地位授予"功能。他们认为，任何一种问题、意见、商品乃至人物、组织或社会活动，只要得到大众传媒的广泛报道，都会成为社会瞩目的焦点，获得很高的知名度和社会地位——李宇春正是在参加湖南卫视的节目《超级女声》中，被授予了"超级女声冠军"这一地位，从而才一举成名的。

大众传媒授予地位的功能，其实也正是大众传媒权力的一种体现。这种权力，借用中国传媒大学郑世明先生的话说，就是大众传媒的"文化命名权"。命名，顾名思义，就是给人和事物授予一个称呼、称谓，正常人都有这种权利。把李宇春叫做"超级女声"的，可以是她的父母、可以是她的同学。但他们的命名都不能让李宇春成为万众瞩目的明星。只有大众传媒的"文化命名权"，给李宇春"超女冠军"的头衔，才能让李宇春最终成为超级明星。

那么，大众传媒何以能拥有这样的"文化命名权"？我们认为，这正是因为大众传媒具有强大的"媒介资本"。值得注意的是，这里的资本不是经济学中所说的资本概念，而是法国社会学家皮埃尔·布迪厄在其著作《实践理论大纲》（Outhine of a Theory of Practice）中所提出的那个核心概念："资本是积累起来的劳动，这种劳动可以在排他性的基础上被行动者或群体所占有，并具有产生新的利润的潜力。个人或团体通过占有资本，能够迅速获得更多的社会资源。"[①] 大众传媒发展到今天，无疑已经成为具有强大"媒介资本"的组织集团，世界 500 强中就有近 10 家是传媒集团。大致说来，大众传媒的"媒介资本"包括四个方面：一是政治资本，即传媒长期积累的政治影响力和政治权威性；二是经济资本，指传媒集团强大的资金实

---

① 陈光宇：《论皮埃尔·布迪厄社会实践理论的三个核心概念》，《南通职业大学学报》2003年第12期。

力；三是文化资本，指传媒组织所创造的文化产品、所累积的文化影响力和汇聚的文化精英人数；四是社会资本，指传媒组织拥有的、表现为社会结构资源的资本财产。① 将这四类资本综合起来，大众传媒就拥有了强大"媒介资本"，从而也就享有了文化命名的权力。在现代传媒社会，我们经常能够见到由大众传媒一手操办的这样比赛、那样排行榜，其实这都是大众传媒行使"文化命名权"的手段。

根据郑世明先生的研究，大众传媒在行使"文化命名权"时，主要通过两种策略：一是组织比赛；二是炒作。组织比赛实质是制造传媒事件，"超级女声"就是由湖南卫视制造的一个超大型传媒事件。当这一由传媒炮制的事件成为奇观，成为热点后，它也就成了其他媒体报道的焦点。四川大学的蔡尚伟用"媒体总动员"来评价"超级女声"："众多媒体煽风点火，火上加油，当为首功。合作媒体与跟进媒体，当地媒体与异地媒体，全国媒体与区域媒体，电视媒体与平面媒体，大众媒体与小众媒体，传统媒体与新媒体，多媒体互动，似成媒体运动会矣。"② 各媒体竞相组织比赛，一时间"超级女声"、"红楼梦中人"、"好男儿"、"我型我秀"等传媒制造的词汇满天都是，让人眼花缭乱。而"炒作"则是媒体用捏造、夸大、推测等非正常报道手段对某人或某事进行报道，以达到提高人气、声望的策略。有关李宇春的炒作从其参赛到现在就一直不断，一会儿是"签约事件"、一会儿是"男朋友事件"、一会儿是"考研事件"，不一而足。不过这些炒作并没有破坏李宇春的形象，反而让李宇春越来越有名，越来越让"玉米"们喜爱有加——当然，也只有这样的炒作，才是传媒在行使命名权时的上乘之作。

以上，我们借助几个经典的案例对"传媒文化的权力化"问题进行了较为详细的阐释。实际上，传媒及传媒文化的权力化，也远不止构造权、监督权和命名权这么简单，它其实已经深入到了受众的骨髓，使传媒文化成为影响受众乃至整个社会思想、行动的最重要因素之一。

---

① 郑世明：《权力的影像》，第41—44页。
② 蔡尚伟：《"超女奇观"与"传媒帝国"》，http：//www.areter.com/Get/shehuiwenhua/2005-10/25/8121452317399.html。

第三节 传媒与权力博弈的舞台化：
传媒文化的斗争分析

前两节我们分别探讨了包括政治、经济等在内的各种社会权力对传媒文化的控制，以及传媒文化自身的权力化问题。其实，传媒文化与权力的关系远非谁是行为主体，谁是行为对象这么简单，任何简单的思考都显得武断、有失偏颇。权力与传媒文化的关系错综复杂，在很多时间呈现出你中有我，我中有你的态势，很难片面地说谁对谁拥有权力。丹尼斯·朗说："如果把权力关系看做只有等级关系和单边关系，就忽视了人们之间或群体之间的全部关系。"① 马克斯·韦伯在定义权力时也认为：权力是指"在社会交往中一个行为者即使在遇到抵抗的情况下，也能实现其意志的可能性，而不管这种可能性以什么为基础"②。"遇到抵抗"揭示出了权力的行使不是一帆风顺的，在权力主体与客体之间常常会发生各种各样的斗争。英国政府一心想控制BBC，BBC也在想方设法"闹独立"；传媒文化通过制造"虚拟世界"来操纵人们，"顽固的受众"则通过"对抗式解码"来抵抗传媒，所有这一切都是一个双向角力的过程。从这个意义上，我们认为，传媒文化其实更类似于安东尼奥·葛兰西（Antonio Gramsci）的"文化霸权"概念——葛兰西强调"霸权"是通过占支配地位的阶级与处于被支配地位的阶级进行谈判，并向他们做出让步才得以维持的。与此相同，大众传媒也应该是一个权力双方或多方斗争的场所，在传媒这个大舞台上，上演着形形色色、大大小小的权力之间的争斗，而最终成型的传媒文化，则是不同权力争斗并彼此妥协的结果。对此，我们将着重从三个方面进行论述。

一 言论自由与新闻自由：统治权力与公众权益之间的传媒博弈

正如我们在本章第一节中所谈到的那样，当代传媒实际上是各种社会权力控制下的传媒，传媒文化也只是各种社会权力掌控下的传媒文化。不过，有控制就必然有反抗。最早在传媒舞台上上演的权力争斗，恰恰就是传媒自身对各种强权力量的反控制。这种争斗，简而言之，也就是不同力量对言论自由与新闻自由的控制与反控制之间的博弈。美国历史上著名的曾格案

---

① ［美］丹尼斯·朗：《权力论》，第11页。
② 郑世明：《权力的影像》，第13页。

(The Zenger Trial），可算是这种博弈中最为典型的例证。

案例一：曾格案与言论自由

曾格（John Peter Zenger）是来自德意志地区的移民，1710年，他还是个13岁的孩子时就移民到了美洲殖民地。第二年，他开始工作，给威廉·布雷德福（William Bradford）——纽约政府的印刷商做学徒。1725年，曾格成为布雷德福发行的该殖民地第一份报纸《纽约公报》的合伙人。1733年，曾格开办了自己的印刷所。

1733年，新的皇家总督，威廉·科斯比（William Cosby）走马上任。科斯比贪得无厌，他要求在他就职之前的代理总督范·达姆（Rip Van Dam）将他就任期间征集而来的收入分一半给他，当范·达姆拒绝了他后，他起诉范·达姆，并将案子转到他所控制的一个大法官法院去审理。由此引发当权派（以威廉·科斯比为首的一些官员）和温和派（范·达姆为代表的一些富翁及官员）的激烈矛盾。

支持范·达姆的富翁们想请曾格办一份报纸以陈述他们的观点。在富翁们提供的经费支持下，曾格的《纽约新闻周刊》创刊号于1733年11月5日出版。在曾格及其智囊的面前，当局的报纸布雷德福的《纽约公报》完全不是对手。12月3日，曾格的报纸刊登一则消息，攻击科斯比总督听任法军军舰侦察南部海湾的防御工事。同一期上，一名愤怒的新泽西移民谴责殖民地官僚当局的无能。报纸颇受公众欢迎，曾格不得不加印报纸以满足读者的要求。

总督看到这些评论和讽刺后极度气愤，他无法逮捕写讽刺言论的作者，遂将一腔愤怒全部宣泄在了曾格和他的报纸上。科斯比立即下令查封报社，焚毁报纸，逮捕曾格，并控告曾格犯有诽谤罪（指攻击一个人的名誉），并同时指控他犯有煽动叛乱罪。当时，这样的指控意味着曾格及其支持者藐视他的政府。

曾格的辩护问题吸引了费城一位60多岁高龄的著名律师——以当庭辩护而著称的安德鲁·汉密尔顿（Andrew Hamilton）。汉密尔顿经过仔细研究案情后认为，曾格只有一条路可走，就是要陪审团判定他无罪，这样法官也无能为力，但倘若陪审团判定他有罪，曾格就无法逃脱总督的魔掌。

在法庭上，汉密尔顿首先承认曾格印刷了那些文章，然后说："如果不是恶意的、过激的和假的，它们就不能构成诽谤罪"，他试图扭转大家心中默认的诽谤罪的定义。在结束陈词时，汉密尔顿宣告："陪审团的先生们……这不是诉讼一个周刊的可怜的人的案子,也不是单单针对你们生活的纽约市而言。它不是!他可能影响到生活在美洲大陆英殖民地政府下的每一个自由人。这是最好的诉讼案子,它是我们为自由而诉讼的案例。"

这是法律史上最著名的辩护总结,全场静默后,掌声雷动,陪审团经过几分钟的研究后回到了座位,向法官宣布:"经陪审团研究,我们一致认为曾格无罪!"

法官无奈,当庭释放了曾格。

尽管曾格案审判后的半个多世纪里,陪审团的裁决对诽谤法并未产生任何影响,但那次审判确实明确了一条原则——对政府官员进行批评的权利是新闻自由的主要支柱之一,此后,殖民地法庭以煽动诽谤罪审判印刷商的案例也变得越来越少。

其实,自从媒介诞生的那一刻起,就存在着对言论出版自由的控制与反控制,存在着依托于言论与新闻自由的权力博弈。历史上的强权与统治阶级对言论自由的压制,恰恰是因为言论自由具有四种作用:"定期刊物毫无例外是社会控制的工具,是监视环境、避开威胁、护守良机的一支强大力量。"[①] 一旦自由的媒体被控制,强权和统治阶级就可以利用这个"社会控制工具"来驯服广大的人民,同时也让广大老百姓失去监视环境的工具。进入现代社会后,人们更加充分地认识到,言论出版自由是民主政治的基石。阿特休尔说:"美国老百姓特有的假设之一,就是认为民主制度之所以繁荣兴旺,某种程度上归结于新闻媒介传播的信息。"[②] 也正因为此,对强权与统治阶级对新闻与言论自由的反控制便成为人们的重要目标之一。

近代以来,世界各地的人们都在不断为实现出版自由而呼吁、斗争。其中,提出新闻自由思想影响最大的是英国思想家约翰·弥尔顿(John Milton)。1644年,弥尔顿发表了《论出版自由》(Areopagitica),在这本小册子中,他以铿锵有力的警句,阐述了出版自由的观点:"虽然各种学说流派可以随便在大地上传播,然而真理却已经亲自'上阵',我们如果怀疑她的力量而实行许可制和查禁制,那就是伤害了她。让她和谬误'交手'吧,谁看见过在自由而公开的交战中,真理会一败涂地呢?"随后,两位英国作家,约翰·特伦查德(John Trenchard)和托马斯·戈登(Thomas Gordon)

---

① [美]赫伯特·阿特休尔:《权力的媒介》,第10页。
② 同上书,第20页。

又于1720年以"加图"为笔名写下了一系列为"信息自由流通"辩护的言论,他们断言政府自由将与出版自由共存亡。他们还指出,言论自由是"每个人的权利,只要不用它来危害和支配别人就行"[①]。美国民主之父托马斯·杰斐逊也为言论自由和新闻自由作出了有力的理论贡献。在其起草的弗吉尼亚宗教自由法草案中,他宣称:"真理是伟大的,如果任其自然,她终将得到传播。她是谬误天生的强大敌人,对争辩无所畏惧。"他还留下了一段十分著名的话:"民意是我们政府的基础。所以我们先于一切的目标是维护这一权利。如果由我来决定,我们是要一个没有报纸的政府还是没有政府的报纸,我将毫不犹豫地选择后者。"这句话最终成为所有新闻从业者的座右铭。而在《评普鲁士最近的书报检查令》中,马克思也对当局压制言论自由的行径作了辛辣讽刺,他说:"你们赞美大自然悦人心目的万千变化和无穷无尽的丰富宝藏,你们并不要求玫瑰花和紫罗兰散发出同样的芳香,但你们为什么却要求世界上最丰富的东西——精神只能有一种存在形式呢?……每一滴露水在太阳的照耀下都闪现着无穷无尽的色彩。但是精神的太阳,无论它照耀着多少个体,无论它照耀什么事物,却只准产生一种色彩,就是官方的色彩!"[②] 所有这一切言论,无一不是在为维护新闻与言论自由,而与统治阶级或强权势力进行的博弈。

西方人习惯于把维护言论自由的法律追溯到中世纪英国的《大宪章》(*Magna Carta*)和17世纪英国的《权利法案》(*Bill of Rights*)。但真正明确保护言论自由的法律却是1791年批准生效的美国宪法第一条修正案——《权利法案》(*Bill of Rights*),其中列出了一系列免予政府干涉的基本人权。权利法案的第一条规定:"国会制定法律,不得牵涉已存宗教或禁止自由修习之;或削减言论自由或新闻自由、人民和平集会及请求政府救济苦难的权利。"这项条款成为新闻自由史上的里程碑。

在美国,新闻自由的含义最终被延伸出了四个层次:一是办报的自由,任何法人和自然人都有权办报;二是言论自由,任何人均不因批评政府政策和政府领导人或发表与官方不一致的意见而被投入监狱,任何报刊不因发表上述言论而被封闭;三是获知的自由,美国记者肯特·库珀(Kent Cooper)首先使用"知晓权"这一概念来描述这一自由,指民众有权获知与他们生活相关的所有信息的权力;四是内部新闻自由,又称"报道权"、"编辑

---

① [美]赫伯特·阿特休尔:《权力的媒介》,第12—14页。
② 《马克思恩格斯全集》,人民出版社1995年版,第111页。

权"。它指在私人办的新闻机构中，雇员和老板之间；在政府办的新闻机构中，雇员和政府之间的关系中，总编辑和编辑部应享有高度的自主权。[1] 其实，从上述的任何一个层次里，我们都可以看到，里面涵盖的其实正是一种有关新闻的权力平衡——而这种平衡，无疑也正是历史上各种力量间无数次较量、争斗后达成妥协的结果——曾格案只不过是其中最著名的一次争斗而已。

二 文化帝国主义与国际传播新秩序：全球化时代国家权力的博弈

如果说，对言论与新闻自由的博弈贯穿了传媒发展史的始终的话，国家与国家之间、意识形态与意识形态之间的博弈则是近几十年才兴起的一种传媒文化争斗——通过大众传媒文化进行新一轮的全球扩张，已经成为当今尤其是冷战结束后一些西方发达国家惯用的手法。而通过这种传媒文化制品的扩张，他们实际上在进行的正是国家意识及社会价值理念的扩张。也正是在这种扩张与反扩张的过程中，强国与弱国、东方与西方，在传媒文化的舞台上，进行了深度的权力博弈。

案例二：美国电影《独立日》

《独立日》（*Independence Day*）是美国1996年7月2日上映的科幻电影，有人又将其译作《天煞地球反击战》。该片片长153分钟，导演为罗兰德·艾默里克（Roland Emmerich）。《独立日》以破3亿美元的票房，荣登全美1996年的票房冠军，全球总收入8亿多美元，获得了1997年奥斯卡最佳视觉效果奖。该片的剧情大致如下：

某年7月2日，天空出现异象——偌大的外星人太空船突然停驻在世界各国主要都市上空。

7月3日，在外星人不留活口的攻击原则下，地球上各主要都市，包括洛杉矶、纽约都纷纷被外星入侵者摧毁，而他们下一个目标是美国白宫。

此时全世界已陷入极度的恐慌中，美国总统（比尔·普曼饰）联合各国领袖共商解决之道，科学家大卫（杰夫·高布伦饰）和空军上尉史蒂芬·希尔（威尔·史密斯饰）也开始携手合作为人类的命运奋斗。这时，武装部队已发出动员：捍卫地球！

7月4日，外星人战舰飞抵白宫，一道垂直的白色光柱由上而下，白宫

---

[1] 刘国瑛：《新闻传媒——制衡美国的第四权力》，湖南教育出版社2002年版，第75—76页。

瞬间被炸成齑粉，武装部队来不及抵抗，美国总统只有仓促逃离。整个华盛顿陷入一片火海，人类死伤无数。但人类的武装部队却被外星人的飞船纷纷击败，即使使用了核武器也对外星人毫发无伤，人类面临灭顶之灾！

在外星人发动全面进攻的最后时间里，科学家大卫终于想出破敌之策：用计算机病毒破坏外星人的防御系统，然后实施打击。美国总统决定采取大卫的方案，组织残余的力量作最后决斗。他动员人们团结起来，为人类而战，为独立日而战！总统自己也坐上了歼敌的战斗机，和他的士兵们冲到了前线。

在空军上尉史蒂芬·希尔的帮助下，大卫进入外星人母舰，成功植入了病毒。随后，在美国的带领下，全世界开始了对外星人的最后的战斗……

同其他的好莱坞电影一样，《独立日》场面宏大，绚丽的电脑特效制造出了撼动人心的视觉效果，让人在看完之后有一种酣畅淋漓之感。但同其他的好莱坞大片一样，《独立日》也潜藏着美国主流文化的意识形态，体现着美国的文化霸权。美国前总统里根曾说："正是美国的电影，向全世界人民展示放满了我们美国商品的橱窗，我们美国的停车场，我们美国布满了汽车的街道，以及驾驶这些汽车的我们美国司机。我们应该为我们的电影感到骄傲和自豪！"说到底，正是好莱坞，凭借其电影霸权，在全世界弘扬了美国至上的观念和美国中产阶级的价值观念。

同其他的一些好莱坞大片一样，《独立日》至少在三个方面体现了美国的霸权文化：首先，电影的主题是宣扬美国的"救世主"形象和世界领导形象。当全世界在灾难面前束手无策时，是美国作为一个整体形象挺身而出拯救了世界。对美国来说，侵略可能来自外星，"也可以能来自人类内部"，如那些所谓的"邪恶轴心国家"。电影再清楚不过地宣扬了美国的"领袖情结"：在当今世界上，美国是理所当然的领导力量，必须在世界事务中发挥决策和核心力量的作用。其次，在人物塑造上，影片主要描写了三个人物：总统、科学家、飞行员。美国总统象征美国式民主，科学家象征美国科学技术力量，飞行员象征美国武装力量。这三者，民主、科技和军事，正是美国人自我标榜的领导世界的三大支柱。再次，美国总统的讲话。为动员大家团结起来与外星人最后一战，他慷慨激昂说道：7月4日将不再仅仅属于美国，而会因为全人类在这一天发出了这样共同的呐喊而载入史册。显然，把电影的主要情节集中在7月4日是导演的一个精心安排，因7月4日是美国独立日，1776年7月4日，北美13个殖民地通过《独立宣言》，宣布了美国的诞生。当人们在全身心地欣赏电影时，电影中所传达的这一系列意识形态也潜移默化地进入了观众的头脑。

美国小说家罗伯特·哈里斯（Robert Harris）在批评好莱坞的历史片时就明确指出："这是一种文化霸权。不管当时的情况如何，不管故事发生在哪儿，影片的中心总是一个美国人，这个人物要么看上去是个正面人物，要么是位拯救世界的英雄。这种对历史的想象非常流行，它一直是美国影坛的主导。人们居然能够荒谬地容忍它长时间地存在。最让我担忧的是，这种对历史的想象现在已经变成了一种直觉反应。"① 现代传播技术的新发展，经济的全球化更是为美国在全世界推行其文化霸权打开了方便之门。而美国政府也早就意识到了这种文化霸权的重要性。美国前助理国防部部长约瑟夫·奈所说："仅仅依靠美国文化的普及，就足以奠定美国的领导地位，"② 正是这种霸权意识的典型写照。

依靠电影传播来推行文化霸权，只是问题的一个方面。另一方面的问题是：在传播与文化领域，西方几大通讯社凭借其强大的实力轻易地就主导了全球信息的流通权与诠释权。在这种双重夹击之下，国际传媒文化的交流出现了严重的失衡状态。以美国文化、美国价值为主要内容的媒介文化产品的全球扩张，即使同处于西方的一些国家也未能幸免，到 20 世纪末，美国影视作品几乎已"一统天下"。根据历年的统计，法国电影市场的 72%，德国电影市场的 90.5%，日本电影市场的 64% 以上均为美国好莱坞所占领。③ 除了电影，还有电视、广播、报纸、杂志、图书等大众文化产品。在 21 世纪初，光是美国输出的电视节目总数，就已经远远超过世界其他各国加起来总和的两倍以上。据统计，美国文化产业自 1983 年至今一直保持连续增长态势，目前美国每年向国外发行的电视节目总量达到 30 万小时，许多国家的电视节目中美国节目往往占到 60%—70%，有的占到 80% 以上，而美国自己的电视节目中，外国节目仅占到 1%—2%。④ 美国文化产品在全世界"泛滥成灾"，对输入国文化造成了很大的冲击，特别是对发展中国家的民族文化带来了巨大影响。萨义德（Edward W. Said）的《东方学》（Orientalism）、汤姆林森的《文化帝国主义》（Cutural Imperialism）、美国传播学家赫伯

---

  ① 《好莱坞漠视历史　所拍影片是文化霸权》，http://ent.sina.com.cn/m/f/2001-08-21/54561.html。
  ② 张冠文：《视听传媒中的西方文化霸权及抵御对策》，《文化研究》2004 年第 4 期。
  ③ 王晓德：《关于"美国化"与全球多元化发展的思考》，《文化研究》2004 年第 2 期。
  ④ 刘伟胜：《文化霸权概论》，河北人民出版社 2002 年版，第 153 页。参见本页注②。

特·席勒都对这个问题进行了详细的研究。他们的研究可笼统地概括为"文化帝国主义"或"媒介帝国主义"，即帝国主义国家利用电视、广播、新闻出版媒介、影视音像产品以文化及信息产业等形式将其价值观输出，对第三世界发展中国家进行有形无形的主宰、支配、统驭和控制，以达到在军事殖民和重商殖民主义时期都难以达到的目的。[①] 说白了，这正是帝国主义国家通过传媒文化进行的权力行使。

随着广大发展中国家对世界信息生产、提供和流通领域中存在着的严重失衡状况和西方国家推行文化霸权问题的认识越来越清晰，建立"世界新闻传播新秩序"的问题被提上了议事日程。这一问题的提出始于20世纪70年代，以1973年的《阿尔及尔宣言》为开端，其中以联合国教科文组织1980年发表的"麦克布莱德委员会"的报告《多种声音，一个世界》最为著名：委员会达成共识，要建立一个"朝向更加公正、更加有效的世界新闻传播新秩序"。直到今天，人们已经把这一问题与"信息主权"、"国家文化安全"联系在了一起，在更加深入的层面来探讨这一问题——国家权力、国家意识在传媒文化这一舞台上开始了深度的博弈。但是，即便如此，在全球一体化的时代，特别是网络已经越来越发达的时代，广大发展中国家却仍然遭受了来自西方文化的强大的压力，这不但表现在价值观念、生活方式上，而且也表现在意识形态上。这种趋势使文化更直接地与国家主权联结了起来，发展中国家捍卫自己的文化也就成为捍卫国家主权的一个重要组成部分——对发展中国家来说，抵抗文化入侵，捍卫国家权力，依然任重而道远。

三 "恶搞"与"大话文化"：网络化时代话语权力的博弈

以上我们谈到，在国际舞台上，国家权力、价值意识通过大众传媒，通过传媒文化，实现着彼此之间的争斗与妥协。其实，在同一个国度之内，不同阶层、不同社会人群之间，同样存在着这种文化权力间的博弈，其中最典型的就是不同文化层面、不同文化形态间的话语权博弈。值得注意的是，和本节第一点中所谈到的那种存在于统治阶级与被统治阶级之间的、总体上体现为政治权力争斗的言论自由之战不同，这一层面上的话语权争斗仅仅存在于文化层面，是不同阶层的文化理念，不同质地的文化形态之间的碰撞，绝大多数时候，它和政治无关。

---

① 潘之常、林玮：《传媒批判理论》，第303页。

案例描述：《无极》与《一个馒头引发的血案》

《无极》（*The Promise*）是我国著名导演陈凯歌导演的一部电影。该片声称投资超过3亿多元，是"中国电影历史上最大的投资、陈凯歌最具个人风格的史诗巨作、全亚洲最重量级的明星阵容"。电影于2005年12月15日在全国上影。

《无极》模糊了时代背景，只剩下历史中的人物。张柏芝饰演的王妃倾城受到命运女神的特殊眷顾，让她从一个穷孩子成为世上最美的王妃，身披万千宠爱，享尽荣华富贵。但有一个条件，要被命运诅咒，永远得不到真爱，除非时光倒流，人死复生。然而有一个身份卑微的奴隶（张东健饰），真心爱着她，以自己的生命为代价，用他非凡的、接近光速的奔跑，终于打破了加诸在她身上的命运锁链，让她返回人生的起点，获得重新选择的权利。而得到真爱的过程亦不是那么一帆风顺，倾城王妃还要在北宫爵吴欢、大将军光明和奴隶昆仑之间进行一场惊天动地的爱情角力……

2005年12月18日晚上，胡戈（武汉人，1974年出生，自由职业者）经不住铺天盖地的电影《无极》轰炸眼球的广告诱惑，花了80元买了张票走进了电影院，满怀期待地去看《无极》。两个多小时后，胡戈非常失望地走出了影院，第一感觉就是：这电影太不合理了，一定得改改。在家里构思了几天后，胡戈用了9天，每天花四五个小时工作，把《无极》的画面重新编排了一下，制作成一个将近20分钟的短片。短片中大部分画面从电影《无极》中截取，并借用央视一档法制节目的形式展开，通过重新组合和配音，以搞笑方式完成。胡戈给重新编辑后的《无极》起了一个新名字：《一个馒头引发的血案》。并把他的"作品"陆续传给他的朋友们欣赏。

2006年初，该片一经上网，人们便争相下载，并广为传播，在中国的互联网上，观众对"馒头"热评如潮，胡戈也因此被网民称为了"馒头教父"。与此同时，陈凯歌得知了他的电影被恶搞的消息，显得异常气愤，他说"馒头血案"涉嫌侵权，制片方已经起诉胡戈，要与胡戈对簿公堂，打一场"馒头官司"。在媒体的报道中，陈凯歌说了一句"我觉得人不能无耻到这种地步"来表达自己的震怒。当事者的两方各执一词，争议不休，并引发受众分化为两派，一派支持陈凯歌，一派力挺胡戈。于是，关于《一个馒头引发的血案》的争论遂成为2006年引人注目的文化事件。

"馒头"与《无极》的冲突、胡戈和陈凯歌的对抗，说到底是一次话语事件，是以陈凯歌为代表的精英文化和以胡戈为代表的大众文化的对垒，是网络文化与传统文化的碰撞，是精英强势导演与数码草根青年之间的冲突。这一对抗、冲突的背后，同样是一场文化的争斗，一场权力的较量。有网民曾经一针见血地指出："这一次与陈凯歌对垒的并不仅仅是胡戈，而是众多的网民。""尽管陈凯歌的要求（起诉胡戈侵犯版权）或许具有法律意义上的正当性，但却面临着网民们几乎众口一词的指责。从根本上来说，指责的背后体现着网民们的忧虑：陈凯歌捍卫自己权威的行动，可能威胁到这些网民的创作、传播和接受的自由。"互联网的最大价值就在于它是一个开放、民主和自由的平台，表达意见和个人创作的自由是它的一个重要部分，并可以借此打破传统权威如政府、艺术家、记者和学者们对话语权的垄断。对以草根文化为精神内核的当代网络文化而言，网络带给他们的上述改变无疑是极为深刻的。正是网络让那些在日常生活中没有话语权的普通民众享有了"发言"的权利。网络天然具有的平等性、开放性，令普通民众不再是"沉默的大多数"[1]。

胡戈的所作所为，用现在一个流行的词汇来概括，就是"恶搞"。对"恶搞"，胡戈本人的解释是"一种新型的开玩笑的方式"。恶，并不是坏的意思，也不是恶意，而是表示程度很夸张，搞得比较过分。具体到《无极》与《一个馒头引发的血案》，胡戈说他的创作"表达的是我对这个电影的提问、讽刺、调侃、批评"。《馒头》之于《无极》，是影评的一种。[2]

不论胡戈持有什么说辞，从文化批评的角度来说，他的"恶搞"均属于"大话文化"。应该说，"大话文化"是当今中国文化的一个引人瞩目的现象。这一现象随着20世纪80年代中期高举解构和颠覆旗帜的后现代时代的来到就已经悄然降临，歧义、多义、无中心、零深度等正是"大话文化"的特征。《大话西游》、《水煮三国》、《Q版语文》是其中的典型代表。按照陶东风的研究，"大话文化"是指用戏仿、跨时空拼贴、并置等方法，完全打破了经典作品原来所具有的完整性和自足性，它把经典打成碎片，选出对自己有用的总价，然后再将其与其他文化资源、与自己的当下生活经验组合拼装到一块，目的是对传统或现在的经典话语秩序以及这种秩序背后作为支

---

[1] 《中国新闻周刊：谁动了谁的"馒头"》，http://ent.sina.com.cn/r/m/2006-03-02/15311003030.html。

[2] 《中国新闻周刊专访胡戈：内心充满搞笑念头》，http://ent.sina.com.cn/m/2006-03-02/15221002992.html。

撑的美学秩序、道德秩序文化秩序等进行戏弄和颠覆。①"大话文化"的到来宣告了话语权威的崩溃和失落。

"大话文化"常用的手法是"拼贴"、"戏仿"、"反讽"。陈凯歌想把他在《无极》中的神话叙事强加给观众，但作为观众之一的胡戈由于观看后对《无极》颇为失望，就以当代"圆环套圆环娱乐城"的血案为母题，批评、颠覆、移置和篡改了原作的语义，含蓄而精确地反讽了原作，并借此拼贴出了一个全新的"法制新闻"故事。这无疑是对处于中国电影权威地位的陈凯歌的"霸权地位"的一种消解。用费斯克的话说，这是"被支配者从宰制性体制所提供的资源和商品中，创造出了自己的文化"。而这也正是大众文化的关键所在，因为"在工业社会里，被支配者创造自己的亚文化时所能依赖的唯一源泉，便是由支配他们的那一体制所提供"②。显而易见，这种批评、颠覆、反讽，代表的恰恰是精英—平民，传统—后现代等多种力量在传媒舞台上的权力争斗，而它所最终展现出来的传媒文化景观，则只不过是这种博弈的过程和博弈的结果。

在这种权力博弈之下，"大话文化"表现了一种极度的，同时也是无奈的颠覆权威和偶像的态度，它的流行可以看做是当代人特别是青年人一种非常典型的文化心态：世界上没有神圣，也没有权威和偶像，一切都可以戏说、颠覆、亵玩。从"大话文化"创作者身上，我们可以看出他们的逆反心理，这种心理既是对"权威"的蔑视，也是对"正统"的蔑视。《西游记》里一本正经的唐僧变成了说话又臭又长、颠三倒四的"八婆"，阴险毒辣的白骨精变成了年轻漂亮、对爱情忠贞不渝的美女。当然，从"大话文化"身上，我们还能看到发泄心理，通过恶搞可以宣泄自己的某些情绪，如发泄现实生活中的压力、不满，或者表示喜爱、尊敬等。再次就是"恶搞"里也充满了娱乐精神。娱乐是人类的本能需求，恶搞把以往深藏内心的戏谑和小圈子内的调侃推广到了一个新境界：恶搞一切。它继承了狂欢文化的精神，打破时空限制、等级观念，把古今中外、雅语俗语交织拼贴，组成娱乐套餐。可以说，这三者似乎已经彰显了"恶搞"存在的合理性。

不过，我们又不得不警惕在"大话文化"中表现出来的消极层面。"恶搞"必须有个"度"，否则，多种力量在传媒舞台上的博弈最终就只能成一边倒倾向，以反霸权为起点的"恶搞"也将毫无悬念地摇身一变而成为另

---

① 陶东风、徐艳：《当代中国的文化批评》，北京大学出版社2006年版，第252—253页。
② [美] 约翰·费斯克：《理解大众文化》，第23页。

一种霸权力量。与此同时，我们也不得不对恶搞中呈现出来的犬儒主义保持高度戒备。现代犬儒主义的核心含义是对世界的不信任和拒绝态度，对任何事情都冷嘲热讽，玩世不恭是其基本价值立场和处世态度。它的"彻底不相信"表现在它甚至不相信还能有什么办法改变它所不相信的那个世界。对此，美籍华人徐贲认为，这，只能归结为"一种严重的信任危机"[①]。如果最终滑入这样一种状态，恶搞，或许同样会在传媒舞台上走向自己的尽头。

以上，我们借助具体案例，从"传媒自身与政治权力间的博弈"、"全球化时代国家意识通过传媒文化进行的博弈"，以及"不同层次的传媒文化在话语权上的博弈"三个方面，对"传媒与权力博弈的舞台化"问题进行了专门阐释。实际上，正如本节开始就提到的那样，在大众传媒这个宏大的舞台上，试图进行有效的表演，远非这三者，各种各样的力量都在试图通过他们所构建的传媒文化，获取对他人的支配力量。正因为此，在当今的大众传媒舞台上，已经呈现出了越来越丰富、越来越纷繁芜杂的传媒文化奇观。由此，我们也更需要清醒认识到的是，作为当代传媒文化的最为核心的特点之一的权力化，其实也远非本章所涉及的三个维度就能阐释清楚的，从其他一些视野、其他一些角度对它进行观照，或许还将结出更加丰硕的果实。

[①] 陶东风、徐艳：《当代中国的文化批评》，第259—265页。

第七章　传媒文化的娱乐化

历史学家威廉·麦克高希（William McGaughey）在其 2000 年出版的著作《世界文明史——观察世界的新视角》（*Five Epochs of Civilization*：*World History as Emerging in Five Civilizations*）中以传播学的视角论述世界文明的发展演变时，首次提出人类已经进入一个以娱乐为中心的文明阶段，[①] 引起了学界的争议。麦克高希的观点是否有待商榷姑且不论，娱乐在当今社会占有不可忽略的重要地位却已是不争的事实。

一般认为，最早对娱乐进行研究的著作是 1899 年凡勃伦（Thorstein Veblen）的《有闲阶级论》；该书记载了 19 世纪后期富裕的"有闲阶级"的社会娱乐生活。1955 年，荷兰著名学者约翰·赫伊津哈（Johan Huizinga）发表经典著作《游戏的人》（*Humo Ludens*），首次提出游戏作为文化的本质和意义对现代文明有着重要的价值——游戏不仅是人类文化的开端，也是生活与文化的中心，人只有在游戏中才最自由、最本真、最具创造力。而澳大利亚学者理查德·麦特白（Richard Maltby）在《好莱坞电影：1891 年以来的美国电影工业发展史》中将娱乐（entertainment）定义如下：在最基本的层面上，任何能够刺激、激励或者激发一种快乐消遣的东西都能被称为娱乐。[②] 从词的构成来看，"娱"字是"快乐"或"使人快乐"的意思，"乐"字的含义也是"快乐"，可见，"快乐"应当是娱乐的核心。因此，我们不妨将娱乐定义为：个人通过一定的方式使自己在生理和心理上获得快乐（pleasure）的一种体验（experience）。

20 世纪 60—70 年代，国际社会步入了一个具有新的娱乐道德观的时代。由于娱乐作为人们的基本需要得到普遍正视，同时在具备一定经济基础的条件下转化为市场需求，各种用于消费的娱乐方式和娱乐产品纷纷问世。

[①] 参见［美］威廉·麦克高希著，董建中、王大庆译《世界文明史——观察世界的新视角》，新华出版社 2003 年版。

[②] ［澳］理查德·麦特白著，吴菁、何建平、刘辉译：《好莱坞电影：1891 年以来的美国电影工业发展史》，华夏出版社 2005 年版，第 29 页。

娱乐的形式有很多，但其中占据至高地位的，也是娱乐的最终状态，是人的精神娱乐。随着现代传媒成为包括都市和乡村在内的绝大多数人日常生活的构成要素之一，其在人的意识结构中的作用日趋明显。它促进了人们精神生活方面的变化并使人们形成了一种新的生活方式，实质上相当于重构了精神意识的活动。或者说，隐藏在人脑中的某一个未被开发的区域被传媒激活了。这意味着，现代人的精神娱乐已与传媒进入一种共生的状态，人们所需要的娱乐中的大部分将不可避免地由传媒来提供并最终反映在传媒文化之中。学者们早就看到了这一点，在传播学四大奠基人之一的政治学家哈罗德·拉斯韦尔提出大众传播的三大社会功能之后，社会学家查尔斯·赖特（Charles Wright）又将"提供娱乐"补充为第四功能。

时至今日，大众传媒的娱乐功能大有独领风骚之势，传媒文化也正在成为娱乐的传媒文化。正如美国文化研究学者麦克唐纳（Dwight Macdonald）所说，传媒文艺作品（大众文化）"就是尽一切办法让大伙儿高兴"[1]。不仅如此，传媒所提供的信息产品也逐渐带有越发浓厚的娱乐色彩，英语中由"information（信息）"与"entertainment（娱乐）"的词根组合而成新词"infortainment"[2]的出现堪称这一时代潮流的见证。传媒文化的娱乐化之风可谓愈演愈烈。

那么，到底什么是传媒文化的娱乐化呢？根据以上分析，我们认为：传媒文化的娱乐化是指在传媒文化的构成要素中用以制造和满足受众娱乐需要的娱乐成分日渐增加，从而使得大众传媒的娱乐功能占据主导地位的一种传媒文化现象。

本章就将结合案例对传媒文化娱乐化现象的表现特征、分类、形成过程、内涵意义以及存在的误区等一系列问题进行分析和探讨。

第一节 趋势、类型与典型手法：传媒文化娱乐化的表征分析

只要对当今传媒文化稍加观察就不难发现，传媒文化的娱乐化体现为两个大的趋势：第一，娱乐类传媒产品的供给与消费比例增大；第二，非娱乐

---

[1] ［美］丹尼尔·贝尔著，赵一凡、蒲隆等译：《资本主义文化矛盾》，生活·读书·新知三联书店1989年版，第91页。

[2] 参见林晖《从新词流行看全球媒体的新变化》，《新闻记者》2005年第11期。

类传媒产品的娱乐性增加。可见,传媒产品的娱乐化是传媒文化娱乐化的基础。按照这一思路,我们可以按照传媒产品的基本功能将传媒文化娱乐化分为传媒信息资讯娱乐化和传媒文艺娱乐化两种类型。但是,即便娱乐化的类型不同,其运用的手法却是大同小异,如题材奇观化、叙事感官化、制造和使用明星以及提高大众参与度,等等。

本节我们将通过对好莱坞经典电影《星球大战》、红极一时的电视选秀节目《超级女声》和科教节目《百家讲坛》及近年来受到广泛关注的"红色经典"改编等案例的分析,描绘出一幅传媒文化娱乐化的大致图景。

案例一:《星球大战》系列——现代科幻电影传奇[①]

有的电影将注定不仅只是电影。乔治·卢卡斯(George Lucas)的《星球大战》(*Star Wars*)在1977年的问世,创造了一个现代神话,因其前所未有的太空场面,纷繁复杂的星系斗争,它被称为"继廖西开辟红海之后最为壮丽的120分钟"。《星球大战》三部曲(1977—1982)是"电影史上的里程碑、20世纪最为重要的文化事件之一",其影响波及整个世界。

问世于1977年的《星球大战Ⅳ:曙光初现》(*Star Wars* Ⅳ: *A New Hope*)耗资约1100万美元,时值美国刚刚从越战的泥潭中脱身,全国的经济低迷,而该片正好恰到好处地宣扬了美国式的英雄主义,激发了美国民众的民族自豪感。因此,上映之后好评如潮,其首映票房就达到了155.4万美元。最终在全美获得了460998007美元的惊人成绩,其海外票房也达到了3.37亿美元,总票房接近8亿美元!紧随其后拍摄完成的两部前传、两部后传也以傲人的票房成绩在粉丝的依依不舍中凯旋下档。2005年最后拍摄的终结篇《星球大战Ⅲ:西斯复仇》(*Star Wars* Ⅲ: *Revenge of the Sith*)首映第一天的票房达到5000万美元,从周四到周日的4天票房销售也创下历史新高,为2005年夏季低迷的美国票房注入强劲的动力。

《星球大战》系列电影在商业上的成功不仅体现于奇高的票房,也体现在一些周边产品上。其动画片版继续了主人公在架空世界的历险,并连接起《前传》三部曲和《正传》三部曲两个主体,增加了许多电影中未出现的人物,在将六部电影加以串联的同时,与电影一样具有主题的独立性。而以电

[①] 本案例改编自百度百科"星球大战"条目,百度,http://baike.baidu.com/view/10243.htm;刘铮:《中国将参与制作〈星球大战〉动画系列片》,新浪网,http://ent.sina.com.cn/x/2005-10-11/0903861875.html。

影为背景制作的游戏目前已达到28款之多，涵盖了ATC（动作游戏）、AVG（冒险游戏）、FPS（第一人称视点射击游戏）、STG（射击游戏）等多种形式，经典的情节，精致的制作，再加上由电影带动的超高人气，《星球大战》游戏的大卖多年来更为卢卡斯公司带来不菲的收入。至于其他周边产品，如电影海报、模型玩具、原声音乐，乃至于从2005年开始筹划拍摄的真人版连续剧，更是吊足了星战迷们的胃口。

时至今日，自《星球大战》系列的第一部上映已过30年，《星球大战》也已成为现代科幻电影的传奇。当电影中建设于现实之上的架空世界，以一种充盈而炫目的形象展现在观众面前时，这种光怪陆离与真实交错的场景，为观众带来了极大的视觉享受和精神快感。然而电影版的终结，并不代表这个世界从此会从观众的脑海中淡化，随着各种形式的周边产品的产生，《星球大战》的神话仍将继续。

案例二：湖南卫视选秀节目《超级女声》掀起"全民娱乐"风暴[①]

《超级女声》是一档以音乐选秀为外壳的娱乐性节目，节目紧贴大众性和亲民性两大主题，倡导"想唱就唱"和"以唱为本"的理念。只要喜爱唱歌的女性，不分唱法、不计年龄、不论外型、不问地域，均可免费报名参加，并通过层层淘汰选拔，征选出真正具备培养前途与明星潜质的歌手。《超级女声》无门槛的大众参与方式和大众投票决定选手去留的淘汰方式，将一切权利交给了大众，张扬一种"全民快乐"的娱乐方式。这种独特的表现形式融合预选赛阶段的超强互动参与性、复赛决赛阶段的残酷淘汰性，构成了《超级女声》品牌成功的重要因素。有业内专业人士认为，该节目首开"大众娱乐"之先河，既糅合了"真人秀"的要义，又把握了"电视回归大众、娱乐优先平民"的精髓，加之其极强的参与性、交互性，使"超级女声"接连两年成为国内电视界、娱乐界最热门的事件。

《超级女声》于2004年3月在湖南电视台娱乐频道试验推出；5月初，该活动登临湖南卫视面向全国播出；5月底，武汉唱区拉开战幕；7月下旬起，成都唱区、南京唱区同时开唱；9月初，年度总决赛拉开战幕……整个活动期间，长沙、武汉、成都等唱区报名人数均突破一万人，年龄最大的89岁，最小的6岁。

---

① 本案例摘自星岛环球网财经新闻频道《"超级女声"简介》，星岛环球网，http://www.singtaonet.com/finance/fin_ sp/t20051005_ 2543.html。

湖南卫视、上海天娱传媒公司与蒙牛乳业集团 2005 年 2 月 24 日在长沙联合宣布，将共同打造《2005 快乐中国蒙牛酸酸乳超级女声》年度赛事活动。与 2004 年相比，2005 年"超级女声"增加了很多创新设计。

海选阶段，在选手"想唱就唱"的基础上，引入了观众"想说就说"的概念；在各个分赛区的海选阶段，在比赛现场增加了观众评议团，自愿报名并通过制作单位选拔的观众可来到比赛现场，代表大众对选手的表现发表观点。

而在紧张的淘汰晋级阶段（50 进 20、20 进 10、10 进 7、7 进 5、5 进 1），引入了"家庭舞台"概念，提升了"亲友团"在节目中的比重，制造出"家庭舞台"氛围，选手家庭（父母或亲友）首次作为比赛参与者进入现场。

《2005 蒙牛酸酸乳超级女声》从 3 月份开始报名起，在全国掀起了前所未有的热潮，在广州、长沙、成都、杭州、郑州五大赛区共吸引了 15 万的报名者参加。

案例三：《百家讲坛》走通俗化路线大获成功[①]

中央电视台科学·教育频道的科教节目《百家讲坛》开播于 2001 年 7 月，栏目定位为"文化品位，科学品质，教育品格"，宗旨是"建构时代常识，享受智慧人生"，内容涉及人文、自然、社会等许多方面，但这个美好的愿望却并没有换来好的收视效果，反而连生存都成了问题。观众想要看的到底是什么？栏目组在和专家、观众多次交流后，把节目定位在了历史文化这个题材上。但到底该怎样讲述历史，又成了一个迫切需要解决的大问题。

经过反复的思考、探讨、试验，栏目组最终认为只有让主讲人以一种风趣幽默的方式为观众讲述历史才有可能取得成功。制片人万卫谈到了当时的想法："我们要不断地跟主讲人来讲，代表观众来要求主讲人，你能不能坐下来，甚至是一屁股坐在地上给我们讲，当然我说的这是一个心理姿态，并不是真的，因为我们真正的主讲人是站在讲台上讲的，就是说主讲人你的心态放在哪儿。"编导马琳则说："很多老师他是不太能理解的，觉得我的学

---

① 本案例根据雨热《〈百家讲坛〉的幕后故事》、《南方周末》张英、梁轶雯《〈百家讲坛〉的前世今生：当年险被末位淘汰》和人民网《中国电视节目榜出炉百家讲坛获年度电视奖》等文改写，原文分别参见雨热闲坛，http://www.warmrainforum.com/show _ hdr.php? xname = CE-FAG11&dname = NUVAB01&xpos = 168；新浪网，http://book.sina.com.cn/news/c/2006-10-27/1412205689.shtml 及网易，http://news.163.com/07/0318/02/39R8M48O000011229.html。

术就应该是严谨的，就应该是正统的，正统的我怎么能够这样讲呢？"

但主创人员的努力终于得到了回报。全新的运作理念让节目成为"一座桥梁"，真切地拉近了专家学者和普通百姓之间的距离，专家学者的灵活讲述，加上悬念等电视手段的运用，让《百家讲坛》这个安静的节目成了观众收视的一匹黑马。2004 年，阎崇年主讲的《清十二帝疑案》收视率一路飙升，最高时期竟达 0.57%，一跃成为科教频道收视率最高的栏目。2005 年，刘心武揭秘《红楼梦》、纪连海《正说清朝二十四臣》使《百家讲坛》实现了又一次飞跃。2006 年，易中天"品三国"、于丹《论语》心得在社会上引起了强烈的反响。在"让专家、学者为百姓服务"的新宗旨之下，《百家讲坛》成为了 2006 年"年度电视节目"和"最佳人文科教节目"。

出乎意料的是，在节目大受欢迎之余，易中天、于丹等主讲人迅速蹿红成为"明星学者"，并催生了"乙醚"（易中天的拥趸）、"鱼丸"（于丹的拥趸）、"年糕"（阎崇年的拥趸）、"海飞丝"（纪连海的拥趸）等"粉丝"团体。他们纷纷在网上建立各自的论坛、贴吧，以表达自己对偶像的崇拜。

《百家讲坛》的一位主讲人，北京大学的孔庆东副教授甚至在录制节目后，留下了一句赠言——"百家讲坛，坛坛都是好酒!"

案例四："红色经典"改编风潮引争议[①]

所谓"红色经典"，广电总局将之认定为"曾在全国引起较大反响的革命历史题材文学名著"。近年来，国内掀起了一股"红色经典"改编之风，连续出现了《林海雪原》、《红色娘子军》、《沙家浜》、《小兵张嘎》、《烈火金钢》等"红色经典"的电视剧版。这些"红色经典"电视剧版在播出的时候，几乎每一部都引发了或大或小的争议。

电视剧《林海雪原》[②] 中，杨子荣以一个普通伙夫的形象出场，还有一

[①] 本案例根据《黑龙江日报》吴海鸥、李由《〈林海雪原〉哈尔滨播出惹争议：人物全变味了》、《北京青年报》李彦《〈红色娘子军〉海南开机 革命剧改作偶像剧》、《信息时报》《许晴甜美扮相引质疑 反问谁说阿庆嫂不漂亮》以及《每日新报》裴艳《广电总局禁止戏说红色经典〈林海雪原〉等遭点名》等文改写，原文分别参见 http://ent.sina.com.cn/v/2004-04-01/1206351194.html；http://ent.sina.com.cn/v/2004-03-09/0622325310.html；http://ent.sina.com.cn/v/m/2006-06-07/09551113634.html 以及 http://ent.sina.com.cn/v/2004-04-21/1103371027.html。

[②] 关于电视剧《林海雪原》的详细资料，请参见新浪影音娱乐世界"《林海雪原》"，新浪网，http://ent.sina.com.cn/v/f/lhxy/index.html。

个嫁给了土匪的初恋情人槐花,槐花的儿子又是座山雕的义子。一些观众对剧中人物形象表达了不满,认为该剧对英雄人物形象"过分贬低"、"矫枉过正"、"无聊"甚至"恶俗";还有观众直接指出该剧把英雄人物写成了"土匪"。剧中甚至还出现了杨子荣给战友的饭里下泻药的情节。但是也有一部分观众认为杨子荣还不是那么讨厌,只要某些情节再完善一点,还是可以接受的。

而《红色娘子军》①则被主创人员定位为青春偶像剧。该剧制片人声称,要将该剧往青春偶像剧的思路上打造。尤其是在人物性格上,抛却老版的限制,展现时尚感。导演袁军认为,电影版和芭蕾版的《红色娘子军》的男女主角已经成为了很多人的偶像,祝希娟饰演的吴琼花、王心刚饰演的洪常青之所以为人喜爱,是因为他们除了表现出了革命者的风骨,还有年轻人的朝气与情感。袁军希望把这种青春美张扬出来。

与其他"红色经典"改编剧走人物形象重塑的路子不同,电视剧《沙家浜》②选择了基本保持情节、人物原貌,而请明星担纲主要角色的策略。著名影星陈道明、许晴、任程伟、刘金山等人分别出演剧中的刁德一、阿庆嫂、郭建光、胡传魁等主要人物。但该剧播出后仍有观众指出许晴所扮演的阿庆嫂形象太过"甜美"。对于这一质疑,许晴表示,据她所知许多当年样板戏里的"阿庆嫂"的扮演者都认为"挺需要按照现在的审美观再塑造一个'阿庆嫂'的"。

2004年4月9日,广电总局下发了《关于认真对待"红色经典"改编电视剧有关问题的通知》;不久《文艺报》也发表了《文学界人士呼吁:不能乱改"红色经典"》一文。

一 传媒文化娱乐化的趋势与类型

(一)传媒文化娱乐化的表现

以上案例实际上恰恰印证了我们在上文中的提法——传媒文化娱乐化的趋势主要表现在两个方面:

首先,娱乐类传媒产品的供给与消费比例增大。自20世纪后期以来,

---

① 关于电视剧《红色娘子军》的详细资料,请参见新浪影音娱乐世界"《红色娘子军》",新浪网,http://ent.sina.com.cn/v/f/hsnzj/index.html。

② 关于电视剧《沙家浜》的详细资料,请参见新浪影音娱乐世界"《沙家浜》",新浪网,http://ent.sina.com.cn/v/m/f/sjb/。

第七章　传媒文化的娱乐化　　　　　　　　　　　　　　　　　　　　249

许多国家的娱乐类传媒产品的供给额和消费额都伴随着大众传媒接触率的稳步上升而同步上扬。在传媒提供的产品中，娱乐类产品所占的比例已经大大提高，成为传媒产业的营利重头。

以美国为例，几乎全部的商业电视，除了新闻和广告（其中很大一部分也是让人消遣的），大部分畅销杂志（除了登广告的那几页），大部分广播（除了新闻、谈话节目和广告），大部分商业电影，还有报纸内容中越来越大的部分——都是让人娱乐而不是以开导为目的的。① 在20世纪90年代的大部分时间里，消费类图书都排在整个传媒消费的第二位，其中1996年即到达每人每年支出82.96美元，占年度个人传媒消费总额的16.20%；2001年这一比例虽然下降到14.98%，但人均支出的绝对数额却上升到了97.68美元。不仅如此，一直是美国传媒娱乐业重要产业项目的家庭影院，年人均支出数额也从1996年的77.43美元增长到2001年的113.72美元，六年间增长率达到46.87%。此外，纯属娱乐项目的音乐唱片消费支出则从1996年的57.33美元增加到了2001年的71.56美元，涨幅为24.82%。其他项目诸如消费类杂志、家庭视频游戏等传媒娱乐产品的消费支出额也处于明显的上升趋势。②

在中国，从20世纪90年代起，传媒业开始掀起娱乐化的浪潮。一个显著的标志就是电视娱乐节目的大量增加。中央和地方各级电视台都相继推出了综艺频道、娱乐频道，各种综艺娱乐节目此起彼伏。《正大综艺》和《综艺大观》开了中国综艺节目的先河；之后不久，以《快乐大本营》和《欢乐总动员》为代表的游戏类娱乐节目、以《幸运52》和《开心辞典》为代表的益智博彩类节目引发了新一轮的收视狂潮；1998年湖南电视台速配节目《玫瑰之约》一炮走红；2000年8月，中央电视台第二套节目的《地球故事》引进"真人秀"节目《生存者》。2005年的《超级女声》更是掀起了全民狂欢的热潮。如此种种，不胜枚举。中国人民大学舆论研究所2000年5月进行的"北京居民电视收视行为与收视意愿调查"显示，各类电视节目的收视份额为：（1）影视剧类，占23.4%；（2）娱乐综艺类，占14.5%；（3）时事新闻类，占12.0%；（4）体育类，占9.3%；（5）音乐戏剧类，占9.2%；（6）法制类，占8.1%；（7）青少类，占5.5%；

---

① 张小争：《娱乐财富密码——引爆传媒新经济》，复旦大学出版社2006年版，第216页。
② 参见［美］阿尔伯特·格雷柯编著，饶文靖、谢静颖、王茜译《媒体与娱乐产业》，清华大学出版社2006年版，英文版前言第10页。

(8) 生活服务类，占 5.3%；(9) 科技教育类，占 4.6%；(10) 专题类，占 4.1%；(11) 经济类，占 3.7%。① 从数据中可以看出，包括影视剧、娱乐综艺、体育、音乐戏剧的纯娱乐节目所占比例超过了 60%。除了电视娱乐节目风潮，以互联网为代表的新兴传媒提供的娱乐产品也大受欢迎，如网络在线游戏产品的使用人数在最近十年内迅速攀升，手机彩信、铃声、动画下载业务方兴未艾，等等。

就娱乐类传媒产品迅速增加这一点而言，案例一和案例二也是其最直接的印证。

其次，非娱乐类传媒产品的娱乐性增加。为了占领市场，迎合大众口味，各种非娱乐类传媒产品也纷纷走上了娱乐化的道路。这其中最为突出的当属新闻娱乐化现象。

美国新闻工作者协会在 1998 年底对美国 16 家重要媒体进行了 1977 年与 1997 年新闻报道对比研究，发现 1977 年传统的硬新闻与娱乐性新闻比例为 32%：15%，而 1997 年则颠倒过来，这个比例为 25%：40%。② 英国 ITV 的名牌新闻节目"十点钟新闻"，在 1990 年至 1995 年之间，国际新闻比例从 43% 下降到 15%，软新闻比例则从 8.5% 增加到 17%。③ 奥运盛会、皇室婚礼、月球登陆等"媒介事件"的全球直播，所吸引的人数之众多，绝非依靠高压统治、宗教狂热等极端手段可以实现的，毕竟"独乐乐不如众乐乐"。近年来，美国、加拿大、俄罗斯、保加利亚等国还出现了所谓的新闻"裸体播报"丑闻，新闻在娱乐化的旗号下滑向了另一个深渊。

近年来，非娱乐类传媒产品的娱乐化倾向在我国也得到了明显增加。首先是都市报以平民化、娱乐化的姿态吸引了大量受众而迅速兴起，促成了中国城市报业的一次大胆转型，改变了报纸在中国人心目中的形象。虽然都市报采用的是"消息唱主角"这样一个看上去是理所应当的指导思想，但其新闻采编的某些具体策略则具有明显的娱乐化色彩，如多采用事件通讯，加强报道的故事性等。④ 早期的《华西都市报》每一年都搞几十桩"新闻追踪"，短则连续报道一周，长则报道数月或半年。它们能做到"文随事起，

---

① 喻国明：《解析传媒变局》，南方日报出版社 2002 年版，第 282 页。
② 李良荣：《娱乐化、本土化，美国新闻传媒的两大潮流》，《新闻记者》2000 年第 10 期。
③ 赵月枝：《公共利益、民主与欧美广播电视的市场化》，《新闻与传播研究》1998 年第 2 期。
④ 参见孙旭培《走进家庭的报纸——论都市报的特征与特色》，传媒学术网，http://academic.mediachina.net/academic_ zjlt_ lw_ view.jsp? id = 4056&peple = 4079。

文随事走，文随事毕，全程跟踪"①。文艺娱乐新闻、体育新闻等娱乐类新闻报道所占的版面数量也大幅增加，打破了传统上以党政要闻和时事新闻为主的内容格局。报纸新闻如此，电视新闻也如此。大量的现场报道逐渐占据主打地位，新闻专题节目也受到了大众的喜爱。而谈话节目虽然严格来说不算新闻节目，但其出现却可谓是电视新闻节目向娱乐化方向的延伸。此外，作为信息资讯类传媒产品中一个大类的电视广告以及带有较为浓厚的艺术色彩的电视纪录片也相继走上娱乐化的道路。而案例三中提到的央视文化类节目《百家讲坛》步入娱乐化道路的事实则进一步说明，当前，在我国的传媒领域类，非娱乐类节目的娱乐化趋势已经发展到了如火如荼的程度。

（二）传媒文化娱乐化的类型

一般而言，传媒产品可以根据功能的不同大致划分为两个大类。一类是提供信息资讯的传媒产品，如新闻、广告、天气预报、证券行情，等等，这一类产品的主要功能是为受众提供需要的各种信息资讯；另一类是通过传媒展现的文艺作品，如电影、音乐、纪录片、电视剧、各种电视综艺节目等，这一类产品的主要功能是为受众提供具有精神文化性质的审美享受和娱乐享受。按照这一标准，我们也可以将传媒文化娱乐化现象从传媒产品的微观角度划分为传媒信息资讯娱乐化和传媒文艺娱乐化两种类型。

第一类是传媒信息资讯娱乐化。出于生存的需要，当代受众大多希望尽可能快、尽可能多地从报纸、广播、电视、网络等媒介所提供的新闻、广告、天气预报、证券行情等栏目或节目中了解这个世界的一举一动。这就是拉斯韦尔总结出的传媒的环境监视功能。但是，当传媒发展到一定程度之后，可供受众选择的信息将变得越来越多，信息爆炸的一个直接后果就是导致受众无所适从。为了让受众能在品种繁多的信息中一眼就相中自己，使自己所传播的信息更有接近性与可读性便成为当代传媒的一种必需的选择——在各种各样的信息中有意识地加入娱乐型元素，显然正是增强信息接近性与可读性的重要手段之一。在这样的背景之下，除了前文所述的新闻娱乐化之外，广告作为厂家提供产品信息的栏目/节目形式也完全娱乐化了，变得越来越"好看"，越来越"好玩"②。例如，绝大多数明星都担任了某种产品或品牌的代言人，从而频频在广告中露面；无论是平面广告还是动态广告都

---

① 蔡华东：《楚天都市报连续报道实析》，《极目楚天舒——楚天都市报创刊周年文集》，湖北人民出版社1998年版。

② 蔡尚伟主编：《影视传播与大众文化》，四川大学出版社2005年版，第287页。

常常出现"美女"甚至"裸女"的身影；如此种种，举不胜举。其背后的战略思想是："娱乐无疑是一种通过强化消费者体验来树立品牌形象的首要的和前卫的方法。"① 更值得注意的是，在这样的背景下，集科学性、知识性、服务性于一体的传统电视信息类节目天气预报如今也走上了娱乐化的道路，节目中主持人更加年轻化，穿着更加随意化，言语更加直白化，主持更加轻松化，力图营造出谈天说地的氛围，节目也更加好看。2001年凤凰卫视进行节目改版时，《凤凰气象站》取代原先的传统的天气预报，主持人陈玉佳在屏幕上"活蹦乱跳"，用生动活泼的语言来播报天气，预报之前会神侃一番，出些谜语之类的，预报下雨的时候，会突然从身后变出一把伞撑起来，上面则有人往下倒水，节目中还穿插脍炙人口的流行歌曲来点题。而另一位主持人杨洁则以青春活力的形象报道天气，还时常介绍一些与节令有关的常识或食物，例如，"湖南三月三，地菜煮鸡蛋"，以及杭州设避暑防空洞、重庆以浇水车在街道浇水散热等，为天气节目注满了娱乐的色彩。2003年，南京电视台《直播南京》的子栏目《气象新感觉》则更是将这种娱乐化的色彩推向了极致：该栏目青春靓丽的气象小姐在健身房、游泳池等不同场所，以跳街舞、打高尔夫球等不同形式向观众播报天气。其他一些电视台的天气预报节目更加"搞笑"——甚至还请来知名人士或明星客串天气预报，以吸引观众，提高收视率。例如，陈晓东为了替新戏《倩女幽魂》造势，就特地打扮成剧中"宁采臣"的模样，走上"华视"荧屏客串播报气象新闻。②

除广告、天气预报等节目外，一些旨在传播知识、提高全民文化素质的学术性很强的科教节目/栏目也加入了娱乐化的队伍。本节案例三中的《百家讲坛》就是其中的典型，主讲学者采用现代化的通俗语言和故事化的讲解方式，并配上相应的动画或者相关影视画面，形成多渠道联合解码的效果，牢牢地抓住了观众的注意力。而在这种娱乐化的运作模式下，曹操曾当过"县公安局局长"一类的史实却也更加地深入了人心。

第二类是传媒文艺娱乐化。与提供信息资讯的传媒产品不同，另一类传媒产品属于文艺作品，是大众审美鉴赏的对象，主要包括音乐、电影、电视

---

① [美]米切尔·J.沃尔夫著，黄光传、邓盛华译：《娱乐经济》，光明日报出版社2001年版，第102页。
② 周文超：《受众本位下的电视天气预报节目分析》，人民网，http://media.people.com.cn/GB/22114/44110/75857/5543912.html。

剧、电视综艺节目等。毋庸讳言，这一类传媒产品本身就或多或少地承载了一定的娱乐功能，毕竟，无论是文学作品还是艺术作品最初都是为了愉悦身心而创作出来的。但这一类产品与信息资讯类产品也存在共同点，那就是它们都带有一定的教化功能（也即拉斯韦尔的宣传功能和文化传承功能），这就决定了传媒文艺产品的娱乐性是有限度的，而且不占主导地位。所以，我们在这里谈到传媒文艺娱乐化时，其实质的前提是认为其含有的娱乐成分已经超出了普通情况下的程度。比较具有代表性的案例是电影、电视剧对历史事实和文学艺术经典的戏说和恶搞，如周星驰电影《大话西游》对四大名著之一的《西游记》的恶搞，台湾电视剧《戏说乾隆》对历史真实人物乾隆皇帝故事的虚构，等等。案例四中对于"红色经典"加以改编而成的几部电视剧，也属此类。

当然，传媒文艺娱乐化并不限于影视作品，文学作品也是对象之一。2004年9月，云南人民出版社出版了一本叫做《Q版语文》的书，作者是林长治。这本书把《孔乙己》、《小马过河》、《狼来了》、《愚公移山》、《牛郎织女》、《荷塘月色》、《背影》等富有教育意义的经典课文改编成了滑稽搞笑的故事。书中充斥着诸如白雪公主"爱穿着高衩泳衣去打猎"，司马光搬起大石头砸缸，救出的却是圣诞老人、天蓬元帅、萨达姆、青蛙王子、机器猫、刘老根、流氓兔、西瓜太郎，孔乙己因"偷了何家的光盘"而被痛打，范进被打后做了个"托马斯全旋"，卖火柴的小女孩成了时髦的促销女郎，少年闰土变为"古惑仔"，蔺相如能腌制一手好吃的咸菜之类的恶搞文字。在该书封面上还醒目地标有"全国重点幼稚园小班优秀教材"和"全球神经康复医院推荐读物"的字样。该书出版不久就引起轩然大波：一方面，这本书受到了学生和白领阶层的喜爱，许多中小学学生争相购买、传阅，造成书店里脱销、网上阅读率居高不下的局面；另一方面，这本书遭到了教育部门的反对。终于，在《Q版语文》上市三个月后，云南省新闻出版局正式向云南人民出版社下达了停止发行、销售《Q版语文》的书面通知。

除了对传统文艺作品的改编之外，电视综艺娱乐节目如雨后春笋般地出现以及从晚会节目到游戏节目到益智节目，再到像案例二中《超级女声》那样的真人秀节目的花样不断翻新，则更是传媒文艺娱乐化的进一步表现。对此，我们在后面的文章中将注重予以探讨。

二　传媒产品娱乐化的典型手法

虽然传媒文化的娱乐化现象可以按照传媒产品功能划分为传媒信息资讯娱乐化和传媒文艺娱乐化两种类型，但二者在具体操作手法上却又大同小异。稍作归纳，我们即可以总结出以下传媒产品娱乐化常用的典型手法：

1. 题材奇观化

要打造一款娱乐化的传媒产品，首先需要考虑的就是题材选择问题。究竟什么样的题材能够吸引受众的注意，激发受众的好奇心？显然，带有一定神秘感的题材是最佳选择。好奇心是人的天性，每一个人或多或少都有一些好奇心。当好奇心得到满足的时候，人们就会产生某种程度的愉悦感。因此，几乎所有娱乐化的传媒产品在选材上都具有一种"奇观化"的特点。

"奇观"一词本译为"景观"，是法国思想家、实验主义电影艺术大师居伊·德波（Guy Ernest Debord）在《景观社会》（*The Society of the Spectacle*）一书中提出的概念。他认为："在现代生产条件无所不在的社会，生活本身展现为景观的庞大堆聚。直接存在的一切全都转化为一个表象。""在真实的世界变成纯粹的影像之时，纯粹影像就变成真实的存在——为催眠行为提供直接动机的动态虚构事物。为了向我们展示人不能再直接把握这一世界，景观的工作就是利用各种各样专门化的媒介。"[①] 在这里，现实都被视觉化了，人们通过媒介所呈现的视觉图像来了解世界、认识世界。此后美国文化批评学者道格拉斯·凯尔纳在其著作《媒体奇观》（*Media Spectacle*）中借用了这一概念并将其具体化，用以指涉"那些能体现当代社会基本价值观、引导个人适应现代生活方式，并将当代社会中的冲突和解决方式戏剧化的媒体文化现象，它包括媒体制造的各种豪华场面、体育比赛、政治事件"[②]。该书的译者史安斌为了能更好地体现该词内涵的转变，将其改译为"奇观"[③]。这一译名的变化意味着，当媒介呈现出一个个令人们瞠目结舌的"大事件"的时候，大众就被吸引并希图借此而获得新的认知，从而达到一种"看稀奇"的效果。

本节案例一中20世纪福克斯公司出品的经典科幻系列电影《星球大战》（*Star Wars*）就体现出选材奇观化的特点。影片集中使用了当时最先进

[①] ［法］居伊·德波著，王昭凤译：《景观社会》，南京大学出版社2006年版，第3、6页。
[②] ［美］道格拉斯·凯尔纳著，史安斌译：《媒体奇观》，清华大学出版社2003年版，第2页。
[③] 参见史安斌《译者的话》，［美］道格拉斯·凯尔纳：《媒体奇观》，第 xv—xvi 页。

的高科技电脑及数字制作手段，虚构了一个匪夷所思的太空世界，它对宇宙中各种星系、文明、生物的描述，它所创造的各种奇形怪状的外星人与航天器，它所表现的波澜壮阔的太空场景和星球大战场面，超出常人所思，非一般科学技术所能表现，不能不说是一种梦幻般的视觉奇观。

案例二中的电视选秀节目《超级女声》也力图构造出一个前所未有的性别奇观。当一个舞台上除了主持人之外全是女性时，那会是一种什么样的情景？当你知道参加一个比赛的选手全是女性，而这个比赛又不是选美而是比"声音"、比"唱歌"的情况下，是不是很想看一看这样的场面呢？所以《超女》也成功了。但随着比赛一年又一年的连续举办，节目对许多观众而言就不再具有奇观的效果了，关注率自然也将逐渐下降——《快乐男声》顺理成章地将其取代了。

至于案例三中的电视教学节目《百家讲坛》，选题更是极尽奇观化之能事。2004年，《百家讲坛》节目制作人员在策划上，确定的重大系列选题有：《三八特别节目》、《中国电影百年史》、《紫禁风云之清十二帝疑案》、《民法系列》、《从雅典到北京2008》等。其中的《紫禁风云之清十二帝疑案》播出后一炮走红。为什么呢？经过节目组的调查分析，发现原因是这样的：清王朝离我们最近，所以许多有关清宫的传说一直流传至今。"太后下嫁"、"顺治出家"、"雍正篡位"、"光绪之死"等传闻深深地笼罩着紫禁城，在戏剧、小说、电视剧等的推波助澜下，清宫疑案更加扑朔迷离。结果，北京社会科学院研究员阎崇年主讲的《清十二帝疑案》，观众反应强烈，本来并不被看好的《百家讲坛》收视率居然一路飙升，最高收视率竟达0.57%，一跃成为科教频道收视率最高的栏目。《清十二帝疑案》这一系列节目的成功，让节目从此赢得了大量的观众。此后一段时间内，该节目的选题开始集中于历代皇帝宰相、神仙鬼怪等，同时对野史加以突出地渲染和探究，体现出了较为鲜明的奇观化特色。

案例四中的"红色经典"是中国现代史上"革命文化"的特殊产物。"革命文化"是这个时期占主流的文化形态，它发轫于20世纪初期，成熟于40年代，繁荣于解放后，极盛于"文化大革命"时期，包括各种类型的歌颂毛泽东和共产党的文学艺术文本，各种关于中共党史和中国革命史的叙述、话语、符号，等等。[1] 虽然"革命文化"作为自成整体的封闭文化形态或意识形态话语已经属于历史，但是构成革命文化的各种要素却没有消失，

---

[1] 陶东风：《后革命时代的革命文化》，《当代文坛》2006年第3期。

而是成为后革命时代的重要文化景观，其中自然也包括众多的革命文艺作品——"红色经典"。对于经历过革命年代的人而言，"红色经典"的翻拍无疑会勾起他们久已尘封的那份旧时回忆；而对于从未经历过革命年代的青年一代而言，传说中充满神秘感的"那个年代"更有可能引起他们的好奇，毕竟，他们从来没有真真正正看到过原汁原味的"红色经典"，而只能是通过这样的方式略窥一二。于是，"红色经典"翻拍的奇观化效果也就自然而然地形成了。

2. 叙事感官化

正如部分研究者所指出的那样，随着生活节奏的加快、物质文化需求和欲望的普遍高涨，现代社会的人们再也不需要压抑和克制自己的情感了，他们把自己潜在的本能、激情、无意识通过各种方式宣泄了出来，从而导致了大众审美的感官化趋势日益明显。这一趋势在传媒产品中体现得尤其明显。20世纪科学技术的迅速发展，为传媒带来了逼真的声、光效果，传媒文本越来越趋于形象化，人们可以通过直接的感官刺激来体验艺术之美。

仍然以案例一《星球大战》为例。1977年拍摄的《星球大战》之《曙光初现》（A New Hope）掀开了电影视觉特效的新篇章。导演乔治·卢卡斯为该片专门成立了自己的特效制作公司——工业光魔（Industrial Light & Magic），并首次提出了"二手未来"（used future）概念。在此之前电影里涉及的未来世界，都非常干净漂亮整洁，一切都像是从工厂刚刚生产出来的。《星球大战》则第一次通过高科技表现了前无古人的真实感——累年的建筑外表早已经破败不堪，用过的飞船表面坑坑洼洼，酒吧里聚集了佩戴着各式旧武器的各类生物——这就是"二手未来"，观众们一下子觉得很有亲近感和亲临感。另一位知名导演雷德利·斯科特（Ridley Scott）就承认，《星球大战》"让我终于明白了如何让未来产生质感"。他后来依此思路拍摄了《异形》和《银翼杀手》。《银翼杀手》里那座破败的未来城市，如今也已成为了电影史上设计的经典。[①]

从1999年起，在数字技术已相当成熟的前提下，《星球大战》的《前传》三部曲依然在技术领域走在了业界前面。第一部《魅影危机》（The Phantom Menace）超过70%的场景是由数字合成的；第二部《克隆人进攻》（Attack of the Clones）成为电影史上第一部完全数字化拍摄的电影；第三部《西斯复仇》（Revenge of the Sith）100%的戏都在室内拍摄完成，所有自然

---

① 温金良、肖华：《魔幻军团创造的奇迹》，《信息时报》2007年6月17日。

景观都是后期叠加而成。不仅如此，如果对电影史上最卖座的20部影片进行统计的话，我们也会发现，它们不是视觉特效大片就一定是CG制作的动画片。这一结果表明，电影产业的格局已经因特效而彻底改变。从某种意义上来说，《星球大战》系列与工业光魔的发展，也是世界电影特效的发展。[1]

与好莱坞电影的发展走向有异曲同工之妙的是，引爆传统文化热潮的《百家讲坛》虽然是一款科教节目，但它并没有局限于传统的讲解论述，而是充分利用了成熟的平面造型技术，打造了非常直观的视觉效果。例如，孔庆东在讲到《天龙八部》中马夫人康敏于丐帮大会初见帮主乔峰之时，画面立即切换为张纪中版本的电视剧《天龙八部》中的对应片断，画面上钟丽缇饰演的康敏美艳不可方物，徐徐而出，顿时百花失色；而胡军饰演的乔锋则自顾自地与周围的兄弟们喝酒谈笑，仿佛对康敏视若不见。如此一来，人物刻画和叙事情景一下子形象了许多，而讲解中要表达的观点自然也就更容易理解了。而于丹在对《庄子》和《论语》进行解读的时候，节目也时不时配合讲解插上一段动画，鲜明而有趣的美术形象使得原本枯燥的传统文化经典顿时鲜活了起来。

当然，叙事感官化并不仅仅限于制造逼真的声光效果和直观的画面形象，性与暴力也是其中非常重要的卖点。按照西方新闻界的观点，3B（Beauty、Baby、Beast，即美女、儿童、动物）题材历来是最受欢迎的，选秀节目《超级女声》围绕"3B"之中的"第一B"大做文章，显然是企图在一定程度上迎合男性观众的需要。各式各样的女性粉墨登场，各展其能，可谓琳琅满目，美不胜收，观众可以根据自己的喜好进行选择欣赏。而参赛者又尤以年轻女性为多，更是充分展现了一种青春活力之美，带有极为浓厚的性别审美色彩。

也正是在这种叙事感官化的娱乐化潮流影响之下，部分"红色经典"的翻拍才出现了以革命英雄的感情戏为卖点的情况。如翻拍剧《林海雪原》大量融入了言情剧的因子，少剑波与白茹的情感被不断渲染放大，更有甚者，杨子荣陷入"三角恋"，居然还与匪首座山雕成为情敌，连"私生子"也出来了。难怪有人说"红色经典"变成了"黄色经典"[2]。另一部号称"向青春偶像剧靠拢"的翻拍剧《红色娘子军》的导演袁军也说："这是一部描写女人与战争的作品，但是女人再革命也是女人，像她们个性中的可

---

[1] 参见邹波《工业光魔与好莱坞的特效变迁》，《中国新闻周刊》2005年第18期。
[2] 陶东风：《后革命时代的革命文化》，《当代文坛》2006年第3期。

爱、骨子里的帅气，绝不能只是表现在行军礼时有多标准，而是要在她们的情感上下工夫。如果将来观众看了这部戏后感觉这些女人有些味道的话，我就满足了。"①

毫无疑问，叙事感官化的手法已经成为当今传媒产品娱乐化的一道"撒手锏"。

3. 制造和使用品牌明星

"明星"一词出现于1824年，最初用来指戏剧界的有名演员。1919年，它从英语词汇中引出用来专指电影明星。1965年之后，明星概念的使用范围逐渐扩大到影视界、政界、商界、艺术界甚至文学界、体育界等领域。爱德华·莫让（Edgar Morin）认为："明星是指那些具备奥林匹斯山众神或希腊神话诸英雄特质的，既参与人的活动又参与神性活动的群体，他们能激起人们的崇拜心理甚至于一种信仰。"② 有学者也指出，神性崇拜可以说是人类的文化本能，明星崇拜就是人的神性崇拜在现代社会的反映。③ 而从某种意义上而言，社会生活中各式各样的名人正是这种意义上的明星。

打造和使用品牌明星这一策略主要应用于影视传媒产品。在最初的电影行业中，甚至建立了专门的明星制度。在这一制度的保障下，好莱坞成功地推出了一个又一个的明星。后来明星制虽然作为一项制度已经成为历史，但明星的巨大影响力被人们所认识，因此明星依然发挥着应有的作用。本节案例一的《星球大战》系列电影，不仅使得乔治·卢卡斯成为世界上家喻户晓的明星导演，而且还捧红了一大堆的明星演员，原本只是一个木匠的哈里森·福特（Harrison Ford）就是从这一系列电影中脱颖而出的，之后他又拍摄了经典探险影片《印第安纳·琼斯》（Indiana Jones）系列，一时间红遍全美，风头无人可及，并最终成为国际巨星。20年之后，已经成为品牌的《星球大战》则采用了直接使用大牌明星的战略，邀请青年影星娜塔丽·波特曼（Natalie Portman）、伊万·迈克格雷戈（Ewan McGregor）以及老戏骨塞缪尔·杰克逊（Samuel L. Jackson）、克里斯托弗·李（Christopher Lee）等加盟，推出了《前传》三部曲。

随着电视剧和电视综艺节目的迅猛发展，电视节目也开始重视明星的作

---

① 张爱敬策划，孙源编辑：《电视剧改编，如何承受红色经典之重》，西祠胡同，http://www.xici.net/b190369/d18703168.htm。
② Morin, Edgar. Préface à la troisième edition. *Les Stars*. Paris: Editions du Seuil, 1972, p. 6.
③ 陈新丽：《明星制度探讨——二战后的明星化现象》，《法国研究》2006年第1期。

用。在中国，明星担纲主演电视剧已成为家常便饭，如案例四中的"红色经典"翻拍剧《沙家浜》祭出了陈道明、许晴、任程伟、刘金山、程前组成的明星阵容以吸引大众眼球。而有的电视剧则大胆启用有明星潜质的新人，力争将其打造成为新星，如号称国内第一部青春偶像历史剧的《大汉天子》系列使黄晓明一跃成为中国大陆最受欢迎的偶像明星之一，上海戏剧学院表演系2001级学生胡歌也由于出演国内第一部改编自电脑游戏的电视剧《仙剑奇侠传》而一举成名。电视谈话节目、综艺节目等由于历史较短，人才较为缺乏，则往往采取培养自己的明星主持为主，临时邀请或引进成名明星主持为辅的战略。如《实话实说》成就了崔永元，《凤凰早班车》成就了陈鲁豫，《康熙来了》成就了小S（徐熙娣）。案例二的《超级女声》也是安排了人气极高的湖南卫视自己的明星主持人汪涵、李湘主持，并由著名歌星柯以敏、巫启贤、顺子、孙国庆和著名主持人何炅、蔡康永、春晓等组成了强大的评委阵容，同时在某些重要场次还邀请当红歌星作为嘉宾穿插演唱。案例四中的电视科教节目《百家讲坛》，也催生了易中天、于丹等所谓的"明星学者"，反过来，这些明星又大大提高了节目的受欢迎程度——明星，已经成为当代传媒文化娱乐化当仁不让的"法宝"之一。

4. 提高大众参与度

积极广泛地吸引大众参与，形成"众乐乐"的局面，也是传媒产品娱乐化常用的手法之一。

本节案例二中的大型音乐选秀节目《超级女声》自推出以来就一直标榜自身是"不论年龄、不问地域、不拘外貌"的"无门槛"音乐选秀活动，堪称"无门槛女声原味大比拼"，其独特的形式、超强的互动参与性以及残酷的淘汰率，引起了观众与业内人士的广泛关注。

推出这一节目的湖南卫视总编室负责人曾经谈道："快乐中国超级女声"活动，讲求的首先是一种快乐感觉，希望以这种毫无门槛、大众均可参与的音乐赛事，来张扬一种"全民快乐"的感觉。最根本的是，这种"无门槛"选秀活动倡导的是"以唱为本"，选拔的是女性歌手的声音魅力，因此选手的年龄、外貌、地域等因素都可以抛在一边。只要有美丽原声，都可免费参加此次比赛，通俗的、民乐的、美声的、不拘一格的唱法，一样评选出最真实的声音。

在具体的操作上，节目采用了两大"招数"吸引大众参与：

首先，参赛"无门槛"。"不论年龄、不问地域、不拘外貌"，条件只有一个：只要是女性。于是浩浩荡荡的海选场景就出现了，成群的青少年学子不惜逃课参赛，不同职业的职业女性，甚至与时尚娱乐沾不上边的"大妈"、上了年纪的"老太太"等"超龄女声"也纷纷登台。许多人认为只要能在电视上亮相，即使在一开始就被淘汰也行，只要自己觉得开心，管他唱成什么样，一切都无所谓。在海选过程中，当那些五音不全、相貌不佳，又敢于大胆亮相，穿着奇装异服，脸上涂得花里胡哨，声音尖锐难听，毫无乐理知识，却又试图用搞笑的手段来吸引评委的选手出现在电视画面上时，她们自身或许并没有什么明确的目的性，只是为了寻开心，满足一种可以在公众面前发泄的欲望而已——但也正是这种发泄成就了节目的全民参与、全民娱乐。

其次，观众投票决定选手去留。任何一名观众都可以通过手机投票的方式对每一位超女最终的去留产生影响，某些情况下甚至是决定性的影响。这一做法在观众心目中形成了一种错觉，即自己能够把握自己喜欢的选手的命运，自己能够改变选手的未来。在错觉的催化之下，主体性似乎回归到了每个人的身上。电视本身就是一种传播单向性极强的媒介，电视观众是真正意义上的"受众"，他们往往只能拥有选择看或不看一个节目的权利，节目是否进行下去，怎样进行下去，都不是观众所能决定的。但是"超级女声"打破了这种观念，首次让广大受众在形式上拥有了决定节目走向的权利，而且这一权利在表面上看来至少是平等的——每个手机可以在规定的时间段内投出 15 票。此外，享有这种权利的人群也前所未有地扩大到了一个近似理论最大值的范围——只要拥有手机，你就可以投票，而不是需要什么印刷的选票抑或是亲赴现场，等等，给观众的参与权带来了高度的接近性（access to the rights）。一时间民间舆论纷纷称赞"超女"的政治进步意义，诸如"中国特色的超女民主"、"开启了中国民主政治的通道"等等言论，时常见诸网络——全民参与的娱乐在这里得到进一步的彰显与成功。

事实最终证明，《超级女声》将电视综艺节目大众参与的程度提升到了一个前所未有的高度。在 2005 年《超级女声》的播出季，除了湖南卫视及获得其授权的新浪女性频道两个官方主页之外，搜狐、网易、百度、天涯、博客中国等中文世界知名网站均建立了超女论坛，而随着比赛深入，支持不同选手的 fans 又为自己的偶像成立了单独的分论坛，甚至创办独立域名的网站。如果在 Google 上搜索"超级女声"，有 439 万个相关网页，关于"超女"的有 517 万个，关于冠军李宇春的有 527 万个，关于亚军周笔畅的有 242 万个。如果在 Google 上搜索王菲，结果有 29 万个，而关于章子怡的有

33.6万个；换句话说，李宇春、周笔畅这样的小女生在短短几个月中聚起的人气已远远超过曾经的亚洲天后和当下的国际明星。在网络提供的这些空间中，"超级女声"的fans随时发表他们的意见和感受，有人实时报道比赛进程，有人施展浑身解数打通关系挖内幕、爆猛料，有人对偶像抒情，有人调侃海选中出丑的表演者，有人大骂评委……①如此种种，可谓各得其所，节目的娱乐性也在大众的狂热参与中达到了极致。

5. 现代方式与通俗方式解读传统文化

传统文化是一个民族代代相传的"信物"，是产生民族自豪感的重要来源。但在历史悠久的国家，传统文化经历了长期的演变之后，由于社会的变迁，可能失去一部分与之相融合的语境，从而造成普通民众接受的障碍。在这种情况下，就出现了用现代方式和通俗方式解读传统文化的传媒产品，如普及读物和普及电视讲座，等等。案例三中的《百家讲坛》正是采用了这样一种手法而取得空前成功的。

《百家讲坛》对传统文化的现代化解读主要体现在以下两个方面：

第一，语言的现代化。把古代晦涩难懂的语言用现代通俗时髦的方式表达是《百家讲坛》中易中天节目的一大特色。在易中天《品三国》中，郭冲是诸葛亮的铁杆"粉丝"，将士开party、泡酒吧，曹操一天到晚泡妞儿，曹操担任的官职是副县级的公安局长，周瑜是周帅哥，如此种种，不胜枚举。这样做的效果是使观众产生强烈的好奇心和认同感，尤其是易中天这样一位年长的学者用如此时髦的词汇品评三国这样的传统文化。有好奇心就会有吸引力，二者正是兴趣产生的前提。

第二，体验的现代化。于丹从现代人的视角出发解读《论语》、《庄子》，品得的心得体会对抚慰当代人的心灵、解决当代人的处事、交友等问题提供了依据和帮助。于丹在《论语》心得第二讲《心灵之道》中，讲述了颜回处于贫困之中却不改其乐观的生活态度而受到老师的夸赞的故事。孔子说："贤哉，回也！一箪食，一瓢饮，在陋巷，人不堪其忧，回也不改其乐。贤哉，回也！"（《论语·雍也》）相比而言，现代人的生活条件要好得多，然而，烦恼也跟着增多了。测试表明，人们的物质生活水平的高低和"幸福指数"有关联，但是没有必要的关联。古代圣人的为人处世之道，可以给当代人提供借鉴和心灵的慰藉，为解决当下问题提供帮助。

---

① 滕威：《寻找自我与想象民主——解读2005年的"超级女声"奇观》，博客网，http://xiaoteng.bokee.com/5579087.html。

除了现代化的解读之外，用故事化的通俗方式传播传统文化也是《百家讲坛》成功的策略之一，主要体现在以下三个方面：

第一，细节化。故事是由细节组成的，没有细节的讲述只能是历史，不能成为故事。有细节的故事才会吸引受众。刘心武在揭秘《红楼梦》中，运用贾府中多人的视角，通过细节化的描述，暗示秦可卿的不同寻常的身世。刘心武首先讲到贾母对她的态度：喜爱和信任——在贾母的眼中，秦可卿"生得袅娜纤巧，行事又温柔和平"，以至于认为让她去安排叔叔宝玉的午睡极为妥当；其次讲到婆婆尤氏对她的态度：宽容与妥协——尤氏对丈夫与儿媳的暧昧关系充耳不闻，对生病的儿媳极为照顾；最后说到王熙凤与她的关系：密友。这些细节化的描述使得受众产生了好奇心和了解欲，引领受众把节目收看下去。

第二，悬念化。"设置悬念"是《百家讲坛》成功的秘诀之一。在阎崇年主讲的《清十二帝疑案》中，就多次设置疑案，引起受众的兴趣。在第三讲《顺治·上》中，节目在开头部分提出人们关心的问题：究竟孝庄太后与多尔衮之间是否存在情感纠葛、孝庄太后是否下嫁多尔衮、为何多尔衮一夜之间，被挫骨扬灰，成了死不足赦的罪人？在第五讲《康熙·上》中采用了同样的办法：康熙为什么能做出这么巨大的历史功绩？康熙作为一个皇帝执政61年，他为君之道的法宝又是什么？我们要打开康熙王朝历史之谜的那把钥匙是什么？在节目开头设置悬念就是对本讲内容进行提纲挈领式的提炼，三言两语道出大意，使受众不得不放下手中的遥控器。

第三，口语化。用口语化的语言讲故事会使故事更加生动活泼，更有吸引力，听起来更有趣。易中天说刘表之死，是"见上帝去了"，说诸葛亮两唱空城计是"唱卡拉OK"，说司马懿"自己打马上前，大为惊诧，说牛鼻子老道搞什么搞？城门大开他开Party啊"，说有个叫魏禧的人说了，"如果是碰上一伙山贼，一伙强盗、土匪，他哪想那么多，管他娘的老子进去再说！"如此口语化的表达，不胜枚举。贴近生活，贴近百姓的语言自然会受到喜爱。

当然，用现代和通俗方式解读传统文化并非《百家讲坛》的专利，早在十多年前，中国台湾地区的蔡志忠就以漫画的形式对《老子》、《庄子》等传统文化经典进行了"阐释"，并被香港亚洲动画电影公司制作为动画片，风靡整个大中华地区——而这，又恰恰为当代传媒文化娱乐的"现代性"与"通俗性"提供了更多的例证。

6. 经典的再创作

对当代传媒文化而言，经典的再创作也是娱乐化的常见手法。

经典意味着什么？经典意味着在一定时期内，能够体现制约、规范人类思想和行为的文化、道德与政治力量的权威性和典范性存在。包括经典话语、经典文本、经典人物、经典事件等。我们这里所谈到的经典仅仅是指经典文本。为什么要通过再创作的方式重写经典、颠覆经典？因为重写和颠覆经典文本，可以挑战其隐藏于其中的深层"权威"。从这个意义上说，解构经典就是打倒权威。通过打倒权威而产生一种自由自在的无拘束感和轻松感，这就是重写经典、颠覆经典所要达到的目的。

电视剧《林海雪原》、《红色娘子军》、《沙家浜》等对"红色经典"的重写应该说是这其中最为典型的案例。广义的"红色经典"大多数产生于20世纪初期至"文化大革命"结束的"革命文化"时期。而狭义的"红色经典"专指"文化大革命"中出现的样板戏。这里的"红色经典"显然是指后者，是含有强烈意识形态色彩的特定时代的产物，在当时的语境下具有专门的政治教化功能。经历过"文化大革命"的人们对于样板戏都怀有一种特殊的情感，戏中体现出的"高大全"、"三突出"的人物形象、豪迈的英雄主义等，都已经成为他们心中的向往，那是一种带有"神性"的形象，是高高在上的完美象征，其作用丝毫不亚于今天"偶像"对于青少年的影响。而改编后的"红色经典"则几乎面目全非：权威性、神圣性、严肃性被消解了，政治教化功能已经失去了用武之地，取而代之的是众多诸如"三角恋"、"私生子"、"初恋情人"、"搂搂抱抱"、"亦正亦邪"、"人性"等等的消费主义和商业化叙事符号。我们完全可以说，这样的重写已经带上了"戏说"的意味。

"戏说"这一名称最早来源于电视剧《戏说乾隆》，剧中的乾隆皇帝变成了风流倜傥、忠肝义胆的江湖豪侠，在游历江南的过程中与程淮秀、沈芳、金无箴三名民间女子演绎了一段段浪漫的爱情故事。从此"戏说"一词就专指不按照历史事实而采用适当的艺术处理和虚构对历史人物或历史事件进行叙述的创作手法。戏说之后的乾隆故事的确也令人耳目一新，应当说塑造的乾隆新形象也是颇受电视观众欢迎的。其实按照这一标准，罗贯中的《三国演义》又何尝不是对历史的戏说？吴承恩的《西游记》更是在《大唐西域记》基础上异想天开的大胆戏说，只是戏说的成分多少有别罢了。可见，戏说本身只是一种再创作的手法，不存在绝对的好坏之分。如果恰当运用，作品的艺术性还有可能上升几个层次，而如果运用不恰当甚至滥用，作品的艺术性就有可能受到损害。由此可见,"红色经典"的系列翻拍,可以称之为不成功的"戏说"。

事实上,对经典的再创作并未停留在"戏说"的层面,而是进一步发展到了通过恶搞的方式进行颠覆的程度。如果说戏说式的重写对于经典而言至少在表面上还有那么一丝尊重的话,恶搞则是对经典从头至尾的嘲笑和讥讽。它与戏说最大的不同,就在于创作者本身的目的性。但是囿于法律环境或政策环境的限制,恶搞这种显得过分的娱乐化手法在传统媒介(电视、电影、报刊)上很难得到呈现,而更多的借助网络进行传播。这一点从前面我们提到的《Q版语文》与众多网络恶搞短片的不同"命运"就可看出。《Q版语文》通过传统方式出版不久就被取缔,这可以看作是国家对于"颠覆经典"这一娱乐化手法的底线的一个警示。但网民"DIY"的《清华机96新闻乱播》、《大史记》、《分家在十月》、《电子系的复兴》[①]等以革命题材经典为篡改对象的恶搞作品却得到了广泛的支持而红极一时。直至扩大到了传统媒体。

以上几种手法,可谓当前传媒产品娱乐化的常用经典手法。当然,实际运作中的手法可能不局限于此,而是更加灵活多样。但我们认为,无论采用什么手法,它们都没有也不可能脱离"娱乐"这一关键词。因此,更重要的问题,是考察娱乐为什么会进入传媒文化领域,或者说,传媒文化娱乐化现象究竟是怎样形成的。

第二节 文化的欲望叙事与后现代意义的反控制游戏:传媒文化娱乐化现象的意义解读

任何事物都有现象和本质两个方面。在考察了传媒文化娱乐化现象的表现之后,我们将进一步来考察这一现象背后的本质含义——传媒为什么会选择这种娱乐化的方式?而受众又为什么会需要这种娱乐化?对此我们将借助以下两个案例,进行深入的分析与解读。

[①] 《清华机96新闻乱播》系模仿《新闻联播》的结构、语言风格制作的DV短片。《大史记》主要截取了《智取威虎山》、《骆驼祥子》、《茶馆》、《东邪西毒》、《霸王别姬》、《有话好好说》、《不见不散》等中国电影的片段改编而成。《分家在十月》根据电影《列宁在十月》重新配音改编。《电子系的复兴》根据电影《地道战》重新配音及剪辑改编。

案例一：收看体育转播成为生活娱乐新潮流[①]

2006年国际足球联合会世界杯赛虽然早已在全球数十天夜以继日的狂欢之后偃旗息鼓，但其后的很长一段时间里人们都还在回味那激动人心的历史时刻。足球世界杯的盛况空前，首先得益于电视。正是国际电视卫星，通过全球24个时区的电波信号，把一个巨大的时代特写镜头推到了千家万户——在德国举行的2006年足球世界杯近乎白热化的厮杀场面，吸引着全世界数亿双眼睛，牵动着数亿颗不同地域国度、不同年龄辈分、不同民族信仰、不同肤色性别的心。

"生命在于运动"，体育是人类生命的需要，尤其是当人们解决了温饱问题，在重新审视自己的健康观念和生活方式后，人们再次把体育活动确立为了人类生命与生活不可或缺的追求。许多人萌发了更为强劲的体育健身意识，燃起了参与体育健身消费与获取各种体育文化生活信息的高度热情，这就大大改变了社会信息需求结构。人们借助广播电视享受体育运动带来的欢娱，如奥运会、足球世界杯、欧洲足球五大联赛、NBA、尤伯杯、汤姆斯杯、F1、网球大师赛、CBA、中超……尽情享受体育竞技无限魅力所带来的美感和情感的乐趣，已成为一个不可逆转的社会潮流，成为生活质量和品味高低的一个重要标志，成为人们在现代快节奏生活中不可或缺的一种休闲娱乐。

在这样的背景下，体育管理机构不得不把电视转播问题提升到决定体育项目发展的战略性高度。体育机构已认识到：传媒的关注特别是电视的关注程度决定了各个项目之间的发展不平衡，也造成了体育机构与体育组织之间的贫富差距。几乎所有的国际体育组织内部都成立了专门的电视委员会，从事电视制作和电视转播权的经营和销售工作。

体育传媒因此不断地发展壮大。全美超过1500个电视台和近1.2万个地方电台播放体育节目，并因此而培养了一大批平均每年收看179个小时体育节目的观众。平面媒体部分，据市调公司SRDS资料，1996年美国有1500多家日报和7500家周报，大多数有体育版面，同时，占从业人数19%的新闻记者负责采访体育新闻。电子媒体，尤其是美国三大电视广播网：美国广播公司（ABC）、哥伦比亚广播公司（CBS）和全国广播公司（NBC）

---

① 本案例改编自徐利刚《体育与传媒的天作之合》，《新闻记者》2004年第6期；肖沛雄：《体育与电视的"天作之合"——2006年足球世界杯"狂欢节"的启示》，《新闻界》2006年第6期。

为争夺包括奥运会等吸引眼球的赛事转播权争夺战日益升温,加上后起之秀如福克斯广播公司(FOX)、联合派拉蒙电视网(UPN)、华纳兄弟电视网(WB)、ESPN体育频道等,相继卷入。1995年欧洲只有3个电视网播出体育节目,如今体育频道已经超过20个,向1.5亿个有线和卫视家庭不停地播出体育比赛实况和录像。

案例二:媒体时政讽刺凸显娱乐性风头盖过时政评论[①]

时政讽刺和时政评论都是体现媒体社会责任的常用方式。但二者不同之处在于,由于讽刺的特殊功能,往往能够带来娱乐效果,而评论则完全是严肃的。近年来,无论是在欧美还是亚太地区,各类媒体的时政讽刺栏目大行其道,越来越受欢迎,大有盖过时政评论之势。

英国是世界上最早在媒体开设时政讽刺专栏的国家之一。在当代,尤具特色的是其政治讽刺滑稽剧,这一节目类型延续了英国喜剧传统中对政客的不信任和讽刺。长篇系列情景剧《是,大臣》(*Yes, Minister*)是其中的代表作。该剧从1980年开播到1987年播毕,在英国受到从普通观众到各党派政治家的喜爱,据说连时任首相的铁娘子撒切尔也不例外。其获奖纪录包括三项 BAFTA 编剧奖和4项 BAFTA 表演奖,两项 BPGA 编剧奖,等等,还获得 Campaign for Freedom of Information 颁发的特别奖。英国之外,不仅原版大受欢迎,印度和葡萄牙还进行了翻拍,最新的消息则有美国计划在20年后的今天翻拍美国版。由创意和编剧 Jonathan Lynn 等根据剧本撰写的同名小说两卷本也极受欢迎,销量超百万,译本无数,并分别是80年代最畅销书籍的第二、第三名。至今在 BBC 的电台节目中,还可以听到这部经典剧集的录音剪辑,可见影响之深。

在以民主与言论自由著称的法国,政治讽刺也长盛不衰。最初是讥讽政府的报刊漫画,然后是巴黎的音乐酒馆,歌手和模仿演员轮番上台,他们的首选主题便是政治生活的风气。电视诞生后,政治幽默常像火柴一样,使人点燃枯燥的语言。蒂耶里·勒吕龙(Thierry Le Luron)(偏右派)与吉·勃多斯(Guy Bedos)(鲜明的左派)两位幽默大师分享了以非规范主义话语

[①] 本案例改编自百度百科《是,大臣》,百度,http://baike.baidu.com/view/1300415.htm;《法国幽默万花筒》,国际在线,http://gb.cri.cn/3321/2005/05/08/782@539748.htm;chiralsy:《全民大闷锅》,天涯博客,http://www.tianyablog.com/blogger/post_show.asp? BlogID = 29952&PostID = 3220427。

为特征的20世纪70时代。随后是木偶剧的奇妙创造，批评因长毛绒与乳胶的纯真伪装而变得更加犀利。在颂歌式（且名副其实）的《笨笨秀》节目之后，《木偶戏说新闻》成为20世纪90年代最可怕的反政府力量。该剧的作者们受英国《一模一样》节目启发，但比原型更入木三分，他们一时被誉为"法国最好的幽默专栏作家"，后来又被严厉指控影响了几场选举结果。

在中国台湾地区，以时政讽刺为主题的电视娱乐节目也独领风骚。目前中国台湾地区有200多家电视台，各种政治评论节目层出不穷，政治人物及其支持者都在节目中吹捧自我、打击对手，每天都有口水战，永远都在拼选举。除了政治评论，还有数不清的经济评论和军事评论。各色人物每天在电视上滔滔不绝长篇大论，但说来说去既没有新意，也解决不了任何问题，观众们不是被煽动，就是极度厌烦。民众们对政治和社会生活现状不满，但没有办法抒发。正是在这样的背景下，《全民大闷锅》应运而生，有着多年制作时政讽刺节目经验的王伟忠率领他的子弟兵，喊出了"解闷救台湾"的口号，期望以形式新颖活泼的政治模仿秀带给观众欢乐，为电视观众们提供一个释放闷气的渠道。该节目以TVBS李涛主持的政论节目《2100全民开讲》为原型，采用现场直播的方式，由郭子乾模仿李涛主持节目，其他演员模仿政治人物或者评论家，就某个社会热点话题展开以讽刺和搞笑为主的讨论。即使讲的是认真的道理，也配以夸张的动作表情，夹杂着歪理邪说。观众也可以拨打热线电话参与现场互动，有的人借此发泄对现状的不满，也有人跟现场来宾一起恶搞。节目开播后大受欢迎，收视率竟然超越了《全民开讲》，主持人郭子乾一举拿下中国台湾地区电视金钟奖最佳综艺节目主持人奖。

从案例一中我们可以看出，收看体育赛事转播已经形成了当代受众一种新的生活娱乐潮流，而这种娱乐潮流又恰恰造就了传媒与受众双赢的格局，使得体育转播的商业蛋糕越做越大，吸引的人也越来越多。其中的内在原因是什么呢？而案例二则向我们提出了这样的一些问题：为什么相比时政评论，人们更喜欢阅读或观看媒体的时政讽刺栏目/节目？人们从那里得到了什么？为什么极度严肃的政治也能变得如此娱乐化？以下我们将从媒介和受众两个视角对此加以阐释。

一 传媒文化的感性欲望叙事:传媒文化娱乐化现象的媒介视角

(一)文化的欲望叙事:文化与欲望的相互作用

娱乐的核心是快乐的体验。什么是快乐呢?《现代汉语词典》的解释为"感到幸福或满意"①。可以看出,快乐体验的产生必然伴随着需要(needs)的满足。而人的需要在主观上体现为欲望(want or desires),那么,要厘清传媒文化娱乐化的发生过程,就不能避开对欲望的探讨。

"生死根本,欲为第一。"说到人的欲望,可能许多人首先想到的是人的动物本能,如食欲、色欲等。欲望是人性的组成部分,是人类与生俱来的。它是本能的一种释放形式,构成了人类行为最内在与最基本的根据与必要条件。但是,人的欲望并不能够等同于动物的欲望,因为除了自然属性之外,它还具有社会属性,二者共同构成了人的欲望。欲望是在需要的基础上形成的。需要作为一种匮乏状态,既涉及主观因素,又受到客观因素的制约。需要首先反映在主观状态中,以欲望的形式表现出来。因此,欲望是一种主观的、感觉到的并常常是强烈的希望、愿望和倾向。它既包括人体器官在匮乏状态下渴望得到功能满足的生理冲动,也包括渴望获得某种东西的心理倾向,还包括人们将要购买的某种物品。② 有学者曾经归纳出欲望的四个特征:第一,欲望具有主观性,是人们意识到的渴望和希望;第二,欲望具有无限性,正如叔本华(Arthur Schopen hauer)所说的,一种欲望满足了,又会生出新的欲望,如此层出不穷,永无终止;③ 第三,欲望具有想象性。人们常常在欲望状态中想象欲望得到满足时的情景。有些欲望由于没有现实性,永远无法满足,人们就只能在想象中得到满足(如幻想自己会张开翅膀飞翔);第四,欲望具有可塑性。欲望是一种主观心理现象,其强度和广度(所欲范围)可以通过某种手段的作用而加强、扩张或膨胀。它也可以通过抑制而减弱。④

美国人本主人的义心理学家马斯洛曾经提出了"需要层次理论",他认为需要可以分为以下几个层次:第一,生理需要,也是生存需要,这是人最基本的需要;第二,安全需要;第三,归属与爱的需要;第四,尊重需要;

---

① 中国社会科学院语言研究所词典编辑室编:《现代汉语词典》(第五版),商务印书馆2005年版,第792页。
② See Mckillip, Jack. *Need Analysis*. Newbury Park: Sage, 1987, p.16.
③ 参见[德]叔本华《作为意志和表象的世界》,商务印书馆1982年版。
④ 王宁:《消费社会学》,社会科学文献出版社2001年版,第29—30页。

第五，自我实现的需要。人只有在满足了较低层次需要的情况下才产生较高层次的需要。虽然他对需要的具体划分方式受到了许多指责，但是需要分层的思想却得到普遍的认可和接受。在前面我们已经讨论过，欲望是需要在主观上的表现，因此欲望也应当是分层次的。[1] 根据产生欲望的根本动力的不同，我们可以把欲望大致分为以生物本能为动力的感性欲望和以理智为动力的理性欲望。前者如进食、好奇、合群、追求安全感等，后者如成功、赚钱、出名等。

欲望在人类文明的发展进程中是一柄双刃剑。18世纪启蒙思想家大卫·休谟（David Hume）曾这样评价说："欲望"是人的本性，这个本性决定了社会的发展，"世界上每一样东西都要靠劳动来购买，人们的欲望则是劳动的唯一动机"[2]。欲望及其产生的需要成为人们行为的动力。人们为了满足自己的生存欲望和其他欲望而劳动，推动了物质生产和精神生产的发展，因而成为人类文明前进的重要动力。但欲望的满足不是绝对的，总有新的欲望会无休止地产生出来。由于欲望这种不知厌足的特性，欲望的过度释放又会造成破坏的力量。叔本华说过，欲望过于剧烈和强烈，就不再仅仅是对自己存在的肯定，相反会进而否定或取消别人的生存。用"上帝的命定"或"天理"来取消或压制别人的欲望是不合理的，但过度推崇与放纵欲望也是愚蠢的。因此，欲望不是纯粹的、绝对的东西，它需要理智的调控与节制。

有学者指出，欲望与文化在人们的思维习惯中是一组二元对立，分属肉与灵，二者处于一个此消彼长的过程中——当文化力量强大、强盛时，灵是这组二元对立的主导；而当文化力量不足或薄弱时，欲望则处于该二元对立的核心。欲望与文化永远处于一个颠覆与被颠覆、颠覆与反颠覆的关系里。[3] 但事实上二者的关系并非如此简单。将二者视为对立的关系显然忽略了欲望的精神层面。人的欲望本身包括感性欲望和理性欲望两个大的层次，由于欲望是人的需要在主观上的表现形式，所以无论是感性欲望还是理性欲望，最终都要通过人体的神经机制转化为一种精神/心理的不满足状态。认识到欲望的精神性/心理性这一点，我们就不难理解文化作为人类社会形而上的存在与欲望之间的相互关系了。在人类社会延续的长河中，欲望往往体

---

[1] 参见程文超等《欲望的重新叙述》，广西师范大学出版社2005年版，第2页。
[2] 尹保云：《什么是现代化》，人民出版社2001年版，第26页。
[3] 程文超等：《欲望的重新叙述》，广西师范大学出版社2005年版，第1页。

现在特定的文化之中，而反过来文化又引导着欲望的方向。因此，与其说二者是二元对立的关系，不如说是相互包含、相辅相成的关系。

无论中西，自古以来文化与欲望的相互作用都是按照上述关系展开的。程文超教授曾经讲过两个经典的例子：孔子的"仁"和苏格拉底（Socrates）的"善"。樊迟"问仁"，孔子答曰："仁者，先难而后获，可谓仁矣。""获"，就是对欲望的满足。在这里，"获"是目的。因此这句话至少包含两层意思：第一，"仁"要对人们追求欲望满足的心理有所认同；第二，从策略上说，它实际上是这样一个叙述：行"仁"吧，尽管会碰到艰难，但你一定可以得到某种欲望的满足。孔子在这里陈述的并不仅仅是面对欲望，而是欲望如何才能得到满足的问题。所以孔子的策略是，通过"行仁"而实现欲望的满足。这样，"仁"的文化价值意义就通过欲望叙事而建构起来了。苏格拉底的欲望叙事策略与孔子有异曲同工之妙。他认为，人类的文化要让欲望得到正当的、合理的满足。"心灵正义的人生活得好，不正义的人生活得坏"，而"生活得好的人必定快乐、幸福；生活得不好的人，必定相反"。因此，"痛苦不是利益，快乐才是利益"。虽然孔子与苏格拉底处于东西方不同的社会，但他们的思想中都包含着对欲望的引导，而这种引导是通过讲述欲望怎样实现的故事而完成的，其结果是文化在欲望叙事的过程中建构了一套价值和意义。[①] 实际上，不仅仅是孔子和苏格拉底，人类发展史上任何一个时代的文化、任何一种样态的文化都反映（叙述）着人们的欲望，也引导（重新叙述）着人们的欲望，价值与意义就在这些欲望叙事的过程中产生。

（二）传媒文化娱乐化：传媒文化的感性欲望叙事

在当今这个传媒文化充斥在我们日常生活之中的社会，文化的形式变得更加多种多样；而伴随着社会的进步，人们欲望不再像从前那么单一。然而不管怎样变化，文化与欲望的关系却从未发生根本上的改变。传媒文化作为当代最为主要的文化形式之一，依然继续着欲望的叙事。只不过传媒文化的欲望叙事已经具有不同于其他文化样式的自身特点。

首先，娱乐化的传媒文化的叙事对象着重于感性欲望，强化和暗示了一种重视人的本能需要的价值倾向。

人的感性欲望是人性中动物性的体现。中外思想家历来对什么是人性多

[①] 参见程文超等《欲望的重新叙述》，广西师范大学出版社2005年版，第4—11页。

第七章　传媒文化的娱乐化

有争议,虽然认为人性就是人区别于动物所具有的特性[1]以及认为人性就是人的动物性（animality）[2]的观点产生在先,但目前最有可能赢得共识的观点却是：人性是人的独有特性与人的动物性之和。对于这一点,王海明教授在其著作中有全面而深刻的论述。[3] 按照这一观点,人性中的动物性作为欲望表现出来即是人的感性欲望,如生存的欲望、对食物的欲望、对性的欲望,荀子所说的"目好色,耳好声,口好味,心好利,骨体肤理好愉佚"等感官欲望,以及追求舒适、享受的欲望和探究（好奇）的欲望,等等。

由于现代传媒的大众性,传媒文化也具有了明显的大众性。传媒文化总是为社会中相当数量甚至绝大多数的人群所接触。以本节案例一中提到的2006年德国足球世界杯为例,6月9日世界杯开幕,10—12日中国大陆地区平均每天人均收看电视的时间比平时增加了10分钟,而收看体育节目的人均收视时间是平时的3倍,北京的观众人均收看体育节目的时间增长最多,由平时的12分钟增长到37分钟。按照一般的收视习惯,如果是本国球队参赛的场次,在该国的收视率几乎都会大幅度上涨。13日晚韩国vs多哥的比赛在韩国的电视收视率达到了73.7%,这说明,韩国4700万人口中,至少有2200万人通过电视收看了这场比赛。[4] 虽然日本观众对于收看日本vs澳大利亚的比赛没有像韩国那么可观,但12日晚由NHK综合电视台直播的日本队vs澳大利亚队的比赛的收视率创纪录地达到了49%。[5] 事实上,数据显示,即使是世界杯小组赛阶段的比赛,只要处于黄金时段播出,收视率都保持在10%以上。根据国际足联的官方数据,2002年韩日世界杯的全

---

[1] 持这一观点的主要有孟子和恩格斯等。孟子认为人性乃"人之所以异于禽兽者";恩格斯认为人性与兽性是对立的范畴,"人来源于动物界这一事实已经决定人永远不能完全摆脱兽性,所谓问题永远只能在于摆脱得多些或少些,在于兽性或人性的程度上的差异"。见《马克思恩格斯选集》第3卷（上）,人民出版社1972年版,第140页。

[2] 持这一观点的主要有中国的告子、荀子和西方的伏尔泰和巴尔扎克等。告子认为"食色,性也";荀子也认为"不可学、不可事而在人者,谓之性",又指出"目好色,耳好声,口好味,心好利,骨体肤理好愉佚"等感官欲望就是"人之所生而有"的人性;伏尔泰认为人性根植于自然性,而自然性主要体现在人的本能欲望和行动激情;巴尔扎克则用一句"人性不外情欲"对此加以概括。

[3] 参见王海明《新伦理学》,商务印书馆2001年版,第180—181页。

[4] 新华网:《近半数韩国人密切关注韩国队表现收视率狂飙》,新华网,http://news3.xinhuanet.com/sports/2006-06/15/content_4698918.htm。

[5] 新华网孙巍:《日澳世界杯小组之战创下日本收视率新高》,人民网,http://sports.people.com.cn/GB/61784/61795/4470480.html。

球观看人次是288亿,而2006年德国世界杯的总人数超过300亿。① 从案例二可以看出,《是,大臣》、《木偶戏说新闻》、《全民大闷锅》等几个节目的本土收视率也是居高不下,同时还在其他地区产生了一定的影响。这就为传媒文化的影响力奠定了基础。

传媒文化之所以能形成"文化",本来就是因为其渗入了千千万万最普通大众最普通的日常生活之中,并改变了人们的生活方式,通过大众的实际生活而同人民大众相结合,成为生活不可或缺的一部分。因此,它必然为广大民众所接受和喜爱,具有明显的民众亲和性——就像足球世界杯受欢迎的程度一样。这里的"广大民众",是抽象意义上的普通人。他们既不是作为少数人的精英,也不是拥有个性的个人,而是一个具备人的最基本的共性的群体。这正如收看世界杯电视转播的球迷,他们既可能是大学生,也可能是百万富翁,还可能是政府官员,但任何身份标识在这里都没有意义,无论是谁都只是"一个球迷"而已。他们在电视机前的行为表现也是均质化的,或欢呼,或惋惜,或大声叫"好",或捶胸顿足——这一点对于任何传媒文本而言都是如此。类似地,虽然时事政治一类的严肃叙事对象本身是一个关乎国计民生的催生责任感的沉重话题,但像《全民大闷锅》这样带有强烈娱乐色彩的时政讽刺节目,却以消解严肃性的叙事方式,使包括政治家、政府官员、普通民众在内的大众通过情绪的宣泄而获得暂时的轻松感,得以抛开一切繁荣的社会身份而回归最自然的"人"的状态。

不仅如此,作为日常生活的重要组成部分,传媒文化同样具有日复一日的重复性。这种重复性可以产生固定的生活方式、生活模式和生活态度,并使其自然地成为人生的基本成分。这使得人们对于日常生活的态度基本上是麻木的,是基于本能的。在重复的日常生活中,一个"常人"考虑最多的是什么?正如有学者所指出的:平常日子的活动当然首先是满足人生的基本生存需求。在这一点上,不分阶级、地位和角色,人人都回避不了。② 例如,吃饭、睡觉;例如,柴米油盐、饮食男女。在这个意义上,人的欲望或需要的满足带有更多的原始性和自然性。故而传媒文化所带来的满足,也在很大程度上体现为原始的和自然的。

---

① 新闻晚报:《全球超过10亿人将观看决赛 预计总收视人数达300亿》,新浪网,http://2006.sina.com.cn/others/2006-07-08/1420100053.shtml。

② 高宣扬:《流行文化社会学》,中国人民大学出版社2006年版,第91页。

这就意味着，传媒文化所面对的大多数，不论是具有高尚道德情操的知识分子，抑或是思维深邃、智慧过人的哲人，其身份意义都将被屏蔽掉，而只剩下一堆最具自然性的"俗人"（也可以说是 mass 一词所代表的"乌合之众"）。"俗人"最重视最渴求的需要，往往都是最基本的需要；他们最需要满足的欲望，也就是所谓的感性欲望。换言之，无论是体育转播这样以娱乐为根本目的的节目还是像时政讽刺一样其指向为严肃对象的娱乐化节目，都提供了一种以感官享受和情感宣泄也即娱乐化为手段的感性欲望满足渠道。传媒文化正是在提供这一渠道（也就是叙事）的过程中，建构了一整套关于感性欲望以及怎样满足感性欲望的价值观，从而成为泛娱乐化趋势扩散的催化剂。

其次，娱乐化的传媒文化对于感性欲望的叙述，背后隐含的是自然与文化的二元对立。

正如约翰·费斯克所言，电视的表现方式主要是叙事式的——无论是电视剧还是新闻都是叙事的。新闻纪录片应用叙事结构来表述他们的主题；体育节目和益智节目根据人物、冲突、解决的形式呈现给观众；许多电视广告以及摇滚乐电视片也是微型叙事。① 而叙事是意义的生成机制，它就像语言一样，是表达我们真实体验的基本方法。传媒文化的叙事具有更多的现实主义色彩，它总是试图构建一个独立的、内部一致、看似真实的世界，比如球场，比如球星，比如自己支持的球队，这些都是对应于现实世界的。但是，这并不是说这个世界就是真实世界的客观再现，而是"看似"真实世界的再现。拿居伊·德波和波德里亚的话来说，这是一种"景观社会"或"超真实世界"。受众对于传媒叙事所构建的世界真实性的相信/质疑程度，取决于构成我们对真实世界理解的那些文化常识或规范对虚拟世界的解码能力。实际上，在受众的感官中，对于两个世界的体验都是熟悉的，但也恰恰是这种熟悉，造成了受众主观意识上的混淆——通过传媒文化的叙事，受众同样能够使自身的现实欲望得到满足。例如，在电视机前收看体育比赛的直播，受众总是坚信他们看到的就是现场情况。不仅体育赛事转播，包括电视综艺节目、电影、小说在内的任何娱乐性传媒文本，给我们的都是这种几可乱真的感觉。即便是如《全民大闷锅》式的模仿秀节目，受众在观看的时候也会产生一种移情（empathy）的效果以至于心有戚戚焉。然而，在

---

① ［美］约翰·菲斯克：《电视文化》，商务印书馆2005年版，第185页。

看似丰富多样、各不相同的叙事符号表层结构之下，是完全同一的用二元对立表达的深层结构。这被列维—斯特劳斯（Claude Levi-Strauss）称之为神话式叙事。在他看来，神话是一种减少焦虑的机制，被用于解决文化中不可解决的矛盾，并提供与之共存的充满想象力的方法。这意味着，传媒文化的神话式叙事完全可以提供能够满足人们真实需要的功能替代物。

按照这一分析进路，作为感性欲望叙事的传媒文化娱乐化，其深层结构中所包含的二元对立表现为自然与文化的对立。人的感性欲望是自然性在人性中的体现，与属于人类文化体系的人的社会属性——理性是一对矛盾。人们通过感受传媒世界中关于感性欲望的故事来按照自己的愿望解决这一矛盾，使叙事回复到（至少在受众自身上回复到）初始的平衡状态，最终在主观上达到感性欲望的满足并产生娱乐的体验。对于体育转播、歌舞晚会这样纯粹的娱乐性传媒文本而言，人们可以全身心地投入其中从而满足止于感官层面的感性欲望——就像我们作为一个球迷在电视机前不顾一切地大声喊叫，手舞足蹈一样，因为在这一刻，我们自己就是自己的主宰，任何现实世界中的束缚仿佛都不存在了，意识进入一种完全自由自主的"畅爽"（flow）状态。而对于《全民大闷锅》、《春运帝国》式的时政讽刺等建立在严肃事物基础上的娱乐化传媒文本而言，感性欲望叙事成为通过主观想象消除由理性产生的焦虑，从而解决人的自然属性与文化属性之间冲突的有效途径。

最后，娱乐化的传媒文化通过感性欲望叙事既满足感性欲望也制造感性欲望。

如果说孔子和苏格拉底主张的那种正视欲望、追求合理满足，可以看做是对欲望的道德性引导的话，那么现代传媒面对芸芸受众所给出的欲望叙事就是对欲望的利益性引导。前者体现了人性中神性的那一部分，而后者则是趋利避害的动物性的反应。由于传媒文化的消费性，其背后必然是资本逻辑这只"看不见的手"在发挥作用。资本的本性是最大限度地追逐利润，因此为了保持利润的来源，大众传媒不断地改变着自己的感性欲望叙事形式，在使人们通过满足感性欲望得到娱乐的同时，也刺激和诱发着人们产生新的感性欲望从而大胆追求更多、更不一样的娱乐。

法国思想家福柯（Michel Foucault）曾经指出，电视的功能就在于挑起受众的欲望，它的承诺是放在遥远的未来，但是它的策略却是让受众在满足欲望的期盼中进行永无止境的消费——电视所强调的欲望使受众着迷,在观众期待满足欲望的希望中,电视在不断地推动着受众继续收视。[1] 从福柯的论述可以看出,传媒文化以娱乐化方式进行的欲望叙事是符合资本逻辑的消费化欲望叙事,其重点仍然不在于欲望的满足上,而在于"怎样"满足欲望,在于创造了一个不同于以往任何时代的满足欲望的途径——消费。这一新途径的独特之处恰恰在于,它在满足欲望的同时可以制造新的欲望。

例如,就体育转播而言,看完一场球赛并从中获得满足的人,总是期盼下一场比赛的到来;看完一届赛事的人,则期待明年或者数年之后的下一届赛事。因为那是一种享受,这种享受让人感到快乐,而赛场上总是瞬息万变的,下一场比赛或者下一届赛事将会带给我们不同的享受和不同的快乐,我们为什么不期待一下呢?案例二中的时政讽刺节目也一样。当前社会与国家总是会出现这样或那样的问题,现实总是不尽如人意的,一个人有了对现实不满的地方,这一次可通过传媒找到共鸣并加以宣泄,那下一次出现了烦恼和焦虑(虽然原因与上次不同),却为什么不可以也借助传媒来宣泄呢?在这里,原有的欲望得以一次又一次地复制,新的欲望一次又一次地产生。

这与当今世界消费社会的现实是相吻合的——大部分人有了分割社会财富这块大蛋糕的经济能力,人们用自己的感觉器官来决定这个世界。在传媒文本中,各种虚拟的、完美的平面形象与足以乱真的声音不断地媚惑人们的视听与拥有冲动。在"拥有它,你也可以"的诱惑之下,在一次又一次的满足中,人们的感性欲望不断地被传媒文化的叙事所引导,不断地产生新的感性欲望,从而一次又一次地走向永远的"下一次"的传媒文化消费。

借助以上媒介视角的解读,我们可以认为,所谓传媒文化的娱乐化,实质上就是传媒文化形形色色的感性欲望叙事集合于宏观层面的表现。

二 后现代意义的反控制游戏:传媒文化娱乐化现象的受众视角

如果说传媒文化的感性欲望叙事揭示了娱乐化传媒文本生产背后的意义,那么后现代意义的反控制游戏则是对娱乐化传媒文本接受的有力诠释。

(一)游戏空间:摆脱文化与意义的控制

赫伊津哈在《游戏的人》一书中阐述了文化与游戏的关系以及游戏的

---

[1] 孙英春:《大众文化:全球传播的范式》,中国传媒大学出版社2005年版,第98页。

本质。他认为,游戏或游戏的精神对于法律、战争、外交、商业、婚姻、教育、艺术等任何文化形式而言都必不可少。一方面,游戏的参与是自愿和自由的;但另一方面,游戏能够产生一种由游戏者所控制的秩序,由于游戏者自由的存在,这种秩序含有一定偶然性,因而并不是绝对的;而游戏的本质就体现在秩序与自由的张力之中。①

一般而言,意识形态作为一种有效的社会控制手段会构建一套"主流化"的道德规范体系。它力图让人们按照这个体系来思考问题,来判断什么是合乎规范的,什么是不合乎规范的,以及让每一个人都在这个道德规范体系中行动。换言之,从应然的角度而言,它既规范人们的思想,又规范人们的行为。但从实然的角度而言,这是不可能完全实现的,所以在"主流"的缝隙或者边缘处,总是有"非主流"存在的空间。这些"非主流"的存在空间给人们以暂时摆脱主流道德规范体系控制的机会和可能。在这些空间中,人们可以建立与主流道德规范体系不同甚至完全相反的新的"道德"体系,可以按自己的意愿来规定什么是正确的什么是错误的,或者能做什么不能做什么,也即是说可以自己制定或者约定规则,并按照制定或约定的规则来思考和行动。结合赫伊津哈的理论,我们可以看出,这种存在于主流道德规范体系之外的"非主流"空间实际上就是一个赫伊津哈意义上的游戏空间,它有秩序同时也有自由,二者的矛盾形成了张力。

在现实中这种游戏空间表现为多种多样的形式。最为大家所熟悉的例子就是欧洲的狂欢节民俗。狂欢节可以追溯到古希腊罗马时期,甚至更早。它来源于古代的神话传说与仪式。它是一种以酒神崇拜为核心不断演变的欧洲文化现象。在狂欢节期间,人们可以戴上面具,穿着奇装异服,在大街上狂欢游行,纵情欢乐,尽情地放纵自己的原始本能,而不必顾及人与人之间平时的等级差别。狂欢节的主要特点是:(1)无等级性,就是说每一个人不论其地位如何,不分高低贵贱都可以以平等的身份参加;(2)宣泄性,狂欢节的主角有各种各样的笑,无论是纵情欢悦的笑,还是尖刻讥讽的笑,或者自我解嘲的笑,都表现了人们摆脱现实重负的心理宣泄;(3)颠覆性,在狂欢节中,人们可以无拘无束地颠覆现存的一切,重新构造和实现自己的理想,无等级性实际上就是对社会等级制度的颠覆,心理宣泄则是对现实规范的颠覆;(4)大众性,狂欢活动是民间的整体活动,笑文化更是一种与

---

① 参见 [荷] 约翰·赫伊津哈《游戏的人:关于文化的游戏成分的研究》,中国美术学院出版社1996年版。

宫廷文化相对立的通俗文化。①

从这一段对狂欢节的介绍和总结我们可以发现，狂欢节完全符合赫伊津哈的"游戏"特征。具体而言，人们给狂欢节制定了一套完全不同于现实主流道德规范体系的规则——平等参与，也就是说，被归纳为狂欢节的一大特点的平等性只不过是在这个特定的游戏里面游戏者制定的特定规则而已，相应的作为颠覆对象的主流道德规范体系就是有高低贵贱之分的社会等级制度。千百年来人们在日常生活中不可能摆脱身份等级制度的约束和控制，社会文化已经赋予了不同身份以不同的意义，因此对于每个人而言文化是枷锁，意义也是枷锁。参与狂欢节的人们借助这一游戏空间摆脱了日常生活中文化与意义的控制，获得了通常情况下不能获得的自由——符合狂欢节规则的自由，这也是游戏中秩序与自由相生相成的体现。

除了狂欢节之外，非主流的游戏空间还有很多，它们可能是虚拟的也可能是真实的，且在不同的情况下导致不同的后果。虚拟的游戏空间，最常见的莫过于我们下面要专门讲到的传媒——特别是以电影、电视、网络等为代表的电子媒介。现实中的游戏空间存在一个限度问题。一旦现实的边缘游戏空间中的反社会控制行为进入到日常道德规范体系，即可能带来严重后果。但在虚拟的游戏空间中，破坏社会规则一般是不会导致什么特别的现实后果的，因而它更为人们所看重并乐于参与。

实际上，上述的任何一种游戏空间又都给受众带来了直接的、强烈的快乐体验。这种快乐感可以分为两种类型，一种叫做抵制的快乐，另一种称之为回避的快乐。抵制的快乐产生于打破现实社会规则的游戏，前面提到的狂欢节就是一例。这一类游戏本身并不具备抵制性，但随之而来的规则对游戏者的授权以及游戏者在游戏中对符号和意义的控制使得人们产生了抵制甚至颠覆的可能。具体而言，其特点体现在以下两个方面：第一，这类游戏的规则通常模仿自现实社会的规则，但是往往与现实规则相反，形成颠倒（颠覆）的效果；第二，游戏者可以自行选择扮演的角色，自身的身份从被控制者转移成为具有相当控制力的控制者。这是一种带有与现实社会规范体系（主流意识形态）直接对抗意味的游戏，游戏者在其中尝试了对现实社会规则的抗拒，因此称为抵制的快乐。虽然这种抗拒和抵制是模拟的，但是在游戏者心理上产生的快乐效果却是真实的。

与抵制的快乐不同，回避的快乐产生于重新建立一套完全与现实社会规

---

① 朱立元主编：《当代西方文艺理论》，华东师范大学出版社1997年版，第264页。

则无关甚至可以与现实社会规则并行的规则的游戏。对于那些不能与主流意识形态协调的人而言，在无法真正对抗和颠覆强大的主流体系的时候，他们所参与的游戏自然只能是对主流意识形态的回避。当然，这也是一种摆脱主流意识形态束缚的能力。这一类游戏最典型的例子是亚文化空间。扮演亚文化角色能够获得快乐，因为在扮演角色的时候在群体中不会感受到主流文化（意识形态）的压迫感，所处的亚文化圈也被看成是与主流文化（意识形态）同质的力量。形象一点说，就相当于一个世外桃源。这是一种由于不直接与对方对抗的逃避式的摆脱而带来的快乐感受，因此称之为回避的快乐。两种快乐虽然不尽相同，但是对个体的人而言却是殊途同归，毕竟最终的目的——摆脱文化与意义的控制——达到了。

总而言之，规则本来是一种霸权力量，规则的制定者总是试图利用它来控制其他对象，这种控制能够带来快乐。人们在游戏的过程中通过自己对规则的制定或约定产生新的身份和意义，自然也就摆脱了原有的文化与意义的控制，从而获得控制的快乐体验，这就是游戏的真意。

（二）传媒文化娱乐化：大众文本游戏空间的建构与扩展

传媒文化娱乐化的基础是传媒文本的娱乐化。接下来我们尝试以罗兰·巴特（Roland Barthes）的文本理论为基础，结合赫伊津哈的游戏理论对传媒文本的娱乐化所承载的深刻内涵作出阐释。

无论怎样评价传媒文化的娱乐化走向，有一点是毋庸置疑的，那就是受众在娱乐化的传媒文化中有快乐（pleasure）的体验。罗兰·巴特在其著作《文本的快乐》（*The pleasure of Text*）[①] 中提出可以将快乐（plaisir）分为"愉悦（plaisir）"[②] 和"极乐（jouissance）"[③] 两个层次，前者指一般意义上的愉快的感觉，主要是心理上的满足，而后者指全身心沉浸于其中的极度快乐的感觉，更多的是生理上的满足，巴特也常用性的比喻来解释这个词。两者的差别主要在于强度。当然这样的划分不免存在一些模糊，二者在实际运用中也难以严格区分，但最重要的是：首先，巴特使我们把关注的重心从文本转移到了读者；其次，巴特指出，不管是愉悦还是极乐，都是反抗意识形态控制的——即使在程度上有差异。这就是说，问题的关键不在于愉悦感

[①] 又译《文本的快感》、《文本的愉悦》、《文之悦》。

[②] 又译"小乐"。该词法文原文与"快乐"相同，其原因是巴特无法在法语中找到一个兼有愉悦和极乐之意的词汇来对二者加以总括。为明确区分，本文选用"快乐"一词来指涉由愉悦和极乐组成的那种状态。

[③] 又译"迷醉"。

强度的大小，而在于读者（受众）通过愉悦感的产生能够对文本意义的产生进行控制。随后，巴特在其另一本著作《从作品到文本》（From Work to Text）中提出，对文本的玩弄是从著作中创造文本的快乐之一。读者诠释文本，激活文本，使文本充满生机。在这个过程中，读者在自愿接受文本既有规则的前提下进行一个有趣的游戏——玩弄文本。

从这一结论中我们可以得到两点启示：

首先，文本解读由此而具有了后现代意义。正如约翰·费斯克所指出的那样，在英文中，"作者"（author）一词和"权威"（authority）一词的词形相似并非偶然。[①] 这一论断为文本解读的后现代性提供了强有力的佐证。在传统的文艺理论之中，"作者"对于"读者"而言具有绝对的权威性，意义存在于文本的符号之中且被固定。但巴特认为对文本解读能够打破文本原有的意义，甚至认为所谓文本原有的意义根本不存在，同样，文本所规定的单一的理解路径也不存在，对文本的解读是由文本的生产者（作者）和接受者（读者）共同完成的——如同"耶鲁四人帮"[②] 提出的那句响亮的口号"阅读即误读，误读即写作"一样，文本解读因此而成为对文本（规则）和作者（规则制定者）的颠覆。

其次，受众的文本解读与赫伊津哈意义上的游戏在本质上具有共同之处，即文本是一个游戏空间，这个游戏空间有自己的游戏规则——文本规则，在这个游戏空间中读者（受众）是游戏者，他们在文本规则建立的秩序之下享有自我控制的自由，并体验到自由和控制的双重愉悦。

传媒文本与文学文本并没有本质上的差别，因而对于传媒文本而言，当然也符合巴特的结论。以世界杯足球赛为代表的体育比赛转播就是一个很好的例子。

近年来，世界杯足球赛为什么受到如此多的电视观众（甚至其中有相当一部分算不上球迷的观众）的喜爱呢？按照巴特和赫伊津哈的理论进行分析，我们可以发现，足球赛给人们带来快乐体验的最主要因素之一就是自己支持的球队以及球员对比赛的胜负/意义的控制。观众在看到球队的比赛之时仿佛感受到这种控制的支配感转移到了自己身上，例如，感觉在场上踢球的就是自己；是自己打进了一个漂亮的进球帮助球队获得了比赛的胜利，

[①] 参见约翰·菲斯克《电视文化》，商务印书馆2005年版，第342页。
[②] 耶鲁大学的保尔·德·曼、希利斯·米勒、哈罗德·布鲁姆和杰弗里·哈特曼四人将德里达的解构理论应用于批评实践，作出了巨大的成就，被称为"耶鲁四人帮"。

或者是自己的失误导致了球队的失败，等等。更为特别的是，这种"控制"对于每一个观众而言都是平等的，每一个观众都可以任意选择自己喜爱的球队和球员予以支持。一个社会身份地位普通的人会认为，在球赛的电视图像之中，球队取得的胜利以及球员的进球并没有成为现实社会中所谓成功人士快乐的来源，① 而是成为球队自己和球队支持者们快乐的来源。球赛的参与者通过打碎现实世界中人的身份等级话语中的符号和形象来颠覆身份显赫者的优先地位，确保自己脱离于日常社会身份以及身份背后的等级秩序，脱离于社会身份的束缚，从而脱离于现实中的身份权力话语。而一个社会身份地位较高的人则会认为，在观看球赛转播的时候，自己终于可以摆脱日常身份的束缚，做回一个完全自由的、可以想笑就笑，想哭就哭的普通人。这其实也是一种对现实身份权力话语的反抗和颠覆。于是，在这个表面上人人平等而事实上由身份权力话语主导的社会中，无论哪一种观众，都能在与球队同呼吸共命运的"归属感"下摆脱自身对现实身份地位的依附，从而获得一种平等表达自我、获得自我意义的力量和得到解放的快乐。

同样，《全民大闷锅》这样的时政讽刺节目也具有异曲同工之妙。

自古以来，民众时常对政治或社会现状感到不满而又无力改变，因为社会规则"规定"了民众没有直接改变现状的力量。事实上，即便是手握大权的高官，有些事也不是一己之力可以改变的。但是媒体的时政讽刺类节目，往往能创造出一种反社会规则的效果，因而成为普通民众甚至政治人物的宣泄渠道。《全民大闷锅》就是这样的一个节目，其选题基本都是中国台湾地区本土的最新时事，尤以政治时事为主，经常对台湾地区的高层政治人物指名道姓地痛骂（借这些"名人之口"），2005 年的节目中有一段针对"高铁舞弊案"，还有当时的"行政院长谢长廷"（大炳饰演）参加，面对大家的嘲骂，"谢长廷"阴着脸，故作沉着地应对。② 不喜欢谢长廷的观众，可以从中获得宣泄的快感；对谢长廷没有什么特别好恶的观众，也可以因为能看到"谢长廷被痛骂"这种平时几乎不可能见到的"情景"而满足猎奇的心理。其实无论是前者还是后者，都是个体对意义的一种各取所需式的控制，继而产生摆脱现实桎梏而"为所欲为"的满足感。

---

① 实际上球赛电视直播的观众中不乏社会身份地位较高的"成功人士"，但关键在于，此时任何身份地位的标识都不起作用。

② 薛宝海：《〈全民大闷锅〉——台湾模仿秀的最佳制作》，人民网，http：//media.people.com.cn/GB/4179037.html。

可见，无论是时政讽刺类、明星游戏类抑或是真人秀类型的电视综艺节目，还是体育转播节目、文艺表演节目，甚至极度草根化的网络恶搞等新兴形式的传媒娱乐作品，任何娱乐化的传媒文本其内在机制都是完全相同的，即赋予文本阅读者类似"我的地盘我作主"的权力感（支配感），阅读者也因此而获得极大的满足。从这个意义上而言，传媒文化娱乐化的实质就是传媒文本的游戏空间化。

必须指出的是，文本作为一个游戏空间的大小（自由度），是与文本的开放程度有关的。在理论上完全封闭的文本是不可能作为游戏空间的，因为受众没有参与"写作"的余地。娱乐化程度越高的传媒文本，其反控制的力度越大，产生的快乐或者说愉悦感就越多。这就说明，在由传媒文本娱乐化引起的传媒文化娱乐化现象的背后，是传媒文本游戏空间的建构与扩展。对于以新闻、天气预报为代表的信息类传媒文本而言，娱乐化建构起了新的传媒文本游戏空间，以前受众在接受这些内容的时候无法获得控制/反控制的自由从而不能体验游戏的愉悦感，但现在受众可以在通过娱乐化建构起来的游戏空间中得到这一切。而对于类似电视体育转播节目、电视综艺节目的文艺类传媒文本而言，娱乐化拓展了既存的传媒文本游戏空间，让受众得以在更为广阔（自由度更高）的游戏空间中享受控制/反控制的自由带来的愉悦感。所以，传媒文化娱乐化的意义就在于建构和扩展了传媒文本解读这一游戏空间，增加了受众从传媒文本中追寻快乐的可能性。

此外，传媒文化的娱乐化为什么会形成风潮席卷全球呢？这也跟传媒文本的游戏空间性质有关。传媒文本解读作为游戏还有一个优势：安全性。前面我们已经谈到，由于关系到社会秩序的根基，触及社会日常规范体系中刚性的核心部分的游戏可能引发严重的后果。但人们在参与传媒文本解读游戏的时候则不必担心这一点，因为在一般情况下，文本解读过程只是一个意识流动的精神过程，很少会表现为外在的行为，即便表现为外在的行为一般也会控制在合法的限度之内，因此其安全性更高，对现实规则的改造或颠覆更为大胆，获得的愉悦感也可能更多。这一点在观看体育比赛电视转播的行为中体现得十分明显。即便你在看球时过于投入，忽而捶胸顿足，忽而惊声尖叫，也没有人会觉得应该把你怎么样，反而大多数人会认为这很正常，谁看球的时候不会有那么一点激动和兴奋呢？一言以蔽之，相比行为性的游戏而言，传媒文本解读作为精神性的游戏，其空间享有更高的自由度。

不仅如此，由于现代传媒文本面对的是人类历史上前所未有的极为广泛的受众群，因此它所构成的文本游戏空间不折不扣是一个大众文本游戏空间。"大众"在这里意味着什么呢？意味着巴赫金（Mikhail Mohaiilovitch Bakhtin）所提到的"狂欢"在当今世界依靠传媒的力量更有可能成为家常便饭。过去我们只能在狂欢节、圣诞节或者是足球场上看到的那种疯狂的场面，将会蔓延到更为广阔的领域和场所。一个最为普遍的例子是，大学生们时常把足球赛场"搬到"食堂——只是因为食堂从前几年开始装上了可以收看赛事直播的电视机。还有湖南卫视的选秀节目《超级女声》，最高达到15万的报名人数，平均每周超过2000万的观众热切关注，Google 相关网页116万多个，[①] 各种令人眼花缭乱的"粉丝"团的街头拉票活动，无不让人感受到那种强烈的"全民狂欢"的气息。

总之，只要我们以受众的视角来观照传媒文化的娱乐化现象，就会自然地得出这样一个结论：传媒文化娱乐化其实正是一场带有后现代意义的反控制游戏。

第三节 从感性欲望的复苏到传媒方式的满足： 传媒文化娱乐化现象的社会发生分析

如果说传媒文化的感性欲望叙事和具有后现代意义的反控制游戏是我们对传媒文化娱乐化现象背后意义的解读和阐释，那么接下来我们可能会问：既然传媒文化娱乐化现象具有这样的意义，那它究竟是怎么产生的？它为什么会产生？

本节我们就将从发生学的角度考察传媒文化娱乐化现象产生的社会历史条件，并在梳理其产生历程的基础上，借助相关数据对其成因进行一个初步的探析。

案例一：小报的娱乐化转型[②]

提到小报的时候，我们多有调侃讽刺的意味，很多时候黄色报纸、庸俗报纸、八卦报纸等都是小报的代名词。然而，英语中的"tabloid（小报）"和"broadsheet（大报）"原本更多是就报纸的开张而言。最早流行于伦敦

[①] 参见赵继成《超级女声：一场大众文化对精英文化的反动》，《新京报》2005年8月20日。

[②] 本案例节选自黄佩、陈惠娟《另类"阳光"：从"裸照事件"看英国小报》，中华网，http://news.china.com/zh_cn/international/1000/20050917/12663912_1.html。

的小报，特指在有轨电车上阅读方便的微型报纸。小报诞生初期属于廉价报纸，最早是在英国工业革命的影响下出现的。当时社会动荡的波及面何等深广，千百万平民百姓都在追逐着城市生活的信息、国家变化的信息。过去那种以社会上层为读者对象的高端报纸、政论报纸，内容乏味，文字艰深，价格昂贵，完全不能适应广大中下层群众的需要，于是面向这些众多人口的廉价报纸就应运而生，其中不乏政治色彩浓厚、观点激进的报纸，也包括炒作社会新闻、调剂无聊生活的报纸。这些报纸，或为宣传政治主张，或为以刺激寻求赢利，因此拥有可观的发行量。美国随后兴盛的小报市场虽然更为完善，但是处处可见模仿英国廉价报纸的痕迹。初期的小报尽管沾染着铜臭味，但是却也不乏草根反抗上层、多样化打破垄断的革命精神。

然而，从 19 世纪末 20 世纪初开始蓬勃发展的小报，在内容上渐渐转向黄色新闻和娱乐新闻。英国首相丘吉尔曾说，这类报纸是舰队街（伦敦报社密集的一条街）流出的一股汹涌的污泥浊水。随着竞争加剧，小报为了追逐利润，不断靠攫取色情、犯罪新闻和低级趣味材料来进行残酷拼斗。对于小报，并没有统一的定义。一般来说，小报的外在表现主要是对视觉化的强调，并且与对轰动效应的追求密切相关。除了版面较小，还包括大量具有视觉冲击的彩色图片的使用。一些大版面报纸也运用小报的栏目。在内容方面，很多人将小报化定义为一种趋势，其中标题变大、图像增多，大量强调个人隐私和软性报道。

案例二：火车进站[①]

1895 年，长达半个多世纪的"电影发明接力赛"终于到达终点，为此画上句号的是两位法国人——卢米埃尔兄弟（Lumière August and Louis，奥古斯特·卢米埃尔和路易·卢米埃尔）。

那一年的 12 月 28 日，卢米埃尔兄弟在巴黎嘉布遣路 14 号"大咖啡馆"举行电影放映会。这批在"印度沙龙"中放映的电影有《工厂大门》、《火车进站》、《水浇园丁》等 12 个短片，放映时间约半小时，公开收费。

1895 年的巴黎电影观众对真实活动影像的震撼力显然毫无准备，结果在《火车进站》放映中途有不少观众受惊吓退场——他们以为火车真的要撞过来了。在这伙或惊或喜、东歪西倒的人群中，有位观众对尚在启蒙时期

[①] 本案例改编自小雨袭人《火车进站》，百度—影视蒙太奇吧，http://tieba.baidu.com/f?kz=66474020。

的电影业产生了强烈兴趣。不久以后,他将摄影特技和魔术表演的方法糅合在一起,找到了现代电影所需的大部分特技的制作技巧;他对演出服装、化妆、布景和剧本的重视,使得电影制作体制和分工初具眉目;他制作出世界上第一部科幻长片《月球旅行记》;他使电影从巡演式的技术猎奇秀,转化为人民群众喜闻乐见的娱乐形式。

这位卢米埃尔兄弟的老乡兼后继者就是乔治·梅里爱(Georges Melies)——在1895年的这个时候,他还只是个衣食无忧的小剧场老板。

案例三:"炉边谈话"与"电视总统"肯尼迪[①]

1933年3月12日,是罗斯福就任总统第一周的最后一天。这天傍晚,全国千万户人家从广播里第一次听到他的声音。这天,在白宫外宾接待室的壁炉前,NBC、CBS等广播公司安装上各自的扩音器材,准备让新总统向全国发表他的第一次广播演说。罗斯福曾经表示,不想把这次广播讲话弄得太正经、太严肃,他希望讲得自然一些,亲切一些,就像在家里,大家围坐在一起,无拘无束地随便交谈一样。从此,"炉边谈话(fire side chats)"便成为罗斯福发表广播演说的正式名称沿用下来。

他的每次"炉边谈话"都以"我的朋友们"这句话开始,听起来如同老朋友一起促膝交谈,娓娓动人。就这样,广播以其神奇的魅力把罗斯福那热情、洪亮、充满自信的声音传遍全国,带进千家万户,一下子将总统与民众的感情拉近了,从而在人们心理上造成一种休戚与共的神圣感。每当听到"炉边谈话",人们就仿佛见到自己的老朋友,就好像看见脸上挂着温暖笑容的罗斯福,有人说"华盛顿与他们的距离,不比居室里的收音机远"。

正如罗斯福是第一位深谙广播魔力的领导人一样,约翰·肯尼迪是第一位充分认识到电视传播潜力的政治家。他是美国建国200年来,第一位年轻英俊、文采风流的少壮总统,其熠熠形象与电视密不可分,被人们称为"电视总统"。特别是他在竞选总统时,与竞选对手尼克松进行的电视辩论赛,最为人们津津乐道。

1960年,肯尼迪作为民主党总统候选人向共和党候选人尼克松发起挑战,要求同他在电视上进行公开辩论。当时,肯尼迪正当年富力强,朝气蓬勃,辩论会举行之前,才从阳光充足的加州竞选归来,晒得红光满面,显得

---

① 本案例摘自李彬《全球新闻传播史》,清华大学出版社2005年版,第331—332页,第367—368页。

精神饱满。而尼克松刚得过一场病，面容憔悴，脸色苍白，来参加辩论会时，又不巧在车门上碰伤了腿，真是哭丧着脸走进辩论会场。当主持人问肯尼迪要不要化妆，肯尼迪当即回答："不!"尼克松也不示弱，也坚决地说："不!"结果，肯尼迪大获全胜，尼克松一败涂地。其实，就他们辩论的具体内容而言，尼克松的表现并不在肯尼迪之下。问题在于，面对电视屏幕，并没有多少人真正留意辩论的内容，大家的注意力大都集中于两位候选人的形象。在屏幕上，肯尼迪神采奕奕，英姿勃勃，一派年轻有为、聪明机智的架势；而尼克松愁眉苦脸，精神不振，加上没有化妆，脸上的络腮胡子黑乎乎一片，十分难看。于是，选民的好感与信任，都被肯尼迪所吸引。一仗下来，胜负已定。事后民意调查也表明，肯尼迪赢得了许多尚未作出决断的选民。

美国传播学者保罗·莱文森（Paul Levinson）在1999年面世的《数字麦克卢汉——信息化新纪元指南》（Digital Mcluhan: A Guide to the Information Millenninm）一书里说得好："1960年，肯尼迪之所以令人钦佩，不仅是因为他说得漂亮，而且是因为他长得漂亮。"[①] 莱文森的导师，媒介环境学的奠基人尼尔·波兹曼（Neil Postman）在反思电视文化的《娱乐至死》（Amusing Ourselves to Death）一书里，也举了一个可资对比的反例："塔夫脱，我们的第27任总统，体重300磅，满脸赘肉。我们难以想象，任何一个有着这种外形的人在今天会被推上总统候选人的位置。"[②]

案例四：网上聊天——自得其乐的"低效"交流[③]

自1969年阿帕网[④]创建以来，互联网的民用功能迅速扩展。在电子邮件的应用之后，人们渴望能够通过互联网进行实时传播。顺应这样的需求，聊天室和各种各样的即时传呼软件出现了。人们可以在网上聊天，大大促进了互联网交互平台的发展和完善。

网上聊天可以在各种聊天室中进行。在一个多人参加的聊天室中，加入聊天的人数是可以动态变化的，人们之间的相互关系也可能随时发生变化。

---

① ［美］保罗·莱文森著，何道宽译：《数字麦克卢汉——信息化新纪元指南》，社会科学文献出版社2001年版，第98页。
② ［美］尼尔·波兹曼著，章艳译：《娱乐至死》，广西师范大学出版社2004年版，第8页。
③ 本案例摘自彭兰《网络传播概论》，中国人民大学出版社2001年版，第268页。
④ 即ARPANet，英文Advanced Research Projects Agency Network的缩写，又称ARPA网，系美国国防部高级研究计划局组建的计算机网。

总的来说，这是一个全通道型的交流网络，每个人都可以与参加聊天的其他人进行对话。这种结构是一种平等的交流结构。但它的效率也是比较低的。在聊天室中，人们谈话的主题时常会发生变化，人们的喜好时常发生变化，人们之间的结盟关系也往往是摇摆不定的，所以，常常是几个小时过去了，人们也没有达成什么共识。此外，由于人们一般对交流对象缺乏必要的了解，通常也无法选择合适的交流内容以及说服对方的手段。

从传统意义上看，这种交流的效果是不能令人满意的。但也许这正是人们进入聊天室的乐趣之一，人们在聊天室中更看重的是过程而不是结果。这个过程对抱着不同目的上网的人们有着不同的意义：有人从中发现了与自己兴趣相投的人，有人享受舌战群儒的乐趣，有的人可能只是为了解闷和发泄。而对于旁观者来说，他从别人的聊天中看到的，更像是类似于"头脑风暴"的过程，他从中得到的不一定是定论，而只是一些片断的启发。

一 感性欲望在社会观念中合法性的获得：传媒文化娱乐化现象产生的要件之一

前面我们提到，娱乐来自于感性欲望的满足。那么只有当感性欲望的满足被人们视做正常需要的情况下，才有可能存在对娱乐正大光明的追求。没有对娱乐的追求也就绝对不可能有娱乐化，这是传媒文化娱乐化现象产生的首要前提。

（一）感性欲望的禁锢与复苏：中西思想观念历史演变的回顾

在人类社会的发展史上，以身体欲望为代表的人的感性欲望大致经历了一个从开放到专制社会的禁锢再到现代社会的解放的曲折过程。在这一历史进程中，禁欲主义（asceticism）成为一条贯穿始终的主线。禁欲主义是要求人们严酷节制肉体欲望的一种道德理论，它源于古代人忍受现世生活困苦的宗教教义和苦行仪式，公元前6世纪后，通过东西方的宗教教义和道德哲学的概括逐渐形成一种理论。它认为，人的肉体欲望是低贱的、自私的、有害的，是罪恶之源，因而强调节制肉体欲望和享乐，甚至要求弃绝一切欲望，如此才能实现道德的自我完善。西方中世纪的基督教，东方的佛教，特别是中国封建社会的宋明理学的道德说教，将禁欲主义推向极端，使禁欲主义成为一种宗教式的生活方式。[①] 可见，无论是在崇尚理性的欧洲抑或是在外儒内法的中国，禁欲主义都曾经占据了社会思想观念的主导地位。

---

① 百度百科："禁欲主义"，百度，http://baike.baidu.com/view/126335.htm。

中世纪以前的欧洲,有着观念和行为相当开放的时期。作为原始氏族社会精神产物的希腊神话里,就充满着奔放的性爱追求,古希腊人也拥有自由奔放、富于想象力、充满原始欲望、崇尚智慧和力量的民族性格。其后的古罗马帝国,更是风行纵欲主义,并形成了许多与感官欲望有关的节日,甚至有学者指出过度纵欲的生活是导致强大的古罗马帝国灭亡的主要原因之一。可能是吸取古罗马帝国的纵欲亡国的教训,天主教的禁欲思想在中世纪的欧洲占据了统治地位。但天主教对古罗马淫乱风潮矫枉过正,《圣经》的《新约》称"性就是罪"。天主教会反对性快感,宣扬性是罪恶的,认定性和罪恶有着种种联系。禁欲的观念,在西方发展到极端的时候,性活动只有在婚姻之内,并且直接与生殖有关才是正常的。不仅是性欲,在神性统治人性的这一时期,人的欲望遭到了全面的禁锢。直到文艺复兴以后,随着社会的进步,人文精神的不断发扬,中世纪的禁欲主义才逐渐被历史的潮流所淘汰。无论是本节案例一中或多或少带有娱乐色彩的小报,还是案例二中引领影像娱乐革命的电影,都只能是在整个社会思想观念摆脱了禁欲主义桎梏的前提下,由工业革命带来的技术进步所催生出来的。

再来看看中国。宋代以前,中国的社会文化并不鼓励对感性欲望尤其是身体欲望的压抑。《诗经》有云:"窈窕淑女,君子好逑","西方美人,彼美人兮","静女其姝,俟我于城隅。爱而不见,搔首踟蹰","彼狡童兮,不与我言兮。维子之故,使我不能餐兮!"即便是经过儒家圣人孔子亲手的编撰,这些诗句仍然散发着大胆的男欢女爱的气息。在魏晋时期,中国更是经历了一个前所未有的"性解放"时代,个人欲望的宣泄达到历史的高峰。而在封建专制主义完全确立后的中国,因儒家伦常的"教化",宋明理学"存天理、灭人欲"的提出,人性遭到了日益严重的摧残。中华人民共和国建立以后,所谓皇权、神权、族权、夫权等封建主义的支柱被无情地摧毁,妇女地位得到从未有过的提高,像《小二黑结婚》、《刘巧儿》和《李二嫂改嫁》式的自由恋爱如雨后春笋。但后来,由于极"左"思潮,尤其是"四人帮"的精神毒害,过分强调文化的政治功能,把娱乐当做资本主义腐朽的生活方式,"禁欲主义"又以新的形式表现出来。"文化大革命"从字面上看好像是代表人类文明和进步的文化的革命性发展,事实上是把人性视为洪水猛兽,敌视人性、批判人性、摧残人性。[1] 随着改革开放的不断深

---

[1] 张小争:《娱乐财富密码——引爆传媒新经济》,复旦大学出版社2006年版,第171页。

入，人民生活的不断改善，普通大众的娱乐需要才得到了应有的重视。①

人的感性欲望复苏了，历史终于翻开了新的一页。然而，究竟是什么样的力量带来了这样的改变呢？

（二）作为个体的"人"的凸显：感性欲望复苏背后的社会变革

近代西方文明发展，是以人的觉醒为标志的。从文艺复兴运动以来，正视人的欲望和个人利益，肯定人的感官快乐和尘世幸福，相信人的理性②认识及其现实力量，颂扬人的自由、平等、博爱，构成了近代西方哲学思想的主旋律。同古代中世纪的人性观相比较，近代哲学的人性理论把自私自爱看做是自然合理的要求，把人描绘成一个天生的利益主体，人的现实享受得到了充分的肯定。从本节案例中小报产生与初期演变的历程我们可以看到，除了思想观念的革新之外，当时的社会背景（动荡不安）乃至经济背景（工业革命、市场经济）都是不可忽略的因素，而后者甚至可能还是前者的原因。如果运用马克思主义"经济基础决定上层建筑"的基本原理进行分析，我们将会发现，文化思想观念发生这样的转变的确不是偶然的，其背后蕴涵着社会生产关系以及与之相适应的社会制度的巨大变革。

不论是古代中国还是中世纪的欧洲，工商业都是在农业文明中孕育和发展起来的；那时，在社会上占控制地位的道德是农业文明的伦理规范。农业社会的生产力和生产关系决定了农业文明伦理的核心是人的依附性。具体而言，又包括两个方面：对自然的依附性和对群体的依附性。

首先是对自然的依附性。农业社会的主导经济形态是小农经济。小农经济具有彼此分散、隔绝、封闭等特征。因此，对于最普通的人们而言，生活往往被局限在一个封闭的、自发自在的日常生活领域之中，处于一种不断循环往复的高度自然的状态。由于生产力的不发达，人们改造自然的能力非常弱小，要想生存下去，只能按照自然规律来完成生产过程，伴随着大自然的节奏，春耕、夏锄、秋收、冬休，千百年来莫不如此。正如斯洛伐克哲学家柯西克（Karel Kosik）所描述的那样："世世代代，芸芸众生曾经或正在过着他们的日常生活，仿佛日常是一种自然氛围，他们从未停下来去追寻日常

---

① 参见丁子江《中美婚恋的性学分析》，中国工人出版社 2001 年版，第 294—295 页。

② 这里的理性内涵已经发生了变化，它更加主观化、更加紧密地同"个人解放"联系在一起，其客观性也随着个人主义的发展和膨胀而逐渐消失，并成为个人功利的手段和工具。因此霍克海默认为"它从一开始，就包含着让位于'反理性'的危险性"。参见高宣扬《流行文化社会学》，中国人民大学出版社 2006 年版，第 165 页。

的含义是什么。"①

其次是对群体的依附性。农业文明不仅培育了人们依附于大自然的自在自发、循环往复的日常生活图式，还塑造了发达的自然主义的文化模式。这种文化模式以天然血缘、宗法关系为基础，家庭、家族意识成为贯穿全部日常生活的准则。在这样的文化之中，一方面，人是作为一个整体性的概念而存在的，"个人"则在人们的心目中无足轻重；另一方面，个人也被看做是一个工具性的概念，为了作为整体的"人"，是可以牺牲的。英国历史法学家亨利·梅因（Henry Sumner Maine）就把古代社会看做是一个身份社会，并指出历史的进步表现为个人身份依附的解除过程。② 譬如，传统的中国社会就是一个家国同构的共同体，个人只是家族、国家的一种有生命的工具，个人依附于"家"这个群体，"家"依附于国，"家"是构成社会的最基本的元素，人们之间的交往是以"家"的形式来表现，个人完全被"家"通约掉了，个人没有独立的地位，只负有义务而不享有权利。同样，在计划经济的环境中，单位是社会交往的基本元素，个人从属于单位，实际上也是处于依附状态。

随着近代资产阶级革命在欧洲各国的先后爆发，资本主义生产方式最终得到确立。市场经济原则开始在社会运行的过程中逐渐生成、发展、成熟。与此同时，保守、落后的农业文明伦理开始被市场经济伦理所替代。与传统农业社会相比，市场经济社会中的人具有以下几个特征：第一，个人的主体地位得到确立，不同的主体之间相互独立，平等交往，这是市场交换存在的前提；第二，个人的权利得到充分的尊重和保护。在市场经济社会中，个人的权利更加细密和周全，法律上确立了大量的新型权利，其中最为明显的是人身权的种类大量增加，人成了"权利的复合体"；第三，人在对自己的管理上实现意思自治。意思自治意味着个人的自己判断、自己决定、自己责任，以自由的意志确证自我；第四，人与人之间的交往互动更多地以契约而非身份为准则。市场经济社会是建立在契约基础上的社会，在契约中，人丧失了传统的身份和自我认同的依据，与其说他与具体的张三李四打交道，不如说他在与制度化的角色打交道，相对人是谁不再是重要的，重要的是交易本身。③ 这些特征标志着作为个体的人开始摆脱依附性而获得应有的地位。

---

① Kosik Karel. *Dialectics of the Concrete*. Dordrecht: D. Reidel Publishing Company, 1976, p. 42.
② 参见 [英] 亨利·梅因著，沈景一译《古代法》，商务印书馆1984年版。
③ 谢鸿飞：《现代民法中的"人"》，《北大法律评论》第3卷第2辑，法律出版社2001年版。

由经济地位延伸而来的是个人的社会地位和政治地位。现代社会个人的独立性在经济上表现为市场的平等主体地位，在政治上则表现为个人先于国家和社会的优先地位。在现代人的观念里，相对国家和社会而言，人民是第一位的，国家和社会是第二位的。从逻辑上说，无数独立的个体组成国家和社会，离开这些无数个体，国家和社会就不复存在。从历史演进上说，是先有人民后有社会再有国家。国家和社会存在的根本目的是为了组成它们的每个个体。人作为本源和目的不应成为一种价值选择，因不同的国度和文化之差异而有不同的取舍，换言之，人本身作为终极目的不应屈从于国家和社会。

在作为个体的"人"真正成为"人"的这场历史变革中，"追求快乐的欲望主体"也顺理成章地建构起来了。

曾经在一段不短的历史时期内，国家常常利用强制力对个人的思想意识和行动加以限制，其目的之一在于管束人们的身体、行为方式，并间接树立生活方式的样板。有学者曾经举出了一个非常典型的例子——酗酒。中世纪的神学理论认为"酗酒"是人受撒旦诱惑的结果因而加以禁止。这体现了国家要求遵循并且监视的一种正常生活方式。正是通过某种规范体系建构的对"正常人"与"异质者"（otherness/the others）的区分，一种正常的生活秩序得以建立和巩固。正如涂尔干（Emile Durkheim）、福柯等人所揭示的，将异质成分对象化进而排除，有助于增进社会成员的集体意识，维护社会秩序。[①]

然而，随着市场经济的发展和逐渐成熟，市场逻辑得到了空前的强化，而政治权力的影响空间在不断地缩小，私人生活空间的独立性和自主性得到了认可。例如，一般情况下，每个人的私权利都是不可侵犯的，即使是以国家权力为代表的公权力也不能恣意干涉。那么国家如果希图对个人私人领域施加影响应当怎么办呢？只能采取建构主流意识形态（社会道德规范体系）的办法，从思想、道德方面加以引导。但是从现实来看，只要是开放的社会，效果通常都并不理想，毕竟思想上的引导在强制力上小了许多。这样导致的后果就是国家对什么是"好"的生活虽然并非持价值中立态度却无力干涉，个人生活风格的无政府主义得以形成——选择什么样的生活方式成了个人的自由。例如，在本节案例一所描述的那个时代，某人爱看小报，并且

---

① 参见谢鸿飞《现代民法中的"人"》，《北大法律评论》第3卷第2辑，法律出版社2001年版。

尤其爱看小报上的那些黄色新闻、娱乐新闻，那都是他的个人自由，你可以不赞同，你可以看不惯，但是你不能干涉，即便你是英国政府、美国政府也不行。这就是费尔巴哈（Ludwig Andreas Feuerbach）在《幸福论》（Eudaemonism）中所称的一种"我欲故我在"的生活风格。在这里，国家对人的控制消退了，取而代之的是主体的自我建构与自我约束，个人实现了彻底的自然化和本能化。这意味着，没有谁能规定某一个人——除了他自己。在处理他人与自我关系的实践中，个人不断地按照自己的意图塑造着自己。至此，自文艺复兴以来启蒙思想家们就曾大声疾呼的"个人解放"得以从口号变为现实，个体的感性欲望完全获得了合法性。

二 娱乐消费需求的规模化与娱乐消费市场的形成：传媒文化娱乐化现象产生的要件之二

当娱乐成为正当追求之后，传媒文化娱乐化现象的社会思想观念条件已经具备。但这还不是充分条件。当代传媒文化的形成是一种以市场为核心的文化经济一体化过程（详见本书的"市场化"一章），市场作为现代经济最重要的决定因素，在这一过程中发挥着不可忽视的巨大作用。娱乐化趋势的出现，主要是为了满足受众的娱乐消费需求（demands），更是市场作用的直接表现。因此，在社会观念不存在阻碍的情况下，形成一定规模的娱乐消费需求并形成相应的娱乐消费市场，便是传媒文化娱乐化现象产生的必要条件了。

虽然人的感性欲望在社会观念中获得了合法性，"个人解放"成为普遍观念，对休闲娱乐的需要已经不存在任何道德伦理的障碍，理论上人们从此可以无所顾忌地追求快乐，但是实际上大众中自发产生的娱乐需求却并不明显，更遑论娱乐消费市场的形成了。这个乍看上去不符合逻辑的结果，究竟是怎么回事呢？

其实，是一个重大的误解让我们产生了错误的判断。一般情况下，我们会认为在一定的经济基础上每一个人存在的需要集合在一起便能形成强大的市场需求，但事实上，这需要几个条件。第一，人们要有共同的需要，不同的需要不能融合为巨大的市场需求；第二，这些拥有共同需要的人必须在地理位置上相对集中，否则即便能够生产出满足需求的产品也会由于运输和配送成本过高以致无利可图而不能形成市场；第三，"自发的消费大众"是没有的，基层的消费者不会自发地产生任何需求，必须采用各种手段不断地刺激和引导消费需求的产生。①

　　娱乐消费需求的产生也是如此。历史上,也是在满足以上三个条件的情况下,娱乐消费需求的规模化以及娱乐消费市场的形成才最终得以实现的。其中,第一个条件是自然满足的,因为娱乐是人类的本能之一,② 每个人都需要娱乐。而另外两个条件的满足则应当归功于城市化这一历史进程。

　　城市化(urbanization)概念最早由西班牙工程师瑟尔达(A. Serda)于1867年在其著作《城市化基本理论》一书中提出,③ 是指人类生产与生活方式由农村型向城市型转化的历史过程,主要表现为农村人口转化为城市人口及城市不断发展完善的过程。④ 正如波德里亚所指出的:与工业集中总是带来财富增长的情况一样,城市的集中也带来了需求的无限攀升。⑤ 马克斯·韦伯也认为,城市的形成与市场有密切的关系;城市最早是作为市场而发展起来的。⑥

　　首先,在城市化的过程中会集聚大量的人口,形成了大规模的潜在消费群体。英国著名城市地理学家彼得·霍尔(Peter Hall)在《世界城市》(*The World Cities*)一书中就认为城市化主要包括两个方面的变化:一是人口从乡村向城市集中;二是乡村生活方式向都市生活方式的转变。⑦ 而一般也认为,城市化是一个国家或地区实现人口集聚、财富集聚、技术集聚和服务集聚的过程。可见人口集聚是城市化的标志性特征之一。城市化过程中的人口集聚使得具有娱乐需要的人们在地理上处于一个非常集中的位置,这就满足了娱乐消费需求规模化与市场形成的第二个条件。而且,随着城市化程度的不断提高,城市的人口规模也在不断扩大。这就意味着,可能产生的娱乐需求的规模在不断扩大。

---

　　① 对于这一点,英国学者克里斯·罗杰克(Chris Rojek)从市场逻辑的角度提出了更具普遍意义的概括,他指出资本主义永远不会使人们的需求得以满足,因为如果这样做了就会压制需求,进而丧失经济增长。实际上,商品和品牌的革新促进了人们需求的不断变化和发展,市场组织正是在此基础上建立起来的。参见[英]克里斯·罗杰克著,李立玮等译《名流》,新世界出版社2002年版,第236页。

　　② 张小争:《娱乐财富密码——引爆传媒新经济》,复旦大学出版社2006年版,第155页。

　　③ 陈慧琳主编:《人文地理学》(第二版),科学出版社2007年版,第92页。

　　④ 参见《中华人民共和国国家标准城市规划术语》。

　　⑤ [法]让·波德里亚著,刘成富、全志钢译:《消费社会》,南京大学出版社2006年版,第38页。

　　⑥ See Weber, Max. *The City*. Chicago: Free Press, 1958.

　　⑦ See Hall, Peter. *The World Cities*. London: Weidenfeld & Nicolson, 1984.

其次，生活在城市的人与人之间具有足够的差异性，这个差异性能够引起需要的相对匮乏，是制造和引导消费需求的核心要素。我们首先要注意到，消费是具有等级性的。人们总是试图把消费、把不断享用相同的物质和精神财富以及相同的产品，作为缓和社会不平等、等级以及权利和责任不断加大的东西。[1] 也就是说，购买和使用什么样的产品，成为一个区分社会地位的参照标准。单个商品并没有什么特殊的意义，但是当同类的商品汇聚在一起的时候，就体现出一种差异性。因此，消费是一个等级结构，人们认为它能够体现社会身份的差异。正是这个消费等级差异，能够刺激相对心理匮乏的产生。需求总是产生于匮乏，但消费社会学告诉我们，匮乏可以区别为两种，一种是绝对匮乏状态，它指的是对维持生存的基本需要；另一种是相对匮乏状态，即与其他人相比较而呈现出来的匮乏。[2] 绝对匮乏状态的过低标准，导致其不可能形成大规模、持续性的需求，进而必须依赖相对匮乏状态的形成。在传统社会或者传统农村地区，由于人与人之间的同质性非常之强（拥有相同的社会地位、相同的财富状况、相同的观念意识，等等），人们在相互的比较之间几乎不会产生什么差异感，故而处在一种相对满足的状态之中，没有匮乏感，也不会自发地产生新的需求。而在城市，由于人口众多且达到了一定的密度，人们处在一个异质化程度非常高、互动性非常强的人际环境之中，消费的等级差异就会体现得特别明显。显然，相比于前者，生活在城市的人其相对心理匮乏产生的几率要大得多。此时，人们会在不断的比较之中形成竞争心理，都力图通过消费这一"物的证明"方式来保持与他人的一致性，从而刺激欲望/需求的产生。特别需要注意的是，由此而产生的消费需求既是对商品使用价值的需求，更是对商品符号价值的追求。这在经济学上被称为"跟潮效应"。

这一过程其实早在古代中国早期娱乐业的发展之中就已经有了相应的体现。历代京城是古代中国城市化程度最高的地方，由于人口众多，形成了以庙会活动、青楼歌舞、街头杂耍等形式为主的较为发达和繁荣的早期娱乐业。而自唐宋以来，随着社会经济的繁荣，物质财富的增加，娱乐消费更从上层贵族阶层扩大到了士大夫和城市平民阶层，在宋代还形成了专门的娱乐场所——瓦舍勾栏。据《东京梦华录》记载，北宋东京城内，有宋家瓦子、中瓦、里瓦子、新瓦子、州西瓦子等大小勾栏五十余座，其中中瓦子、莲花

---

[1] ［法］让·波德里亚：《消费社会》，第32页。
[2] 参见王宁《消费社会学》，社会科学文献出版社2001年版，第24—25页。

棚、牡丹棚、象棚最大,可容数千人。其娱乐消费的主体已不再局限于上层贵族,而是趋向于下层老百姓。内容都是下层人所能欣赏、消费得了的说唱、讲史、影戏等下里巴人的内容,市民们"不以风雨寒暑,诸棚看人,日日如是"[①]。不仅如此,唐宋时期的娱乐消费都须经由市场完成,呈现出浓厚的商业化气息。在市场上,乐伎出售服务,竞相表演,市民们拿钱换取感官上的愉悦、心理上的刺激,这体现出娱乐消费的市场买卖行为,且这种消费行为已不再是一种个人消费行为,而成为社会公共性质的群体消费行为。[②] 当然,古代中国的城市化还只是极小规模的个别特例,按照狭义的标准来看甚至还谈不上真正意义上的城市化,[③] 但是仍然让我们看到了娱乐消费市场形成的雏形。

与古代中国城市娱乐消费市场的个案相比,案例一中英国工业革命时期城市化背景下小报的黄色化转型则更为典型。19世纪中叶,英国在进入现代工业社会之后初步实现了城市化,除了大都市伦敦之外,利物浦、曼彻斯特、格拉斯哥、布莱顿等港口城市、工业城市、休闲城市等各式大城市纷纷发展起来。大量的人口涌进了这些新兴城市,导致城市人口急剧膨胀。至1851年,全国超过一半(51%)的人口居住在城市里。[④] 正如案例一所描述的,当时报纸还是城市平民阶层获取信息的重要渠道,其主要功能是信息传播而不是娱乐。但此时社会中下层民众已经形成规模,其娱乐需要也聚集在一起形成了巨大的潜在娱乐消费需求。与此同时,上层社会的人由于经济宽裕,享受着俱乐部、社交宴会、夜总会等各种各样的娱乐方式,而中下层民众虽然没有能力支付奢侈的娱乐消费,但其娱乐消费需求却因此而激发出来,一个大规模的娱乐消费市场已初露端倪。于是,在报业激烈竞争的局势下,主要面对中下层民众的小报看准这一市场抓住契机进行了转型,大量推

---

① 孟元老撰,邓之诚注:《东京梦华录》,中华书局1982年版,第133页。

② 参见杜艳艳《试论古代都城的精神娱乐消费变迁——以北魏洛阳、唐朝长安、宋代开封及杭州为例》,《沧桑》2006年第4期。

③ 对于城市化,存在狭义和广义两方面的解释。狭义上的城市化认为,城市化自工业革命开始,因为在此之后才大规模扩展,才在社会经济生活中显示其举足轻重的作用。广义上的城市化认为,城市是滋生于地表的一种渐变的人文现象,现代城市是古代城市的继承与变革,因此从城市产生之日起就开始了城市化进程。一般意义上的城市化是狭义概念的城市化。参见西北大学省级精品课程《人文地理学》电子课件第七章"聚落与城市化",http://jpkc.nwu.edu.cn/rwdlx/dzkj/chapter07.ppt。

④ Harrison, J. F. C. *The Common People: A History from the Norman Conquest to the Present.* Fontana, 1984, p.227.

出娱乐性的内容以吸引平民消费。对于支付能力有限的社会中下层民众而言，小报的费用是完全能够负担的，其内容也恰好适应了自身的娱乐需要，因此这一趋势迅速扩大，最终发展成了丘吉尔所称的"一股污泥浊水"。

没有城市就没有市场。① 从以上案例的分析可以看出，在城市化的进程中，娱乐消费需求得以逐渐形成规模，娱乐消费市场也因此而产生，为传媒文化娱乐化现象的出现奠定了重要的基础。

三 作为娱乐技术的传媒的飞速发展：传媒文化娱乐化现象产生的要件之三

大规模的娱乐消费需求和市场形成以后，接下来的问题就应当是怎样满足了。本章第一节曾经提到，传媒文化的娱乐化现象是传媒的娱乐功能扩大的结果。也即是说，传媒越来越多地被人们作为一种满足娱乐消费需求的方式。从我们今天来看，能够达到娱乐目的的方式有很多，包括餐饮、体育运动、旅游、等等，但传媒为什么能够在诸多娱乐方式的激烈竞争之中脱颖而出，成为大众享受娱乐最为重要的阵地呢？让我们梳理一下现代传媒的发展历程，也许就能找到答案。

先来看看报纸。本节案例一描述了欧洲的"便士报（penny press）"在19世纪末20世纪初带来的黄色新闻的兴起和泛滥。这些"大众报纸（popular papers）"区别于资产阶级的上层报纸（quality papers），一般具有以下特征：第一，面向社会中下层，以广大平民百姓为主要读者对象；第二，政治上标榜超党派而独立；第三，经济上实行商业经营，广告是主要的收入来源，报价明显低于其他报纸；第四，内容上，除了少数鼓吹社会改革，宣扬改良主义的以外，一般着重报道地方新闻、社会新闻、警事新闻、体育新闻以及种种软新闻；第五，文字简短通俗，编排活泼花哨。② 此外，此类报纸还创办副刊，刊登漫画、连载小说，其追求娱乐性的旨趣显而易见。

可以说，小报的娱乐化转型就是现代传媒与娱乐的首次联姻，同时也是传媒文化娱乐化现象的滥觞。自《不列颠百科全书》所称的"第一批真正的报纸（the first true newspapers）"于17世纪初在欧洲产生以来，报纸的功用原本是公开提供新闻信息（报纸的英文单词newspaper原意为"新闻纸"

---

① 参见［法］布罗代尔《15至18世纪的物质文明、经济和资本主义》（第1卷），生活·读书·新知三联书店1992年版，第570页。

② 张允若：《简论英国早期的廉价报纸》，《新闻大学》1989年秋季号。

可为佐证），只是在后来才开始逐渐具有一些娱乐功能。因此，报纸的娱乐化实际上也就是新闻的娱乐化，而新闻娱乐化正是当代传媒文化娱乐化现象引起关注的最主要的表现之一。由于报纸娱乐功能的强化使得其信息传播功能在一定程度上削弱了，因而部分学者据此对传媒文化的娱乐化持否定态度。但是，我们必须注意到，报纸只是现代传媒诸多形态中的一种，甚至可以说是颇为特殊的一种，它的娱乐化与在此之后出现的各种新传媒（电影、广播、电视、网络等）在娱乐化现象的进一步演变中所扮演的角色，有着本质上的不同。

几乎在小报的娱乐功能开始大显身手的同时，电影产业也处于一个兴起的进程之中。19世纪末，欧美的城市工业发展和中下层居民迅速增多，电影成为适应城市平民需要的一种大众娱乐。它起先在歌舞游乐场内，随后进入小剧场，在剧目演出之后放映。法国的卢米埃尔、梅里爱、百代、高蒙，美国的爱迪生和比沃格拉夫公司，伦敦的威廉·保罗，都已在电影企业中奠定了基础，每天晚上都有好几千观众拥挤在漆黑的电影院里。[①] 为什么观众如此热心于这样一种崭新的媒介形式呢？原因很明显，这是人们首次见到一种生动逼真而又丰富多彩的动态影像文本。这种影像文本给予人们前所未有的身临其境的感受。例如，本节案例二讲述的电影史上首次公开放映的电影作品之一、路易·卢米埃尔（Louis Lumière）的《火车进站》（*The Arrival of a Train at the Station*）中，"火车好像从银幕里面驶出，奔向观众似的，使观众看了大吃一惊，以为真会被火车轧死"[②]。事实证明，由于影像的直观性、仿真性、空间性，能够直接触及人的感官，使人的信息解码停留在相对较浅的感官层次，较之文字更能激发人的欲望。可以说，影像文本的出现顺应了人性解放的潮流，彻底改写了书写文化崇尚理性、压抑欲望的历史，是传媒娱乐史上的一项里程碑式的变革，甚至一举奠定了此后现代传媒的发展走向。

与报纸最初出现时以传播信息为主要功能不同，电影产业的发展完全是由于巨大的娱乐消费需要的存在。而消费社会学研究表明，物质生产的技术化过程不但是某一历史时期的一般消费水平和消费层次的决定性因素，而且

[①] ［法］乔治·萨杜尔著，徐昭、胡承伟译：《世界电影史》，中国电影出版社1982年版，第9页。

[②] 同上书，第17页。

也是决定具体消费需要的主要条件之一。① 于是反过来，电影技术的进步又促进了娱乐消费需要的产生和扩大，电影很快就成为一种普通大众负担得起的娱乐消费形式。可见，与其把电影的产生与发展看做是一种传媒技术的进步，不如说是一种娱乐技术的进步——它生来就是为娱乐大众服务的。电影与娱乐的这种血肉相连的关系，远远甚于报纸，它进一步延伸到了紧接着出现的广播和电视两种大众传媒之上。

1919年，无线电爱好者、西屋（Westinghouse）电气公司工程师弗兰克·康拉德（Frank Conrad）博士在匹兹堡开设了一家试验电台之后，收到了上百名无线电爱好者的来信。其中一些信件请求他在特定时间播放一些他们喜爱的音乐。后来，这类"点播"的信件越来越多，于是康拉德决定安排在星期三和星期六晚上固定播出两小时的音乐节目。由于听众人数日益增多，康拉德音乐电台的节目在1920年夏末改为每晚播出。当地一家百货公司看准了市场，干脆以"听听康拉德博士深受欢迎的广播吧"为广告词来推销自己生产的晶体收音机。同年11月2日，康拉德负责、隶属于西屋公司的全球第一家正式的广播电台KDKA开播。那时的广播节目主要以音乐和广播剧为主，正如联合国教科文组织的一份研究报告所指出的："最初，收音机主要是一种娱乐交流工具；特别是它造就了大批新的音乐和戏剧爱好者。"② 但事实上，不论是广播的初创时期，还是广播的黄金时代，娱乐节目在听众中都是颇受欢迎的。20世纪30年代发展起来的广播剧，一度使千百万美国人听得如痴如醉，甚至发生过为收听广播剧而改变全国作息时间的奇事。

同广播的发展情形一样，早期电视的节目绝大多数都属娱乐性质。联合国教科文组织的研究报告《多种声音，一个世界》里也写道："电视——虽然第二次世界大战推迟了它的发展——在40年代末或50年代初期，已成为发达国家生活中的一种特色。它同收音机一样，主要是以一种廉价而方便的方式向人们提供娱乐而拥有并吸引了大批观众的。"据统计，一般的美国家庭，一天要看四五个小时的电视。路易斯·克罗南伯格（Lewis Cronenberg）评论说，汽车曾诱惑人们离开家庭，而电视却使他们重又回到家庭。不过，早期电视的娱乐节目，还比较粗糙，比较低劣，威廉·曼彻斯特（William

---

① 王宁：《消费社会学》，社会科学文献出版社2001年版，第36页。
② ［爱］肖恩·麦克布赖德等：《多种声音，一个世界》，中国对外翻译出版公司1981年版，第15页。

Manchester）指出，"整个来说，这些节目平淡无奇，华而不实，压倒一切的主题是插科打诨"①。《星期六文学评论》的一位主编甚至说：典型的电视晚间文娱节目，就是一场歌舞杂剧与一场摔跤表演。②

广播与电视初期的发展状况与电影颇有相似之处。史实告诉我们，无论是广播新闻还是电视新闻，都是广播业和电视业初步成形之后的产物。最初使得广播与电视得到迅猛发展的，仍然是它们各自的娱乐功能。如果说电影还只是一个局限于电影院的娱乐方式，那么广播和电视则已经是不折不扣的家庭娱乐方式了。安居家中，足不出户就能满足自己的娱乐需求，正是广播和电视最大的优势所在。而且，广播电视基本继承了电影的音像特征，以声音和影像作为传播的基本载体，进一步确立了现代传媒的感官化发展趋势，也就框定了传媒文化的娱乐化发展走向。

正如案例三中提到的"炉边谈话"和"电视总统"一样，广播和电视把曾经高高在上的总统本人的声音和形象前所未有地展现在普通民众的面前，使人们不需要识字、不需要拥有深厚的文化背景、不需要复杂的"解码"或"阐释"就能够与国家大事"亲密接触"，这个世界一下子变得离自己很近很近，感知这个世界的一切一下子变得很轻松很惬意。娱乐性再次在传媒发展的历史轨迹中显现出来。但同时我们从案例三中也能够看到，广播电视所带来的对世界的娱乐化解读遮蔽了一些本应当予以正确认知的事实。就肯尼迪与尼克松的这场辩论大战而言，显然关注的重点应当在于论辩的内容、双方的表现以及从中透露出来的一些关于二者谁更适合担任总统的重要信息。然而，电视画面让这一重心偏移了，肯尼迪的外表形象成为主角，以至于相当多的选民并没有把注意力放在应该注意的事项上面。当然，这并不意味着肯尼迪当选就是一个错误，但是至少，这为专门擅长做表面功夫的政治投机分子提供了机会，让"择人不淑"的概率大大增加了。所以，当传媒自身的娱乐属性开始渗透到一些严肃领域的时候，问题就有可能出现，这一点我们将在下一节专门加以论述。

数十年之后，网络作为一种新型有线通信工具问世。但问世之初，网络还只是严格限制使用范围的军用品，只供军队作通信之用。20 世纪 90 年代

---

① ［美］威廉·曼彻斯特著，广州外国语学院英美问题研究室翻译组合译：《光荣与梦想》（第三册），商务印书馆 1978 年版，第 832 页。

② 以上关于广播与电视发展初期的史实请参见以下文献的相关章节，李彬：《全球新闻传播史》，清华大学出版社 2005 年版；蔡骐、蔡雯：《美国传媒与大众文化——200 年美国传播现象透视》，新华出版社 1998 年版；端木义万主编：《美国传媒文化》，北京大学出版社 2001 年版。

末，随着电子邮件系统的广泛运用，激发了人们进行远程人际交流的欲望，逐渐掀开了互联网民用化的序幕。不过，用电子邮件进行交流仍旧存在一定的时间差，人们希望最大限度地缩短这个时间差，将自己的手、脚、眼、口等器官通过网络进行最大限度的延伸，实时地去感知、去了解、去把握远方的人与事。[①] 顺应这样的需要，互联网又开发了一系列实时传播的功能，其中最为重要的是网络聊天室和在线即时寻呼软件的出现。本节案例四即是对前者的描述。从案例中我们可以看到，网络聊天是一种很"低效"的交流，所传播的信息量存在大量的冗余，但也正如案例所指出的，很多使用者却从中各取所需且乐此不疲。对于这一奇特现象，唯一合理的解释是：网上聊天的使用者其目的根本不在于信息的交流，而在于在与他人互动的过程中获得一种满足感，或者用一个词来概括——娱乐。

另一种即时通信工具网络寻呼软件的情况也有相似之处。1996年夏，以色列的三个刚刚服完兵役的年轻人维斯格、瓦迪和高德芬格聚在一起，决定充分利用互联网的通信优势开发一种软件来实现人与人之间的快速交流，以方便几个人在网上及时联系。这就是ICQ（I Seek You）网络寻呼软件的最早版本。几个月后，他们将ICQ软件放到网上供人们免费下载使用，短短半年下载人数就突破了百万。结果，ICQ很快就演变成一种交友聊天工具，至2001年5月为止注册用户数已经突破1亿大关，平均每天有1000万用户在线，每个用户平均在线时间为3小时。[②] 继ICQ之后，各种类似的网络寻呼软件如雨后春笋般在世界各地疯长，到2006年底全球使用者人数达4.32亿，注册账户数达11.5亿。[③] 现在，虽然网络寻呼软件已成为集交流、信息、娱乐、商务为一体的综合网络社区以及融合文本、语音、视频的多媒体交互平台，但把它作为一种娱乐工具来使用的用户还是占绝大多数。

直到今天，网络的娱乐功能还依然推动着网络技术的迅速发展。人们已经不满足于满屏幕都是文字、文本的抽象符号交流了。各种虚拟人物形象和虚拟世界纷纷粉墨登场，让人们更能找到身临其境的真实感和参与感。当年

[①] 李彬：《全球新闻传播史》，清华大学出版社2005年版，第426页。

[②] 参见梁爽《腾讯QQ你做得太绝了》，计算机世界网，http://chengdu.ccw.com.cn/it/08/06_20_3.asp。

[③] 参见李忠智《互联网：发现核心平台的商业价值报告》，证券之星网，http://news.stockstar.com/info/darticle.aspx? id=GA, 20071228, 00739491&columnid=2921&pageno=0。

的文字"泥巴（MUD）"① 游戏也摇身变成了建立在高级图形图像处理技术基础上的众多令人眼花缭乱的3D模拟在线游戏。传媒技术正在向着一个越来越深度虚拟现实的方向义无反顾地前进着，可能有一天，我们会像电影《黑客帝国》（The Matrix）中描述的那样，分不清现实世界与虚拟世界的差别。

现在，我们也许会略带惊异地发现，推动现代传媒发展的根本动力既不是对高速高效信息传播的追求也不是对权力加强监督的需要——而是对娱乐的需要。从印刷媒介的文字、静态图片到广播的声音传输到电视的音像同步再到互联网的虚拟社会，无不适应了大众对于感性文化的渴求。这些媒介形式一步一步地打破了精英的话语垄断，消解了理性文化霸权，建立起了一个张扬感官认知和感性欲望的"娱乐帝国"。但是这一切似乎又是理所当然的，因为毕竟自广播以来传媒根本就是作为一种带有浓厚科技色彩的娱乐工具在发展演变着，它们本身就是玩具！如果把这一结论改用学术化的语言表述出来，那就是：娱乐性是传媒的固有属性。明白了这一点，就不难理解传媒文化娱乐化现象为什么在今天会愈演愈烈了。而且，从一个多世纪以来人们对现代传媒的使用可以看出，相比于其他娱乐方式，它具有以下优势：

首先，传媒是人们日常生活中接触时间最长的娱乐工具。如果说报刊和电影在这方面的优势还不太明显的话，那么电视和网络的出现几乎就是决定性的。"电视集视听觉手段于一体，通过影像、画面、声音、字幕以及特技等多方面地传递信息，给受众以强烈的现场感、目击感和冲击力；它不仅是人们获得外界新闻和信息的手段，而且是丰富多彩的文化生活和娱乐的主要提供者。电视的出现使人们每天的传媒接触时间由过去的几十分钟一下子提高到了几个小时，看电视成了人们业余生活的主要内容。电视不仅大大改变了人们的生活，而且对现代社会的政治、经济和文化的各个方面都产生了广泛而深刻的影响"②。根据2005年戛纳电视节春季展公布的一份调查数据表明，2004年全球人口每人每天平均用于看电视的时间为3小时零3分钟，其中北美地区为4小时24分钟，欧洲地区3小时35分钟，亚太地区为所有地区中最低，但也达到2小时33分钟。平均收视时间最长的日本人每人平

---

① MUD 是英文 Multiple User Dimension，Multiple User Dungeon 或 Multiple User Dialogue 的缩写，可以译作多人世界、多人地下城或多人对话，俗称"泥巴"。对 MUD 游戏的定义是要能够 Virtual Reality，即虚拟现实。最早的 MUD 游戏是全文字描述的。

② 郭庆光：《传播学教程》，中国人民大学出版社1999年版，第118—119页。

均每天用于看电视的时间甚至达到了5小时零1分钟。[①] 而网络的出现和普及更使这一现象越发明显。中国互联网络信息中心发布的统计报告显示：截至2006年12月31日，中国内地网民已达到13700万人，占总人口比例的10.5%，平均每人每周上网时间16.9小时，其中城镇网民平均每周上网时间为18小时，而农村网民为13.2小时。[②] 接触时间最长意味着最方便或者说可接近性强，具备这样的优势的传媒必然就会成为娱乐产品供应商的首选。

其次，传媒是人们可选择的娱乐方式中成本最低的一种。在世界上绝大多数国家，人们只需支付非常低额的费用就可以使用各种传媒。在中国，通常每份报纸只需要0.5—2.0元，长期订阅报纸的价格更加低廉。而普通电视机也已经成为家庭必备的日常生活用品，中国中央电视台市场研究公司2007年4月发布的《全国卫星频道覆盖率普查报告》显示，2006年全国电视观众总户数已达到3.06亿户，电视观众总人口数达到10.7亿人，全国平均电视机普及率达到85.88%；美国Paul Kagan Associates公司的《MPA Stat Digest 2001》也显示，1999年美国收看电视节目的家庭为10220万户，占全国家庭总数的98%，而拥有多台电视机的家庭占总家庭数的76%。即便在电视传媒发展最为落后的非洲地区，根据UNESCO1997、WRTII1998和TBIY1998提供的数据计算，在20世纪末也达到了平均19人拥有一台电视机的水平。[③] 此外，随着互联网的迅速普及，上网的费用也呈现逐步下降的趋势。可见，成本的低廉已经促使越来越多的人选择传媒作为自己首选的娱乐方式。

在进行了以上分析之后，我们应该可以认识到，现代大众传媒的发展史，就是一部在观念解放、消费市场形成基础上的娱乐技术演进史。在这一技术进步的过程中，体现出一个普遍规律：需要（匮乏）引起了满足需要的活动，而人们在满足需要的活动中总是会不断积累经验，不断形成和发展更为先进的手段和工具来满足人的需要。因而，手段的进步导致了原来的需要可以更为容易得到满足，于是人们又形成了新的需要。新的需要又导致了新的满足需要的活动。其结果是需要与满足需要的活动在相互促进的过程中

[①] 参见新华社《平均每天5小时 世界上日本人最爱看电视》，《解放日报》2005年4月28日。
[②] 参见中国互联网络信息中心（CNNIC）《第19次中国互联网络发展状况统计报告》，2007年1月发布，第72页。
[③] 参见陆地《世界电视产业市场概论》，中国人民大学出版社2003年版，第71页。

不断提高和深化。① 传媒文化的娱乐化正是在这样的过程中形成的。人们的娱乐需要与娱乐需要的满足手段相互促进，传媒作为一种娱乐满足手段也越来越得到技术化的发展。既然传媒是有效的娱乐满足手段，那么传媒文化娱乐化现象就只不过是其固有属性在宏观层面的体现而已。

所以，传媒文化娱乐化是传媒发展的历史进程中不可避免的必然现象，是传媒文化题中的应有之义。它的出现离不开社会观念的变革、消费市场的形成以及技术的进步。只是仍然值得警惕的是，如同我们在前面分析"电视总统"大选获胜时曾提到的，当传媒自身的娱乐属性开始渗透到一些严肃领域甚至侵蚀了传媒的其他社会功能之时，就可能造成一系列的问题，乃至引发危机。对此，我们必须拥有充分的认识。

第四节　道德危机、文化危机与心理危机：传媒文化过度娱乐化带来的问题

在前面的三节中，我们对传媒文化娱乐化现象的表现、意义和形成进行了初步探讨。毫无疑问，传媒文化的娱乐化现象和趋势已经是一个不可回避的客观存在，在许多历史原因和社会原因的推动下，它的出现有其合理性。但是，任何事物都有一个度的问题。如果对当今传媒文化的娱乐化现象进行进一步的考察，我们不难发现，当今的传媒文化多多少少出现了一些过度娱乐化的倾向，同时也带来了一些令人们不得不认真面对和反思的问题。

在本节中我们将以辛普森出书、中国选秀节目一拥而上以及网络游戏沉迷三个案例来分别阐明传媒文化过度娱乐化可能带来的道德危机、文化危机与心理危机。

案例一：辛普森出书《如果我做了》②

2006年11月23日消息：辛普森杀妻案件，一直被视为美国司法历史上最黑暗的一夜，而在逃脱法律制裁之后，辛普森甚至专门撰写了一本名为《如果我做了》的书，该书目前并未通过审核，然而已经在拍卖网站eBay上被炒到1600美元。

---

① 王宁：《消费社会学》，社会科学文献出版社2001年版，第28页。
② 本案例摘自赛迪网李远《辛普森杀妻违禁图书eBay上被炒到1600美元》，新浪网，http://tech.sina.com.cn/roll/2006-11-23/0919166252.shtml。

据路透社报道，为了避免公众的愤怒，拍卖网站 eBay 不得不撤销了图书《如果我做了》的拍卖项目。据悉，网站上拍卖的图书，实际上因为广告商、图书经销商以及受害者家属的极力反对，并未最终上市。因此 eBay 网站上列出的图书，只是未经出版的样本。其中辛普森以假设的口吻，表达了自己"如何杀死自己前妻，并且掩盖证据"的种种恶行。据悉，虽然未能通过审核，不过该图书已经发布给各大经销商，目前作为图书的出版公司，新闻集团旗下的 Publisher Harper Collins 公司，正在全面回收和销毁共计 40 万册的该图书。

"我们亲自找到了 eBay，并且要求网站撤销一切有关该图书的拍卖信息，我们将尽一切可能销毁该图书的一切信息。"出版社工作人员表示。实际上，在被摆上 eBay 网站仅仅三个小时之内，《如果我做了》就被出价 50 次，并且被炒到 1600 美元的高价。"对于辛普森的所作所为，我们都没有评判的权利，无论你认为他有罪也好，无辜也罢，读一下他亲口叙述的故事，将会对你了解整个事情来龙去脉十分有帮助。"该书的拍卖者，一位来自美国得克萨斯州的男子如是说。

拍卖网站 eBay 表示，考虑到美国的知识产权保护法，出版社 Harper 完全有理由要求自己撤销该图书的拍卖权。

案例二：电视选秀节目一拥而上[①]

刚刚才偃旗息鼓的"超级女声"似一股突然袭来的飓风，在各种媒体炒作和成千上万的所谓"粉丝"（Fans）的鼓动下，声势浩大地影响着当下商业化了的大众文化的定位和走向。这场由湖南卫视和天娱公司主办的长达半年之久的真人秀节目，在全国范围内掀起了一波接一波的狂欢娱乐浪潮，900 万的短信投票，4 亿人次的观看，至少 15 万人参赛，超过《新闻联播》黄金时段的天价广告费用……就连《时代》杂志亚洲版也来凑热闹，竟让李宇春登上了《时代》的封面亮相，而致使千百万"粉丝"们欢欣雀跃，百感欣慰，终于迎来了平民狂欢的胜利和国际娱乐界的承认。

其实近年来的媒体狂欢娱乐不只"超女"——在"超女"运动掀起不久，中央台随即推出了一档同样是高收视率的轰动一时的节目"梦想中国"，而上海电视媒体也不甘落后地搞了一次来自全国各地少男少女们一齐

[①] 本案例节选自金丹元、王新菊《从"超女"到"梦想中国"——对当下电视媒体狂欢娱乐的整体文化反思》，《上海文化》2006 年第 1 期。

参与的"我型我秀"。只是由于"超女"的风头实在太大,使得"梦想中国"和"我型我秀"等相形见绌。随之而来的关于"超女"这一文化现象的评论也同样是铺天盖地,网上的帖子更是如雨后春笋般层出不穷。说好的,认为"超女"的海选与评分机制与西方竞选模式相似,是民主政治在中国的一次预演,是草根阶层登上文化舞台的典型代表;说坏的,认为这是一种伪民主,是一种集体性癫狂,并指"文革"和"传销"都带有这种特质。不是全民娱乐,而是全民"愚"乐。暂且不说"超女"所引发的争议和有关评论的孰是孰非,从"超女"到"梦想中国",这一中国当下的媒体狂欢娱乐文化,绝不会因"超女"的稍稍停歇而被人们所遗忘,很难保证来年不会有第二次"超女"或类似"梦想中国"、"我型我秀"的节目出现,为此,当这些风靡全国的狂欢节目暂告一段落,稍稍冷下来时,倒恰恰值得我们去认真作一番反思,即从"超女"到"梦想中国"究竟怎么出现的,它们的兴起反映着当下中国大众文化的一种什么样的情结?中国的大众文化究竟该何去何从?

案例三:网络游戏《魔兽世界》引人沉迷[①]

据美国《华盛顿邮报》近日报道,大型多人在线角色扮演游戏(也称MMORPG或MMO)的参与人数已从20世纪90年代末的100万增至现在的1300多万。花样不断翻新的网络游戏吸引了越来越多的玩家,不少人游戏上瘾,为之废寝忘食甚至丧命。

网络游戏能把你变成战争英雄、巫师或宇航员,带你进入迷人的虚拟世界。热门的《魔兽世界》(World of Warcraft)在线游戏在全球有650万玩家,其中很多人每周玩20—22个小时。玩这个游戏的时候,成千上万的人同时登录4台服务器,在虚拟的刺激和冒险中与全球各地的玩家互动。玩得越久,虚拟财富就越多,地位越高,晋级或接触更精彩内容的机会也越大。除此以外,在线玩家还能组队,合作解决游戏中的难题,由此形成友谊或结成私密关系。

美国伊利诺伊大学副教授德米特里·威廉斯说:"人们上网玩游戏的主要原因是,其他人也在那里。他们知道你的名字,和你有共同的兴趣,如果你离开,他们会想念你。"

---

① 本案例摘自新华网《全球越来越多的人沉溺于网络游戏》,新浪网,http://tech.sina.com.cn/i/2006-08-21/11291095217.shtml。

随着网络游戏迷的激增，有关游戏上瘾问题的博客也越来越多。沉溺于虚拟空间而与世隔绝的"隐士"和游戏"寡妇"以及游戏"鳏夫"们在这些博客中探讨如何摆脱困境。

网络游戏何以让人如此上瘾？斯坦福大学研究生尼克·伊调查了4万名《魔兽世界》玩家之后发现，这些人平均年龄26岁，多半有全职工作，其中70%的人曾连玩10小时，约45%的人自认"上瘾"。

尼克·伊认为，是否逃避现实是判断游戏是否过度的主要依据。如果沉迷于网络游戏不只为娱乐或社交，而是为逃避现实问题，那可能就属于对网络游戏的"不当使用"。他说，这部分人"觉得无法控制现实生活，而游戏赋予他们某种社会地位和社会价值，这是他们在现实生活中越来越难以实现的。因此，真实世界越来越糟糕，而虚拟娱乐世界越来越美好"。

一 道德危机：传媒产品的媚俗化与传统道德价值的消解

从构成传媒文化娱乐化现象的微观元素来看，最突出的问题就是传媒产品的媚俗化。媒体出于经济利益上的考虑，为了在市场竞争中占据更为有利的位置，不惜迎合大众口味，以身体、性、感官刺激、猎奇等与人的本能欲望相关的内容来吸引最广泛的受众群，从而形成传媒产品的媚俗化倾向。

为了对这个问题具体加以说明，我们来看看本节案例一。辛普森案件是一个在国内外都引起广泛关注的司法案件，它引发了有关美国司法伦理、现存司法制度各种的反思，甚至被称为"美国司法史上最黑暗的一页"。不仅如此，单从案情来看，这是一个可以定性为恶性刑事案件的凶杀案，一位白人女性尼科尔及其男友惨遭杀害。无论何种情由，两条生命的消逝都是值得同情的。显然，这本当是一个严肃的事件，但包括Harper出版社、eBay拍卖网以及众多广告商在内的部分美国传媒在娱乐化的大旗下把这次事件完完全全弄成了自己营利的"宝贵"资源。《如果我做了》一书的策划意图是利用大众对案件内幕的好奇心，以辛普森案件事实的扑朔迷离吸引读者购买。不得不承认，单从创意和技巧性而言，这的确算是一个相当高明的选题，抓住大众眼球的成功几率非常之大，由此可能带来的商业利润也相当乐观。然而从另一个方面来看，如果考虑受害者家属的感受，就不能不说这是一个令人发指的事件。丧亲之痛犹在，就有人揭疮疤，不但揭疮疤，而且还以此为噱头大捞一笔，稍有正义感的人可能都忍不住要问一句："天理何在？"

为什么会有这样的反应？是因为这样的"媚俗"做法与人类社会传统

上的一些基本道德价值观相悖。从人类社会的发展历史来看，人与人要相互合作，必须就很多基本的内容达成某种程度的共识，否则，合作就无法进行。这些人类合作必须达成的共识的最基本的内容，就是人类的基本价值。任何一个社会，如果在这些基本价值上面达成了较高程度的共识，社会就会呈现繁荣——个人获得更多自由、社会取得更大的进步。任何一个社会，如果在这些基本价值上难以达成共识或难以达成一定程度的共识，社会就会出现动荡。任何一个社会，如果这些基本价值几乎完全丧失，那么，战争、屠杀等各种罪恶和灾难很快就会出现。道德的基本社会功能，就是通过维护人类基本价值的方式促使人们把"他人"当做主体的人看待，进而使人们能够有效地进行社会合作，免予生活在"他人"的地狱之中。[①] 虽然对于人类的基本道德价值具体包含哪些还存在争议，但"尊重他人"应该说是一个在历史和现实中得到绝大多数认同的最基本的道德价值。出版社、拍卖网以及广告商的做法显然就没有"尊重他人"，没有把受害者的家属当做主体的人来看待，而是随意玩弄。因此，正是可能考虑到了这一点，美国有关主管部门对《如果我做了》一书的出版发行未予批准。

但我们应当注意到，即使没有被批准出版发行，但该书在 eBay 网上的价格仍然炒到了 1600 美元一册。可见，有人为了满足自己的好奇心，对"尊重他人"这样所谓的人类基本道德价值早已经抛诸脑后。在买卖双方的共谋之下，传统的基本道德价值动摇了。而在这个商业逻辑至上、娱乐至上的现实社会，一次又一次的买卖双方共谋完全可能引起更多的人参与进来并从中得到个人利益、满足个人欲望，从而逐渐侵蚀传统道德价值的生存空间。人是有劣根性的，如自私、贪婪、懒散，等等。从本质上讲，这些劣根性也就是"媚俗"一词中的那个"俗"。"俗"与人类的基本道德价值是冲突的，但二者又恰恰是不可分离的，是人性之中"动物性"和"神性"矛盾的体现。现在，依靠着大众传媒的强大影响力，"动物性"正在消解着"神性"。试想，当人们彻底地见惯不惊，彻底地麻木不仁的时候，还有人会认为出版像《如果我做了》这样的书不是理所当然的吗？事实上，这并非危言耸听。传媒文化的过度娱乐化正在一点一滴地改变着我们的道德观。当我们习惯"戏说"、习惯"恶搞"，习惯杨子荣、少剑波这样的英雄人物终于也有了所谓"人性"而卷入三角恋情甚至还搞出了私生子的时候，有

---

① 马克义：《道德的基本社会功能——浅议人类基本价值》，博客网，http://column.bokee.com/128281.html。

没有想到有一天，这个世界可能会最终丧失严肃、丧失公平、丧失正义？"娱乐至死"，我们相信，在现实世界里，谁都不会希望尼尔·波兹曼的预言最终变为现实。也正因为此，在这场"动物性"与"神性"的交锋之中，人们绝不能坐以待毙。

二 文化危机：传媒产品的同质化与文化的去个性化

除了媚俗化之外，由于过度追求娱乐化而导致的传媒产品同质化也是一个不能忽略的问题。同质化是一个来源于经济学的概念，是指同一大类中不同品牌的商品在性能、外观甚至营销手段上相互模仿，以至逐渐趋同的现象。在传媒领域，由于娱乐化的具体诉求点总是不外乎身体、性、声光效果刺激、猎奇，等等，所以导致大量传媒产品都以包含这些诉求为制作目标，造成传媒产品的形式、内容趋同，即同质化倾向的出现。

本节案例二描述了一幅中国电视选秀节目同质化的图景。有学者指出，中国的电视娱乐节目经过20多年的发展，在历经了表演类综艺晚会时代、游戏娱乐与谈话时代、益智博彩时代之后，全面进入了真人秀时代。[①] 曾几何时，电视娱乐节目一直是电视台收视率贡献的主流力量，"周末看娱乐节目"几乎成了都市人的一道休闲大餐。但发展到今天，游戏类和益智类的诸多娱乐王牌节目已使观众产生了审美疲劳。2000—2002年，中国电视娱乐节目遭遇了整体"降温"。正当观众已越来越不愿看电视剧的装模作样，厌倦了综艺节目的无聊搞笑的时候，从国外借鉴而来的真人秀节目在中华大地横空出世，顿时扭转了局面。满足观众的表演欲望并为其提供舞台的表演秀型娱乐节目渐渐成为新的收视热点，尤其是2005年的真人秀节目火得可谓一塌糊涂。湖南卫视的《超级女声》、上海东方卫视的《我型我秀》、《加油！好男儿》、中央电视台二套的《梦想中国》都具有更多平民化的色彩，将"选秀"热不断推向高潮，"全民"参与的热情又恢复了市场的繁荣景象。然而，繁荣归繁荣，这几个节目互相之间的雷同程度也是不容否认的。几乎同样的"海选"，同样的淘汰赛制，同样的"PK"和"待定"，同样的"演艺明星+文化名人"的评委阵容以及同样的观众投票、"粉丝"拉票，仅有的差别只在于有的唱歌（《超级女声》、《梦想中国》），有的跳舞（《舞林大会》），有的又唱歌又跳舞（《加油！好男儿》）。这使得观众很快产生了审美疲劳，"繁荣盛世"仅仅在之后第二年就衰败下来。很显然，这种

[①] 参见蔡骐、蔡雯《媒介竞争与媒介文化》，复旦大学出版社2007年版，第245页。

"其兴也勃焉,其亡也忽焉"的现象有相当一部分要归罪于节目的同质化。

但是,传媒产品的同质化带来的危害并不仅仅只是观众的审美疲劳,也导致了文化的去个性化。

在社会层面上,传媒娱乐产品最大的输出国美国的文化通过产品的传播及影响力正在潜移默化地改变着其他国家和地区的文化。或者说,传媒产品同质化的背后是传媒产品的美国化,是美国文化霸权的扩张。作家蒋子龙在《把晚上交给好莱坞》中曾经提道:"看着美国电影,喝着可口可乐,还有遍地开花、生意兴隆的麦当劳及其他各式各样的美国产品,构成了美国的整体形象,这就是美国文化的魅力。"[1] 学者们甚至发出了这样的警告:越是商业化,就越是娱乐化;越是娱乐化,就越是美国化。在本书的"全球化"一章中,我们曾经提到,案例二中《超级女声》等众多的选秀节目其实正是模仿《美国偶像》而来的,而同样是舶来品的其他类型的真人秀节目也在中国大行其道,方兴未艾。也正如我们在本书"传媒文化的本土化"中所分析的那样,来自于美国的这些传媒产品作为文化产品不可避免地含有他们的价值观、世界观和生活方式。但是由于媒体往往把追求经济效益放在首位,对这些潜在的威胁视而不见。难怪有学者指出这是"在各种肤浅庸俗的娱乐包装下消解自己民族的根,消解民族文化精神"。"这就是娱乐至死的文化,就是一味地搞笑、媚俗,搞得一个民族只知道笑而不知道为了什么笑,用调侃的方式消解掉一个民族最宝贵的传统和最优秀的伦理观念,到了最后也就造成了这个民族精神的解体。"[2]

在个体层面上,传媒产品的同质化导致了人的平面化,即马尔库塞(Herbert Marcuse)所说的"单向度的人"。同为法兰克福学派的霍克海默(Max Horkheimer)和西奥多·阿多诺指出:"文化事业恶毒地使人体现为类本质。"[3] 梅琼林教授在《谈大众传媒的娱乐化现象》一文中归纳了个人平面化的表现:第一,语言的无个性,即语言的同一化。在千篇一律的传媒娱乐产品的影响之下,原本具有文化特色的语言逐渐趋同,不同地方的人们开始使用同样的语词来指称某一事物;第二,消费品位的一致化,即消费领域时尚与流行的出现。传媒娱乐产品的各种内容都凭借强大的影响力转化为人

---

[1] 蒋子龙:《把晚上交给好莱坞》,时代文艺出版社2000年版,第226页。
[2] 仲呈祥、杨乘虎:《电视艺术生态环境的忧思与净化》,《现代传播》2005年第1期。
[3] [德]霍克海默、阿多尔诺著,洪佩郁、蔺月峰译:《启蒙辩证法:哲学片断》,重庆出版社1990年版,第137页。

们的消费时尚与流行文化；第三，行为的标准化，即人们的生活方式以传媒娱乐产品所提供的内容为模板趋同。现代传媒通过直接灌输、诱导、现身说法、引起讨论等等手段，为现代人打造了"合理性"生活方式。[①]

每一种具有自身特色的文化都是人类共同的宝贵遗产，传媒文化的过度娱乐化导致文化的去个性化是人们不愿意看到的结果。为了避免将来有一天悲剧变得不可挽回，是到了应当考虑对策的时候了。

三 心理危机：传媒产品的仿真化与受众的精神沉溺

近年来，随着传媒文化娱乐化程度的提高和数字电子技术的高速发展，本来就带有游戏性质的传媒娱乐产品正在向着越来越逼真的方向发展，我们可以称之为传媒产品的仿真化。推动仿真化前进的主要动力是受众对作为游戏的传媒产品的真实性要求越来越高，因为他们需要更为真实的体验来保持刺激的强度，以获得一种满足感。

仿真化的传媒娱乐产品中最有代表性的当数网络游戏。网络游戏是计算机技术发展到一定水平的产物，尤其是《传奇》、《奇迹》、《魔兽世界》等在线角色扮演类游戏，其逼真的背景图像、华丽的特技效果、精致的人物形象以及准真实的人际交往构成了一个虚拟的现实世界，让玩家们体验到不同于真实人生的另一次精彩、刺激的"人生经历"，还能结识许多"朋友"一起并肩"战斗"和"生活"，形成了非常强大的吸引力。正是由于网络游戏极高的仿真性，才造成了案例三所描述的情况，近年来更有愈演愈烈之势。姑且不说网吧悲剧的频频发生：2002年11月26日，陕西安康一少年连续27小时上网，结果疲劳猝死；2003年4月17日，南昌17岁的高中生因连续两天上网，猝死在网吧；2004年3月21日，武汉的一个警校温州籍的学生，因连续24小时上网，猝死在宿舍；2006年2月11日下午，北京顺义的一个少年，猝死在金南街口的一个网吧里……[②]更多的人是沉迷于网络世界不能自拔，一回到现实中就出现少言寡语、精神恍惚、狂躁不安等症状；山东某地还发生了妻子因为丈夫迷恋网络游戏而起诉到法院要求离婚的案件。[③]人们甚至把网络游戏称之为"精神鸦片"。这一切都表明，传媒娱乐

---

① 参见梅琼林《谈大众传媒的娱乐化现象》，《新东方》2005年第4期。
② 《人大委员称未成年人保护法对违法网吧处罚太轻》，《中国青年报》2006年10月30日。
③ 参见中国新闻网王玉秀、宫景山《丈夫沉溺网络游戏全然不顾家庭妻子怒诉离婚》，腾讯网，http://news.qq.com/a/20070216/001584.htm。

产品正在给现代社会的人们带来越来越不可忽视的心理危机。

从现有的发展势头来看，传媒娱乐产品的仿真化还将进一步延续，在不久的将来很可能出现真实度更高的产品。然而，我们也不得不表示出相应的担忧——这可能导致人们彻底沉溺于虚幻的满足以至于现实生活的参与度和行动力急剧下降。

首先，大众传媒对现实和假想素材的精心剪裁、随意拼贴制造出关于现实甚至脱离现实的虚拟镜像/影像。早在 20 世纪 20 年代，李普曼就在其著作《舆论学》(*Public Opinion*) 中提出了"拟态环境 (pseudoenvironment)"的思想；50 年后，波德里亚在《象征性交换与死亡》(*Symbolic Exchange and Death*) 一书中进一步将其阐发为"超真实世界 (hyperreal world)"。他认为，仿真 (simulacra) 发展到拟像 (simulation) 阶段，真实本身已经被瓦解，一种比真实更"真实"的状态或现实显现出来，那就是所谓的超真实。超真实之所以具有比真实更为"真实"的特征，首先是因为它打破了真实与想象之间的界限，使昔日的审美幻境无处不在；而更为关键的是，超真实是按照模型生产出来的，它从根本上颠覆了真实存在的根基。也就是说，超真实不再是客观存在之物或反映之物，而是人为制造（再生产）之物或想象之物。[①]

其次，在大众传媒制造出的这种拟态环境和超真实中，人们的各种需要可能不必通过现实行动就能获得替代性满足，由此而导致行动力下降，其中传媒卷入度 (media involvement) 较高的人更是常常混淆现实与虚拟的界限。一般而言，大多数人的情绪或欲望通过传媒得到宣泄之后都会获得一定的满足感，从而减弱在现实中依靠实际行动的动力。这也是社会学家默顿 (Robert King Merton) 和拉扎斯菲尔德 (Paul F. Lazarsfield) 所提出的"迷醉性功能障碍 (narcotizing dysfunction)"。而人们在进入类似于网络游戏的超真实世界之后，可以成为各种在现实中不能成为的角色，可以获得各种在现实中不能获得的体验，可以满足各种在现实中不能满足的需要，心理上可以得到极大的兴奋感、自由感和放纵感，以致最终混淆现实世界与虚拟世界，沉溺于其中不能自拔。而一旦回到现实生活之中，即会出现明显的焦躁

[①] 汪民安主编：《文化研究关键词》，凤凰出版传媒集团、江苏人民出版社 2007 年版，第 26 页。

不安、情绪低落、空虚感等异常行为甚至出现暴力、伤害他人等极端行为倾向。①

曾经，人们为逼真的虚拟世界的出现而欢呼，仿佛自己有了一个新的精神家园。但是当经典科幻影片《黑客帝国》为我们展示出一幅令人震惊的画面时，当《魔兽世界》引发了类似"铜须门"一类的恶性事件（详见本书第一章"传媒文化的符号化"）之后，我们是不是应该进行适当的反思了呢？

综上所述，传媒文化的过度娱乐化有百害而无一利。所幸无论是道德危机、文化危机还是心理危机，现在都还没有弄到不可收拾的地步。因此，采取适当的措施对传媒文化的过度娱乐化进行抑制和规范正是当务之急。既然这一现象和趋势的出现有着媒体和受众两方面的因素，那么对于过度娱乐化，我们不妨考虑从加强传媒文化市场监管和受众审美价值观引导这两个方面入手，双管齐下，以求达到抑制和规范的最佳效果。

---

① 参见高文斌、陈祉妍《网络成瘾病理心理机制及综合心理干预研究》，《心理科学进展》2006年第4期。

第八章 传媒文化的多元化

　　一部人类发展史，就是文化创造和共享的历史，而文化的共享则离不开以传媒为载体的文化传播，传媒由低级到高级，从简单向复杂的演进，促使文化传播、共享并不断走向繁荣。作为一种新型的文化形态，传媒文化又是在经济全球化、信息一体化的背景下形成和发展起来的。基于现代传媒技术的发展和经济全球化的影响，传媒文化的多元互动性空前凸显，它构筑了一种新生的文化氛围，成就了一种新型的文化环境，也为人们塑造了一种全新的生存方式。

　　大致来说，当代传媒文化表现为一种多元杂糅的形态，大众传媒不仅传播大众文化，也传播主流文化、精英文化和民间文化、全球文化——作为一种介质，大众传媒本身就具有很强的兼容性，各种文化都可以在这一领域中找到适合的传播渠道，区别仅仅在于各个媒介的编辑方针和所面向的受众群略有不同。而且随着科技的发展和传播技术的进步，当代传媒文化的这种兼容性还将变得更加凸显。

　　当然，这种多元杂糅仅仅是传媒文化的表层结构，它反映的恰恰是当代文化媒介化过程中出现的文化共生共融现象，它以多元化的形态贯注了当代文化的精神，创造了更为广阔的文化空间，使得大众传媒从不同侧面与社会生活的各个层次紧密地联系了起来。

　　表面上看，当代大众传媒以其多元文化所构造的"混杂"的世界图像而变得更加扑朔迷离，但实际上，它正是在这样的状态下，以一种开放性、扩展性的形态使当代文化与人们的社会、政治、经济生活水乳交融。或者可以说，当代传媒文化的多元化恰恰是当代大众传媒向社会深层结构多面渗透的具体体现。

　　本章拟从外显形态、内隐形态及形成机制等诸方面出发，对当代传媒文化的多元化问题进行较为深入的剖析。

第一节 当代传媒文化内在内容方面的多元化表征

究竟什么是"多元化"？这是进入本文之前首先必须解决的问题。

大多数时候，"多元"这一概念指的是性质不同的东西并列存在、共同发展。① 而所谓的"化"则是一个舶来概念，在英语中对应着"-ize"和"-ify"这两个后缀。我们熟悉的"现代化"、"全球化"、"工业化"等便是取自此意。"化"尽管是个舶来的概念，但是在汉语中也并不是不能找到注脚的，它对应的是文言文中的"使动"用法，即"使之……"。从这一角度上讲，我们可以认为，"多元化"其实就是"使某种事物具有多样性、差异性"。综合上述两层意思，我们不妨简单地把"传媒文化的多元化"定义为：允许多种形态的传媒文化相互交织、兼容和共同发展的态势。

在这一概念之下的传媒文化多元化，不仅指在地理范围内不同传媒所代表的文化的共存发展，而且意味着每一种媒介文化对其他媒介文化的宽容和必要的吸收，即著名人类学学者费孝通曾指出的各种文化应该"各美其美，美人之美，美美与共，天下大同"②。从这一角度上讲，多元化也应该理解为一种新的思想方法和观念，即要求人们从传统的一元式思维转变到多元式思维，也就是要达到孔子所说的"和而不同"的境界——各种传媒文化之间虽有共性，但必须坚持自己的不同传统和特色才能生存发展，对此我们必须有明确的尊重态度。相反，无视多样性、削平差异性是对一种媒介文化所代表的生命和生活意义的蔑视和否定，是违背客观规律的唯我独尊的表现。

也就是说，传媒文化的多元化以承认各种媒介文化之间的差异为前提，主张各种媒介文化的平等性，强调保持各种媒介文化的独立性格和特点，强调多种传媒文化之间相互尊重、平等共存。

在改革开放前，由于媒体以舆论宣传为主要职责，它不可能向受众提供更加多样的信息和内容。与此同时，由于不存在市场经济环境中才能有的竞争机制，受众在内容选择上、媒介选择上也完全处于被动地位，既没有选择的余地，也没有选择的可能。改革开放之后，特别是在市场经济机制确立之后，在社会价值体系日益多元和受众的精神需求日渐丰富的情况下，传媒内

---

① 张同生：《多元化理论剖析》，《贵州日报》1991年12月2日第4版。
② 王俊敬：《人类学研究与文化问题》，《北京大学学报》1996年第1期。

容也越来越趋向多元化和异质化——社会的发展与进步为传媒及传媒文化的多元化创造了可能。

山东经济学院的李金蓉教授把目前多元的文化形态分为了大众文化、精英文化和主导文化三大板块。① 其中的大众文化指利用工业化生产手段批量复制的，通过市场化方式运作的，借助大众媒体传播的，适合都市大众消费的一种特殊的文化形态。商业性、娱乐性、流行性、复制性、通俗性等是其主要特点。而精英文化主要指表达知识分子主体的理性思考和理想追求的文化。从价值取向上看，它总是不满足于眼前的世俗生活，而是有着现实主义的批判态度和历史觉悟，关注生存的意义以及生存的体验方式，以对真、善、美的理想境界的追求为宗旨，体现高尚的道德情操和精神境界。主导文化则是反映着国家的根本意志、文化取向和价值观念的文化，是社会主义生产方式和政治制度的观念反映，它着眼于整个国家整体的、长远的、根本的利益。在李金蓉教授看来，大众文化以满足大众日常生活的文化需求为己任，追求娱乐效应；主导文化的功能偏重于教育、认知方面，其意识形态性决定了它的价值倾向必然是趋向于统一、集中、整体、权威。

与李金蓉的分类略有不同，王一川教授把当前的文化形态分为了四种元素或层面：体现特定时代群体整合、秩序安定或伦理和睦需要的主导文化，表达知识分子个体理性沉思、社会批判或美学探索旨趣的高雅文化，工业化和都市化以来运用大众传播媒介传输的、注重满足普通市民日常感性愉悦需要的大众文化，以及传达普通民众日常通俗趣味的、带有传承特色和自发性的民间文化。②

综合上述分类，本文拟从内容层面上将主要由大众传媒传承的当代多元文化描述为五个方面：主流文化、精英文化、大众文化、民间文化和全球文化。

一 主流文化

任何一个国家和民族都必然有自己的主流文化与非主流文化，没有主流文化就不成其为民族文化。而所谓主流文化，一般是指起主导地位的文

---

① 李金蓉：《当代中国多元文化的冲突与互补》，《山东科技大学学报》（社会科学版）2004年第 2 期。

② 王一川：《走向文化的多元化生》，《社会科学》2003 年第 1 期。

化。[①] 肖建华 2001 年发表在《湖南社会科学》上的"大众文化的哲学思考"一文将其定义为：主流文化是指一个社会中由传统、政治权力、社会权力通力维护和阐扬的一整套价值体系和为这一价值体系服务的一切文化设施。主流文化体现特定时代的群体整合、秩序安定或伦理和睦需要。王一川教授在他的《走向文化的多元化生》一文中指出，这种文化文本的一个主要特征是教化性，也就是直接或间接地传达统治阶级制定的社会规范，以便教育、整合或感化社会公众。

在现阶段，中国特色社会主义的文化就是我们的主流文化。

在改革开放的过程中，邓小平作为党的第二代领导核心，坚持和发展毛泽东思想，提出了党在社会主义初级阶段的路线、方针、政策，其中包括建设有中国特色社会主义的文化。对此，党的十五大作了完整的概括："建设有中国特色社会主义的文化，就是以马克思主义为指导，以培育有理想、有道德、有文化、有纪律的公民为目标，发展面向现代化、面向世界、面向未来的，民族的、科学的、大众的社会主义文化。这就要坚持用邓小平理论武装全党，教育人民；努力提高全民族的思想道德素质和教育科学文化水平；坚持为人民服务、为社会主义服务的方向和百花齐放、百家争鸣的方针，重在建设，繁荣学术和文艺。建设立足中国现实、继承历史文化优秀传统、吸取外国文化有益成果的社会主义精神文明。"有中国特色社会主义的文化，首先继承了党在新民主主义革命和社会主义建设时期对先进文化的认识，同时又将改革开放时期的新内容纳入其中。

在坚持和发展邓小平理论的实践过程中，江泽民同志"三个代表"的重要思想体现了党的第三代领导集体的理论创新，标志着我们党的文化意识达到了一个新的高度，即从社会全面发展的动态角度将先进文化的功能与标准统一起来，使之进一步适应新世纪的文化发展，因而可以说它是中国共产党面向 21 世纪的文化纲领。

而胡锦涛总书记在十七大报告中向全党提出了"推动社会主义文化大发展大繁荣"的伟大战略任务。这个任务的提出表明，当今时代，文化越来越成为民族凝聚力和创造力的重要源泉、越来越成为国家软实力的重要因素，丰富精神文化需求越来越成为我国人民的热切愿望。要推动文化的大发展大繁荣就必须坚持社会主义先进文化前进方向，兴起社会主义文化建设的新高潮，激发全民族文化创造活力，提高国家文化软实力，使人民基本文化

---

① 罗启荣：《西方文化对高校德育的影响与对策》，《广西教育学院学报》2004 年第 1 期。

权益得到更好的保障，使社会文化生活更加丰富多彩，使人民精神风貌更加昂扬向上。因此，文化的大发展大繁荣，就为我们在建设中国特色社会主义的总体进程中进行相应的文化建设提供了正确的思想路线、指导方针和全面系统的具体方法，也明确了今后相当长的一个时期内社会主义主流文化建设的根本目标、主要任务和大政方针，具有重要的指导意义。

上述思想正是当代中国主流文化的核心指导。具体到当前的媒介实践中，可以用党报文化来予以描述。对此，安徽省社会科学院副院长、研究员、高级编辑王传寿在其《党报与主流文化》一文中有比较中肯的论述：媒介文化是当代主流文化的重要组成部分。党报在主流文化中处于特殊地位，它是中国传播事业的主体，是党和人民的喉舌，是社会主义文化事（产）业的重要组成部分。为此，要充分发挥党报主导主流文化的作用，坚持政治家办报，巩固社会主义主流文化阵地；实行企业家管报，做大做强党报产业；提倡新闻家编报，提高党报的文化品位。[①]

案例一：党报与主流文化[②]

中国共产党党报可说是和党同时诞生的，是党的事业中一个重要组成部分。它是完全在党的哺育下成长起来的，彼此血肉相连，呼吸与共。

中国共产党党报兴起于20世纪初期其他资产阶级政党报纸衰微之际，并以崭新的姿态，活跃于辽阔的中华大地，为中国报界开辟了一个生气勃勃的新时代。十年内战期间，中国共产党报刊是在和国民党生死决斗的严峻形势下开展活动的，在奋勇前进的道路上曾受到党的三次"左"倾路线的影响。抗日战争和解放战争时期，中国共产党党报事业逐步走向成熟，业绩辉煌。抗日战争爆发后，党的报刊一下形成蓬勃发展之势。原来那种"左"的倾向对报刊的影响已渐消除，但尚未作思想清算，一些新的混乱现象又在滋生，党曾多次作决议、发通知以作指引。根据以往经验，单靠这些是难以真正奏效的，党报极其需要一次马克思主义教育运动。1942年开始的延安整风，就是这种教育运动。它是面向全党的，党报整风是其重要组成部分。这次报界整风，是在马克思主义、毛泽东思想指引下进行的，党报观念、办报思想取得了全面发展，渐趋成熟，与中国实际相结合的党报学说，由此奠

---

① 王传寿：《党报与主流文化》，《江淮论坛》2004年第4期。
② 本案例摘自宁树藩、黄芝晓《纪念中国共产党党报80周年》（《新闻界》2001年第3期）并略有删节。

定了坚实的基础。

中华人民共和国的成立，中国共产党成为执政党，为党报的发展开辟了无比广阔的天地。中国共产党在全国执政以后办党报，"全党办报"的内涵有了新的充实，中央要求各级党委不但要加强对宣传内容的领导，而且要重视党报的出版和发行工作。值得一提的是，这时党中央已经提出报纸经营实行企业化方针，明确提出全国报纸特别是公营报纸，必须转变供给制思想，把报纸作为生产事业来经营，逐步实行经济核算制，达到经费全部或大部自给。1956年7月1日《人民日报》改版发表的社论《致读者》，对这一时期的探索作了比较系统的总结，党报观念在这时发生了重大变化。社论第一次明确地对社会主义时期的党报作了科学的定位："人民日报是党的报纸，也是人民的报纸"，"是社会的言论机关"，"是为党和人民的利益服务的"。社论还十分中肯地说："我们的名字叫做《人民日报》，意思就是说它是人民的公共的武器，公共的财产。人民群众是它的主人。只有靠着人民群众，我们才能把报纸办好。"

1981年6月党的十一届六中全会在总结新中国成立以来的历史经验教训时，不但再次重申了"党的各项工作都必须服从和服务于经济建设这个中心"，并明确地指出，"在剥削阶级作为阶级消灭以后，阶级斗争已经不是主要矛盾"。这就为新闻界重新审视"党报是阶级斗争的工具"这一党报观念提供了重要的理论根据。20世纪90年代初，新闻工作者从具体报道形式的小改小革出发，考虑起报纸的整体改进。80年代后期开始出现，90年代初期呈现兴旺的党报"扩版热"在全国铺开。扩版使报纸在很大程度上满足了广大读者在一个时期的信息需求，也推动了报社经济的发展，现在全国报社的大楼相当多数正是在这一个时期经济积累的基础上建设起来的。

从90年代中期起，面对方兴未艾的生活类报纸和都市报的竞争，党报在内容改革上，尽量把群众关心的热点问题与领导工作的重点结合起来，力求在严肃性、权威性与可读性、趣味性之间寻求结合点，探索保证政治导向正确的前提下，把报纸办得更引人入胜的"安全通道"。

党报改革从单纯的新闻改革转向综合的报业改革，是我国党报发展史上的一个重要的历史性的进步，是党报事业高度发达的标志。党报观念在这样的基础上有了升华。江泽民同志1996年9月视察人民日报社时明确指出："历史经验反复证明，舆论导向正确与否，对于我们党的成长、壮大，对于人民政权的建立、巩固，对于人民的团结和国家的繁荣富强，具有重要作用。舆论导向正确，是党和人民之福；舆论导向错误，是党和人民之祸。党的新闻事业与党休戚与共，是党的生命的一部分。"

在上述案例中我们着重回顾了中国共产党党报事业发展的历程，从中我们可以清楚地看出：一、中国共产党的党报业在中国无产阶级新闻事业中是率先诞生的，是具有奠基意义的、开创性的、先导性事业；二、中国共产党的党报业与中国共产党诞生、成长、壮大始终相伴，与党休戚与共，是党的生命的一部分；三、中国共产党的党报业对于我们党的成长、壮大，对于人民政权的建立、巩固，对于人民团结和国家繁荣富强具有重要作用；四、当代中国共产党机关报是中国社会主义报业的核心，是中国传播事业的主体；五、中国共产党机关报从诞生那天起，就自觉地肩负起了传播主流文化，弘扬主流文化的重任。主流文化通过党报这个载体得到了最充分、最及时的传播。

胡锦涛同志在十七大报告强调："文化越来越成为民族凝聚力和创造力的重要源泉、越来越成为综合国力竞争的重要因素"；"提高国家文化软实力，使人民基本文化权益得到更好保障，使社会文化生活更加丰富多彩，使人民精神风貌更加昂扬向上"。要提升中国的文化软实力，要使我们的国家在21世纪从文化大国变为文化强国，显然就要着力构建我国的主流文化，进而言之，就要进一步搞好党报文化的建设——要使党报文化与主流文化形成良性的互动关系，既主导主流文化，又融入并丰富主流文化，为我国全面建设小康社会提供舆论支持、精神动力和文化基础。为此，对党报"喉舌论"的坚守就显得更为重要。

最早以"喉舌"来概括报刊性质和功能的是马克思。1842年4月—1843年3月，马克思在《莱茵报》发表的文章中，提出了"人民报刊"的思想。他认为，人民报刊代表人民意志，是人民思想感情的表达者，是人民精神英勇的喉舌和无所不在的耳目。[①]马克思在《〈新莱茵报〉审判案》一文中讲到报纸的使命时再次强调说，"报纸是社会的捍卫者，是针对当权者的孜孜不倦的揭露者，是无处不在的耳目，是热情维护自己自由的人民精神的千呼万应的喉舌"[②]。

列宁对党报的功能也有着自己的观点。1905年11月，他在《党的组织和党的出版物》一文中明确指出："报纸应当成为各个党组织的机关报。"

[①] 余东升：《喉舌论发展的现实意义》，《广西职业技术学院学报》2009年第1期。
[②] 《马克思恩格斯全集》第6卷，人民出版社1961年版，第275页。

它"应当成为无产阶级总的事业的一部分,成为全体工人阶级的整个觉悟的先锋队所开动的一部巨大的社会民主主义机器的'齿轮和螺丝钉'"①。

中国共产党的几代领导核心继承并发扬了革命导师关于"喉舌"论的论断。毛泽东新闻思想的核心内容之一就是党报作为党的耳目和喉舌,必须坚持鲜明的党性原则。早在1941年延安《解放日报》改版期间,毛泽东在亲自修改审定的《党与党报》、《致读者》等文章中就明确指出,《解放日报》要"成为党的喉舌","成为真正战斗之党的机关报","成为一切愿意消灭民族敌人建立民族国家的人民共同的喉舌"②。

邓小平则要求宣传思想战线上的战士"作为灵魂工程师","一定要无条件地宣传党的主张"③。江泽民1989年11月28在新闻工作研讨班上的讲话中说:"我们党历来非常重视新闻工作。始终认为,我们国家的报纸、广播、电视等是党、政府和人民的喉舌。"所以,党和政府、人民的喉舌既说明了我国新闻工作的性质,又说明了它在党和国家工作中的重要的地位和作用。

胡锦涛同志2006年在纪念中国共产党成立85周年讲话中强调:学习贯彻"三个代表"重要思想,必须牢固树立全心全意为人民服务的思想和真心实意对人民负责的精神,做到心里装着群众,凡事想着群众,坚持"权为民所用,情为民所系,利为民所谋",为群众诚心诚意办实事。这同样是新形势下党报的办报宗旨,是党报安身立命的重要法宝。作为党和人民的喉舌,各级党报必须坚持用"三个代表"重要思想统领新闻宣传工作,以群众的需要和满意作为办报的出发点和落脚点,以群众的认可和拥戴来拓展党报的生存空间,打好"亲民牌"。

从革命导师和我党领导核心的精辟论述中,我们可以清楚地领悟到:党报工作是党的事业的一部分,党报的"喉舌"功能乃是党性的集中体现;党的方向、任务和目标规定着党报工作的方向、任务和目标;党的路线、方针和政策,是开展党报工作的重要依据,必须认真贯彻执行。

当然,要进一步发展党报文化,发展主流文化,在坚守党报"喉舌论"的同时,我们还应该进一步巩固、发展党报所拥有的权威主流媒体地位。毛

---

① 濮端华:《新时期党报的"喉舌"功能》,《军事记者》2002年第3期。
② 同上。
③ 李兰青:《对"喉舌论"的历史回顾与现实思考》,《华中师范大学研究生学报》2005年第3期。

泽东同志在《对晋绥日报编辑人员的谈话》中指出："党报的作用和力量，就在她能使党的纲领路线、方针政策、工作任务和工作方法，最迅速最广泛地同群众见面。"党报从其诞生之日起，就作为传媒的主导力量立足于报道党的方针政策和关系国计民生的主流新闻，体现出强烈的社会责任感和高度的历史使命感。作为执政党的机关报，党报在接近主流资讯时较之其他媒体更具政策上的优势。此外党报的新闻工作者具有较高的政治素养，较强的政治沟通能力，能够较好地解读重大政策性新闻。作为我国传播媒介的中坚力量，党报主流媒体地位不可撼动，理所当然成为主流文化传播与建设的主阵地。

实际上，传播主流文化也一直是党的新闻事业的优良传统。以毛泽东、邓小平、江泽民为代表的党的三代领导集体在具体的革命实践中形成了有中国特色的新闻思想，无产阶级党报新闻事业坚持以这些理论为指导，理论联系实际，大力宣传全党、全国人民生机勃勃的伟大实践，使党的声音传遍千家万户，有力保证了我国社会主义主流文化传播与建设的先进性。党报在党的新闻传播历史上还经受了与各种非无产阶级思想和文化斗争的考验，勇于修正错误、及时总结教训，使作为文化建设重要组成部分的新闻事业成为凝聚和激励全国各族人民的重要力量，在引导全体人民树立正确的世界观、人生观和价值观方面发挥了重要作用。

二 精英文化

精英文化主要指表达知识分子的个体理性沉思、社会批判或美学探索旨趣的文化文本。这种文化往往从知识分子或文人的个体立场和视角出发，去从事独特的形式变革，以便在这种新形式中传达对于社会生活的理性沉思，以及对于社会问题的批判性观察。对此，邹广文认为，精英文化就是知识分子阶层中的人文科技知识分子创造、传播和分享的文化。这一理解和西方文化批评家弗兰克·雷蒙·列维斯（Frank Raymond Leavis）等人的看法相似。列维斯认为，精英文化是以受教育程度或者文化素质较高的少数知识分子或文化人为受众，旨在表达他们的审美趣味、价值取向和社会责任的文化。在2004年第十届全国青年工作理论研讨会暨第一届青年发展论坛上提交的论文《青年文化与青年现代人格的形成》中，钟红指出，20世纪以来，我国出现过新文化运动时期以文化精英为主导的精英文化，其后也出现过以政治精英为主导的精英文化，现在初见端倪的则当是经济精英主导的精英文化。这一论述很好地反映了当前的现实。

案例二：《对话》的精英取向[①]

2000年7月，中央电视台经济频道全新改版之后推出了一栏经济类谈话节目——《对话》，在不到一年的时间内该栏目就"小鸡变凤凰"，不仅引起同行关注，还特别受到了国内企业界（包括外资公司）的高度重视。

《对话》节目定位于高端精英谈话。受邀嘉宾均是来自世界各地的政要和行业领头羊，以及某些具有强势话语权的标志性人物。其观众则是一群受过良好教育、专业素质较高、具有相当经济实力、关注社会经济和文化发展，并活跃在社会经济文化各领域，拥有一定程度的社会影响力和决策能力的"知识群体"。

有一种说法很能体现《对话》的节目定位："外国公司的人想要《对话》节目的谈话嘉宾，必须是世界级大企业的总裁，副手或中国区总裁都不算数。"《对话》开播七年来，一直秉承高端、前沿、新锐、求实的节目风格，拥有稳定的观众群，并在激烈的媒介市场竞争中占领了一席之地，成为央视最具影响力和核心品牌价值的王牌节目，收视率节节攀升，闻名于社会各界。

《对话》栏目究竟是怎样体现当代精英文化具体特质的呢？下面我们来仔细地予以分析。

首先，定位明确、起点较高，从节目参与者及接受者上确定"精英"取向。目前，我国的许多谈话节目正逐渐形成自己独特的谈话群和风格模式，走出了一条差异化、分众化的路线。杨澜的《天下女人》定位于女性并取得了众多女性受众的欢迎，陈鲁豫的《鲁豫有约——说出你的故事》，则定位为"寻访昔日的英雄和特殊经历的人物，一起见证历史，思索人生，直指人们的生命体验与心灵秘密，创造一种新颖的纪录谈话模式"。通过独特的差异化的受众区分，谈话节目才能找准自己的忠实目标，也才能在竞争中立于不败之地。《对话》正是抓住了这一关键点，将栏目定位在了高端精英谈话上，致力于为新闻人物、企业精英、政府官员、经济专家和投资者提供一个交流和对话的平台。正如前面提到的，受邀嘉宾均是来自世界各地的政要和行业领头羊，以及某些具有强势话语权的标志性人物。尤其以经济界、产业界风云人物为主，也有知识文化界精英——这些人恰恰是经济社会

---

① 本案例主要内容取自《对话》栏目简介，CCTV，www.cctv.com/program/dialogue。

的主导阶层。① 从传播学角度来看，由于这些人所特有的身份、地位和名声，他们的参与有助于提高电视节目的权威性，提高节目在公众中的公信力。与此同时，名人嘉宾的参与也激发了观众的参与意识，满足了大家与成功人士交流的愿望。

应该看到，谈话节目能否成功，还有一个重要因素，就是是否在参与者之间形成了一个互动的交流机制。面对在世界范围或某一领域有相当成就的嘉宾，如何形成互动？《对话》选择了从参与观众入手——毫不夸张地说，《对话》的每一位观众都是细心挑选出来的，他们都是一群受过良好教育，有相对经济实力，有独立思考能力并希望表达自己诉求的一群社会精英人士。在观众席上安排一些与嘉宾同样重量级的人物，让这些观众带着问题去现场——这里的观众已经远远超出了充场面、出掌声的功用，他们已经成为《对话》不可或缺的一个重要组成部分。

其次，栏目内容展示了鲜明的精英取向。传媒竞争时代，内容为王。内容决定了展示的平台的高低，决定了节目的品位和旨趣，也决定了观众的需求。《对话》的高端定位决定了节目对于社会热点的敏感性。在2000年7月—2001年7月的节目中，曾经有两期是关于中国与奥运的，因为对于2001年，奥运确实是当年的一件大事，是人们密切关注并且乐于谈论的。当然，话题的高端性不仅仅指话题的热点程度，也包含一定的知识含量。《对话》已做了几百期节目，不少节目如《感受吴敬琏》、《跌倒的巨人能否再起来》、《中国股市：盼与理性同行》等都反响不俗。通过受邀嘉宾、现场观众及主持人的对话和交流，通过智慧碰撞迸发了思想的火花，并展示对话者的个人魅力及其鲜为人知的另一面。② 每周一次的"头脑风暴"，成为许多人不能割舍的一场思想的盛宴。对此，《对话》用栏目口号的形式进行了自我宣示：我们正是在"给思想一片自由飞翔的天空"。

最后，主持人的精英化。精英嘉宾与精英观众在一定程度上构成了对节目主持人的无形压力。与国外的主持人相比，我国还缺乏一个真正的主持人群体。作为嘉宾与现场观众沟通的桥梁，主持人的好坏决定了节目的水准。丰富的知识，敏捷的思维、独到的见解以及处变不惊的能力，这些都是一位优秀主持人所必须的素质。定位高端的《对话》栏目需要客观、温和并具有知性气质的主持人与之相对应。王利芬的文学博士背景将文学的优雅渗透

---

① 郭安菲：《〈对话〉栏目的品牌发展研究》，《现代视听》2007年第11期。
② 同上。

到主持中，曲向东沉稳、儒雅，送给英特尔总裁贝瑞特礼物时（《对话》标志模型——翅膀），也送给他一句极美妙的话：让我们一起飞翔。张蔚是《对话》栏目的另一位优秀主持人，她特殊的经历尤其是多年国外的学习生活，使她具备了丰富的阅历以及在电视业以外的商业素养。她的见识令她游走于商业、传媒业两个领域，使她与《对话》格外切合。这一切恰恰又将栏目的精英化诉求推向了极致。

应该说，所有的电视节目都是建立在一定技术基础上的社会心理反馈，它们所彰显的，恰恰是当代的典型文化诉求。从这一意义上讲，《对话》栏目所体现出的精英情绪，实际上也正是当代精英文化的一种典型反映。

三　大众文化

对于大众文化，不同的学者有不同的解读。本文按照当前大多数人的观点，将其定义为工业化和都市化以来运用大众传播媒介传输的、注重满足普通市民的日常感性愉悦需要的文化样式。对于这样一种文化，我们可以从下面这个案例说起。

案例三：黄健翔辞职风波

2006年11月16日，央视体育频道足球解说员黄健翔从央视辞职。第二天，前《球报》常务副总编、后任《辽沈晚报》文体中心总监的郝红军在其个人博客上发表题为《黄健翔辞职的导火索是一封"举报信"》的文章，该帖评论3820条，点击量超过200万；同一天50分钟以后，郝又发表文章《黄健翔对"举报信"的逐一反驳》，点击量近80万人次。其间还有很多传言中的黄健翔授权自己朋友通过博客发表的一些观点。也正因为这些所谓的内幕消息，把黄健翔推到舆论中心。

但这还不是高潮。2006年11月23日，《南方周末》发表了题为《猖狂黄健翔》的文章，这成为又一轮媒介大战的导火索。11月24日，黄在自己的博客上发表文章，将矛头直指《南方周末》记者的采访，而该报记者"应战"，新一轮的舆论大战如火如荼——"战事"的发展或许都已超出双方的想象，但有一个事实却是不容置疑的，黄的人气进一步飙升，加之随后发生的一系列新闻事件，"黄健翔"迅速成为了一个家喻户晓的名字。

现在看起来，"黄健翔辞职事件"不过是媒体制造的一场娱乐而已，事件的参与者和大多数受众在娱乐他人的同时也娱乐了自己。这就是大众文化。也许谁也不知道真相，也许本来就没有什么真相。其实，探究黄健翔辞职事件的真相与讨论芙蓉姐姐为何勇于展露自己的"S"型身材一样毫无意义——事情的真相其实就是那么简单，只不过是人们在娱乐的过程中将这个实在不能再简单的事件复杂化了。

黄健翔辞职的冲击波如今已尘埃落定。被娱乐的人们已从最初的义愤和躁动中逐渐清醒过来：黄健翔辞职与其他的央视名角辞职没有什么本质不同，不能因为他激情的解说，就冠以"伟大的黄健翔"、"伟大的辞职"。也许连黄健翔本人也未想到，他的辞职会演化成一场近乎"全民性"的娱乐活动——你快乐，我也快乐，健翔快乐，央视也很快乐，大家都快乐。央视不会损失什么，因为将来肯定有"超黄健翔"，对于这一点，黄健翔本人也说，该走的早晚会走的，只有央视这棵大树依然挺拔。

黄健翔以一种平和的心态与央视分手。对于各种传闻，他选择了沉默，最后还念念不忘央视的培养和领导的关爱。一向很激情的黄健翔在这个问题上很理智，这更增加了人们对他离开的神秘感和好奇心——对于黄健翔来说这就足够了，他为此赚得了旺盛的人气，如愿找到了新的东家，甚至因此而获得了广告商的"点击"。黄健翔利用了媒体，媒体也利用了黄健翔，因为他们都赚足了虔诚看客的眼球。

《新京报》在2005年7月5日的一篇文章中提到"芙蓉姐姐"现象时，曾用这样一句话来描述：登场的权利和围观的自由。在这里我们也可以借用这句话来评述黄健翔现象。黄健翔愿意以什么样的方式出现于网络、出现于公众的视野，实在是他个人的事和正当的权利。这种权利之存在和张扬，只要不对他人造成侵害，就有其合法性；这种权利的存在也并不以别人的宽容为前提，别人宽容，他会存在得更好；别人不宽容，也并不必然预示着他要丧失这样的权利。简单一句话：因为有舞台，谁都可以上去表演。

但是，以社会的"宽容"来评析"黄健翔"的"蹿红"，显然不能穷其内因——如果仅仅有宽容，只表明允许他的存在；而他竟然"红"得一塌糊涂，说明"看客"在宽容之外，更是有意无意地助了一声威，添了一把柴。对此，复旦大学顾晓鸣教授认为，黄健翔只是互联网时代的"宣泄羊"，为公众提供了一个引爆点，激发了公众又一次热烈的"起哄"行为。很多人挑战自我角色的意识靠此而复萌。"这是一个注意力经济的年代，但是大家很快又会有新的兴奋点，从而就会忘记旧的兴奋点。"顾晓鸣甚至认为，黄健翔一次次的"脱轨"显示，他仅仅是升级版的"师洋"而已，自己恶搞自己，满足人们看别人出洋相的心态。"他一次次地陷入是非，将自己贡献出来。要么是傻瓜，要么就是在做秀取乐。"黄健翔显然不是傻瓜——他正是靠着这种"做秀取乐"获得了自己想要的眼球。他正是靠着对大众文化特质的准确把握，从大众身上，实现了自我的目的。从这一角度上讲，黄健翔和广大受众之间，根本就不存在是谁被娱乐的问题，准确地说，他们只不过是在大众文化的旗帜下彼此娱乐而已——而从传播学的角度上看，这也恰恰符合了"使用满足"的理论——无论是黄健翔还是广大受众，他们都是在使用媒体，并从中获得不同目的的满足。

四 民间文化

民间文化是指体现普通民众日常通俗趣味的、带有传承特色和自发性特色的文化样式。和其他的一些文化样式比较起来，民间文化有着与众不同的特质——和精英文化相比，它体现的是普通民众的日常生活过程及其自娱效果，而不关心知识分子标举的那种个体意识、自我实现欲望；它也不像大众文化那样按市场行情和流行趣味成批量生产，以最终达到娱乐大众的目的，而是从日常生活中自发地生长出来，带有自娱自乐的特点。不过，它又和当代的其他一些文化样式具有某种相通之处。比如，民间文化与大众文化在通俗性和娱乐性方面就颇为相似。更为重要的是，在当代，民间文化和精英文化、大众文化等其他文化样式一样，都必须通过大众传媒这一途径来占领受众、传播自我、扩大影响。

案例四：绵竹年画节[①]

绵竹年画是流行于中国西南的年画品种。因其产地在四川绵竹，故得名。绵竹年画兴于明代，盛于清代，中华人民共和国建立后注入了新内容及现代人的审美趣味。在题材上，绵竹年画与杨柳青、潍坊、武强、桃花坞等地的年画基本相同，但部分作品时有新意，如《郑成功打台湾》、《骑车仕女》、《女学生》等。在形式上，绵竹年画主要有木版套色、绘印结合、完全绘制三种，在技法上吸取了中国传统建筑装饰的彩绘和工笔重彩画的某些手法，色彩鲜艳，对比强烈而又和谐。

绵竹年画无论是门画或是斗方，大部分的构图，都讲究高度的简练，在有限的画面上较合理地使用宾主、虚实、呼应、开合等对立统一法则，达到对称、均齐和别致的装饰意趣效果，构成了绵竹年画完整、饱满的艺术特

---

① 本案例资料主要来源于四川绵竹年画节组委会办公室。

色。从门画的武将文官到斗方中的仕女童子，多不设或少设背景，那画面的白纸，不是画面的割裂而是有机地联系着画中各部分，这种"取一而舍万千，明一而现千万"的大胆构想和处理让人从中体味到了构成的力量，从而超越视觉范围，给人以自由驰骋的理想天地。

绵竹年画是我国民间艺术的瑰宝，与天津杨柳青年画、苏州桃花坞年画、山东潍坊年画齐名，同称中国年画四大家。1993年绵竹经文化部命名为"中国年画之乡"，1994年绵竹年画被文化部命名"中国民间艺术一绝"，1997年荣获第五届中国艺术节金奖。

今天的绵竹年画早已不是当年的手工作坊式画业，而是形成了相关从业人员近万人，年销售额3000万元，行销全世界的地方品牌文化支柱产业。绵竹年画的"青春永驻"，为非物质文化遗产保护提供了有益启迪。近年来，绵竹市委和市政府为加强对这一民间艺术的弘扬、保护、传承和发展，从2002年至今已成功举办了七届绵竹年画节。而每一届年画节都吸引了中央、省、市众多新闻媒体前来争相报道。新华社、《人民日报》、中央电视台、《四川日报》、四川电视台、《南方周末》、《四川经济日报》等多家媒体对几届年画节和绵竹年画的报道，极大地提升了绵竹年画的知名度，同时更唤起了更多人对中国民俗文化的保护意识。

正如案例中所提到的那样，近年来，绵竹地方政府正在有意识地通过传媒的宣传来进一步弘扬绵竹年画这一地方民族文化。与此相应的是，在大众传媒对民间文化事件的宣传报道过程中，民间文化也逐渐成长为当代传媒文化不可或缺的内容之一。绵竹年画节就是其中的典型：中央、省、市媒体对绵竹年画及绵竹年画节的关注，对扩大"绵竹年画"这一民间文化的影响，的确也起到了十分积极的作用；而绵竹年画和绵竹年画节，也已经成为中央、省、市一些媒体的重要报道内容——在"谷歌"（Google）里输入"绵竹年画"和"人民日报"，至少有5750个选项符合查询结果；输入"绵竹年画"和"四川"，则至少有53700个选项符合查询结果；如果直接输入"绵竹年画"，则至少有11.2万个选项符合查询结果。

应该说，近年来，民间文化与大众传媒的联姻，并非只有"绵竹年画"这一孤证。2007年5月，世界非物质文化遗产节在成都开幕。国内外众多的民间文化样式得到了全方位的展示——这种展示，不仅是在成都非物质文化遗产公园现场，更是在众多国内外媒体的版面上、荧屏上。

民间文化借助大众传媒扩大自己的影响，大众传媒则将民间文化纳入了自己的大文化体系中——这种相辅相成的过程，恰恰是当代传媒文化的特点之一。

五 外来文化/全球文化

外来文化/全球文化主要是指在全球化的背景下，各民族在交往过程中发生的文化交流与传播、借鉴与吸收、融合与趋同现象，以及随之而生的融合各种文化元素的崭新文化文本。全球文化并不意味着全球文化的一体化、均一化，而是某种文化的普遍化和某种文化的全球化。全球文化是共同性与多样性、世界性与民族性并存的文化，既存在着广泛接受与大致认同的共同文化和先进文化的传播与共享，也存在着不同民族、不同生产方式、不同社会制度的文化的相对独立性与难以兼容性。全球文化是世界文化的矛盾统一体。

案例五：《哈利·波特》[①]

英国女作家J. K. 罗琳（Joanne Kathleen Rowling）的《哈利·波特》系列魔幻小说，以霍格沃茨魔法学校为主要舞台，叙述了哈利与邪恶魔法势力作斗争的故事。目前已被翻译成近70种语言，在全世界200多个国家和地区累计销量达3亿多册。小说主人公哈利·波特这个戴着眼镜、骑着飞天扫帚的男孩，则已成为继米老鼠、史努比、加菲猫等卡通形象以来最成功的儿童偶像。

从2000年10月6日《哈利·波特》（1—3）在中国首发到现在，《哈利·波特》来到中国已经7年。7年间，《哈利·波特》累计发行900余万册，销售额达2亿元，创造了近2500万元的利润。《哈利·波特》的前6部，每部销量平均在140万册左右，这个数字在人民文学出版社发行的书中几乎是最高的。2007年7月21日，厚达784页的《哈利·波特》第七版终结版 Harry Potter and the Deathly Hallows 面世，该书再一次掀起了出版狂飙。

除了在全世界创造出这种令人眩晕的出版发行量纪录外，哈利·波特还衍生出了数十亿美元的产业链，其中包括对流行书籍而言必不可少的电影与计算机网络游戏，再加上有霍格沃茨（Hogwarts）装饰的iPod，耳垢一样的胶质软糖，等等，此类商品不一而足。其全球工作室还在传言将在奥兰多（Orlando）建立一个哈利·波特的主题公园。发展到今天，真正的哈利·波

[①] 本案例资料来源于新浪、网易等站点文章。

特已经不只是几本书、几部电影,甚至也不只是涉及2000多种相关商品的一个产业,它已经是借助书籍、电视、电影、网络等传播媒介而形成的一个全球文化现象,一个崭新的文化世界。

当J. K. 罗琳满怀期待地把书稿寄给出版商时,做梦也想不到有一天她会和她笔下的小巫师一起变得如此大红大紫。《哈利·波特》为什么这样红?很多学者、作家都给出了自己的答案。中国社会科学院的叶舒宪认为,《哈利·波特》最深刻的思想背景是英国的新生态运动,借助古老的巫术、魔法世界来重构人与自然的关系,反抗现代性和片面发展的科技理性,帮助人克服对物欲的痴迷,获得精神上的自由。正因为如此,这个神奇的魔幻世界才显得如此迷人,让很多成人读者都流连忘返。儿童文学作家秦文君说,《哈利·波特》最大的成功就在于它的通俗性,《哈利·波特》里面的霍格沃茨魔法学校有很多现代学校的影子,折射了现代校园里的很多东西,孩子们看了觉得非常亲切。而且,书里的情节充满悬念,危机一个连着一个,就像网上游戏不断冲关一样,感觉很刺激。

人民文学出版社是《哈利·波特》简体中文版的授权出版商,该社责任编辑叶显林认为,虽然中国读者对巫术文化比较陌生,但巫术只是一个构架和载体,最吸引人的还是作者天马行空的想象力。而且,书中人物的基本情感和现实世界中人的情感是相通的,因而吸引了全世界不同文化背景、不同年龄段的读者。据了解,中国的"哈迷"从八九岁直到40多岁都有,《哈利·波特》已经不再是一本简单的儿童读物了。对此,不少业内外人士认为,《哈利·波特》的成功已经不仅仅得益于其文学成就了,以传媒为依托的成功商业运作帮了大忙。香港导演谷德昭就从文化心理的角度解读了《哈利·波特》现象:借助电影、网络等媒介的推波助澜,阅读《哈利·波特》最终成为一种时尚。看《哈利·波特》就像吃麦当劳一样,在传媒的演绎下,人们觉得"不看会很土"。

其实,《哈利·波特Ⅰ》1995年杀青后,曾先后被十几家出版社拒之门外。1996年英国布鲁姆斯伯里出版社同意出版《哈利·波特Ⅰ》,但第二年该书终于面世时,只是战战兢兢地印了500本,出版社社长并不隐瞒当时自己的心中无底:"据我们了解,这本书在我们决定出版之前,已经被我们的12家同行拒绝过。"随后,美国人出现了。美国学者出版社以10万美元买下了《哈利·波特》的美国版权,《哈利·波特》从此走向了神话——美国神话。学者出版社调动媒体、广告、活动等一切手段,展开了大规模的立体攻势。在CNN、《纽约时报》、《出版人》等知名媒体的报道下，《哈利·波特》是讽刺文学、是神秘主义作品、是历险记、是幻想类作品……总之，它是美国读者所喜欢的所有玩意的杂交体和万金油。

下一个接过炒作接力棒的是好莱坞。时代华纳拿到了《哈利·波特》的电影版权，他们的手法一点不比学者出版社逊色，导演、演员、编剧、投资……一个个包袱被抖搂开来，媒体对公众的轰炸一个接着一个。以后登场的是玩具商、电子游戏商、糖果商……飓风从美国开始，迅速刮到了全世界。就这样，美国人把又一份可口可乐、麦当劳或耐克按在了世界的头上，只是这一回，它的名字叫做"哈利·波特"。

哈利·波特和周边产品之间也形成了一个良性的互动关系：《哈利·波特》拍摄成电影后，促进了书籍的销售，而书籍和电影又促进了《哈利·波特》相关产品的销售。前4部《哈利·波特》在全球用55种语言销售了2亿册；根据第一部和第二部《哈利·波特》改编的电影在全球共取得了18亿美元的票房收入。

在文化产业越来越具有意识形态和资本意识双重意味的今天，任何一个文化产品一旦演变成一种文化事件、文化现象，就会形成一个无底的旋涡，把不同背景、不同角度、不同立场的态度、诠释、评判一股脑儿地裹挟进去。这些不同的态度、诠释、评判之间的对峙不仅不会在旋涡内部制造出平衡的张力，反而会使得这旋涡的吸附力更加猛烈，更加朝着被意识形态和资本意志的合力所造就的不可预测的吊诡深度令人眩晕地旋转。像《哈利·波特》这样所谓"全球瞩目"的跨国文化事件、文化现象，其所形成的"吊诡的旋涡"就更是强悍地吸附了几乎所有试图应对当下文化动向的方案和观点。

麦克卢汉的"地球村"概念从传播角度预示了今天的信息传播网络所全力推进的全球经济的一体化进程，对发展中国家来说这虽然是与世界接轨的必然方式，但同时也不能回避文化、观念和身份的冲突。

毫无疑问，经济全球性在市场中立的后面包含很多西方的价值观，如个人主义、消费主义、享乐主义和商业主义。它可以间接扩大人们的文化选择，可以为人们打开眼界，但也向地方的、本土的、传统的和少数民族的文化空间提出挑战，并侵入这一文化空间。问题在于经济全球化与传播媒介和文化认同之间是否就是势如水火的关系呢？答案显然不是的。它们可能存在着不同的但不一定相悖的关系，并有可能出现经济与文化的"交融"和"混血"，《哈利·波特》就是一个明证。

实际上，就如同本书"全球化"与"本土化"这两章中曾提及的那样，世界是多元化的世界，社会是多元化的社会，多元化是人类生活的基本特征，是永恒的存在状态。多元化是一个有机的、运动的状态而不是僵死的状态。多元化与全球经济一体化是辩证统一的关系，全球经济一体化是多元化的引导，多元化是一体化的生命基础。在一体化的大势下，全球文化只会发展得更加丰富多彩。

第二节　当代传媒文化外在载体的多元化表征

以上，我们对当代传媒文化内在内容方面的多元化表征进行了粗略的探讨。实际上，发展到今天，传媒文化的载体——大众传播媒介自身也已经表现出了非常明显的多元化态势，从报纸、杂志到广播、电视，再到互联网络、手机报纸、电子阅读器等一系列新兴的媒介，传媒文化的载体同其内容一样，变得越来越丰富多彩——而这其实也已经构成了当代传媒文化中一个无法回避的特点，并进而构成了传媒文化中一个重要的景观。从这一角度上讲，谈论传媒文化的多元化，其外在载体的多元化同样是无可回避的话题。

将大众传媒自身的多元化视做传媒文化的一种重要景观，其实完全可以从传播学泰斗、加拿大学者麦克卢汉的著名论断中寻找到理论依据。在《理解媒体——论人的延伸》一书中，麦克卢汉曾明确指出：媒介即讯息。意思是说，不同的传媒形态，即使在传播同样的信息时，也会体现出不同的传媒特质。这一论断应用于文化的传播问题上时同样有效。也就是说，不同的传媒样式，即使在传播同样的文化时，也同样会带上自己的媒介特色，形成不同的文化景观——电视文化、网络文化等词汇的出现即是指此而言。学者王政挺对此的阐述更加明确："不同的传播媒介系统对于人类的影响非常不同，包括传播能力、思想方式、社会组织和文化积累等等方面的重大变化。"[①] 对于不同媒介带来不同文化样态的问题，高小康、潘知常等学者也都进行过不遗余力的阐释。

正是基于以上原因，本节将从大众传媒自身的多元化角度出发，在载体层面上对传媒文化的多元化问题进行探讨。对于这一问题，我们将分别从传媒发展的历时态（即总体的面）和共时态（即具体的点）两个方面寻找到其个案并加以分析。

[①] 王政挺：《传播文化与理解》，人民出版社1998年版，第235页。

一 大众传播媒介多元化发展的历时态分析

随着传媒技术的迅猛发展,大众传播媒介的多元化已经成为当今世界范围内一个普遍的现象。具体而言,平面媒体、电子媒体以及若干新媒体等的共生共存正是其显著特点。

报纸是大众传媒体系中的"老大哥",它在17世纪初步定型,18世纪得以发展壮大,19世纪步入黄金时期。报纸的产生,扩大了新闻传播活动的规模,加快了新闻传播的速度,对人们的社会生活和社会文化产生了重要影响。

直到广播出现以前,报纸的地位一直高高在上,发挥着沟通社会信息的核心作用。20世纪初,广播的面世使报纸稳固的地位受到了威胁,也引起了"广播消灭报纸"的讨论,但最终的事实是:广播并没有消灭报纸,两者在竞争中持续发展。报纸与广播在相互的竞争中,各自找到了自身发展的天地,特色日益鲜明。报纸更加重视"深度报道",致力于挖掘新闻的背景,阐释新闻事件的意义。广播则逐渐开掘出现场报道、录音报道、广播评论等一系列广播新闻报道体裁,重视时效性、现场感和便携性收听带来的渗透性。

1925年,英国科学家研制成功电视机。1928年,美国纽约31家广播电台进行了世界上第一次电视广播试验,由于显像管技术尚未完全过关,整个试验只持续了30分钟,收看的电视机也只有十多台,但此举宣告了作为社会公共事业的电视艺术的问世。1938年在美国已经有17个实验台播出电视节目。1941年,NBC、CBS开始商业电视广播。虽然第二次世界大战使电视机和电视设备的生产一度停顿,但战后的大发展使电视迅速成长为这个时代最主要的大众传媒,并最终催生了带有鲜明的电视色彩的电视文化——从第二次世界大战结束到20世纪末,电视的发展经历了由黑白到彩色、由地上波传输到卫星传输、由信号模拟到数字化的变革过程,每一次发展都大大加强了电视媒介对社会生活、社会文化的影响。在21世纪的今天,电视媒介的发展正经历着一场新的革命。电视屏幕丰富多彩,媒体选择空间逐渐增多,多元化、立体化已逐渐成为当今电视文化传播的主导。传统电视、网络电视(IPTV)、移动电视、手机电视、楼宇电视纷至沓来,使得电视的普及面更广、电视观众的体验方式更加灵活。虚拟主持人、网络电视等更是极大地满足了观众的收视兴趣,进一步丰富了电视文化的内容。

互联网作为新兴媒体,给全世界带来了非同寻常的机遇。它正在改变着人们的生产方式、工作方式、生活方式和学习方式。首先，网络缩短了时空的距离，大大加快了信息的传递，使得社会的各种资源得以方便共享。其次，网络创造出了更多的机会，可以有效地提高传统产业的生产效率，有力地拉动消费需求，从而促进经济增长、推动生产力进步。最后，网络也为各个层次的文化交流提供了更加良好的平台。

美国电子出版预言家罗杰·菲德勒（Roger Fidler）曾将人类传播体系的媒介形态大变化划分为三阶段：第一阶段是口头语言的兴起促使早期广播领域的出现；第二阶段是书面语言的产生催化了印刷时代的到来，报纸由此诞生；第三阶段是电在传播中的应用和数字语言的出现，使传播媒介形态的演化和扩展以惊人的速率在加速[①]——首先是移动博客。建立在博客、可拍照手机与移动互联业务三者基础之上的"移动博客"，以大型无线日记社区为概念，向手机用户提供集自写日记、看他人日记、搜索日记和日记排行等众多功能。有了"移动博客"，博客爱好者们可以抛开电脑和网络的束缚，只需借助手中的移动电话，就可以随时随地体验博客所带来的美妙之处。其次是"手机媒体"这个最具普及性的贴身媒介形态。毋庸置疑，手机已成为网络时代最具普及性的通信工具。到2007年7月，中国手机用户已达5.1亿，平均每3个人就拥有一部手机，远远高于电脑持有者。最后是"播客"：这是一种基于个性化的典型媒介形态。2004年底2005年初，"播客"潮涌动。国外的就有美国公众电台（WGBH）、英国国家广播公司（BBC）等著名国际广电媒体网站相继试水播客，国内的土豆网、播客中国、播客天下等也纷纷推出播客节目。

可以这么说，伴随着传播技术的巨大进步，各种媒介形式层出不穷，不同的媒介形式通过竞争与革新，进一步发挥并充分展示了自己的技术特长和传播特点，从而创造出了适宜的生存空间——而这，恰恰是传媒文化在传媒形态上展现其多元化的典型方式。

具体到国内，仅以平面媒体为例，我们认为，当代中国媒介组织的多元化大致经历了如下三个阶段：

一元化：机关报单极扩张。新中国机关报一元化格局经历了三个历程：其一，1950—1965年，机关报经历了"发展—收缩—发展"过程，1965年有300多家，发行40多亿份；其二，"文化大革命"期间，机关报极度萎缩，只有中央和省级机关报出版；其三，20世纪70年代末—80年代初，机

[①] [美]罗杰·菲德勒：《媒介形态变化——认识新媒介》，华夏出版社2000年版。

关报全面繁荣。理性分析这三个历程：第一历程是机关报一元化格局的构建期，特定的时代背景决定了中国报业朝向机关报一统的趋向；第二历程是机关报一元化格局恶化期，来之不易的报业格局雏形被打破；第三历程中机关报一元化的自上而下体系形成，报业规模壮大，舆论导向和信息传播趋于可控。同时，报业格局的弊端也随之凸显：同质同构的机关报形成一种单极意义的控制力量，不利于信息传播与报业成长。

《华西都市报》原总编辑席文举曾指出，20世纪50年代初—80年代，是计划经济体制下的"日报时代"，这一时代的报业特点主要是机关报一统天下，其"文件"属性远远大于"商品"属性。这是典型的计划模式，是时代共性与报业个性的共同缔造物。

二元化：机关报与晚报、都市报平行发展。在20世纪70年代末80年代初日报扩张的同时，晚报开始复兴。1980年1月1日《春城晚报》创刊。《春城晚报》是国内自党的十一届三中全会以后最先创办的晚报。《春城晚报》的创刊，大大促进了《北京晚报》、《羊城晚报》的复刊。到1994年，晚报猛增到128家。晚报率先复兴于京、沪、粤，并很快向全国辐射。至此，我国报界逐步突破过去清一色、一刀切的党报一元模式，报业结构出现了多层次、多样化的局面。1995年，《华西都市报》开中国都市报之滥觞，成功实现创刊第一年发行量达10万份，广告收入1000万元。到2000年，该报发行量已突破62万份，广告收入达2.6亿元，以超常规发展速度开创了中国报业新神话。《华西都市报》如一匹黑马跃起于报林，并迅速引领一大批报纸闯市场，形成蔚为壮观的"都市报现象"，《成都商报》、《南方都市报》、《燕赵都市报》、《大河报》、《华商报》等纷纷崛起。至此，中国报业进入第二个时代——"晚报、都市报时代"，中国传媒业也首先完成了大众传播与分众传播并存格局的转变，那种受众笼统不分的状况终于被彻底打破。

多元化：数字报业、网络媒体、手机媒体和传统报业的共融。尽管目前纸质报纸仍然是报业机构新闻内容最主要的呈现介质，但新型电子报纸的出现终于推动了我国报业结构的完全多元化。

2006年4月15日，作为4i数字战略的重要组成部分，解放日报报业集团发行了全球第一份电子报，陆续在部分高端用户中推行。2006年10月25日，宁波日报报业集团推出电子报纸——《宁波播报》，作为网络互动多媒体报纸——"播报"的内容延伸和形态拓展。2006年10月27日，烟台日报传媒集团全面发行集团系列报刊电子报。这种电子纸阅读器体积有一本书大小，与阅读纸介质一样舒适，该阅读器运用 HTML 和 PDF 格式，保持了报纸的视觉形态，可实现随时随地的在线、离线阅读。业内人士预测，随着电子纸产品在彩色显示和视频显示等领域的技术飞跃，一场改变阅读观念的风暴将会狂飙骤起，传统印刷报纸的传播介质革命将给报业带来新的生机，并加速媒介产业的多媒体融合。2007 年 2 月，《人民日报》手机报在全国开通运行，标志着人民网无线事业又进入了一个新的历史阶段。

显然，我国媒介组织的多元发展并不仅仅体现在报纸这一种传媒介质上，在广电媒体乃至新兴的网络媒体内部，照样出现了类似的多元化发展。甚至在不同的媒介介质之间，还开始出现了共荣共生甚至彼此交融的现象，例如，报纸与网络博客，电视与网络播客等的交融——这一点我们将在本书技术化一节中详加阐释，此处不再赘述。

更值得关注的是，在我国，目前也已经出现了像国外的默多克新闻集团那样的，将各种介质的媒体整合到一个集团旗下，使其和谐共处、资源共享、相互支撑、齐头并进的探索——2001 年，上海文广新闻传媒集团正式成立。该集团是一家集广播、电视、报刊、网络等众多媒介形态于一体的多媒体集团。主营广播电视媒体及相关传媒娱乐业务（包括演艺、体育、技术服务与研发、传媒娱乐投资等），但同时也主办或参股经营了《每周广播电视报》、《第一财经日报》、《竞报》、《上海电视》、《哈哈画报》《OK!》等报纸、杂志和新闻网站以及其他音像出版媒介。2005 年 5 月，上海文广新闻传媒集团获得国家广电总局发放的首张网络电视与手机电视牌照，成为国内首家获得 IPTV 牌照的机构。同年，该集团被中国传媒产业年会评选为"中国最有投资价值的传媒机构"第一位。[1] 和文广新闻传媒集团情况相似甚至走得更远的，是 2004 年 5 月正式成立的牡丹江新闻传媒集团和 2006 年 11 月 28 日挂牌成立的成都传媒集团。牡丹江新闻传媒集团由牡丹江报业集团和牡丹江广播电视集团公司合并而来，旗下聚集了平面媒体及广电媒体等多种媒介形态，目前，该集团也正在推进与移动合作开发手机电视的工作。成都传媒集团由原成都日报报业集团和成都广播电视台合并而成，集报纸、杂志、广播、电视、网络、影视及其他新媒体介质于一体，旗下包括国内都市报中的佼佼者《成都商报》，城市电视台中的佼佼者成都电视台，以及《成都日报》、《成都晚报》、成都人民广播电台、全搜索网站、《青年作家》

---

[1] 资料来源于文广新闻传媒集团网站（http://www.smg.cn/aboutsmg/index.html）"集团介绍"。

杂志等各种媒体。目前，该集团在影视领域也有较大动作，比如投资拍摄电影《赤壁》、《张居正》等——可以说，这些传媒集团都是彻底的多元化媒介集合体。

继上海文广新闻传媒集团、牡丹江新闻传媒集团和成都传媒集团之后，国内一些融合多种媒介形态的传媒集团也纷纷开始组建或开始酝酿组建。和国外的默多克新闻集团一样，国内的这些传媒集团正是当代传媒文化外在载体形态多元并存的另一种典型。

二　大众传播媒介多元化的共时态分析

通过上述分析和案例我们可以看到，虽然报纸、杂志、广播、电视和互联网络以及其他一些新媒体最终呈现出了共存共荣的发展态势，但这些媒介自身的产生年代毕竟有先后之别，其多元化特质毕竟是在较长的时段中最终汇流的——甚至当它们汇聚到一个集团旗下时，也仅仅是一种汇流，因此我们将这种从总体的面上呈现出来的多元化简单地定义为"历时态的多元化"。与之相应的是，进入20世纪90年代中后期后，随着传媒技术突飞猛进的发展，某一种具体的传播媒介也分化出了若干样态，而且其分化的时间非常之短——似乎就是在一瞬之间完成的。这些传媒样态呈现出的照样是大众传播媒介的多元化趋向，进而言之，照样是当代传媒文化的多元化趋向。但对于这样的多元化，由于其分化时限过于短促，我们不妨简单地将其命名为"共时态的多元化"。

就当前的现状来看，报纸、电视媒介都实现了这种共时态的多元化细分，如电视媒介就已经出现了一般的家庭电视、主要安装于写字楼的楼宇电视、公交车上的移动电视和与互联网结合的网络电视，以及与电信部门合作的手机电视等样态。下面这个关于手机传媒的案例或许能让我们对共时态的多元化有更为清晰的认识。

案例一：手机媒介的多元化发展[①]

随着技术的进步、市场的细分以及不同产业间的交叉融合，传媒产业正在经历着一场深刻的变革，而手机这个越来越受到重视的第五媒体由于其具有"带着体温"的特性，且其本身具有较高的技术含量，特别是与电信、

[①] 本案例资料主要来源于蒋晓丽主编《传媒文化与媒介研究》（四川大学出版社2007年9月第1版）一书。

互联网有着更多的联系，因而变革范围更加广泛，多元化意义更加重大，所引发的思考也更加深入。

当前手机媒介传播形态的多元化大致表现在五个方面：手机报纸、手机电视、手机广告、手机搜索、手机博客。

手机报纸："手机报纸"是依托手机，由报纸、移动通信商和网络运营商联手搭建的信息传播平台，是最新电信增值业务与传统媒体相结合的产物。手机报主要使用彩信和 WAP 两大主流技术模式。

手机电视：最初出现于日本，随后是韩国。目前，英国、意大利等国也有大量的手机电视用户。我国"手机电视"主要是基于中国移动或中国联通 2.5 代移动通信网络的一种流媒体的影音直播、点播业务，目前在广东、上海、湖北等地已经开通。

手机广告：手机不仅可以给我们提供新闻、天气、商务等资讯和游戏，它还可能成为"第五代广告媒体新宠儿"，这样手机就具有了大众媒体的所有主要功能。

手机搜索：早在 2004 年 7 月，国内第一个从事手机搜索业务的 Cgogo 公司就推出了第一代手机无线搜索引擎，该引擎很快在中国联通、中国移动上线。无线搜索的优势在于用户可以直接获得简明扼要的查询结果，而不是大量的网页链接。

手机博客：2002 年，国外一些博客的狂热爱好者不满足于文本形式的网络日志，想到了利用自己的相机拍下身边的景物，把图片上传到网络上以便互相交流。之后由于实时的需要，他们又利用可拍照手机将拍下的图片作为附件，发送到相应的邮箱，利用网络日志中自带的邮件自动发表（mail-to-post）和处理邮件附件功能，自动粘贴到自己的网络日志上，早期的移动博客也就随之产生了。目前，移动博客业务在韩国的发展相对成熟，在中国，该业务因其所蕴藏的巨大潜力也已崭露头角。"手机+博客"不仅是服务模式上的创新，更是对手机传媒多元化发展的最新贡献。

从案例一中我们可以看到，作为"第五媒体"而存在的手机媒介朝着多元化传播的方向发展，已经使得手机的普及面变得更加广阔，使手机受众的体验方式更加灵活。大致而言，手机媒介实现多元化传播的内在原因，主要有以下两点：

首先，传媒技术的飞速发展为手机媒介的多元化传播提供了技术支持。技术进步特别是 3G 技术的发展，已能够保证足够的带宽来承载丰富的视频内容。流媒体技术的出现使得通过互联网传播视频节目变得更加容易，用户可以一边下载一边观看节目，而不需要在等待整个压缩文件下载到自己手机后才可以观看视频节目。

其次，对细分市场的充分挖掘最终导致了手机媒介的多元化传播。可以这样说，无论是手机电视、手机博客，还是手机搜索，无一不是发掘当代受众，尤其是年轻时尚一族需求的结果。而这种对受众需求的挖掘，也正是市场细分理论的必然产物。

手机传媒的多元化发展对传媒生态的影响也甚为重大，在这一点上也表现为两个方面：

首先，刺激了媒体间竞争，促进了媒体间融合。手机媒体的大量涌入，分流了人们对传统媒体的消费兴趣，直接影响到了传统媒体的受众市场和广告份额。与此同时，以手机为代表的新媒体跨越了传统媒体的形态壁垒和行政边界，以纯信息和纯商业的姿态，形成了跨媒体传播和跨行政区域传播的竞争形势。目前，新媒体热潮是由投资商、技术开发商、设备生产商、信息传播运营商、内容生产商和广告商一起参与的"市场共谋"。投资商需要新经济的概念刺激资本市场的活跃；技术开发商和设备生产商要通过新技术的商业化和产品的更新换代来获取市场空间；信息传播运营商要穿越行业壁垒和制度边界来扩大经营内容，寻找新的经济增长点；而内容提供商则要突破传播媒介的限制，扩大产品分销的渠道和增加市场议价的能力。这一切都围绕着刺激和满足消费者接收和发送信息的市场需求来开展的，从而也就直接催生崭新的传媒文化样态。

其次，优化了传媒文化结构。手机文化具有天然的竞争优势，能够弥补其他大众传媒文化的缺陷，从而优化传媒文化结构。大众传播是专业传播机构从事的有组织传播活动，它的对象广泛而分散，传播内容能否在社会上引起关注、是否被受众所接受、有多少受众受到影响？在引导舆论、反映舆论、监督舆论中，怎样才能掌握公众意见指向，最大程度地营造舆论声势？这些历来都为传播者、传播媒介所关注。目前大多数媒体的反馈机制是延迟的，受众对传播过程缺乏即时的干预能力，不能及时满足传播者、传播媒介改进传播的要求。而手机参与大众传播，给这种态势带来了可喜的变化。手机可随身携带，短信编辑简单、快捷，费用不高。受众可及时对收到的讯息进行反馈，传者也可以很快对受众意见作出回复，从而形成快捷的"反馈—回复—反馈"的良性循环，产生良好传播效果。目前，除了形成自足的传播通道之外，手机参与大众传播的互动模式还被广泛地应用到了广播、电视等声画媒介中，在重大事件的报道中、在策划性栏目的沟通中都发挥了显著作用。譬如，轰动一时的湖南卫视2005—2006年《超级女声》节目就有效地借助了手机短信，实现了场外观众的广泛参与，从而也形成了一道绚丽的传媒文化景观。

从报纸—杂志—广播—电视—互联网—手机等新媒体的纵向式多元化发展，到报纸、电视、手机等媒体的横向式多元传播，我们看到，人类社会的媒介发展和使用已经进入了一个划时代的阶段：媒介形态空前丰富，表现形式包罗万象，信息内容海量增加，时间空间任意驰骋。值得注意的是，随着传播技术的不断发展，上述各类传播媒介不再像过去那样具有泾渭分明的区别，而是你中有我，我中有你，在保持自身特质的前提下形成了相融相合、多元共存的状态——这一格局也将随着传媒技术的发展而不断得以完善。事实已经证明并将继续证明，多元共存的媒介形态在推进社会文化多元化和多样性方面已成为一股强大的动力。

美国著名未来学家阿尔文·托夫勒确认了这种文化的多元化，并把这一文化景观看做是人类社会进入第三次浪潮的显著特征之一。他认为，第二次浪潮中的大众传媒向人们头脑中输送的是统一和形象，结果产生了受思想家批评的"群体化思想"，但这种情况在第三次浪潮中正在遭到挑战："第三次浪潮就这样开始了一个真正的新时代，非群体传播工具时代。""这将对所有领域中最重要的领域——人类的思想，发生非常深刻的影响。总之，所有这一切变化改变了我们对世界的看法，也改变了我们了解世界的能力。"[①]也恰恰是从这一意义上，我们才能反复认定：大众传播媒介自身的多元化，展现的正是传媒文化的多元化意义。

第三节　当代传媒文化多元化的社会诱因与技术动力

在以上两节中，我们对当代传媒文化的多元化表征进行了粗略的探讨。那么，当代传媒文化为什么会出现如此壮观的景象呢？本节就将对此展开具体分析。

---

① 明安香等：《信息高速公路》，华夏出版社1999年版。

一 价值观念与审美趣味的多元化——传媒文化多元化的社会诱因

（一）社会价值观念的多元化

价值观是指对客观事物或现象进行是或非、有意义或无意义、值得接纳或不值得接纳判断时所依据的一系列最基本的准则或尺度。中国社会发展到今天，其经济、政治、思想、教育等领域的各种社会关系都发生了前所未有的剧烈变化，人们的价值观也随之发生了比较大的变化。对此，学者雷洪认为，我国转型期社会价值观出现了明显的分层，即出现了明显的多元格局，其基本的转变和特征可描述为如下几个方面：（1）由制度化核心意义转变为利益性核心意义；（2）由身份性意义转变为功利性意义；（3）由明显的政治性、意识形态性意义转变为经济性、物质性意义；（4）国家或社会一重性意义转变为个人、群体、集团、国家多重意义；（5）单一的制度安排意义转变为市场化与制度安排双重意义；（6）简单的效用和意义转变为复杂的效用和意义。[1]

当代中国价值观的多元化是当代中国日益进步、日益现代化的集中反映，价值观的多元化推动了思想的解放。在传统的一元化价值观的背景下，所有的人都被统摄在共同的价值观下看待事物，难以形成怀疑的土壤，因而容易产生墨守成规的思想。但在多元化的价值观背景下，不同的人因具有不同的价值观而相互质疑，本身就包含了怀疑的萌芽，因而容易导向思想解放。价值观的多元化高扬了个体的主体地位和自我价值，"随着每个人开始形成自己独立的价值观，人作为个体的主体地位必然会得到提高，人作为个体的自我价值也必然会得到应有的重视"[2]。

案例一：从流行语变迁看价值观的多元

1. 五四之后的流行语：新国民、解放等。这些词汇集中反映了革命年代的价值理念。

2. 新中国成立以后到"文革"结束的流行语：炮打司令部、团结一切可能团结的人、世界高产纪录、中朝友谊、万古长青、纸老虎、三反五反、镇反肃反、糖衣炮弹、拖拉机；穷棒子精神、大跃进、人民公社、右倾机会

---

[1] 徐晓军：《"当代中国社会分化与政策选择"学术研讨会综述》，《华中师范大学学报》（人文社会科学版）2002年第4期。

[2] 强以华：《价值观多元化刍议》，《湖北大学学报》（哲学社会科学版）2002年第4期。

主义、千万不要忘记阶级斗争等，反映了20世纪五六十年代的特征。造反派、牛鬼蛇神、天天读、万寿无疆、革命群众、工宣队、军宣队、狗崽子等，烙着"十年动乱"的印记。

3. 中国社会改革开放后的流行语：中国特色、平反、一号文件、万元户、顶替、托福、乡镇企业、小康、国债、股票、倒爷、奖金、打工、艾滋病、炒鱿鱼、一国两制、赞助、甲A甲B、希望工程、下海、第三产业、迪斯科、回扣、跳槽、生猛海鲜、电脑、白领、兼职、大款、卡拉OK、快餐、休闲、减肥、打假、商品房、市场经济、转换机制、两个转变、东西联动、费改税、资本运作、资产重组、软着陆、降息、年薪、回归、知识经济、下岗、分流、按揭、克隆、上网。多元化的价值取向在这些词汇中初露端倪。

4. 近年来中国主流媒体十大流行语：

2003年——非典、神舟五号、伊拉克战争、全面建设小康社会、十六届三中全会、三峡工程、社保基金、奥运公园、六方会谈、新一届中央领导集体。

2004年——执政能力、雅典奥运、刘翔、审计风暴、科学发展观、反分裂国家法、中法文化年、海啸等。

2005年——保持共产党员先进性教育、"十一五"规划、神舟六号（神六）、节约型社会、和平发展、一篮子货币、油价上涨、同一个世界同一个梦想、连宋大陆行、取消农业税。

2006年——和谐社会、社会主义新农村、青藏铁路、自主创新、社会主义荣辱观（八荣八耻）、中非合作论坛、长征精神、消费税、非物质文化遗产、倒扁。

5. 近年来草根阶层时尚类流行语：

"恶搞"：近年来的恶搞事件之多，可谓空前。恶搞者打着娱乐大众、颠覆传统的大旗，将恶搞进行到底。2006年，在胡戈的带动下，国产大片遭遇集体恶搞。年初，网上流传一段"篡改"电影《无极》而成的视频。在该视频中，《无极》不再是掺和爱情的魔幻故事，而是《一个馒头引发的血案》。时隔不久，《夜宴》如火如荼上映之际，一段恶搞视频《真相大揭秘》已经在网上迅速流传，一下子《夜宴》变成《晚饭》。当然，张艺谋的《满城尽带黄金甲》也成了被恶搞的继承者，既有《满城尽是加班族》，还有《李大妈状告张艺谋制黄贩黄》等数个版本。

"俄滴神啊"："俄滴神啊"这句陕西话，是2006年红极一时的古装情景喜剧《武林外传》中老板娘佟湘玉表达惊讶时常说的口头禅。这一年，这句话"遍地开花"，在博客上、论坛里泛滥成灾，其功能等同于"啊"。它像一个暗号，让人看到这句话，自然就想起那个抠门、泼辣的万人迷佟掌柜，想起了那部众说纷纭的《武林外传》。

流行语涉及当下社会的重大事件、焦点问题，以及人们日常生活的各个层面，具有信息量大、时代性强、传播面广、影响深远的特点，准确、生动、及时地反映着当下的社会面貌与普通百姓观念心态的变化，因此是社会的多棱镜，能够折射出一个社会的文化特征和生态景观——而这些文化特征和生态景观最有效的展现舞台就是大众传媒。换句话说，传媒流行语的变迁，折射出的也正是一个社会价值观的变化轨迹，及其文化心理的变迁之路。

上述案例反映的正是这样一个变迁的过程。而在这样的过程中，我们恰恰又看到了一个社会的价值观念从一元到多元逐渐转化的过程：新中国成立之前的"革命理念"、改革开放前的"阶级斗争主旋律"，无论用什么样的流行语表达出来，指向的都是一种较为统一的价值判断；从改革开放开始，人们所关注的焦点越来越多，认知模式也越来越多元，不同指向的流行语折射的恰恰是不同的价值观念——主流文化之外的"恶搞"，主流话语之外的变异性感叹词"饿滴神啊"就是其中最典型的代表。其实，也只有在不同的价值观念都能得到尊重甚至认同的情况下，人们才能得以自由地表达自己的思想、展示自己的言行。

那么，当代社会为什么会出现价值观念的多元化趋势？这种多元化趋势又为什么在近几年表现得尤为突出呢？这显然与我国当前政治经济的伟大变革密切相关。

社会主义市场经济体制的确立明显强化了社会单个活动主体的价值。从20世纪70年代末农村大包干开始，到城市搞经营承包，不少人借助党的政策富裕了起来。到了90年代，伴随着以公有制为主体的多种经济成分的出现，以及以按劳分配为主体的多种分配方式的并存，尤其是个人的资本和技术等生产要素参与分配，大大强化了社会单个活动主体的价值。这也就使得人们在目前的社会环境中，更多地考虑了究竟采取哪种行为方式比较有利于自身发展和实现自我价值。

应当承认，任何一个社会中都存在着多种利益，而这些利益对社会和个人而言又都是分层次和有轻重的。在国家、集体、个人三者的利益关系上，我们一贯主张党与人民的利益高于一切，在过去的一元价值观念支配下，我们甚至认为，当个人利益与国家利益、集体利益发生冲突时，个人利益必须无条件地绝对服从后者。但是在个体价值越来越得以强化、越来越受到尊重的今天，这种"服从"就不再那么"绝对"了——尽管大多数人依然认为国家利益、集体利益是高于个人利益的，但很多时候，他们会选取一种折中的方式，试图获得国家利益、集体利益和个人利益的"双赢"甚至"多赢"格局。

这种"双赢"的思想，被敏锐的大众传媒迅速捕获，并及时地反映到其传播内容与传播形式上——一方面，从传播内容上看，以党和国家价值为核心精神的主流文化，与以娱乐精神为核心的大众文化、外来文化并行不悖，相生相容：8：00才播放了反映主流精神的大型纪录片《百年中国》，8：30，搞笑武侠剧《武林外传》就又闪亮登场了，而观众则还是刚才那一拨……如此等等，不一而足；另一方面，从传播形式上看，为了更好地满足受众的这种双赢需求，传媒也不得不不断开拓自己的传播渠道：党报是以宣传主流文化为主的，那么我们就创造出都市报、晚报以满足受众的其他信息需求；电视剧在宣传主旋律，那我们就开拓一些网络平台来满足大家的其他精神需求——传播内容和传播载体的多元化在社会价值的多元化大旗下渐行渐远，也就不足为怪了。

值得特别一提的是，在反映、传播社会公众这种双赢的价值理念的同时，当今的大众传播媒介实际上也有了自己的"双赢"诉求——追求社会效益与经济效益的"双赢"，而这更是其关键表现。从这一角度上讲，当今大众传媒无论是在传播内容上还是传播形式上高举多元化的大旗，都已经不足为怪了。

社会价值的多元化催生了传媒文化的多元化，传媒文化的多元化发展又进一步解放了人们的思想，促成了更多价值理念的诞生——这同样是一个相辅相成、共荣发展的过程。应该承认，价值观念从简单、粗暴的一元化发展到兼容并蓄的多元并存，更多地体现了社会的进步。但是我们也应该看到，通过大众传播媒介放大了影响的多元化价值观念，也并非"一好无所丑"，尤其是大众传媒在过分追求其经济效益时，往往会在"多元化"的大旗下，将"消费主义"、"享乐主义"、"金钱至上"等众多不健康的理念全盘端上，最终侵蚀了社会的机理——曾经多次受到批判的宣扬纸醉金迷生活的某些电视剧，单纯追求娱乐效果的某些低俗娱乐节目就是典型例证。对类似的传媒文化多元化，我们确实应该有自己清醒的认识。

（二）审美趣味的多元化

传媒文化多元化的另一个直接诱因，正是当代受众审美趣味的多元化。美是人类社会实践的产物，是人类积极生活的展现，是客观事物在人们心目中引起的愉悦情感。审美观从审美的角度看世界，是世界观的重要组成部分，和社会价值观有着紧密的联系。换句话说，在当代中国，也正是社会价值观发生了各种各样的变化，出现了多元化的趋向，社会审美观念才随之变得多元起来。从理论上看，社会价值观念和审美趣味的多元化应该是一个转型社会的题中应有之义，是社会发展中不可避免的现实。更为重要的是，正是社会价值观的多元并存，催生并最终认可了审美趣味的多元共生。

案例二："超女"李宇春与中性审美

湖南卫视2005年的真人秀节目《超级女声》红遍了中国，其中的不少参赛选手也因此一夜成名，夺得当年大赛总冠军的李宇春便是其中的"杰出代表"——这位被评委们认为单纯、帅气、有独特魅力的大学生一下成为了无数少男少女心中的偶像——在当年的总决赛上，李宇春获得的短信支持票数达到了天文级：3528308票。在2005年度，甚至接下来的2006年度的众多参赛选手中，李宇春都被视做是最具个性的超女，其"中性之美"不仅在众多"玉米"（李宇春粉丝的自称）心中留下了不可磨灭的印记，更被称为2005年娱乐圈的最强音，其影响力更是波及了娱乐圈之外的其他方面，从而也登上了《三联生活周刊》、《新周刊》、《南方人物周刊》、《凤凰周刊》、《环球》等封面，甚至还以"平民英雄"的姿态登上了《时代周刊》亚洲版的封面。

2005年度的超女亚军周笔畅，另一位进入前五名的选手黄雅莉在很大程度上也都体现了这种"中性"的审美趣味。有人甚至认为，李、周、黄所刮起的中性旋风就像三辆坦克，开足马力驶过大众宽广的心理平原，想不留下痕迹都难。

湖南卫视的《超级女声》虽在收视率与广告效益上大获成功，但从一开始就引发了颇多争议——褒奖者将其捧上了天，贬抑者则将其踩下了地。《时代周刊》亚洲版的隆重推介属于前者，包括原文化部部长刘忠德在内的"低俗"指斥则属于后者。其实，无论是过分的褒奖还是一味的指斥，其评价都是不够客观的。实际上，"超女"现象对于中国的流行歌坛乃至整个流行文化来说，都具有很重要的意义。因为它正代表了当前大众传媒甚至当代社会的多元化审美取向：多元化的声线、多元化的女性气质、多元化的偶像风貌和多元化的接受心理，所有这一切都在节目中展现无遗。

所谓"成也萧何，败也萧何"，落脚到李宇春、周笔畅等人的个案上，一切的追捧与贬斥其实都来源其"中性审美"——说到底，对李宇春的评价更多时候恰恰是对该不该认同"中性审美"的评价。最终，湖南卫视用节目、普通观众用选票进行了回答——审美趣味的多元化获得了实质性的胜利。

应该说，湖南卫视《超级女声》节目在女性审美上的多元化趋向一直存在。2004年首届《超级女声》决出的前三名安又琪、王缇、张含韵都是传统意义上的美女，甚至2005年的超女季军张靓颖、2006年的"超女"亚军谭维维，也都是传统意义上的"美人坯子"。但2005年的"超女"冯家妹、陈西贝纵使貌美如花，一样连赛区前三名都进不了；此后的超人气"超女"李宇春、周笔畅、黄雅莉等人更是与"德容妇工、端庄贤淑"的传统中国美女标准相去甚远，"假小子"式的中性审美终于有了一席之地，甚至是全面胜利。

最经典的一幕在2005年8月5日上演。当天进行的"8进6"比赛中，身材窈窕、模样娇美的叶一茜跟黄雅莉PK，尽管她的唱功比17岁的对手好了不少，但由35个落选"超女"组成的大众评委却无视众多男性的捶胸顿足，毫不犹豫地选择了黄雅莉，"最后的传统美女"轰然倒掉。之后，"中性美"便伴着李宇春的帅气、周笔畅的爽朗和黄雅莉的阳光，成了2005年"超女"奉献给大众的又一个流行词汇。

著名学者李银河在接受《南方周末》记者采访时表示，英文里有个专有名词叫transgender（跨性别）。她认为李宇春等人就跨越了传统的性别界限，有点Tomboy（男子气的女子）的气质。[①] 李银河说，李宇春很率真，她的男性化特征不是装出来的，而是真实地展现自己，这很难得，她很喜欢。实际上，在当今的国际乐坛上，对中性美的欣赏一直存在，比如英国的"乔治小子"和美国的迈克尔·杰克逊，男性和女性都可以没有心理障碍地喜欢他们，"中性审美"恰恰是他们走红的一个重要原因。

李银河曾提出一个疑问，女人之所以成为女人的那一整套标准，到底是与生俱来的，还是社会建构起来的？她觉得，女人的第一性征和第二性征是天生的，而第三性征，也就是强调女人应该具备什么样的气质和举止方式的

[①]《超女是个"跨性别主义"的胜利》，《南方周末》2005年8月26日。

一整套性别识别系统，应该是社会建构起来的。也就是说，"第三性征未必是有天然合法性的"。以李宇春为代表的一部分超女的中性化打扮、中性化唱腔，赢得了高票的民意支持显然说明，普通受众对传统性别审美的标准已经开始动摇，甚至开始了反思。

《超级女声》所展现的"中性审美"最终得到大多数人的认可，其实仅仅是当代审美趣味多元化在传媒文化上众多典型案例中的一个——只不过，它显得尤其醒目，才引起了如此大的争议。其实，这种审美趣味多元化的例子，即使在音乐圈内，同样比比皆是，从20世纪六七十年代的样板戏，到80年代的通俗歌曲，到90年代初的摇滚音乐，再到21世纪初原生态音乐的复苏，这一切不也正是当代受众审美趣味多元化的另一种诠释吗？至于文学作品中的情爱、武侠、玄幻小说轮番登场；电视剧中的清宫戏、警匪片、战争题材次第亮相，更进一步彰显着大众审美趣味的"去一元化"取向的最终成形。总之，与社会价值观念和大众传媒文化之间的关系一样，当代大众审美趣味的多元化正是当代传媒文化的多元化的另一诱因——只不过，传媒文化对审美趣味多元化的宣扬，又进一步确认了后者的合理性。

应该说，对当代中国社会而言，社会价值观念的多元和受众审美趣味的多元正是传媒文化多元化的主要诱因。不过，要进一步谈论传媒文化多元化的社会认同问题时，我们还不得不谈到它与后现代思潮的密切关系——因为，正是近年来遍及中国学术界的后现代主义（postmodernism），成为价值观念和审美趣味转变的理论源头之一。

无论是作为一种文化思潮还是一种意识形态，后现代主义都是针对现代主义而言的，是对现代主义的否定和超越，是用诸多新范式对旧范式的取代。现代主义是18世纪以来工业化的产物，它以科学、理性、自由、民主、博爱、绝对、统一性、一体化，以及经验性和终极关怀为基本特征。而后现代主义则一反常态，提出近乎截然相反的见解，认为人类于最近几十年间，在政治经济、文化艺术、意识形态、伦理道德、世界观、社会观、人生观、价值观、宗教观、哲学观、科学观等领域，都发生了一次翻天覆地的"哥白尼式"裂变。[1]

后现代思潮首先是对传统价值观的解构。解构一词是建构的颠覆。随着后现代思潮的出现，一切价值观均被解构，使得伦理很难讲对错，一切都具有了相对性，而且呈现出多元化状态，很多立场可以同时并存，所谓价值

---

[1] 张之沧：《"后现代主义"释义》，文化研究网，2006年1月4日。

观，有时甚至全凭个人品味来取舍，凭个人参与来诠释。

实际上，多元化的理论来源也正在于后现代理念中的解构主义。解构主义对多元化的影响，主要在于它否认建立共同思想文化标准的必要性。在解构主义看来，任何共同一致的标准，都是掌握政治权、占有话语权和控制社会资源的群体行使它们权力的面罩，因而是为社会强势群体服务的，社会边缘群体不仅无法从中受益，反而会成为它的受害者。但多元化所强调的，正是不同群体共处一个社会时的政治承认和文化权利问题，所以，解构主义对话语霸权和正统理论的挑战自然成了多元化的重要理论武器。在这方面，哈贝马斯强调关注社会条件和文化差异的宪政民主思想，泰勒要求民主政体承认社会群体文化特性的观点，以及解构主义对社会强势群体拥有政治和文化话语霸权的否定，都为多元文化主义奠定了思想理论基础。

二 当代传媒技术的迅猛发展——传媒文化多元化的助推器

以上，我们对当代传媒文化多元化的诱因问题作出了简要的分析，那么，有了这些诱因，是否就能直接催生传媒文化的多元化呢？答案显然是否定的。就如同"电"与"光"之间有着必然联系，但中间仍少不了"灯管"的作用一样，在当代社会价值观念、审美趣味和传媒文化之间，肯定还存在着某种推动的力量，最终促成了这些因素之间的互相适应、彼此交融——我们认为，这种力量就是技术，尤其是日新月异的当代传媒技术。

案例三：炫客技术与多元兴趣表达

从技术的层面上讲，炫客就是将博客、播客、个人相册和闪客技术完美融合于一体的一种网络应用技术。通过这种图片动态播放技术，用户可以轻松地将自己喜欢的一组图片串接起来，并配以相关的文字、音乐、特效，以Flash短片的形式播放。这种Flash短片就是炫客作品，它可以很方便地展示在论坛、博客、个人主页等应用场合上，满足读图时代不同受众的不同阅读喜好。

爱好旅游摄影的小宋，就常常上一些知名的数码摄影论坛，和那些同道中的"色驴"们分享照片。每次旅游归来，他都会花费不少的时间和精力，把几十张甚至上百张照片贴到"坛子"里——以前，这些照片只是简单的粘贴；但有了"炫客"技术之后，事情就简单了许多：根据网站的操作提示，导入所有照片，一个炫客作品就自动生成了，还可以加上一点彰显自己个性的文字和音乐，一个极富个人特色的作品就这样诞生了——小宋说，不仅他自己从中获得了满足，喜欢旅游摄影的网友们也从中得到了阅读的快感。

小宋的好朋友小马也是当代炫客技术的拥趸。不过和小宋略有不同的是，他的兴趣爱好集中在动物摄影上。在小宋常去的论坛上，也常常能见到小马的"猫狗作品"和"猫粉"、"狗粉"们热热闹闹的讨论。不过小马和小宋的作品加起来也只是论坛内容的"九牛一毛"——追星族把自己偶像的作品制成了炫客作品挂到网上；新人们把自己的婚纱照制成炫客供"同志们"欣赏；妈妈们把宝宝的相册导入炫客在主页上展示……在炫客的帮助下，一切的内容都获得了展示的舞台，一切的爱好都有了分享的天地。炫客网的技术负责人曾经这样描述了炫客技术的发展前景——和博客比较起来，炫客有更生动的表现形式；和播客比较起来，炫客有更广泛的传播途径；从个人喜好角度出发，它也更易于为大家所接受和主动传播……IM、个人主页、社区、BBS签名档、邮件、贺卡、搜索引擎等种种渠道加速了炫客作品以几何级速度的传播。

实际上，图片的连续播放并不是当下才有的崭新技术。在计算机普及的早期，微软的 PowerPoint 就已风靡世界，它可以让用户以幻灯的方式播放各种图片。到了互联网时代，雅虎新闻、MSN-Spaces 相册也都提供了连续播放图片的服务。而炫客技术在此基础上更进了一步，它把 Web2.0 的精髓和读图时代不同用户的多元化需求紧密结合了起来，同时又完美融合了博客、播客和闪客技术，让每一个用户可以随时随地创作自己称心满意的炫客作品——图片的选择、图片的注释以及字幕、配乐都直接表现出了作品主人特殊的兴趣爱好、审美口味甚至生活经历，具有极强的个性色彩。可以说，正是炫客这一类崭新技术，使得当代受众的多元价值观念和多元审美情趣有了全方位展现的可能；也正是炫客这一类技术，使得当代传媒文化在多元价值观念和审美情趣的指引下，最终找到了多元共存、杂糅并生的物质平台——从这一意义上讲，将当代传媒技术的发展视做是传媒文化多元化的助推器，显然恰如其分。

有人曾经指出，从某种意义上讲，当代传媒文化中的重要一极——网络文化已经较多地表现出了"客文化"的百花齐放态势：闪客、博客、播客、维客等在互联网大潮中如雨后春笋般兴起，并迅速闯入人们的生活。"博客"成了人们的一种时尚和需要，"播客"开启了广播媒体的新时代，"维客"满足了人人做编辑的梦想，"闪客"的出现则将 Flash 的功能发挥得淋漓尽致；正当人们在思考着下一个"客人"将花落谁家之时，"炫客"作为"客家族"的一个新成员闪亮登场，并将传媒文化的另一样态展现在了大家的眼前。仔细分析起来，支撑这些异彩纷呈的"客文化"的，正是当前日新月异的"客技术"。中国社会科学院唐磊博士就曾表示，炫客有广泛的技术基础，可以渗透到一切信息接收的终端，在各种领域发挥作用。也恰恰是"客技术"的这一作用，才将多姿多彩的"客文化"、多元趣味的"客内容"展现在了当代传媒之上，推到了当代受众眼前。这也正如我们在案例中所提到的那样，无论是旅游风景、猫猫狗狗还是新人婚纱、Baby 相册，你的一切爱好最后总能在技术的推动下在这里找到落脚点。

"客文化"的百花齐放是网络文化多元发展的具体展现，网络文化的多元发展则又是当代大众传媒文化多元化的缩影。在上一节中我们曾经谈到，大众传播媒介自身的多元发展正是当代传媒文化多元化的一种反映形式。实际上，大众传媒自身的多元发展，恰恰又离不开传媒技术的推动，无论是电子纸阅读屏，还是手机报纸的诞生，哪一个离得开传媒技术的迅速发展呢？从这一角度出发，我们完全可以对当代大众传媒文化最终走向多元化的过程做出如下描述：

当代社会观念的多元化
受众审美趣味的多元化 ⇒ 传媒技术的发展 ⇒ 传媒文化的多元化

也就是说，在当代传媒文化的多元化过程中，社会价值观念、受众审美趣味的多元化只是传媒文化多元化的基本诱因，而当代传媒技术的迅猛发展才是其直接的点火器。至于"点火"之后，这些多元的文化，究竟会以什么样的状态发展下去，究竟能否真正做到和平相处、共同繁荣，就只有实践予以证实了。

说到传媒文化的和平相处问题时，另一个不得不提到的话题就是当代文化的全球化。正如我们在本书前面章节中所提到的那样，当代文化全球化最主要的实现途径正是大众传播媒介；而不同国家、不同民族的文化借助大众传媒实现全球化传播之后，一个直接结果，又恰恰是传媒文化的进一步多元化。"只有在全球化了的世界里，'他者'（the other）的问题才会出现。的确，在全球化过程中，我们所见到的并不是简单的现代性的同质化现象，而恰恰是见到各个地方文化的异质性。"① 这无疑是对全球化正是多元化的一个典型论述。问题的核心在于，多元诉求下的全球化，同样是技术化的产物。

如果对全球化进程作一个粗略的划分，我们可以将之分为两个阶段：第一阶段从公元16世纪到20世纪80年代，这一阶段的全球化起始于1500年左右的美洲和东印度航路的发现；地理大发现扩大了交往，使国内市场或区域市场扩大为了世界市场，从而开始了经济全球化的历史。对此，马克思在《德意志意识形态》中曾有过相关表述。第二阶段从20世纪80年代至今。80年代以来，网络信息技术获得了空前迅猛的发展，时空压缩使得"地球村"成为了可能，借用麦克卢汉的观点，人类社会实现了真正意义上的全方位延伸，无论是在经济还是文化方面，全球化时代都真正降临了。纵观全球化的这两个阶段，有两点是十分相似的：其一，无论是第一阶段的经济全球化，还是第二阶段的全方位全球化，带来的直接结果都是多元化——在全球范围内，经济样态和文化样态得到全面交流；其二，两个阶段的全球化都是在技术推动下才得以实现的，前者得益于交通技术的发展，后者则是网络新技术的产物。这也就是说，离开了"技术"这个助推器，即是靠文化的全球化来实现传媒文化的多元化，同样是痴人说梦。

以上，我们从社会诱因及技术动因层面对传媒文化多元化的形成机制问题作出了初略探讨。正如同我们上文所追问的那样，是否有了上述诱因、有了上述技术推动，各种各样的传媒文化就一定能和谐相处，并最后形成杂糅相生、多元并存，甚至进一步融合的良好格局呢？下一节，我们将对此作出进一步的阐释。

第四节　并存共生相交相融——传媒文化多元化的发展趋势

在本章的第一、二节中，我们专门论及了当代传媒文化的多元并存格局。实际上，发展到今天，传媒文化不仅已经出现了多足鼎立的格局，甚至还出现了不同文化形态之间进一步融合的良性发展趋势——甚至在同一个节目之中，不同的文化样态也已经达到了高度融合的状态，你中有我，我中有

---

① 马戎、周星主编：《21世纪：文化自觉与跨文化对话》（一），北京大学出版社2001年版，第361页。

你,已难分彼此。或许,这样的发展趋势,正是传媒文化多元化的发展趋势。

一 大众文化与精英文化的交融

长期以来,精英文化与大众文化一直是处于对立状态下的,各自沿着自己的路径在生存、发展,即便有相交的一刻,也往往以论战的方式出现——占据主流地位的精英文化对处于边缘地位的大众文化的不屑,更是贯穿始终的主线。随着后现代主义思潮的诞生和发展,随着解构学说的深入人心,随着社会价值观念与受众审美趣味的剧烈变化,大众文化才开始越来越受到社会的尊重。尤其是从法兰克福学派燃起对大众文化批判的猛烈战火以来,许多社会学家、传媒学家反而开始了对精英文化与大众文化关系的关注——精英文化是否天生就优于大众文化?它们之间的关系是否永远只能是对立、排斥?其实,从文化发生学的角度上说,精英文化并非一开始就获得了"精英"地位,往往也经历了从"后台"到"前台"、从"配角"到"主角"的转换,其间精英文化也要通过各种途径去与其他文化形式交流、沟通,去芜存菁、完善自我,并最终达到传播自己文化理想目的。从这一点上讲,它与大众文化在生成机制上没有本质的区别。它们之间也完全可以达成这种沟通、交流。中央电视台《百家讲坛》栏目就是二者在当代传媒背景下沟通交流并最终成功融合的典型案例。

案例一:百家讲坛的"大众化的精英内容传播"

在2006的中国电视排行榜上,《百家讲坛》同时摘取了"年度电视节目"和"最佳人文科教节目"两顶桂冠,其制片人万卫也成为当年度的"十大创新电视人"之一。

其实,2001年节目初创时,《百家讲坛》并不像现在那样偏重史学,那时节目内容范围很广,天文地理、衣食住行,讲坛都曾开题研究,主讲人也都是杨振宁、周汝昌、叶嘉莹等声名不凡的大家。然而,当时节目的收视率却异常惨淡,最低时只有0.02%。

迫于收视压力,节目组从2004年开始决定改变方向:主讲人文科学,并偏重史学。很快,机会就来了。两年前正是清宫戏最走红的时候,《雍正王朝》、《康熙微服私访记》,几乎每一部电视剧都会掀起收视高潮。不过,这些电视剧戏说成分较重,不少观众渴望通过其他途径了解真实的历史。《百家讲坛》借势策划了"清十二帝疑案"系列节目,并请出清史专家阎崇年主讲。37期讲完，《百家讲坛》收视率迅速攀升至央视10套节目收视率的冠军宝座。初战告捷，《百家讲坛》更确定了偏重人文科学的节目定位。

　　《百家讲坛》"捧红"了阎崇年、刘心武，此后的易中天和于丹更是大红大紫，那么后继者将会是谁？《百家讲坛》制片人万卫给出了一个名字：王立群。这位河南大学文学院教授，此后被《百家讲坛》确定为2007年的主讲人，而他的《读史记》也已成为年度重头戏，被安排在《百家讲坛》的周末档播出。在"百度贴吧"里，王立群的粉丝虽然还没有易中天的"乙醚"队伍庞大，但也有了不小的声势，他们尖叫道："易中天之后，王立群时代已经到来！"

　　《王立群读史记》大约为60集，从2007年1月6日起，每周六、周日播出。其实，对"百家讲坛"来说，王立群可不是新人。早在2006年4—6月，由王立群主讲的"汉代风云人物"系列——《项羽》和《吕后》，就曾在"百家讲坛"播出，并创下收视新高。《吕后》系列的11讲更是成为2001年以来《百家讲坛》的收视率之最，比《易中天品三国》的平均收视率还要高得多。

　　相较于易中天的幽默、时尚和于丹的开朗、现代，王立群所表现出来的个人气质，是一派儒雅谦和、严谨较真的学者风范。2006年8月，在"《百家讲坛》十大名嘴"的评选中，王立群就以"最学者化"入选。正是因为王立群的学者做派，他很少受到外界的质疑，更没有引起过什么大的争议。为了让王立群"火"起来，曾有人为他支招，让他故意露一点破绽让别人去争议，却被王立群用一句"学者的良心不能丢"给顶了回去。

　　实际上，正如本书案例一中所提到的那样，究竟应该如何解读文化经典，如何解读精英文化？一直是《百家讲坛》这个大众传播平台绕不过去的关键问题。在"十博士联名倒于丹"事件中，博士们的怒火，主要来自于丹解读《论语》和《庄子》的方式。实际上，讲三国的易中天、讲清史的阎崇年和纪连海走红之后，都曾被一些学者、专家和普通观众挑了不少刺，认为他们有将传统历史文化"庸俗化、简单化"的倾向。有的质疑声还非常激烈："《百家讲坛》不是在传播和弘扬经典，而是在歪曲经典。"

　　对此，制片人万卫很平静："没有谁可以垄断对经典的解释权，每个人都可以有自己的感悟和解读，就像一千个人心中有一千个哈姆雷特一样，一千个人心中也可以有一千部《论语》。"万卫表示，他们并没有曲解经典，甚至在《百家讲坛》里最早"火"起来的阎崇年，也正是因为"正说"历史才引起了广泛关注的——当时屏幕上的"戏说"之风盛行,书店里各种各样的"大话"、"水煮"系列也已经让大众感到腻味。分管《百家讲坛》的央视社教节目中心教育专题部副主任魏淑青也表示,在物质丰富而精神却相对贫乏的当下,广大民众对传统文化有着巨大的现实需求。于丹等学者大受欢迎,折射出的正是民众的心灵亟待某种抚慰,精神上存在着某种饥渴。魏淑青介绍说,于丹曾表示,她的解读是从"学术金字塔"的塔尖上走下来、进行与民众分享文化的一种尝试,采用的是"心得"的表达方式,而非严肃的学术教材,应该说,这种解读并未伤害群体文化记忆。而易中天则分析:为什么观众会被吸引来看这些节目呢?归根结底是节目关注了人、关注了最广大的普通人的生存方式。

实际上,正如同魏淑青、于丹和易中天的理解那样,《百家讲坛》正是在以一种最大众化的方式进行精英文化的传播,而在这样的传播过程中,最终又成就了一种广受关注的大众文化现象——当然,在最初的阶段里,这种关注又是以诟病的方式存在的。仔细分析起来,不少人,尤其是一些经院派的专家学者之所以对这种"大众化的精英传播方式"持否定态度,关键的问题恰恰在于"精英文化—大众文化"二级对立的思维模式始终存在,在于对精英文化的主角地位与大众文化附从地位的不可颠覆性认知。说到底,就是绝不允许大众的欢笑(有时当然难免有嬉笑)渗入神圣的学术殿堂。

不过,正如我们在上文中所提到的那样,精英文化并非从一开始就占有精英地位的,它也经历过一个从配角到主角、从边缘到中心的历史过程,也经历了一个与其他文化沟通交流、去芜存菁的过程。在这一过程中,精英文化也毫无疑问曾借助过其他的平台传播自己的文化理念——比如经典名著《三国演义》、《水浒传》等所宣扬的忠义精神现在已纳入精英文化之中,但最初它也只能在茶馆酒肆里靠说书先生来宣扬。而这正是问题的关键所在——随着生活节奏的加快,随着大众传媒时代的到来,人们越来越喜欢借助大众传播媒介这一平台来认知社会、来传承文化,而不再对一些晦涩的文本文化投入过多精力,"传媒化生存"已经成为了普通大众一种基本的生活模式。在这样的状态下,精英文化重新借助这样的大众化平台来传播自己的文化理念、文化理想,显然就只是对历史的一种借鉴而非背离,也根本说不上是什么离经叛道的事情了。落实到《百家讲坛》这个具体的节目上来,它也只是把精英文化内容的专业性、深度性甚至晦涩性以大众文化固有的通俗易懂方式表达出来罢了——不管是易中天将曹操说成"公安局副局长"还是于丹把深刻的哲理寓于老庄的小故事里,都是如此。而这种精英文化与大众文化相交相融所带来的结果,恰恰是精英文化内容新一轮的普及。或者也可以说,正是精英文化与大众文化的同时走红。当前的部分学者对《百家讲坛》的评价是:精英化品位,大众化特色。实际上,"科教频道收视冠军"及2006年电视排行榜上的两项桂冠,也已经为这种精英文化与大众文化的并存共融亮出了高分。对此,任继愈、杜维明、李泽厚等人的看法或许正说中了问题的实质:百家争鸣、百花齐放总是好的。

二 大众文化与主流文化的交融

与大众文化和精英文化的相交相融相似,今天,大众文化与主流文化之间,也已经出现了明确的交融态势。传统的主流文化内容通过大众文化的手段(如流行元素的包装等)寻找到了崭新的生存土壤,并进而使二者的并存有了新的含义。

案例二:士兵突击——大众形态,主流意识[①]

青山绿水之间,人们日出而作,日落而息。许三多(王宝强饰演)喜欢读书,父亲却要把他送进部队,认为只有这样,这个从小怯懦被他叫做龟儿子的许三多才会有些出息。

懵懵懂懂就踏入了军营,许三多把班长史今(张译饰演)视做依靠,副班长伍六一(邢佳栋饰演)却仇恨般地看着他——担心许三多拖垮班长,还让班集体蒙羞。新兵训练结束了,三多被分到了偏远艰苦的后勤管道维护班,一同来部队的老乡成才(陈思诚饰演)则去了鼎鼎大名的钢七连。

维护班的生活寂寞无聊,老兵们靠打牌、找乐趣来打发时光。单纯的三多依然每天出操、训练,老兵们觉得他不合群,许三多却不明所以。

班长老马(范雷饰演)随口说起当年曾想在这里修一条路,许三多把班长的话当成了命令,靠一个人的力量修成了这条路。老兵们受到了感染,五班发生了巨大的变化。团长听说了此事,把许三多调到了钢七连,许三多无奈地离开了他十分眷恋的五班。

到了钢七连后,许三多成了越来越没信心的人——周围的人都比他强。越怕犯错误却错误不断,作为装甲侦察兵,他竟然还晕车……

许三多拖累了全班的成绩,班长史今又一点一滴地启发教导许三多。连长高成(张国强饰演)提醒史今不要为了一个木木讷讷的许三多而影响了

[①] 本案例资料摘自新浪和搜狐网站对电视剧《士兵突击》的介绍。

自己的前程。为了克服晕车，许三多一次次地在单杠上旋转，又一次次摔下来。直到在一次全团考核中，在班长的鼓励下，许三多让全连上下大吃了一惊……

渐渐地，许三多成为了训练和比赛的尖子。而班长史今由于年龄的原因，也因为三多被提拔为班长，被列入了复员退伍的名单。为了将班长留下而拼命训练出成绩的许三多懵了……

在离别的痛苦和艰苦的训练中，许三多成长了起来。师对抗演习中，他俘获了全军闻名的侦察大队的大队长袁朗（段奕宏饰演）。然而他所在的钢七连却在这次演习中难逃失败的命运——由于军事变革的需要，我军传统的机械化部队向新型信息化现代作战部队快速跃进，有着光荣历史的钢七连奉命撤编。

一个个战友都走了，连长也调到另外的部队，一直依附于班长和战友的许三多成了钢七连的最后一个兵，留守看护着以往充溢着青春热血的营房。三多承受着孤独和失落，时间长了甚至开始自言自语。靠坚持和每天一成不变的行动，许三多默默坚守着……

父亲许百顺来到军营想让三多复员回家，伍六一带领一班战友做出许三多在部队了不得的样子。许三多拒绝了父亲又深感愧对父亲。但他的确不知道自己一旦离开部队，会是什么样子。

全军成立了一支多栖作战单位，代号"Ａ大队"。袁朗受命组建，他首先想到的人选是曾将他俘虏的许三多。

许三多、伍六一、成才参加了残酷的远距离作战比赛。伍六一付出了一条腿的代价，许三多和成才最终获得了入选资格。

许三多进入了一个他从未预料到的世界——"Ａ大队"，与他以往的所有部队不同，这里没有理解、没有关爱，只有冷血、只有训练，袁朗为了锤炼他们，让所有的队员毫无准备地彻底放弃了自己，然后再重新打造符合现代化作战要求的军人群体。

新的作战形态需要单纯的许三多头脑不能太单纯、需要喜欢依赖别人的许三多独立判断和决定自己的行动，在一次又一次挑战生理和心理极限的训练中，许三多靠本我的力量，坚持了下来。而天资聪明的成才被淘汰了。

在与境外雇佣军组成的毒贩武装的实战行动中，许三多杀死了敌人，毒贩临终的眼神和第一次杀人对三多的冲击，让许三多的精神难以恢复过来，善良的许三多甚至开始怀疑自己是否还能干下去。

袁朗作为一个多次经历生死的老兵，他作出了别人一时难以理解的决定——让许三多暂时离开军营，去他想去的任何地方。

许三多离开了他朝夕相伴的部队，他的身后，是所有战友担忧的眼睛。

许三多回到了老部队，遇到了当年伴他成长的战友们，作为军事机密，他不能说出他的境遇，但军人的理解让战友们看出了许三多的痛苦和挣扎。许三多寻找着一个答案、一种解脱。

许三多的家庭此时也发生了重大变故。父亲办了个石灰厂，储存的炸药炸塌了房屋，进了监狱。不负责任的大哥跑了，二哥则守着家里的残垣断壁靠泼皮对付讨债的人。许三多回到家乡，从监狱里接出了父亲，又靠袁朗他们的集资让亲人们有了新的前景。

许三多回来了，袁朗他们终于放下了心。

在一场突发战斗中，A大队奉命出击，迅捷无比的行动表达了一往无前的坚定信念……

《士兵突击》记载了一个普通士兵的心路历程，讲述了一个中国军人的传奇故事。由于故事和人物的纯粹，剧中没有一个女性角色，完全是男人的情感世界——意气飞扬的军旅生涯，生死与共的成长岁月。故事饱满、人物扎实、情感丰厚、加之内敛朴实的叙事方式，使得全剧的艺术性达到了当代军事题材创作的新高度。可以说，该剧是近年来反映军人成长和部队建设比较好的一部作品，而该剧的灵魂就是钢七连的"不抛弃，不放弃"精神——可贵的是，这句话准确命中了我军火与血的历程中所凝练出的人在阵地在精神、战旗不倒精神、为了胜利向我开炮精神，这也正是新时代的亮剑精神！在这一精神的支撑下，这些男人，这些共和国的军人，在最基层的军事平台上，用钢铁一样的意志向我们展现出了一幅幅令人荡气回肠的人生画卷，显示出了在那面从太行山脉到白山黑水、从上甘岭到老山高地、从西沙岛礁到喀喇昆仑山口的血染战旗下，士兵们踏敌尸骨凯歌还的钢铁意志，同时又以男人的方式和军人的特色彰显出人与人之间的友谊、友情、关爱、承诺、责任、信任、理解和融合——这一切，恰恰是当代中国主流文化最核心的价值。

应该说，《士兵突击》的一夜走红给了我们相当多的启示。

首先，在社会价值理念和受众审美趣味日益多元化，传媒文化也因之而日益多元化的今天，传统的主流文化仍然有着强大的生命力和时代需求。正如上文提到的那样，《士兵突击》着重表达了"不抛弃、不放弃"的精神。在中国迈向现代化的征程中，在实现中华伟大复兴的征程中，我们需要的恰恰是这种百折不挠、奋发向上的精神。《士兵突击》浓墨重彩地宣扬了这种精神——在部分党员干部放弃了理想和信仰，拜倒在金钱和石榴裙下之时，在部分群众过多追求物质利益，理想不再、精神不振的现实之中，这部电视剧所渲染的这种自强不息、奋发有为、百折不挠的精神恰如一剂强心针，起到了很好的振奋人心的作用——这正是该剧受到追捧的重要原因。

其次，在当代文化日益多元化的今天，主流文化内容要得到很好地传播与推广，与大众文化在形式上进行完美结合，正是其成功的捷径。《士兵突击》充分地证明了这一点——阵容强大的演员队伍，大众化的传媒平台，最时尚的传播推广攻势，这一切，正是当代大众文化惯用的手法。而正是在这种大众文化的手法下，主流文化的精髓得到了弘扬。在这一点上，2007年的另一部热播剧《大明王朝1566——嘉靖与海瑞》更是典范之作。

由湖南卫视推出的《大明王朝1566》是一部典型的反腐历史剧——在党和国家大力进行反腐倡廉的今天，它也同样是一部典型的宣扬主流思想的主流文化剧。但是，在进行反腐这一主流精神的宣传时，该剧并没有停留在空话、套话上，而是借助了最时尚、最有效的大众文化传播模式的力量——其一，演员队伍阵容庞大、明星演员比比皆是：陈宝国（饰演嘉靖）、黄志忠（饰演海瑞）、倪大红（饰演严嵩）等人的倾情演出，成为吸引观众的重要原因之一；其二，电视剧播出之前电视台的重磅宣传与炒作，为该剧的热播添砖加瓦——在每次的媒体见面会和广告宣传海报上，湖南卫视都会刻意强调"与中纪委联合拍摄"这一符号意义，而这也恰恰成为《大明王朝》吸引受众眼球的重要砝码之一：中纪委参拍，我倒要看看，它究竟在讲什么？实际上，湖南广电厅厅长、湖南电视台台长欧阳常林也常常在有意无意中为该剧做广告——他在不少场合提到的"名言"：看该剧常常使我泪流满面——也恰恰是引起观众观看欲望的原因之一；其三，在《大明王朝1566》热播期间湖南卫视的重磅炒作也成为维系其收视率的重要手段：在一段时间内，湖南卫视每周都要请该剧的主要演员来做谈话节目，讲述该剧拍摄过程中的一些花絮，讲述演员自己对人物、对该剧的感悟，而这进一步强化了电视剧的明星效应，也通过电视台的"议程设置"，让观众进一步将眼球锁定在了湖南卫视、锁定在了《大明王朝》上。

总之，无论是在《士兵突击》还是在《大明王朝》上，主流文化的内容都是借助大众化的形式得以全面推广的。实际上，这种情况在当前的很多广受欢迎的主流电视剧中都得到了展现，《任长霞》如此，《亮剑》同样如此。与之相反的是，不借助大众文化的时尚性与普及性的主流电视剧，反而不太容易受到观众热捧。这一事实恰恰说明，主流文化要在当前多元文化的激烈竞争中保持普适价值和优势地位，势必要善待各种类型的文化，并广泛借鉴其优势元素，为我所用——一句话，与其并存并生、相交相融。

当代传媒运作实践已经无数次地证明，现代高新科技革命正在对人类当代文化的发展产生着无可比拟的巨大影响，文化生产方式的改变、主导传媒形式的革新和新兴文化形态的崛起已经引起了原有文化艺术生态格局的全面变化，封闭的、落后的、狭隘的文化和缺乏竞争力的文化，都将在多元文化的竞争中被文化的消费者所抛弃、所遗忘。从这一意义上讲，不仅是精英文化、主流文化与大众文化之间，大众文化与外来文化、民族文化之间，精英文化、主流文化与外来文化、民间文化之间都应该有着进一步的融合，也只有这样，当代传媒文化的多元发展才会迎来新的春天——实际上，在本书前面的章节中，我们对本土文化与全球文化之间的融合，也曾有过类似的论述，这似乎也正是"并存并进一步融合才有生命力"的又一注脚。

第九章 传媒文化的其他样态展望

在本书的前面章节中,我们着重对传媒文化的符号化、本土化、全球化、市场化、分众化、权力化,以及娱乐化和多元化等内容作出了较为详细的分析。应该说,这些传媒现象已经构成了当代传媒文化最主要的样态。在它们的整体作用下,当代传媒文化也已经展现出了越来越丰富的姿彩——也正是这些传媒文化的"姿彩",使得当代人的"传媒化生存"有了更加丰富的内涵,有了更加深刻的社会意义。不过,一个特别需要澄清的问题是,当代传媒文化的发展并未就此止步,随着大众传媒自身的发展,附着于其上的传媒文化还在继续产生新的样态,演绎新的传奇——只不过,这些新的文化样态并不像前面已经提到过的符号化、全球化、娱乐化等传媒文化现象那样已经发展到了较为成熟的阶段,它们或者刚刚露出苗头,或者虽已有了较大发展,但其发展的脚步还远没有停止。

在本书的最后一章中,我们就将对当代传媒文化的一些崭新样态作出粗略的扫描,以期从一定程度上把握住当代传媒文化下一阶段的发展脉搏。当然,正是由于这些文化样态或处于发展初期,或有进一步发展的空间和可能,对它们的分析,我们将远不如前面章节那么详细、全面,甚至尚有许多并不准确的地方,而只是一种"扫描"。

第一节 传媒文化的技术化

实际上,关于传媒文化的技术化问题,在前面的章节中我们已广有涉猎。例如,传媒文化的符号化、全球化以及娱乐化、多元化等诸多现象,恰恰都是在技术化支撑之下,才得以产生的传媒文化样态——离开了传媒技术的发展,或者说,离开了传媒文化的技术化,这些文化样态都将举步维艰。至于本书前面章节"传媒文化的多元化"、"传媒文化的分众化"中提到的若干现象,如"广电媒体的分众化策略"、"手机的多媒体化进程"、"手机媒体的多介质融合"等,更是与当代传媒的技术发展有着最直接、最紧密的联系——甚至在"多元化"与"分众化"的动因分析里,我们还用了大量的篇幅来论证当代传媒技术的发展正是最终促成传媒多元化和分众化传播的直接动力。也正是由于新技术的发展贯穿了当代传媒文化发展的始终，我们甚至可以得出这样的结论：传媒文化的技术化正是当代传媒文化的生命线和进一步发展的源泉。对于这一结论，历史和现实的案例都可以作为起码的论证材料。

一 近代新技术：大众传媒与传媒文化的"催生婆"

正如我们在上文中提到的那样，传媒文化的技术化是当代传媒文化的生命线，或者可以这样说，近现代不断发展的与传媒有关的若干新技术正是大众传播媒介及附着于其上的传媒文化的"催生婆"。下面的这个案例将很好地说明这一点。

案例一：新技术的发展与当代大众传媒的诞生

为了实现彼此间信息的交流，人类经过若干万年的发展，终于拥有了自己的语言；此后又经过漫长的发展，终于发明了文字，以及用来书写文字的纸和笔；公元9世纪时，人类发明了雕版印刷术，[①] 11世纪时又发明了活字印刷术——随之而出现的书籍使跨越时空的知识积累成为了可能；到了15世纪，谷登堡利用机器印刷《圣经》，书籍、报纸逐渐普及开来，知识的普及直接导致了宗教改革和文艺复兴；19世纪末20世纪初，人类又发明了电话、电报、电影、广播、电视、卫星、电脑网络，一系列与电有关的发明，标志着人类开始从印刷时代进入电子时代——与此有关的，恰恰是那一系列令人眼花缭乱的媒介技术：[②]

1814 《泰晤士报》启用柯尼希印刷机印刷报纸；

1825 斯托克顿和达灵顿之间开通铁路，纸质媒体的发行范围得到进一步扩大；

1826 （法）涅普斯"银版照片"诞生；

1852 塔尔博特发明网版印刷技术；

[①] 一般认为雕版印刷术是7世纪发明的，但现存最早有明确日期的印刷实物是公元868年的《金刚经》。

[②] 此处关于媒介技术发展的大事年表的资料，前半部分是根据［日］左藤卓己《现代传媒史》（诸葛蔚东译，北京大学出版社2004年11月第1版）中附录《媒体史年表》整理的，后半部分则来源于Deland《互联网历史事件》，个人电脑，2007年4月10日，http://publish.pcpro.com.cn/2007/0410/20070410000109.shtml。

1861　横贯美国大陆电缆敷设完毕；

1866　横贯大西洋电缆建成；西部联盟公司建成全美电信网络；

1876　贝尔发明电话装置；日本全国建成电信网；

1877　爱迪生发明白炽灯、留声机；迈布里奇则成功拍摄出了连续照片；

1882　伦敦配电站开始营业、纽约配电所开始营业，电运用于媒体有了可能；

1884　伊斯特曼发明"照片胶卷"；

1889　威勒旋转镜诞生；爱迪生发明运动放映机；

1893　荷尔莫德电话公司成立；

1895　马可尼发明无线电通信；斯克拉达诺夫斯基公开活动放映机；（法）卢米埃尔兄弟公开活动放映机；

1896　保罗发明活动电影机；

1904　佛来明发明真空二极管

1906　德国瑙恩发射台建成；佛雷斯特发明真空三极管；

1920　（英）马可尼公司开始从事实验性广播；（美）KDKA电台开始播音；

1922　（英）BBC成立（英国广播公司）；

1924　（美）AT&T建成横贯东西部的广播系统；

1925　（德）徕卡照相机上市；RRG（德国广播公司）成立；（英）贝尔德进行有线电视实验；（美）贝尔电话研究所成立；

1926　（英）设立罗格比对外广播电台；

1929　（德）开始制作有声电影；（德）开始实验性播放机械扫描式电视；（德）用短波向国外进行德语广播；

1933　（美）兹沃里金发明光电摄像管；

1935　（德）开始定期播放电视；

1936　（德）通过电视实况转播奥林匹克运动会；

1940　（日）NHK技术研究所开始进行电视剧播放实验；

1941　（美）FCC决定采用NTSC制式；（日）用特技拍摄《夏威夷、马来亚近海海战》；

1947　（美）贝尔研究所发明半导体管；

1948　（德）决定采用PAL制式；

1957　苏联发射人造卫星，电视上星有了技术可能；

1989　"天空电视"开始播放卫星节目；

1991　蒂姆·伯纳斯—李和罗伯特·凯拉德（Robert Caillau）为万维网发布了规范和原型软件，创建了 URL、HTTP 及 HTML；Cern 发布了第一个基于文本的浏览器，另一些研究团体则开始为 PC 开发图形界面浏览器；

1992　欧洲原子能研究机构开发万维网；

1993　马克·安德烈森（Marc Andreessen）和埃里克·比纳（Eric Bina）在（美国）国家超级计算机应用中心（NSCA）开发出 Mosaic 浏览器；

1994　安德烈森成立网景公司（Netscape），开发新的图形界面浏览器，并推向市场；Web Crawler 成为首个全文索引搜索引擎，而以前的搜索引擎，如 Lycos，只能搜索标题；杰夫·贝佐（Jeff Bezos）在西雅图车库里成立了 Amazon 公司；

1995　微软采用 Spyglass 公司 Mosaic 浏览器版本，推出互联网浏览器1.0（Internet Explorer1.0）；同年，Sun 公司开发出 Java 语言；DEC 公司（Digital Equipment Corporation）推出 Alta Vista 搜索引擎；

2003　MySpace 社交网推出；Skype 开始运营，提供免费 IP 语音电话；美国 Abilene Internet2 升级为 10Gbps 的 IPv6 网络；

2004　英国电信宣布实施 21 世纪网络计划，即 21CN，预计在 2011 年前建成；

……

读完上述案例，有关"生命线"的结论已不证自明：没有印刷技术、光缆技术、网络技术的诞生，今天，我们的受众就完全不可能拥有报纸、杂志、广播、电视等一系列大众传播媒介，当然也无法享受到上网冲浪的快感，正是由于有了上述新技术的发展，才直接催生了近现代的大众传播媒介，催生了附着于大众传播媒介上的各种各样的传媒文化现象。

关于传媒技术对社会生活的巨大作用，在口语时代、文字时代乃至其后的印刷时代里，人们往往很难察觉。直到电子时代诞生、传媒技术的加速度发展趋势显现出来之后，一些敏锐的学者，才开始了有关传媒技术对传媒文化乃至整个人类社会文化影响的思考：

"它那'世间万物皆平等的意识'增强到了这般地步，以致它甚至用复制方法从独一无二的物体中去提取这种感觉。"[①]（瓦尔特·本雅明，1936）

[①] ［德］瓦尔特·本雅明著，王才勇译：《机械复制时代的艺术作品》，中国城市出版社 2002 年版，第 91 页。

"传播媒介的性质往往在文明中产生一种偏向，这种偏向或者有利于时间观念，或者有利于空间观念。"①（哈罗德·英尼斯，1951）

"在机械时代，我们完成了身体在空间范围内的延伸。今天，经过了一个世纪的电力技术发展之后，我们的中枢神经系统又得到了延伸，以至于能拥抱全球。就我们这个行星而言，时间差异和空间差异已不复存在。"②（马歇尔·麦克卢汉，1964）

"通过改变社会情景之间的分界线，电子媒介给予我们的不单单是更快、更完全的接近事情和行为的方式，而且是新的事件和行为。"③（乔舒亚·梅罗维茨，1985）

……

在这些对传媒技术的思考中，由哈罗德·英尼斯奠基、马歇尔·麦克卢汉（Marshall McLuhan）继承与发扬的"媒介决定论"，尤为引人注目。英尼斯在《帝国与传播》（Empire and Communication）、《传播的偏向》（The Bias of Communication）两本著作里，把不同传媒的时空偏向，与帝国兴亡的历史联系起来，让人们在历史线条的梳理中，惊讶地发现了传播媒介本身的性质与改变人类社会的巨大力量。麦克卢汉愿意把他的《谷登堡星汉璀璨——印刷人的诞生》（The Gutenberg Galaxy：The Making of Typographic Man）看成是英尼斯观点的注脚，他认为英尼斯关于文字和印刷术的心理和社会影响的观点是很有见地的，但他批评英尼斯"对技术视而不见。他把广播和电力技术误认为是机械技术模式的进一步延伸……否则，他本来可以轻而易举地找出新型的电子文化模式"④。麦克卢汉循着英尼斯的研究路径，提出了著名的"媒介即人的延伸"理论，并在《理解媒介——论人的延伸》一书中，分析了多种媒介的性质与影响，其中与电力技术有关的有：电报——社会激素，打字机——进入钢铁奇想的时代，电话——是发声的铜器还是丁零作响的符号，唱机——使国民胸腔缩小的玩具，电影——拷贝盘上的世界，广播电台——部落鼓，电视——羞怯的巨人。

---

① [加]哈罗德·英尼斯著，何道宽译：《传播的偏向》，中国人民大学出版社2003年6月第1版，译者序言，第Ⅸ页。
② [加]马歇尔·麦克卢汉著，何道宽译：《理解媒介——论人的延伸》，商务印书馆2000年10月第1版，作者第一版序，第20页。
③ [美]乔舒亚·梅罗维茨：《空间感的失落：电子传播媒介对社会行为的影响》，见张国良主编《20世纪传播学经典文本》，复旦大学出版社2003年1月第1版，第523页。
④ [加]哈罗德·英尼斯：《传播的偏向》，麦克卢汉序言，第5页。

在进行上述分析时，麦克卢汉说，新媒介的内容是旧媒介："报纸的内容是文字表述，书籍的内容是言语，电影的内容是小说。"① 这好像是说对新媒介不要那么大惊小怪，不过是"新瓶装旧酒"而已——这一点在大众传媒后来的发展中也得到了进一步印证：电话、广播的内容是声音；电视的内容是文字、声音（广播）、图像（电影）；录像机的内容是电影；光碟的内容是书、音乐、电影；网络的内容则是几乎所有的旧媒介：文字、图片、图像、声音等——E-mail的内容是信件，QQ的内容是日常谈话，网络报纸的内容是报纸新闻，网络广播的内容是广播信息，IPTV的内容是电视，博客的内容是日记，播客的内容是影像，掘客的内容是推荐网文，维客的内容是创造百科知识，威客的内容是答疑，淘客、拼客、换客、印客的内容是购物消费，手机的内容是电话甚至是网络……

但是，麦克卢汉又特别强调了"媒介即讯息"的观点，他要人们当心，在新技术推动下的新的媒介形式的出现，必然意味着社会生活在许多方面将出现新的变化。包括报纸、杂志、广播、电视以及互联网在内的大众传播媒介对社会生活的影响也的确印证了麦氏的这一论断——

书籍的出现，使知识的积累更有条理；报纸的出现，使信息的传播更为迅捷；广播、电话、电影、电视的出现，使声音、图像能被超空间传递；唱机的出现，使音乐从高雅的殿堂飞入了寻常百姓家；录像机、光碟等的出现，使家庭成为影院；电子显示屏的出现，使广告无孔不入地进入商业大厦、超市、居民小区、街道、公交站牌及公交车等公共建筑和公共交通领域，成为人们无处可逃的生活背景；而网络的出现，则使文字、图片、音频、视频能被无限量传递，且能或实时，或异时地交互，完全超越了时间和空间的限制；至于手机的多媒体化，则进一步导致了大众传媒及传媒文化的完全日常化——手机的媒介功能，从最早的仅能通电话，发展到以传递文字为主的手机短信，再到可以摄录、传递图片、声音、视频，再到与网络连通的用手机无线上网；现在，受众不仅可以在小小的手机屏幕上浏览网页、观看视频、无线聊天、上传多媒体博客，还可以专门订制手机报纸、手机杂志、手机电视等传统媒体与网络媒体联姻的延伸服务……尼葛洛庞帝曾幻想有一种媒介能像衣服一样穿在身上，这种随身穿着的媒介能实现所有的媒介信息功能，② 从目前的媒介技术发展来看，手机正在实现他的这一梦想……

---

① ［加］马歇尔·麦克卢汉：《理解媒介——论人的延伸》，麻省理工学院版，序，第5页。
② 参见［美］尼葛洛庞帝著，胡泳、范海燕译《数字化生存》，海南出版社1996年版。

一面认为对新技术推动下产生的新媒介不必大惊小怪，一面又极力地提醒人们注意这种新媒介所带来的变化、注意它们对社会生活所产生的巨大影响——在这里，麦克卢汉的理论似乎显得有些矛盾。将语义矛盾的两句话并列在一起，他到底想说什么？

　　其实，仔细理解，在矛盾的语义背后，我们看到的恰恰是麦克卢汉的内在逻辑和良苦用心：任何媒介的诞生都和技术的发展与进步有着最直接最紧密的联系，这已经不是什么秘密了，而且任何一种新媒介产生之后，它也都不可能去产生什么崭新的内容来与之匹配，它所传播的，仍然是那些过去的内容，所谓"新瓶装旧酒"，所以完全用不着大惊小怪；与之相应的却是媒介形式的重要性——按照学者李金铨的理解："媒介是一种科技、一种形式，它本身就是一种信息；而'内容'则是'科技'的'使用'。"所以，"形式重要，内容不重要。"换句更为通俗的话，我们完全可以这样理解麦克卢汉矛盾语句下的内在逻辑：媒介的形式远比内容重要，因为真正影响人类思维、支配历史进程乃至整个社会文化变迁的，并非媒介传播的各种讯息、各种"内容"，而恰恰是作为一种社会现象存在的媒介本身——对人类文化、人类社会而言，后者的影响要远比前者持久得多、强烈得多。从这一理解出发，我们甚至可以说，将语义矛盾的两句话放在一起，恰恰是麦克卢汉为了凸显传媒技术本身的重要性而采用的一种"障眼法"——一句话，媒介技术的发展不仅已经成为大众传媒的助产士，更以其对人类思维、对社会进程的巨大影响而成为传媒文化的催生婆，这才是媒介技术的真正意义。

　　麦克卢汉的先见之明在后来的媒介发展中再一次得到了验证。正如同我们在本书前一章中谈论"手机的多媒体化"时所提及的那样，当代的许多媒介新技术已经不再是催生一两种媒介形式那样简单了，它们已经直接影响了人类的生活习惯、思维习惯甚至价值理念——如果说前面的案例更多的还是在谈论媒介的技术化，那么此后的若干技术发展就更为直接地指向了传媒文化的技术化。下面，我们就着重来谈谈当代传媒技术的进一步发展，以及在这种发展带动之下的传媒文化发展。

　　二　弥散式发展：当代新技术对传媒文化的进一步影响

　　近现代社会中与媒介有关的若干新技术直接促成了大众传播媒介的诞生，但诞生之后的大众媒介并没有停下进一步技术化的脚步——在越来越激烈的市场竞争中，为了自身的进一步发展，它们的技术化步伐甚至越走越快，其结果恰恰如麦克卢汉所预言的那样，直接导致了人们的媒介接受习惯、生活习惯乃至思维模式的巨大变化。对于当代媒体的进一步技术化发展问题，本书第八章第二节"分众化的动因分析"中已分别从纸媒体、广电媒体和网络媒体三个角度进行了关注。只不过，该处的案例仅仅在于说明新技术对传媒内容和传媒受众分众化的推动作用。下面，我们将仍然从相似的角度出发，继续探讨新技术对当代大众传媒自身形态的影响。我们仍然从一组案例[①]说起。

案例二：当代纸媒体的"升级换代"式发展

随着互联网、手机等新兴媒体的进一步发展壮大，最近几年，纸媒体的发行市场进一步萎缩，综合竞争力也进一步削减。为了应对这一局面，包括管理机构及纸媒体本身在内的各方面力量都纷纷发力，以图挽救这种颓势。2006年，国家新闻出版总署推出了中国数字报业试验计划，全面展望了中国数字报业的前景。次年1月10日，新闻出版总署相关负责人向外透露了《新闻出版业"十一五"发展规划》相关内容。规划表明："十一五"期间，我国将充分利用网络通信和数字信息等高科技手段，鼓励新闻出版单位开展跨媒体经营。同时，大力发展数字出版，到"十一五"末，建设4—15个数字出版产业基地，促进新闻出版业生产方式的转变和产业升级。

与这种理论探讨相对应的是，各级媒体纷纷发力，在科学技术的支持下，全面开始了纸媒体的"升级换代"。从2005年1月到9月，《解放日报》相继推出了手机报（i-news）、数码杂志（i-mook）、电子报纸（i-paper）、公共视频（i-street），加上原有的网站（i-net），《解放日报》的"5i"战略将纸媒体的发展扩张到了无线、宽频、户外和新介质等众多领域。[②] 次年，解放日报报业集团又与新浪网达成合作协议，双方决定共同探索平面媒体与网络媒体合作双赢的全新模式，共建联合传播平台——此举带动了全国众多报纸与门户网站展开进一步合作，其中就包括成都传媒集团与新浪网之间的战略合作。与《解放日报》的技术化发展有异曲同工之妙的是，2006年9月7日，有着57年历史的《天津日报》成功上星，成为我国首家进入卫星报纸销售系列的中文报纸；与此同时，江苏宁波日报报业集团

---

① 本组案例除直接注明出处外，均主要根据2007年1月—2008年1月《新闻与传播·传媒资讯》相关资料进行归纳、改写。

② 孙传宝：《创意 延伸 链接 新媒体发展的战略——解放日报报业集团尹明华社长访谈录》，《新闻与传播》2007年第1期。

也推出了电子报纸（即电子阅读器）《宁波播报》，在新媒体领域开始了自己的创新……

  传统纸媒在新技术引领下的进一步发展，还可以用国外一些世界级的报纸与网络博客的联姻来印证。2005 年 7 月伦敦地铁爆炸案发生后，英国主流报纸《卫报》迅速搭上了网络博客这辆潜力巨大的战车，开始了新一轮的发展——在自己的网站上，《卫报》开辟了一个叫做"自由观点"（Comment is Free）的板块。这是一个博客观点与博客评论的汇聚地，在这里，新闻博客、游戏博客、技术博客、观察者博客，都能得到很好展现，[①] 该板块因此而人气沸腾——纸媒《卫报》也同样因此而进一步扩大了影响。近年来，在博客的发源地美国，主流媒体也纷纷开始了与新技术的宠儿——网络博客的合作。早在 2004 年 11 月，美国大选正如火如荼之时，《纽约时报》就已经开辟了有关"2004 政治大选追踪"的博客，其效果堪与后来的《卫报》博客媲美。此后，在技术化的引领下，《今日美国》、《世界报》等多家纸媒也纷纷加入了博客大军的行列，开始了自己的新一轮变革。这种纸媒体与博客的联姻，在国内被《南方都市报》很好的借用了，2007 年全国两会召开期间，该报就开设了博客专栏，纵论时事，建言献策，收到良好效果——这一举措无疑也在新媒体时代进一步扩大了报纸的自身影响。

案例三：技术化背景下的广电媒体跨媒介融合

  在报纸等平面媒体进一步技术化发展的同时，广播、电视媒体也开始了新一轮的发展。

  广电媒体的新技术发展可以从传播信号的变革谈起。从 2007 年 3 月 1 日起，美国新生产的电视机完全抛弃了传统的模拟信号，转为只接收数字信号。其实，从全球范围来看，电子信号的数字化已是大势所趋——2007 年 10 月 15 日，瑞典完成电视数字信号的完全转换；英国此前也已宣布，到 2010 年将电视信号完全数字化；目前，我国也已经列出了广电信号完全从模拟到数字转化的时间表：2015 年。

  与这种传播信号数字化同步的是手机电视的推广。2007 年 2 月，国内的北京电视台获得了我国的第六张手机电视牌照——手机电视在我国的试水被进一步推向深入。由于手机电视在国外的发展要更早一点，因此，国外广电媒体更进一步的技术化主要集中在与网络的联姻上，具体又表现在与网络

[①] 田志辉、张颖：《主流媒体应对博客（Blog）策略探析》，《新闻与传播》2007 年第 1 期。

博客和网络视频的合作上。2003年伊拉克战争爆发之后，美国有线新闻广播公司（CNN）战地记者Kevin Sites立即开设了著名的战争博客。虽然该博客旋即被CNN叫停，但到2004年7月21日，CNN却又主动引入博客方式，开设"博客观察"栏目，实时报道了民主党全国代表大会的全过程。ABC电视新闻网也不甘人后，在他们开设的网络博客版块里，提供了电视新闻记者讲述的众多新闻背后的故事，引起了电视受众对博客、对ABC新闻本身进一步的关注。

网络视频是广电媒体在新技术背景下关注的另一焦点。2007年底，世界著名的福克斯、维亚康母、CBS和NBC环球四大内容商坐到了谈判桌上，他们协商的内容是成立一个合资视频网站，以应对包括YouTube在内的众多网络视频的挑战。在国内，不少电视台也都在自己网站上放置了电视节目的视频，其中甚至包括中央电视台的《新闻联播》和《焦点访谈》。

通过上述案例，我们可以发现，无论是以报纸为代表的平面媒体，还是以广播电视为代表的视觉媒体，其在新技术化背景下进一步发展，都可以用一个词概括，即在媒介形态上实现了最大程度的"跨媒体发展"。其实，无论是从逻辑角度还是现实发展角度出发，我们都应该在罗列了上述两个案例之后，再加入第三个案例——"互联网络的进一步技术化"或"互联网络的跨媒体发展"。但实际上，作为当代新技术在传媒领域的最大宠儿，互联网络从诞生之初就是融合了多种技术、融合了多种媒介特性的"四不像"。而且，在本书的前面章节中，我们也已经对网络媒体的技术化和进一步的跨媒体等问题作出了相关描述，因此，在此处我们已无需再作过多的描述，而只需再来一次简单的归纳：当Web2.0、P2P技术、宽带技术、流媒体技术、无线通信等一系列技术日趋成熟并相互结合时，网络最终成为当代传媒行业中最强劲的力量——本书前面章节中曾经提到过的博客、播客、维客等的兴盛，其实只算是当中微小的一个例证；另外，网络新技术在促使自己不断发展壮大的同时，也带动了诸如多媒体手机、MP4、互动电视、数字电视、户外广告媒体等新媒体的不断发展壮大。

从纸媒体到广电媒体，再到互联网络，当代新技术已经弥散到了大众传媒的方方面面。而且正如上文所说，这种"弥散"的直接结果，恰恰是最终促成了当代大众传媒的新一轮融合。在新技术支撑下的传统媒体之所以热衷于跨媒体融合，其最初的动机或许正是为了留住已有的受众，甚至只是为了重新找回那些已经流失了的受众。从这一点上说，它和本书前面所提到的分众化有异曲同工之妙。正如彭兰教授的看法那样,分和合都只是一种手段而不是目的,"合是为了更好的分,通过融合达到更高层次的多样化,这才是媒介融合的终极目的"。但这种媒介形态的融合带来的影响却是巨大的:首先,从经济学角度讲,它构建起了一套完整的营销体系,打造了一条良性循环的效益链条;其次,正如我们在分众化一章中已隐约提到的那样,它也带来了一个直指传媒文化变革的,具有更深层次的社会意义的影响,即带来了媒介信息传播形态与受众信息接受形态的革命。对此,我们不妨借用人民大学新闻学院高钢的一段话来说明:"媒介融合本质上不是抑制和同化个性信息需求,而是培植和满足个性信息需求;不是排斥传统媒体,而是优化传统媒体的功能;不是一个定态目标,而是一个动态进程。信息传播技术的发展和传媒市场化的进程已经将新闻传播推到了一个革命性的临界点。尽管障碍重重,人类追求信息传播理想境界的趋势仍然是任何力量也改变不了的客观进程——不断突破信息传播与信息接收的时空限制,完成信息传播从自然到自由的历史发展演进。在这个追求信息传播理想境界过程中,人类将日益准确地感知生存环境的变化,日益深刻的辨识生命的价值,日益醒悟自身理想的追求,日益开掘出生命的智慧潜能。"①

以上,我们对传媒文化的技术化问题作了一番粗略的扫描。从理论上讲,大众传播媒介之所以能够和各种新技术一拍即合,根本原因无非两个:其一,受众的个人觉醒。正如高钢在上段话中所暗示的那样,受众自身有"不断突破信息传播与信息接收的时空限制"的需求——正是这一需求,迫使媒介不断创新。其二,因为生存等方面的原因,传媒自身无法摆脱对利润的追逐。也正是这种强大的追逐利润的诉求,迫使媒介在相互间不断的竞争中,亦步亦趋,紧紧扭住了科技的尾巴——否则,你就只有落后于别人,就只有面临被受众抛弃的危险,其结果正是媒体利润的逐渐丧失。

值得注意的是,以上我们在谈论传媒文化的技术化问题时,更多地关注了科学技术的发展对大众传媒及传媒文化的正面影响。但也正如马克斯·霍克海默和西奥多·阿多诺在《启蒙辩证法》中指出的那样:当代技术的合理性得到了理性启蒙的推动,但"理性启蒙从一开始就包含着走向反理性的萌芽,对理性知识的追求使人们把自己与外在世界一分为二,掌握理性知识就是为了控制和利用自然,却不再顾及自身"。在《启蒙辩证法》中,他们甚至专列一章《文化工业:作为大众欺骗的启蒙》,对文化工业的技术控

---

① 高钢:《媒介融合:追求信息传播理想境界的过程》,《国际新闻界》2007年第3期。

制等内容进行了激烈的批判:"技术合理性已经变成了支配合理性本身,具有了社会异化于自身的强制本性。汽车、炸弹和电影将所有事物都连成了一个整体,直到它们包含的夷平因素演变成一种邪恶的力量。文化工业的技术,通过祛除掉社会劳动和社会系统这两种逻辑之间的区别,实现了标准化和大众生产。这一切,并不是技术运动规律所产生的结果,而是由今天经济所行使的功能造成的。"① 按他们的说法,当代传媒及传媒文化加速度技术化,最根本的原因,并非两个或者多个,而只有一个,即资本的逐利本能。"所有这一切,都是投资资本取得的成就,资本已经变成了绝对的主人"②。在这样的背景下,不管是传媒还是传媒的受众,最终都只能演变成资本的奴隶。我们不得不说,霍克海默和西奥多·阿多诺对处于资本控制下的传媒技术的发展过于悲观,但仍然提醒了我们警惕传媒文化在技术化过程中的那些负面影响。

第二节 传媒文化的虚拟化

在上一节的开篇之处我们就曾谈到,技术化已经贯穿了传媒文化的始终,无论是符号化、全球化,还是娱乐化、市场化、分众化,自始至终都离不开不断发展的媒介技术支持。实际上,在当代传媒环境中,和上述这些文化样态比较起来,在媒介新技术支撑下发展起来的更值得一提的传媒文化样态,或许正是本节所要涉及的虚拟化问题。这一点不难理解:相当一部分与媒介有关的技术,都是通过为大众传媒创造更利于传播、交流的符号来发挥作用的——比如平面媒体中的摄影成像技术,广电传媒中的声画音像技术、互联网络中的三维动漫技术,等等。现代科技所创制的这些传媒符号有一个明显的特点:看得见、可以使用,但却无法像现实世界中的实物那样被触摸——通过这些看得见却摸不着的符号来构建与整个现实世界的联系,恰恰是虚拟化最根本的表现。从这个意义上讲,本书第一章中涉及的符号化也同样是传媒文化虚拟化的前提之一。这一点在当代科技的宠儿——互联网络中表现得尤为明显。

众所周知,通信、电子、数字、传媒等众多新技术的互动,造就了今天

---

① [德] 马克斯·霍克海默、西奥多·阿道尔诺著,渠敬东、曹卫东译:《启蒙辩证法》,上海世纪出版集团2006年4月第1版,第108页。

② 同上书,第111页。

影响巨大的、被联合国教科文组织称之为"第四媒体"的互联网络。① 据中国互联网信息中心 2008 年 1 月公布的第 21 次互联网调查报告显示,截至 2007 年 12 月,我国网民②数量为 2.1 亿人,仅次于美国 2.15 亿人的规模,居世界第二。与这一数据相对应的是,据联合国互联网管理论坛 2007 年 11 月 12 日的统计数据显示,目前全世界网民总数量已高达 12 亿人——占了全世界总人口的近 1/5。通过一根网线、一台电脑,浏览新闻、视频聊天、网上购物、游戏娱乐……全世界网民借助网络符号,开始了异彩纷呈的虚拟生活,而传媒文化的虚拟化也在这种互联网络高度发展的背景下,被演绎得越来越淋漓尽致。

根据中国互联网络信息中心近几次的统计报告显示,我国网民的虚拟生活大致包括如下内容:传媒咨询、通信交流、电子商务、娱乐游戏和生活助手等。其中,2007 年 7 月公布的第 20 次统计报告显示出来的网络使用情况如下:

信息渠道——网络新闻(77.3%);搜索引擎(14.8%);写博客(19.1%)。

交流工具——即时通讯(69.8%);电子邮件(55.4%)。

娱乐工具——网络音乐(68.5%);网络影视(66.1%);网络游戏(47%)。

生活助手——网络求职(15.2%);网络教育(14%);网络购物(25.2%);网络银行(20.9%);网络炒股(14.1%)等。

2008 年 1 月公布的第 21 次统计报告显示的网络使用情况则表现为如下状况:

基础应用——搜索引擎(72.4%);电子邮件(56.5%);即时通讯(81.4.8%)。

电子政务——25.2%。

网络媒体——网络新闻(73.6%);更新博客/个人空间(23.5%)。

---

① 在互联网功用日益多元化的今天,仍将互联网简单地与报纸、电视等以发布新闻信息为主的传统媒体并列而称之为"第四媒体"显然已不合适。在今天的状况下,将之命名为"虚拟社会"或"网络社会"也许更为合适。对于这一点,我们将在本节中慢慢展开。

② 中国互联网调查中心在进行第 19 次调查时将"网民"定义为"每周上网不少于 1 个小时的 6 岁以上中国公民",第 20 次调查时与国际接轨,将其定义更正为"半年内使用过互联网的人"。实际上,据该中心的调查显示,截至 2007 年 6 月,这两个统计口径之间的数据已经非常接近,差距已经缩小在 3% 以内。

数字娱乐——网络游戏（59.3%）；网络音乐（86.6%）；网络影视（76.9%）。

电子商务——网络购物（22.1%）；网上支付（15.8%）；网上银行（19.2%）。

其他——网络求职（10.4%）；网络教育（16.6%）；网络炒股基金（18.2%）。

对上述两次调查报告中显示出来的使用情况稍加分析就能看到，互联网络已经深入到网民生活的方方面面——也就是说，包括数字娱乐等精神生活、电子商务等经济生活和电子政务等政治生活在内的当代网民方方面面的生活都已经被或者正在被数字化、虚拟化。或者换句话说，在当代网络背景下，传媒文化虚拟化的具体表现，至少应该包括精神生活、经济生活和政治生活的虚拟化这三大层面。以下，我们将对这三个方面的表现分别进行阐释。

一 精神生活的虚拟化：传媒文化虚拟化的初期表现

在本节的开篇处，我们曾经谈到，符号化正是虚拟化的前提之一。因此，对当代网民精神生活的虚拟化问题，我们可以首先从符号学的角度上来作一番探讨。

在《网络"虚拟世界"的符号学意义》一文中，孟威曾经指出：在网络虚拟世界里，网民明显具有双重身份——作为符号的人和作为符号使用者的人。这一结论很容易理解。仅以网络游戏为例，玩家必须首先给自己创设一个角色，也就是在虚拟世界里给自己设置一个供自己驱策、代替自己参与各种活动的符号。"姓名：将军行吟；性别：男；门派：华山派；职业：战士"，具有类似属性的动漫符号（动漫角色）正是玩家参与游戏中各种活动最直接的工具。和报纸、电视等传统大众传媒中符号使用者和符号之间的相对独立不同——暂时没有受众，报纸和电视可以自足地存在；没有报纸、电视节目，受众的生命也不受威胁——在虚拟的游戏世界里，玩家和角色之间却存在着明显的不可分离性——离开了角色这一符号，所有的游戏都无法进行；而离开了玩家这一符号使用者的鼠标支配，角色连存在都成了问题，更不要说练级、打怪、与其他"符号"进行交流了。正是这种你中有我、我中有你的血肉联系，注定了玩家要在游戏世界中表达感情，就不得不借助角色的虚拟喜怒哀乐来实现。精神生活的重要方面——感情的虚拟化在这里彰显无遗。

被后世称为"媒体理论宗师"的加拿大著名传播学家马歇尔·麦克卢汉曾提出了一个著名的论断：媒体是"人的延伸"（extension of man）。意思是说：传媒以其传播速度之快、传播范围之广、传播内容之多，使受众在获知信息方面空前受益，其效果就如同人的某一感官、机能得到了延伸、扩张或增强一样。报纸、电视等传统大众传播媒介的实践已经证明了麦克卢汉这一论断的正确性。显然，在网络时代，他的这一论断同样具有现实意义。游戏玩家通过自己设置的角色符号参与游戏世界的各种活动，并通过自己精神系统的参与去感知其全部意义，这不正是其感官延伸的结果嘛？如果说报纸电视还只是人体的眼睛和耳朵的延伸的话，网络已经成为人体整个感知系统和精神系统的综合延伸——这也恰恰是精神世界的完全虚拟化。

值得注意的是，正如波德里亚"内爆"理论所指出的那样，在很多时候，游戏玩家的这种虚拟化的精神生活又往往和现实的精神生活充分结合，难分彼此。本书第一章"传媒文化的符号化"第三节"资源化、素材化"中提到的那个直接催生了全世界范围内一场关于网络文化大讨论的、将虚拟游戏引申为"现实游戏"的"铜须门"事件，就是其中的典型：从虚拟世界的网络游戏发展到现实世界的一夜情，再回到虚拟世界大搞网络追杀，继而引发全世界范围内关于"网络暴力"或"网络群氓"问题的文化大讨论（详情参看本书第一章的具体案例）——可以说，它已经把虚拟的精神生活和现实的精神生活糅合得天衣无缝，只不过，它充分展示的是网民虚拟化的精神生活对现实生活的负面影响。对于这一点，"铜须门"并非个案，即使在同一款游戏《魔兽世界》中，此后也还接连爆出了"苏恩塔灵魂闪动事件"（"哥哥"揭露游戏中某工会会长"灵魂闪动"诱奸其18岁的妹妹）和"桃色脱衣门事件"（三区鬼雾峰服务器玩家仙乐飘飘与网上"老公"的暧昧聊天记录被当事人曝光）等类似事件。至于"女网友用现实肉体换虚拟装备"等跨越虚拟生活与现实生活界限的丑闻事件，在《魔兽世界》乃至其他游戏中都同样时有风闻。[1] 应该说，与互联网上屡禁不绝的色情网站，网络聊天中产生的一夜情、婚外恋、色情视频等一样，上述案例只是传媒文化虚拟化在精神生活领域上的副产品——虽然它们往往会成为当代学者和网络管理部门、媒介管理部门高度重视并试图找到解决方案的热门话题。对此，2007年7月公布的中

---

[1] 其中最"经典"的案例可参见 http://life.qihoo.com/frame/q4048161, 418be0, s4608_30966.html。

国互联网调查中心第20次调查报告中就曾明确提出："互联网是一把双刃剑，为网民提供信息和沟通平台的同时，也会带来暴力、色情、极端主义等不健康影响。"因此，"加强监管非常必要"。

当然，互联网络对精神世界的这种"不健康影响"不会只发生在国内，加强对网民网络行为的监管也不仅仅是中国管理部门的事情。下面这个案例就是很好的说明。

案例一：《第二人生》惊爆强奸案　现实警察介入虚拟犯罪

2007年初，风靡世界的网络游戏《第二人生》（Second Life）内发生了一起前所未有的风化案：一个虚拟女人被一个虚拟色魔强奸了。多数传媒把该事件当做了花边新闻来报道，因为无论是施暴者还是受害者都只是虚拟角色，事件并不能构成明显伤害，换句话说，一切都是假的。然而，对于此次事件，比利时警方却郑重其事地展开了调查，以了解其中是否确有犯罪行为。

对此，一贯关注IT行业发展的美国《连线》杂志一名资深编辑撰文指出，虚拟世界中的犯罪危害远低于真实的违法行为，为了一起游戏中的虚拟强奸案而出动警力进行调查，实在于理不合，"虚拟强奸可能是不道德的，但终究不是犯罪"。不过，众多专家却有不同意见，他们发出警告，虚拟世界内每一个角色的背后都有一个真人在操纵，这个人在虚拟世界内所犯下的罪行，或多或少的会反映出他在现实世界中的精神欲求。换言之，他在网上所犯的罪行，会在现实世界中对他人构成潜在威胁。这也恰恰是比利时警方煞有其事的介入虚拟犯罪的根本理由——但显然，对类似的监管行为，目前仍是众说纷纭。

联合国互联网管理论坛的有关调查显示，目前，世界大多数国家都还缺乏一套完善的法制来监管虚拟世界的会员行为。如何监管当代网民的虚拟精神生活，使之更加规范、更加有序，仍然还是世界各国管理部门高度重视的热门话题。

"高度重视"、"热门话题"并不等于网民精神生活虚拟化的影响就仅限于负面——正如2008年1月公布的中国互联网调查中心第21次调查报告中所提到的那样，实际上，"网民对互联网的正面作用评价很高，认为互联网对工作/学习有很大帮助的网民占93.1%，尤其是娱乐方面，认为互联网丰富了网民生活的比例高达94.2%"。与之相应的是，即使在2007年7月和2007年1月公布的调查报告中，持正面评价的网民比率也还没有这么高——仅以"总体满意度"和对"内容健康度"的正面评价为例，2007年7月第20次调查报告显示的网民对互联网的满意度为60.5%，其中对内容健康度的正面评价比率为38.8%；2007年1月第19次调查报告显示的网民对互联网的满意度为48.5%，而对内容健康度的正面评价比率仅为30.4%。对上述数据我们似乎可以这样解读：在互联网时代的初期，"铜须门"、"灵魂闪动门"、"桃色脱衣门"等负面事件会时有发生，但在网络行为越来越规范、网络秩序越来越良好之后，类似的丑闻虽然还不能绝迹，但至少会逐渐减少，"健康娱乐"将占据网民精神生活的主流。这一点还可以从我国网民健康网络音乐下载比例日益增加；博客/日志空间书写内容越来越丰富，且其中绝大部分不涉及低俗趣味等现实中得到进一步印证。

除了案例中提到的外部监管，从网络内部促使虚拟精神生活进一步归入正途的，恰恰是越来越兴盛的网民经济生活与政治生活的虚拟化。以下，我们就将花更多的笔墨，对传媒文化虚拟化在经济生活和政治生活中的表现作出初步探讨。

二 经济生活的虚拟化：传媒文化虚拟化的进一步发展

与精神生活直接对应的是物质生活。应该说，从诞生之日起，互联网就与经济活动结下了不解之缘。它在不断地重组着人类社会的人力资源与物力资源的同时，也进一步重组了人类社会各种资源的管理模式与经营方式。本节开篇处所列举的"生活助手/电子商务"等使用类别，对应的也正是互联网络对经济生活的这一重组模式。实际上，不论是网络购物、网上支付，还是网上银行、网络炒股，它们所展现的，恰恰也都是当代传媒环境下经济生活的虚拟化特征。随着互联网发展的日趋成熟，当代经济生活虚拟化的程度已变得越来越高，也越来越受到了网民乃至现实世界经济组织的高度重视。这种重视不仅体现在上述直接的电子商务行为中，同样体现在那些发生在虚拟世界中的、与传媒文化直接互融的经济生活中——其中，发生在网络游戏等娱乐平台上的虚拟经济行为，尤其值得一提。下面我们就拟对这一话题进行一番探究。

要对这一话题进行较为全面的解说，我们就需要对本书第一章第三节中曾提到的"传媒巨头、商业巨头介入'虚拟人生'"案例作一次回述——不过，这种回述，不仅角度与第一章的"符号化"有所不同，其指涉的范围也将更加广阔。

案例二：虚拟经济搭上"开往春天的地铁"

今年6—7月间，世界著名的日本瑞穗银行产业调查部接受了该国经济产业省的一项委托调查，调查内容正是上文曾提到的那款风靡世界的网络虚拟游戏《第二人生》！该游戏由美国林登实验室于2003年开发，游戏参与者可随心所欲地在这个网络虚拟空间里交流、创造甚至进行经营活动，用能和真实世界的货币按一定"浮动汇率"进行兑换的虚拟货币——林登币（Linden）进行支付或收费（近期汇率约为275林登币兑换1美元）。瑞穗银行产业调查部的调查显示，《第二人生》目前的玩家数量约为780万人左右，到2007年底，其玩家数量将突破5000万人，到2008年底则会超过2.4亿人。此外，该游戏虚拟货币的交易额2007年底"将超过1350亿日元（1美元约合121日元），明年底将达到1.25万亿日元"①。这一调查数据印证了《第二人生》的制作商林登实验室CEO菲利普·罗斯代尔（Philip Rosedale）的预言：这款游戏并非以娱乐用户为目的，"而是要给人们提供一个平台，将经济要素整合在一起，给冒险、创新和技术以合适的回报"。换言之，《第二人生》就是要成为一款帮助人们挣钱的工具。一款看似虚幻的游戏，其实早已展示出了无与伦比的市场"钱"力。

这种巨大的市场"钱"力得到了世界级的商业巨头及传媒巨头的回应：紧接丰田、阿迪达斯、锐步、奥迪等在游戏中开设专卖店，向玩家兜售虚拟商品之后，商业巨头奥迪公司更进一步，把《第二人生》当做了产品行销的最好平台——最新一季的产品尚未公开发售前，他们会选择将其"陈列"到《第二人生》中的Belladone岛上进行展示，随后再至巴黎的橙树博物馆展出，然后才进入实体销售。上述商业巨头的虚拟之行目的只有一个：在虚拟世界赚取现实世界的真金白银。紧接商业巨头之后采取积极行动的是媒体巨头。2006年10月，世界最大通讯社之一的路透社开始在该游戏中设立记者站，派驻专职记者报道虚拟世界的各类新闻，同时也向这里的"居民"报道真实世界的各种新闻；随后，美国著名的《连线》杂志社及英国的BBC也相继宣布，将在《第二人生》中建立自己的新闻机构，对这个虚拟的世界进行真实的报道。目前，有报道称，国内的《第一财经》也已步上述传媒巨头的后尘，开始了自己在虚拟世界的"第一声问候"。

能够引发虚拟经济热潮的当然远不止《第二人生》这一部网络游戏。

---

① 《日本政府调研〈第二人生〉对传统文化秩序的影响》，http://tech.163.com/07/0720/07/3JR0QVHE000915BF.html。

今年1月25日，美联社宣布与日本著名游戏公司任天堂合作，正式为一款名为WⅡ的游戏提供多种语言在线新闻服务。根据协议，任天堂在WⅡ游戏上开通一个新闻频道，新闻内容主要由美联社提供。WⅡ新闻频道的界面是一幅互动的世界地图，玩家只要在自己感兴趣的国家上点击，就可以通过任意放大或缩小地图，来查阅所选择地区的新闻。目前，美联社提供给游戏玩家的有五种语言的新闻，包括英语、法语、西班牙语、德语和荷兰语。虽然美联社新闻还没有被设定到WⅡ的游戏情景中，但美联社新媒体市场部副总裁西格雷夫透露：双方正在讨论进一步拓展合作，把美联社的多媒体新闻应用到游戏中已只是时间问题。①

上述案例，给我们展示了一幅经济生活借助网络游戏实现全面虚拟化的"及时行乐图"——或者，至少是给我们描述了这样一种走向。提到经济生活的虚拟化，我们又不得不谈到在世界上享有盛誉的瑞士达沃斯经济论坛。从2007年开始，该论坛将关注的目光投向了以《第二人生》为代表的网络游戏空间——在该年初的论坛上，《财富》杂志高级副主编大卫·柯克帕特里克（David Kirkpatrick）主持了一项专门针对《第二人生》的讨论，借以关注"虚拟世界中正实实在在创造着的真实的商业价值，以及由此催生的虚拟经济产业链"。讨论认为："由于不存在传统社会中因个体掌控资源的不平衡造成的商业门槛，并承认用户拥有对其虚拟创造物的完全产权，以及虚拟货币与现实货币之间开通了双向兑换，目前《第二人生》中正在演绎着一部全新的自由市场经济发展过程，成千上万的《第二人生》居民正在里面获得他们的'第二收入'。在此过程中，各种有趣的新商业模式层出不穷。"② 这里所说的那些"有趣的新商业模式"，既包括了我们在案例中已经提到的丰田、锐步等商业巨头的专卖店，路透社、《连线》杂志等传媒巨头的记者站，也包括了一家名为 Millions of US 的美国公司所进行的"办公室、会议中心、音乐会场、汽车经销店、公寓、夜总会"等"建筑"开发项目，同时还包括一些小规模的，但已经获得了巨大而丰厚的经济回报的"手工作坊"式自发商业营销——一家美国衬衫企业在《第二人生》上开设店铺销售虚拟衬衫，并将上面的设计拿到现实世界中销售，结果，濒临倒闭的公

---

① 《网游：下一个传媒宝库》，《世界经理人》2007年8月；http://media.icxo.com/html-news/2007/08/02/1172377_0.htm。

② 刘婷：《第二人生：假世界真经济》，《商务周刊》2007年第5期。

司复活了；澳大利亚程序员 Nathan Keir 在《第二人生》里创建了一款结合"俄罗斯方块"和"宾果"的名为 Tringo 的游戏，目前已被日本任天堂公司购买了版权；而在 2007 年末登上美国《商业周刊》封面人物的德国华裔女子艾琳·格拉芙（游戏角色名为 Anshe Chung），更是依靠其在《第二人生》上从事的"地产"开发，拥有了价值现实货币 100 万美元的虚拟财产。[①]

上述案例进一步刺激了更多企业的"虚拟之行"。到 2007 年底之前，世界 500 强之一的 IBM 公司在《第二人生》上投资的 20 多块"岛屿"的"地产"价值已经翻了数倍。与此同时，该公司还积极鼓励自己的全球员工利用《第二人生》进行"面对面"的工作交流——此时，经济活动与企业文化开始交织在了一起。

在虚拟世界里，将经济活动与文化因素更好地交织在一起的"有趣的新商业模式"可以追溯到可口可乐公司那里。该公司在《第二人生》中设立了一个虚拟的录音棚，游戏玩家可以在这个录音棚里组合一些音乐，并通过向其他会员播放这些组合音乐，以赢取相应的"分贝"点数——当然，这些点数同样可以通过参与可口可乐公司在《第二人生》中的其他游戏或活动来获得。"无论你是坐过山车，还是回答一些有趣的测试题，可口可乐那红白色的波浪线都装饰了这些目标、墙纸和周边环境，充当了积极的品牌使者。"[②] 显然，这是一种双赢的游戏：玩家在娱乐的过程中获得了自己想要的东西——可口可乐的分贝点数，而可口可乐公司则通过这种游戏在虚拟世界里实现了自我的商业诉求。更重要的是，与现实世界传统的经济活动比较起来，可口可乐的这种商业营销方式，因具有极强的互动性和更浓的文化氛围而更易被玩家接受，也就是说，其经营效果更加良好。

这不由使人想起了可口可乐在另一款网络游戏——《魔兽世界》中的文化营销策略：从 2005 年第二季度开始，可口可乐与九城《魔兽世界》合作，向市场投入了上亿元的营销费用，在广告中和产品外包装上出现《魔兽世界》游戏的角色，借以吸引更多的年青消费者。与文化浓情蜜意的联姻使可口可乐获得了巨大的商业成功——据可口可乐品牌市场部透露："可口可乐 2005 年第二季度的净利润比去年同期增长 15%，达到 12.9 亿美

[①] 刘婷：《第二人生：假世界真经济》，《商务周刊》2007 年第 5 期。
[②] Bill Nissim 著，邓勇兵译：《虚拟世界：下一个广告的天堂》，《商业周刊中文版》2006 第 6 期。

元。"[1] 此后，可口可乐还开展了更多的成功"虚拟之行"——它和天联世纪合作，通过让游戏玩家在现实生活中饮用可口可乐，来赢取游戏《街头篮球》的虚拟装备的"金盖促销活动"；以及其旗下网站 icoke 与联众公司携手，在游戏《灵游记》中推出的游戏玩家用 icoke 积分兑换游戏道具的各种营销活动，都是其经济活动走向虚拟化并最终获得了巨大现实成功的典范。

与可口可乐的文化营销策略相类似的还有娃哈哈对维生素饮料"营养快线"的营销策略。一方面，该饮料成为腾讯公司推出的一款名为《QQ 幻想》的网络游戏中的必备道具——生命药水；另一方面，玩家在现实生活中消费一瓶"营养快线"饮料，就有可能获得一定长度的免费游戏时间——2005 年 10 月，娃哈哈和腾讯合作在 2 亿瓶"营养快线"饮料上打上了腾讯游戏产品的图标，腾讯则为此提供了总计 1.5 亿小时的游戏时长。显然，这也是一桩双赢的买卖：游戏借饮料得到推广，饮料则搭上游戏的便车，在上百万游戏玩家中得到普及——文化与经济的联姻再一次彰显了传媒文化虚拟化的巨大魅力。

传媒文化虚拟化的巨大魅力显然并不会止步在经济生活这一领域上。与经济生活的虚拟化接踵而至的，是政治生活乃至军事生活的虚拟化——也正是这一层面上的虚拟化，最大限度地丰富了传媒文化虚拟化的内涵，并最终促成了当代网络虚拟社会的成型。

三 政治生活的虚拟化：传媒文化虚拟化的最新阶段及网络社会的成型

从网民的个体精神生活，到网民与各种经济组织共同的经济生活，传媒文化虚拟化的波及面越来越广，影响的程度也越来越深。也正是在这样的背景下，政治生活的虚拟化被提上了传媒文化的议事日程。

按照当前大多数学者的观点，当代政治生活和互联网络的联姻主要体现在两个方面上：其一，网民的个体政治意愿表达。互联网络所拥有的信息共享、公开透明和权力分散、重视个体等特点，为这种形态的虚拟化提供了技术支持和基础平台。在一些著名的 BBS（如人民网的强国论坛、天涯社区等）上，我们就经常可以看到网民个体的政治意愿表达。实际上，发展到今天，当代一些网民，尤其是那些在现实社会中作为知名人士而存在的网民，他们所开设的博客（Blog）等个人空间也已经成为表达自己政治意愿的

---

[1] 刘德良：《玩经济玩出品牌》，《中国机电工业》2007 年第 8 期。

更加有力的工具；其二，政府机构或社会组织的电子政务。根据郭玉锦、王欢的理解，当代电子政务的内容包括如下方面："政府部门内部利用先进的网络信息技术实现办公自动化、管理信息化、决策科学化；政府部门与社会各界利用网络信息平台充分进行信息共享与服务，加强群众监督，提高办事效率以及促进政务公开，等等。"① 简言之，即所谓的"政府机构网上办公"。

应该说，正是上述两方面的内容，开启了当代政治生活虚拟化的先河。但值得注意的是，上述这些内容，虽然涉及面最广，也为当代学者讨论得最多，不过却只停留在了政治生活虚拟化的最浅层次上。或者可以说，它们只是把互联网络当作一种更加便捷的工具来使用的现实政治行为，只不过这种政治行为因为和网络联姻而带上了虚拟化的色彩——途径的虚拟性和身份的现实性是其显著特色。近几年，尤其是近一两年来，在上述行为的基础上，一些对虚拟世界进行深度融入的政治行为开始展现——对这些政治行为来说，不仅其实现现实目的的途径是虚拟的，连政治主体在网络上的身份也已经走向了虚拟化。可以说，这种类型的虚拟化，才是当前政治生活虚拟化的高级阶段。对此，我们仍然从案例说起。

案例三：虚拟大使馆、虚拟国会山惊现网游世界②

2007年5月22日，印度洋岛国马尔代夫常驻联合国代表团官员发表声明称，该国当日正式开启了在网络游戏《第二人生》上的虚拟大使馆。对此，马外交部官员也发表声明表示："《第二人生》开辟了外交展示和协商的新场所——尤其是对那些在真实世界只有有限外交范围的小国和发展中国家来说，情况更是如此。"用该国外交部部长的话来说，"马尔代夫是个小国家……虚拟大使馆为我们提供了另一个途径，向国际社会介绍马尔代夫，介绍我们对国际事务的观点并与国际社会交流"。马尔代夫官员表示，这个建筑在网络游戏平台上的虚拟大使馆"具有真正的使馆功能"——该国常驻联合国日内瓦代表团的官员在游戏中拥有自己的虚拟化身，来此的游客可以面对面地与虚拟大使交谈签证、贸易和其他事宜。

其实，最先产生设立虚拟大使馆想法的国家是瑞典。瑞典一直计划于2007年5月30日在《第二人生》中开设虚拟使馆——不料却被马尔代夫捷

---

① 郭玉锦、王欢：《网络社会学》，中国人民大学出版社2005年第1版，第325页。
② 本案例综合新华网、人民网等网站相关资料改写而成。

足先登。5月30日这天，瑞典外交大臣卡尔·比尔特在位于斯德哥尔摩的瑞典研究所参加了虚拟大使馆的落成剪彩仪式——他坐在一台电脑前，操纵自己在《第二人生》里的虚拟角色，手持剪刀剪断了黄蓝相间的彩带——虚拟大使馆正式开馆。比尔特说，该国把《第二人生》作为向更多民众宣传瑞典的工具，"尤其是全世界的年轻人"。这里虽然无法像真实大使馆那样向人们签发护照和签证，但可以向访问者介绍申请护照和签证的程序，并提供有关瑞典的各种信息。

马尔代夫和瑞典的虚拟大使馆迅速带动了其他国家的行动，继他们之后，马耳他、马其顿和菲律宾等国也公布了有关计划，纷纷表示将在《第二人生》中开设自己的大使馆。同年12月8日，《第二人生》又迎来了另一虚拟政治体——爱沙尼亚虚拟大使馆。

和这些虚拟大使馆有异曲同工之妙的政治组织，当数美国在同一部网络游戏中建立的虚拟国会山——2007年1月4日，虚拟的美国国会山在《第二人生》中正式开放并设置了常驻新闻发言人。美国总统竞选人马克·华纳是第一个在这里召开新闻发布会的政客，此后，众多的政治人物通过虚拟形象在这里进行了自我展示。更加耐人寻味的是，2007年法国总统大选期间，四位总统候选人都跑到了《第二人生》里竞选拉票……一切迹象都已经表明，网络游戏，已经不仅仅是当代网民的"第二人生"这么简单了，它也同时演化成了当代社会的"第二政治舞台"。

案例四：军事力量逐步介入虚拟世界[①]

2007年初，美国网络游戏《第二人生》发生首宗恐怖袭击事件，号称要解放"第二人生"世界的武装分子在网上引爆了虚拟炸弹，所有玩家的电脑画面呈现出一片白色。一个自称"第二人生解放军"的组织表示，炸弹是他们放置的，他们的目的就是要解放这个"世界"，使所有玩家免予"林登政府"（游戏制作商美国林登实验室）的强权统治。该组织声称，如果夺权成功，他们会将权力交给运动的政治家。该组织亦要求《第二人生》的制作公司上市，并容许每位玩家以固定的价钱入股。负责管理《第二人生》的林登公司表示，他们欢迎任何有创意的活动，但"这不能影响其他人的活动"。

如果说恐怖分子对虚拟世界的军事介入还可以当作"游戏"来看的话，

---

① 本案例综合太平洋游戏网（www.pcgame.com）及《互联网周刊》相关资料改写。

美国军方力量对网络世界的强力介入就不得不引起我们的高度关注了。

随着网络的飞速发展和广泛运用，人类将来有可能爆发一场网络战争吗？美国认为，很有可能，而且现在美国就必须未雨绸缪，准备好打这场战争——2007年9月18日，美国空军在路易斯安那州巴克斯代尔空军基地成立了临时网络战司令部。而据军方透露，正式的网络战司令部将在今后一年内建成。对此，美军少将查尔斯·伊克斯说，网络战司令部负责培训网络战部队，以便在全球范围内开展网络战行动，以与空中和太空战相配合。实际上，网络战争并非自美军临时司令部的成立始，此前的诸多事件表明，网络空间其实早已纳入军方视野——20世纪90年代，北约在科索沃战争中动用50多颗卫星和大量电子信息作战飞机，对当时南联盟的雷达、通信等防空、指挥设施发动了电子战，这是到当时为止世界战争史上最大规模的电子信息作战行动；2002年，美国总统布什签署了"国家安全第16号总统令"，要求美国国防部牵头，组织中央情报局、联邦调查局、国家安全局等政府部门制定网络战方略；2005年3月，美国国防部公布的《国防战略报告》明确将网络空间与陆、海、空和太空定义为同等重要的、需要美国维持决定性优势的五大空间，美国空军在当年则直接宣布将网络战与空中和太空作战行动一道纳入其作战范畴；2006年2月，华盛顿上演了最大规模的网络战演习——"网络风暴"行动，美国国家安全委员会、国防部、国务院、司法部、财政部、国家安全局以及联邦调查局、中央情报局纷纷参与其中，进行演练；2007年5月，爱沙尼亚网络遭到史无前例的攻击，政府、银行、学校和其他机构的网站都被迫关闭；而在大致同时，基地组织也开始利用互联网招兵买马，策划进行世界范围内的新一轮袭击……2007年9月17日，即美军临时网络战司令部成立的前一天，美国前中央司令部司令阿比扎伊德称："我们在虚拟空间已经迎来竞争。在拿破仑时代，战争仅仅在陆地和海洋。今天，我们不仅要在陆地、海洋、空中和太空作战，而且还必须明白虚拟空间也是一个战场，它要求我们时刻保持警惕，不仅仅是关注，而且要战斗。"

被誉为"现代管理学之父"的美国管理专家彼得·德鲁克（Peter F. Drucker）曾经指出，互联网彻底改变了人类的经济行为，但它"给政治和社会所带来的影响可能更大"。上述案例所体现的，恰恰是政治生活深度虚拟化所带来的巨大影响：一方面，网民在虚拟空间中具有更加均等的政治机会——无论是在亚洲还是非洲，无论是在中心城市还是偏远山区，只要有一台电脑一根网线,你在家里点点鼠标就能和美国的议员交流、就能参加法国总统候选人召开的新闻发布会,就能了解甚至办理瑞典、马尔代夫的签证事项……而对现实社会中的某些人来说,要进行这样的交流、要参与这样的新闻发布会恰恰难之又难;另一方面,政治生活的虚拟化再一次拓展了国家与政府的疆界,也实现了对国际政治权力和政治结构的再一次切割与重组。马尔代夫外交部官员在申明中提到的"《第二人生》(虚拟大使馆)开辟了小国和发展中国家外交展示和协商的新场所",美国政界和军方将网络虚拟空间视做与陆、海、空和太空同等重要的"第五空间",无疑都是就此而言的。也许正是看到了虚拟政治的这种巨大影响力,美国社会学家托夫勒才会在他的《创造一个新的文明:第三次浪潮的政治》一书中惊呼:"正如工业革命摧毁了先前的政治结构,或者使得这种政治结构丧失意义一样,知识革命——以及它所发动的第三次浪潮变迁——将对美国和许多国家产生同样的效果。承认这一历史事实的政党和政治运动才将生存下去。"① 这句话所阐释的,正是政治生活虚拟化在当代社会中的典型意义。

值得注意的是,政治生活的虚拟化对当代国际政治权力和政治结构的切割重组,并不简单地停留在对国家、政党等现实政治组织或政治主体权力的延伸上,它甚至还创造出了崭新的权力主体。本文反复提到的网络游戏《第二人生》的创始人、美国林登实验室 CEO 菲利普·罗斯道尔就曾不无骄傲地表示:"我们不是在做一款游戏,而是在建造一个国家。"实际上,当上百万、上千万甚至上亿的网民成为《第二人生》的居民之后,当现实社会中越来越多举足轻重的企业集团、传媒组织成为它的居民之后,当法国总统候选人、美国议会、马尔代夫大使馆甚至一些军事组织都成为它的居民之后,我们还能说《第二人生》是一款简单的网络游戏吗?我们还能说它所构筑的只是一个虚幻的空间吗?这个时候,如果不用"国家"这个词汇,我们还能用什么样的词汇来定义它的形态?而当"第二人生解放军"这样的网络组织喊出"推翻林登政府强权统治"的口号时,网络世界的"国家形态"得到的正是再一次的彰显和进一步的强化。

这也不由使我们再一次想起了麦克卢汉的"媒介即人的延伸"理论。只不过,和以往的报纸、杂志、广播、电视等传媒空间只是对人的眼睛和耳朵功能的延伸不同,网络虚拟空间实现的既是对人的眼睛、耳朵甚至精神系统和内心情感世界的全面延伸,更是对整个人类社会所有功能的延伸——网

---

① 转引自郭玉锦、王欢《网络社会学》,中国人民大学出版社 2005 年第 1 版,第 322 页。

民个体的虚拟精神生活最终能演化为一个个令现实世界侧目的"事件";网民与企业组织的虚拟经济生活最终能演化成连达沃斯经济论坛都不得不关注的现实收益;甚至连政治生活也不得不最终向其低头,改而以虚拟的姿态来实现自己现实的目的……上述种种,或许正是这种"社会延伸"最直接的写照。常晋芳博士在他的《网络哲学引论》一书中写道:"网络和网络化不仅是一种单纯的技术现实,它正在导致包括生存方式、交往方式、组织方式、思维方式在内的人类整个存在方式的全面而深远的变革。"的确,从精神生活的虚拟化到经济生活的虚拟化,再到政治生活的虚拟化,当代传媒文化的虚拟化历经"三部曲"后,最终已经改变了人类数千年来所固守的实体存在方式的唯一性,而构筑起了一种崭新的虚拟存在方式,构筑起了一个崭新的网络虚拟社会。也正是在这样的背景下,那个曾经被简单地视做工具、平台的网络虚拟空间,那个一度被认为可有可无的网络虚拟空间,其实早已演化成了当代传媒环境下人类须臾不可离弃的"第二国家"、"第二社会"——甚至也可以说,它已经演化成为古今中外众多科幻小说中描绘的那个被人类苦苦追寻的"异度空间"、"平行世界"。只不过,小说中的那个世界永远只能停留在幻想之中,但网络上的这个世界,却已是触手可及。

通过上文的种种描述,我们可以看到,这个悬挂在电脑界面之上的网络虚拟社会,和我们肉体所赖以生存的现实物质社会其实既游离又相连,既有别又互补。换句话说,它们之间的关系是既彼此依赖又没有——至少是暂时没有达到同一。这也就引发了我们新的追问:网络虚拟社会与现实物质社会之间究竟有没有各自的疆界?如果有,它们之间用什么来区别?随着人类的发展,它们之间又是否会发生更深层次的内爆,以致最后达到完全的互融乃至最终的高度同一?作为一个崭新的事物,网络社会远未成熟;而人类对网络社会的探讨也才刚刚开始,所以这样的问题也并非简单的几句话就能回答的。在此,我们不妨用如下的这段话来作为本章的结束语:

互联网的诞生并不只是完成了一个简单的技术神话,它其实蕴涵着深刻的社会意义。对个体而言,它实现的是一种"上帝造人"的快感,或者说,它所实现的正是某种意义上的"人的全面解放"——在现实社会中,每一个个体都可能有不愿表达、不能表达的意愿,有无法实现的梦想,有无力回天的时候,但是,在网络虚拟社会里,一切的意愿、一切的梦想都将变得简单,通过键盘、鼠标,通过屏幕、网线,孱弱的你将变得强大、愚钝的你将变得智慧、残缺的你将变得完美,当然龌龊的你也找到了发泄的通道——如果说现实社会中的你是弗洛伊德所说的"本我",那虚拟世界中的你实现的正是"本我"与"超我"的完美结合。更为重要的是，现代网络的革命性成果并不只限于给个体网民一种分身术、一种圆梦术，它还给整个社会提供了一个压缩的时空，一个非传统的交际平台，在这个平台上，包括经济、政治、军事等各种元素在内的一切社会行为都被融入了进去——确切地说，是上述这一切社会行为都被拉到了这个平台上，并以变形甚至扭曲的方式展现了出来，但它们的目的恰恰又是最直接、最本真的。从现实到虚拟，再从虚拟发展到虚拟与现实互融，这也许才是传媒文化虚拟化的本质意义所在。

主要参考文献

中文著作

1. 蔡华东：《楚天都市报连续报道实析》，《极目楚天舒——楚天都市报创刊周年文集》，湖北人民出版社 1998 年版。
2. 蔡骐、蔡雯：《美国传媒与大众文化——200 年美国传播现象透视》，新华出版社 1998 年版。
3. 蔡骐、蔡雯：《媒介竞争与媒介文化》，复旦大学出版社 2007 年版。
4. 蔡尚伟主编：《影视传播与大众文化——文化工业时代的影视方法论》，四川大学出版社 2005 年版。
5. 常晋芳：《网络哲学引论：网络时代人类存在方式的变革》，广东人民出版社 2005 年版。
6. 陈慧琳主编：《人文地理学》（第二版），科学出版社 2007 年版。
7. 陈汝东：《传播伦理学》，北京大学出版社 2006 年版。
8. 陈正荣：《电视第三次浪潮》，中国传媒大学出版社 2006 年版。
9. 程文超等：《欲望的重新叙述》，广西师范大学出版社 2005 年版。
10. 丁子江：《中美婚恋的性学分析》，中国工人出版社 2001 年版。
11. 端木义万主编：《美国传媒文化》，北京大学出版社 2001 年版。
12. 高宣扬：《流行文化社会学》，中国人民大学出版社 2006 年版。
13. 顾江主编：《文化产业研究》，南京大学出版社 2006 年版。
14. 郭庆光：《传播学教程》，中国人民大学出版社 1999 年版。
15. 郭玉锦、王欢：《网络社会学》，中国人民大学出版社 2005 年版。
16. 蒋晓丽主编：《传媒文化与媒介研究》，四川大学出版社 2007 年版。
17. 蒋子龙：《把晚上交给好莱坞》，时代文艺出版社 2000 年版。
18. 李彬：《全球新闻传播史》，清华大学出版社 2005 年版。
19. 李良荣：《当代世界新闻事业》，中国人民大学出版社 2002 年版。
20. 李岩：《媒介批评——立场·范畴·命题·方式》，浙江大学出版社 2005 年版。
21. 梁丽萍：《中国人的宗教心理》，社会科学文献出版社 2004 年版。
22. 刘国瑛：《新闻传媒——制衡美国的第四权力》，湖南教育出版社 2002 年版。
23. 刘伟胜：《文化霸权概论》，河北人民出版社 2002 年版。

24. 陆扬、王毅:《大众文化与传媒》,上海三联书店 2000 年版。
25. 陆地:《世界电视产业市场概论》,中国人民大学出版社 2003 年版。
26.《马克思恩格斯全集》,人民出版社 1995 年版。
27. 马戎、周星主编:《21 世纪:文化自觉与跨文化对话》(一),北京大学出版社 2001 年版。
28. 缪家福:《全球化与民族文化多样性》,人民出版社 2005 年版。
29. 明安香等:《信息高速公路》,华夏出版社 1999 年版。
30. 孟元老撰,邓之诚注:《东京梦华录》,中华书局 1982 年版。
31. 牛津大学出版社编:《牛津英语习语词典》(英汉双解版),外语教学与研究出版社 2005 年版。
32. 潘之常、林玮主编:《传媒批判理论》,新华出版社 2002 年版。
33. 彭永斌:《传媒产业发展的系统理论分析》,西南财经大学出版社 2004 年版。
34. 彭兰:《网络传播概论》,中国人民大学出版社 2001 年版。
35. 全国八院校《社会心理学教程》编写组编:《社会心理学教程》,兰州大学出版社 1986 年版。
36. 邵培仁、章东秩编:《媒介管理学经典案例》,高等教育出版社 2003 年版。
37. 邵培仁:《传播学》,高等教育出版社 2000 年版。
38. 邵培仁、陈兵:《媒介战略管理》,复旦大学出版社 2003 年版。
39. 邵培仁:《政治传播学》,江苏人民出版社 1991 年版。
40. 沈国芳:《中国传媒大趋势》,四川人民出版社 2003 年版。
41. 孙英春:《大众文化:全球传播的范式》,中国传媒大学出版社 2005 年版。
42. 孙晶:《文化霸权理论研究》,社会科学文献出版社 2004 年版。
43. 陶东风、徐艳:《当代中国的文化批评》,北京大学出版社 2006 年版。
44. 汪民安主编:《文化研究关键词》,凤凰出版传媒集团、江苏人民出版社 2007 年版。
45. 王海明:《新伦理学》,商务印书馆 2001 年版。
46. 王宁:《消费社会学》,社会科学文献出版社 2001 年版。
47. 王晓德、张晓芒主编:《历史与现实——世界文化多元化研究》,天津人民出版社 2007 年版。
48. 王政挺:《传播文化与理解》,人民出版社 1998 年版。
49. 吴伯凡《孤独的狂欢》,中国人民大学出版社 1998 年版。
50. 吴飞、王学成:《传媒·文化·社会》,山东人民出版社 2006 年版。
51. 吴飞:《传媒影响力》,中国传媒大学出版社 2005 年版。
52. 谢鸿飞:《现代民法中的"人"》,《北大法律评论》第 3 卷第 2 辑,法律出版社 2001 年版。
53. 徐国源、谷鹏:《当代传媒生态学》,上海三联书店 2006 年版。

54. 徐晶：《从文化与身份的角度看多元化与边缘化的关系》，四川大学，2006 年（系硕士毕业论文）。

55. 姚晓蒙：《电影美学》，东方出版社 1991 年版。

56. 衣俊卿：《文化哲学十五讲》，北京大学出版社 2004 年版。

57. 尹保云：《什么是现代化》，人民出版社 2001 年版。

58. 喻国明：《解析传媒变局——来自中国传媒业第一现场的报告》，南方日报出版社 2002 年版。

59. 俞可平等：《全球化与国家主权》，社会科学文献出版社 2004 年版。

60. 詹成大：《媒介经营管理》，浙江大学出版社 2004 年版。

61. 张宏：《媒介营销管理》，北京大学出版社 2006 年版。

62. 张慧元：《大众传播理论解读》，苏州大学出版社 2005 年版。

63. 张巨岩：《权力的声音：美国的媒体和战争》，生活·读书·新知三联书店 2004 年版。

64. 张小争、郑旭、何佳编：《明星引爆传媒娱乐经济》，华夏出版社 2005 年版。

65. 张小争：《娱乐财富密码——引爆传媒新经济》，复旦大学出版社 2006 年版。

66. 张志君：《全球化与中国国家电视文化安全》，中国传媒大学出版社 2006 年版。

67. 赵毅衡：《文学符号学》，中国文联出版公司 1990 年版。

68. 郑世明：《权力的影像》，中国传媒大学出版社 2006 年版。

69. 中国社会科学院语言研究所词典编辑室编：《现代汉语词典》（第五版），商务印书馆 2005 年版。

70. 周鸿铎：《洞悉媒介》，社会科学文献出版社 2006 年版。

71. 朱立元主编：《当代西方文艺理论》，华东师范大学出版社 1997 年版。

72. 朱效梅：《大众文化研究——一个文化与经济互动发展的视角》，清华大学出版社 2003 年版。

73. [爱] 肖恩·麦克布赖德等：《多种声音，一个世界》，中国对外翻译出版公司 1981 年版。

74. [澳] 理查德·麦特白著，吴菁、何建平、刘辉译：《好莱坞电影：1891 年以来的美国电影工业发展史》，华夏出版社 2005 年版。

75. [德] 叔本华：《作为意志和表象的世界》，商务印书馆 1982 年版。

76. [德] 霍克海默、阿多尔诺著，洪佩郁、蔺月峰译：《启蒙辩证法：哲学片断》，重庆出版社 1990 年版。

77. [德] 瓦尔特·本雅明著，王才勇译：《机械复制时代的艺术作品》，中国城市出版社 2002 年版。

78. [德] 蓝德曼：《哲学人类学》，工人出版社 1988 年版。

79. [德] 赫尔穆特·施密特：《全球化与道德重建》，社会科学文献出版社 2001 年版。

80. ［法］居伊·德波著，王昭凤译：《景观社会》，南京大学出版社2006年版。

81. ［法］让·波德里亚著，刘成富、全志钢译：《消费社会》，南京大学出版社2006年版。

82. ［法］布罗代尔：《15至18世纪的物质文明、经济和资本主义》（第1卷），生活·读书·新知三联书店1992年版。

83. ［法］乔治·萨杜尔著，徐昭、胡承伟译：《世界电影史》，中国电影出版社1982年版。

84. ［法］让·波德里亚著，车槿山译：《象征交换与死亡》，译林出版社2006年版。

85. ［荷］约翰·赫伊津哈：《游戏的人：关于文化的游戏成分的研究》，中国美术学院出版社1996年版。

86. ［加］文森特·莫斯可著，胡正荣等译：《传播政治经济学》，华夏出版社2000年版。

87. ［加］哈罗德·英尼斯著，何道宽译：《传播的偏向》，中国人民大学出版社2003年版。

88. ［美］威廉·麦克高希著，董建中、王大庆译：《世界文明史——观察世界的新视角》，新华出版社2003年版。

89. ［美］丹尼尔·贝尔著，赵一凡、蒲隆等译：《资本主义文化矛盾》，生活·读书·新知三联书店1989年版。

90. ［美］阿尔伯特·格雷柯编著，饶文靖、谢静颖、王茜译：《媒体与娱乐产业》，清华大学出版社2006年版。

91. ［美］米切尔·J. 沃尔夫著，黄光传、邓盛华译：《娱乐经济》，光明日报出版社2001年版。

92. ［美］道格拉斯·凯尔纳著，史安斌译：《媒体奇观》，清华大学出版社2003年版。

93. ［美］约翰·菲斯克：《电视文化》，商务印书馆2005年版。

94. ［美］保罗·莱文森著，何道宽译：《数字麦克卢汉——信息化新纪元指南》，社会科学文献出版社2001年版。

95. ［美］尼尔·波兹曼著，章艳译：《娱乐至死》，广西师范大学出版社2004年版。

96. ［美］威廉·曼彻斯特著，广州外国语学院英美问题研究室翻译组合译：《光荣与梦想》（第三册），商务印书馆1978年版。

97. ［美］丹尼斯·朗著，陆震纶、郑明哲译：《权力论》，中国社会科学出版社2001年版。

98. ［美］赫伯特·阿特休尔著，黄煜、裘志康译：《权力的媒介》，华夏出版社1989年版。

99. ［美］詹姆斯·卡伦著,史安斌译:《媒体与权力》,清华大学出版社 2006 年版。

100. ［美］约翰·费斯克:《理解大众文化》,中央编译出版社 2001 年版。

101. ［美］罗杰·菲德勒:《媒介形态变化——认识新媒介》,华夏出版社 2000 年版。

102. ［美］克利福德·格尔茨著,韩莉译:《文化的解释》,译林出版社 1999 年版。

103. ［美］曼纽尔·卡斯特著,夏铸九、王志弘等译:《网络社会的崛起》,社会科学文献出版社 2006 年版。

104. ［美］弗里德里克·杰姆逊著,唐小兵译:《后现代主义与文化理论》,北京大学出版社 1997 年版。

105. ［美］尼葛洛庞帝著,胡泳等译:《数字化生存》,海南出版社 1996 年版。

106. ［美］露丝·本尼迪克特著,张燕、傅铿译:《文化模式》,浙江人民出版社 1987 年版。

107. ［美］赫伯特·席勒著,刘晓红译:《大众传播与美利坚帝国》,上海世纪出版集团 2006 年版。

108. ［英］戴维·巴特勒著,赵伯英、孟春译:《媒介社会学》,社会科学文献出版社 1989 年版。

109. ［英］约翰·汤姆林森著,郭英剑译:《全球化与文化》,南京大学出版社 2002 年版。

110. ［英］吉姆·麦克盖根著:《文化民粹主义》,南京大学出版社 2001 年版。

111. ［英］尼克·史蒂文森著,周宪、许钧主编:《认识媒介文化——社会理论与社会理论的讨论》,新华出版社 2005 年版。

112. ［英］多米尼克·斯特里纳蒂主编:《通俗文化理论导论》,商务印书馆 2001 年版。

113. ［英］尼古拉斯·加汉姆著,李岚译:《解放·传媒·现代性——关于传媒和大众》,商务印书馆 2001 年版。

114. ［英］利萨·泰勒、安德鲁·威利斯著,吴靖、黄佩译:《媒介研究:文本、机构与受众》,北京大学出版社 2005 年版。

115. ［英］克里斯·罗杰克著,李立纬等译:《名流》,新世界出版社 2002 年版。

116. ［英］梅因著,沈景一译:《古代法》,商务印书馆 1984 年版。

117. ［英］奥利弗·博伊德—巴雷特、克里斯·纽博尔德编,汪凯、刘晓红译:《媒介研究的进路》,新华出版社 2004 年版。

中文期刊论文

1. 杜艳艳:《试论古代都城的精神娱乐消费变迁——以北魏洛阳、唐朝长安、宋代开封及杭州为例》,《沧桑》2006 年第 4 期。

2. 陈韬文：《文化移转：中国花木兰传统的美国化和全球化》，《新闻学研究》2001年1月第66期。

3. 陈新丽：《明星制度探讨——二战后的明星化现象》，《法国研究》2006年第1期。

4. 顾芳芳、韩燕、王健：《用杭州话说新闻——城市电视台新闻本地化的思考》，《新闻实践》2004年第4期。

5. 金丹元、王新菊：《从"超女"到"梦想中国"——对当下电视媒体狂欢娱乐的整体文化反思》，《上海文化》2006年第1期。

6. 景志刚：《我们改变了什么》，《视听界》2004年第1期。

7. 李良荣：《娱乐化、本土化，美国新闻传媒的两大潮流》，《新闻记者》2000年第10期。

8. 李庆霞：《全球化视域中的文化本土化研究》，《社会科学战线》2007年第1期。

9. 林晖：《从新词流行看全球媒体的新变化》，《新闻记者》2005年第11期。

10. 梅琼林：《谈大众传媒的娱乐化现象》，《新东方》2005年第4期。

11. 陶东风：《后革命时代的革命文化》，《当代文坛》2006年第3期。

12. 徐利刚：《体育与传媒的天作之合》，《新闻记者》2004年第6期。

13. 肖沛雄：《体育与电视的"天作之合"——2006年足球世界杯"狂欢节"的启示》，《新闻界》2006年第6期。

14. 杨妍、陈淑花等：《文件中心应该本土化》，《北京档案》2001年第4期。

15. 赵月枝：《公共利益、民主与欧美广播电视的市场化》，《新闻与传播研究》1998年第2期。

16. 邹波：《工业光魔与好莱坞的特效变迁》，《中国新闻周刊》2005年第18期。

17. 张允若：《简论英国早期的廉价报纸》，《新闻大学》1989年秋季号。

18. 仲呈祥、杨乘虎：《电视艺术生态环境的忧思与净化》，《现代传播》2005年第1期。

中文报刊

1. 温金良、肖华：《魔幻军团创造的奇迹》，《信息时报》2007年6月17日。

2. 王娅妮、张宗堂：《人大委员称未成年人保护法对违法网吧处罚太轻》，《中国青年报》2006年10月30日。

3. 新华社：《平均每天5小时 世界上日本人最爱看电视》，《解放日报》2005年4月28日。

4. 赵继成：《超级女声：一场大众文化对精英文化的反动》，《新京报》2005年8月20日。

5. 《当代传播》（新疆日报社主办）

6. 《广西民族研究》

7.《人民日报》(海外版)

8.《现代传播》(中国传媒大学主办)

9.《新闻界》(四川日报报业集团等主办)

10.《新闻大学》(复旦大学新闻学院主办)

11.《中国记者》(新华社主办)

外文

1. Benett, A. *Cultures of Popular Music*. Beijing: Peking University Press, 2006.

2. Cobley, P. and Osgerby, W. "Peckham Clan Ain't Nothin' to Fuck with": Urban Rap Style in Britain. Paper Presented to Conference "Youth 2000", University of Teesside, 19 – 23 July, 1995.

3. Giddens, A. *Modernity and Self-Identity: Self and Society in the Late Modern Age*. Cambridge: Polity Press, 1991.

4. Hall, Peter. *The World Cities*. London: Weidenfeld & Nicolson, 1984.

Harrison, J. F. C. *The Common People: A History from the Norman Conquest to the Present*. Fontana, 1984.

5. Kosik, Karel. *Dialectics of the Concrete*. Dordrecht: D. Reidel Publishing Company, 1976.

6. Lipsitz, G. *Dangerous Crossroads: Popular Music, Posmodernism and the Poetics of Place*. London: Verso Press, 1994.

7. Lull, J. *Media, Communication, Culture: A Global Approach*. Cambridge: Polity Press, 1995.

8. Mckillip, Jack. *Need Analysis*. Newbury Park: Sage, 1987.

9. Morin, Edgar. Préface à la troisième edition. *Les stars*. Paris: Editions du Seuil, 1972.

10. Robertson, R. Glocalization: Time-space and homogeneity-heterogeneity. In M. Featherstone, S. Lash, & R. Robertson (eds), *Global Modernities*. London: Sage, 1995.

11. Sparks, C. The global, the local and the public sphere. In G. Wang, J. Servaes, & A. Goonasekera (Eds.), *The New Communications Landscape: Demystifying Media Globalization*. New York: Routledge, 2000.

12. Samovar, L. A. and Porter, R. E. *Communication Between Cultures*. Beijing: Peking University Press, 2004.

13. Weber, Max. *The City*. Chicago: Free Press, 1958.

14. Yan, Yunxiang. McDonald's in Beijing: The localization in Americana. In James L. Watson (Ed.), *Golden Arches East: McDonald's in East Asia*. Stanford: Stanford University Press, 1997.

后　　记

　　本书是"跨媒体研究"丛书中的一本，也是四川大学文学与新闻学院"211工程"建设项目成果之一，历时近一年的准备，两年多的写作，其间三易其稿，终于付梓。

　　近年来的教学和科研工作使我越来越清晰地认识到，传媒文化已经对当代受众的思维体系、日常生活行为，乃至整个社会的行为模式发生了重大影响。人们在传媒文化的沁润下生存，同时又以自身的传媒接受状态创造着崭新的传媒文化样态。研究大众传媒，研究当代人的传媒化生存，已经根本绕不开对传媒文化的研究。但正如本书绪论中所提到的那样，目前学术界对传媒文化问题的研究却仍处于起步阶段，一些文化研究者的目光并没有投射到传媒与文化的结盟这一重要变化上来，更不要说进一步研究这种结盟给整个社会价值体系、行为模式所带来的影响了。因此，本书在这一问题上的探索就显得尤有必要。

　　为此，我组织了我的几名博士生共同承担本书的编写工作，一来集众人之智，深入分析传媒文化的现状；二来也让我的这批博士生能对研究传媒文化问题的重要性与紧迫性有更加深刻的认识。本书的最终成稿过程大致如下：先由我提出基本思路并拟定出详细的写作提纲，然后再分头写作；初稿成形之后由单正华、张放负责统稿，并完成目录编制、校对等事务性工作。本书撰写人员的具体分工如下：绪论——蒋晓丽；第一章——单正华、蒋晓丽；第二章——蒋晓丽、刘肖；第三章——张放、蒋晓丽；第四章——李谢莉、蒋晓丽；第五章——刘波、蒋晓丽；第六章——杨晓强、蒋晓丽；第七章——张放、蒋晓丽；第八章——李东平、蒋晓丽；第九章——蒋晓丽、单正华、胡明川。

　　本书立足案例剖析现象，在分析各种文化形态形成原因的基础上对其未来趋势作了大胆预测，尽量做到"形而下"的实际与"形而上"的研究有机结合。但在编写的过程中总感有言不尽意之处、力不从心之时。所幸我与我的博士生都是在以全副身心完成这一探索，若有未尽之处，且做"抛砖引玉"之用，也算是为传媒文化研究所作的一点贡献吧。

后　记

本书在编写过程中参考并借鉴了大量的学术专著、署名论文、网站文章，以及新闻作品和调查统计资料等。在使用上述成果的过程中，我们尽量做到了规范引用——一则用脚注形式详加注明出处，二则尽量标注了具体章节的参考书目。在此，我谨向被引用了具体成果、相关材料的原作者表示衷心感谢。但由于参编人员较多，引文、资料出处较多，在标注过程中难免有疏漏，不尽如人意处，我在此深表歉意并恳请海涵，同时希望诸君不吝指正，以便今后修订时能逐一标明。

借此，我也想对给予本项目、本书大量支持的各位专家同行表示深深的谢意！对出版社及各位编辑为此书所付出的辛勤劳动表示真诚的感谢！

蒋晓丽
2010 年 3 月于四川大学